OPÉRATION MINCEMEAT

ÉGALEMENT
CHEZ POCKET

L'Espion et le Traître
Le Napoléon du crime
Agent Sonya
Opération Mincemeat

BEN MACINTYRE

OPÉRATION MINCEMEAT

L'histoire d'espionnage qui changea le cours de la Seconde Guerre mondiale

Traduit de l'anglais par Danielle Lafarge

Ixelles éditions

Titre original :
Operation Mincemeat

Un ouvrage réalisé sous la direction de Sophie Descours

MIXTE
Papier issu de sources responsables
FSC® C003309

L'éditeur de cet ouvrage s'engage dans une démarche de certification FSC® qui contribue à la préservation des forêts pour les générations futures.

Pour en savoir plus :
www.editis.com/engagement-rse/

ISBN : 978-2-266-32623-0
Dépôt légal : janvier 2022

Préface

Le 10 juillet 1943, à l'aube, des troupes britanniques, américaines et issues des pays du Commonwealth débarquèrent sur les côtes de Sicile dans un premier assaut contre la « Forteresse Europe » de Hitler. Rétrospectivement, le débarquement sur l'île italienne fut une grande réussite, un moment charnière dans la guerre et un tremplin idéal pour la libération de l'Europe. Premier débarquement amphibie jamais tenté, l'offensive était planifiée depuis des mois et, malgré de rudes affrontements, elle n'a fait que relativement peu de victimes dans les rangs alliés. Sur les 160 000 soldats qui prirent part à l'invasion et à la conquête de la Sicile, plus de 153 000 restèrent en vie jusqu'à l'aboutissement des opérations. Ironiquement, c'est à un homme mort, sept mois plus tôt, que ce grand nombre de survivants peuvent être reconnaissants. La réussite de l'invasion de la Sicile dépendait de plusieurs facteurs : une force écrasante, une logistique à toute épreuve, un secret total et l'effet de surprise. Mais elle reposait aussi sur un vaste écheveau de désinformation et d'intoxication et, plus particulièrement, sur une entourloupe spectaculaire échafaudée par une équipe d'espions dirigée par un avocat anglais.

Ma première rencontre avec le remarquable Ewen Montagu date des recherches que j'effectuais dans le cadre d'un précédent livre, *Agent Zigzag*, consacré aux faits de guerre de l'agent double Eddie Chapman. Avocat dans la vie civile, Montagu était officier dans les Services de renseignement de la Navy et l'un des officiers traitants de Chapman. Toutefois, il est mieux connu comme l'auteur, en 1953, de *L'homme qui n'a jamais existé (The Man Who Never Was)*, dans lequel il relate l'opération de désinformation qu'il avait élaborée en 1943 et qui portait le nom de code « opération Mincemeat ». Dans un autre livre, *Beyond Top Secret Ultra*, écrit en 1977, Montagu fait référence à « des souvenirs qui, en des circonstances très spéciales et pour une raison très particulière, [il a] été autorisé à conserver ».

Cet étrange aparté est resté gravé dans ma mémoire. Je supposais que les « circonstances très spéciales » devaient faire référence à l'écriture de *L'homme qui n'a jamais existé*, qui avait reçu l'approbation du Comité conjoint du renseignement. Mais jamais auparavant je n'avais eu vent d'affaires dans lesquelles un ancien agent secret aurait été « autorisé à conserver » des documents confidentiels. Et pour cause, les agents du renseignement ne sont pas censés conserver des dossiers top secret. Et s'il s'avère qu'Ewen Montagu les a gardés aussi longtemps après la guerre, où sont-ils aujourd'hui ?

Montagu est mort en 1985 et aucune nécrologie n'a mentionné ses documents. J'ai rendu visite à son fils, Jeremy Montagu, éminent expert en instruments de musique à l'Université d'Oxford. Avec une étincelle dans le regard, Jeremy m'a conduit dans une pièce à l'étage de sa demeure biscornue d'Oxford, et a tiré une grande malle en bois poussiéreuse de sous un lit. Elle enfermait des liasses de dossiers du MI5, du MI6 et du Service de renseignement de la Navy ; certains étaient maintenus ensemble par une ficelle et beaucoup portaient le tampon « Top Secret ». Jeremy m'a expliqué qu'une partie des papiers de son père avait été transférée après son décès au Musée impérial de la guerre, où ils attendaient encore d'être catalogués, et tout le reste était dans la malle : lettres, mémos, photographies et notes d'opérations relatifs à la supercherie de 1943, ainsi que les manuscrits originaux, non censurés de ses livres. L'autobiographie de deux cents pages, non publiée, d'Ewen Montagu s'y trouvait aussi, en compagnie de la pièce maîtresse du butin : une copie du rapport officiel et confidentiel sur l'« opération Mincemeat », l'opération de désinformation la plus osée, la plus étrange et la plus réussie de la guerre.

Si ma découverte de ces documents paraît tout droit sortie d'un film d'espionnage, ce n'est pas fortuit : Montagu avait lui-même un sens prononcé de la mise en scène. Il devait se douter que les papiers seraient découverts un jour ou l'autre.

Plus d'un demi-siècle après sa parution, l'intrigue de *L'homme qui n'a jamais existé* n'a pas perdu de sa saveur, mais elle demeure incomplète, selon la volonté de son auteur. À la requête du gouvernement, le livre dissimulait certains faits ; d'ailleurs, il prend parfois délibérément des libertés avec l'Histoire. Aujourd'hui, la donne a changé : la réglementation officielle relative au secret Défense s'est assouplie, les dossiers des

Archives nationales sont ouverts au public et la vieille malle d'Ewen Montagu a révélé ses secrets. L'histoire de l'opération Mincemeat peut donc être racontée pour la première fois dans son intégralité.

Aujourd'hui, on sait que le plan a germé dans l'esprit d'un romancier et qu'il a pris forme grâce aux efforts concertés de personnages hors du commun : un avocat brillant, une famille de fossoyeurs, un médecin légiste, un chercheur d'or, un inventeur, un sous-marinier, un maître de l'espionnage anglais sous couverture, un pilote de rallye, une jolie secrétaire, un nazi crédule et un amiral grognon amateur de pêche à la mouche.

L'opération de désinformation qui facilita le débarquement en Sicile et qui contribua à gagner la guerre reposait sur un homme qui n'a jamais existé. Mais les gens qui l'ont inventé, ceux qui ont cru en lui et ceux qui lui doivent la vie, ont bel et bien existé.

Voici leur histoire.

Ben Macintyre
Londres, octobre 2009

1
Le sardinier

En ce matin du 30 avril 1943, sur la côte d'Andalousie, dans le sud-ouest de l'Espagne, José Antonio Rey María ne pensait pas changer le cours de l'histoire tandis qu'il ramait vers l'Atlantique, à la recherche des bancs de sardines.

José était réputé pour être le meilleur au repérage des bancs de poissons de Punta Umbria. Et il n'en était pas peu fier. Par temps clair, il était capable de localiser l'éclat iridescent qui trahissait la présence de sardines à une profondeur de plusieurs brasses. José marquait alors l'emplacement du banc au moyen d'une bouée, puis il faisait signe à Pepe Cordero et aux pêcheurs restés à bord de la grande pinasse, *La Calina*, pour qu'ils s'approchent et déploient le filet.

Mais ce jour-là, les conditions météorologiques n'étaient pas clémentes. Le ciel était gris et un vent de terre ridait la surface de l'eau. Les pêcheurs de Punta Umbria avaient pris la mer avant l'aube, mais jusqu'ici, ils n'avaient remonté que des anchois et quelques dorades. Ramant en large arc de cercle à bord d'*Ana*, son petit youyou, José scrutait toujours l'eau, tandis que le soleil levant lui chauffait le dos. À terre, il pouvait voir les huttes de pêche plantées sous les dunes de la Playa del Portil. C'est là qu'il habitait. Au-delà, sur l'autre rive de l'estuaire de l'Odiel et du Tinto, se trouvait le port de Huelva.

La guerre, dans sa quatrième année, n'avait fait qu'effleurer cette partie de l'Espagne. Parfois, José croisait d'étranges débris qui dérivaient, des bouts de bois brûlé, des nappes d'huile et divers résidus des batailles qui se déroulaient derrière l'horizon. Tôt ce matin-là, il avait entendu des tirs au loin et une forte explosion. Pepe se plaignait de la guerre qui ruinait la pêche. Les caisses étaient vides et il lui faudrait probablement bientôt vendre *Ana* et *La Calina*. On racontait que certains capitaines de gros bateaux de pêche espionnaient pour le compte des Allemands ou des Anglais. Mais, bon an, mal an, la vie des pêcheurs suivait son cours, ni plus dure, ni plus facile qu'avant.

José était né sur la plage, trente-deux ans plus tôt, dans une hutte en bois flotté. Il n'avait jamais quitté Huelva et son bassin de pêche. Il n'était jamais allé à l'école et ne savait ni lire ni écrire. Mais à Punta Umbria, personne n'était meilleur que lui au repérage du poisson.

La matinée était déjà bien entamée quand José remarqua une « bosse » à la surface de l'eau. Il pensa d'abord que c'était un marsouin mort. Tandis qu'il s'approchait, la forme devint plus nette et parfaitement identifiable. C'était un corps qui flottait, harnaché dans un gilet de sauvetage jaune. La partie inférieure du torse était immergée, mais le noyé semblait porter un uniforme.

Alors qu'il tendait le bras par-dessus le plat-bord, José sentit l'odeur de putréfaction qui se dégageait du cadavre et découvrit le visage d'un homme, ou plutôt ce qu'il en restait. Le menton était entièrement couvert de moisissures vertes, alors que le haut du visage était brun, comme tanné par le soleil. José se demanda si l'homme avait été brûlé lors d'une fortune de mer. La peau de son nez et de son menton commençait à pourrir.

José gesticula et cria en direction de ses collègues. *La Calina* approcha et Pepe et son équipage se penchèrent par-dessus le bastingage. José leur cria de lancer une amarre pour hisser le corps à bord, mais personne ne voulait le toucher. Très embêté, José comprit qu'il lui faudrait le ramener lui-même à terre. Empoignant l'uniforme trempé, il fit passer le buste par-dessus le tableau arrière en laissant les jambes traîner dans l'eau. Il rama jusqu'à la rive, s'efforçant de ne pas respirer la puanteur.

Une fois arrivés sur la plage de La Bota – la botte –, José et Pepe portèrent le corps jusqu'aux dunes. Une mallette noire, attachée à l'homme par une chaîne, traînait dans le sable derrière eux. Ils couchèrent le cadavre à l'ombre d'un pin. Des enfants se précipitèrent hors des huttes et jouèrent des coudes pour ne rien rater du macabre spectacle. L'homme était grand, il mesurait au moins 1,80 mètre et portait un uniforme kaki et un trench-coat ; ses pieds étaient chaussés de godillots militaires. La jeune Obdulia Serrano, âgée de dix-sept ans, repéra une croix attachée au cou du mort par une fine chaîne en argent. Elle en déduisit que le soldat devait être catholique.

Obdulia fut envoyée chercher l'officier au poste de garde. Comme tous les jours, une douzaine de soldats du 72e régiment d'infanterie d'Espagne avaient patrouillé sur la plage dans la matinée. C'était maintenant l'heure de leur sieste sous les arbres. L'officier ordonna à deux de ses hommes de monter la garde près du corps, pour dissuader quiconque de faire les poches du mort, et il remonta la plage à grandes enjambées pour trouver son commandant.

Le parfum du romarin et du jacaranda, qui tapissaient les dunes, ne parvenait pas à masquer la puanteur de la chair en décomposition. Des mouches bourdonnaient autour du corps et les soldats se placèrent au vent pour ne plus respirer les effluves nauséabonds. On partit chercher un âne pour transporter le cadavre jusqu'au village de Punta Umbria, à six kilomètres. De là, on pouvait y franchir l'estuaire par bateau pour rejoindre Huelva.

José Antonio Rey María, inconscient de la succession d'événements qu'il venait de déclencher, remit son youyou à la mer et repartit en repérage des sardines.

Deux mois plus tôt, dans une salle minuscule, jaunie par le tabac, au sous-sol du bâtiment de l'Amirauté, à Whitehall, deux hommes échafaudaient un plan pour résoudre une délicate énigme : comment créer de toutes pièces un homme qui n'avait jamais existé ?

Le plus jeune des deux était grand et maigre. Il portait des lunettes à épaisse monture et une moustache en guidon qu'il lissait lorsqu'il était concentré. Le second, élégant et désabusé, portait l'uniforme de la Navy et suçait une pipe courbe qui crépitait et craquait dangereusement. Le sous-sol poussiéreux manquait cruellement de fenêtres, de lumière naturelle et de ventilation. Les murs étaient recouverts de grandes cartes et le plafond était taché de nicotine graisseuse. Cette ancienne cave à vin abritait désormais une section des services secrets britanniques qui se composait de quatre officiers, sept secrétaires et dactylos, six machines à écrire, une rangée d'armoires de classement fermées à clé, une douzaine de cendriers et deux téléphones sécurisés. La section 17M était si secrète que, hormis les individus cités, vingt personnes à peine en connaissaient l'existence.

La salle 13 de l'Amirauté était l'antichambre des secrets, des mensonges et des chuchotements. Chaque jour, les informations les plus sensibles et les plus précieuses (messages déchiffrés, stratagèmes de désinformation, mouvements de troupes ennemies, comptes rendus de missions chiffrés et autres mystères) arrivaient dans cette petite pièce à demi enterrée où elles étaient analysées et évaluées avant d'être expédiées aux quatre coins du monde, autant d'armures et de munitions d'une guerre secrète.

Les deux officiers, que nous appellerons Pipe et Moustache, orchestraient les agents de renseignement et les agents doubles, les activités d'espionnage et de contre-espionnage, de désinformation et d'intoxication : ils colportaient des mensonges préjudiciables à l'ennemi et des informations authentiques mais inoffensives ; ils aiguillaient des espions volontaires, des espions réticents et des espions imaginaires. Ce jour-là, la guerre ayant atteint son apogée, ils entreprirent de créer un espion comme nul autre avant lui : un agent qui non seulement serait fictif, mais un agent qui serait mort, qui plus est.

Cet espion serait un pur fruit de l'imagination, une arme dans une guerre à mille lieues des champs de bataille où pleuvent les bombes et sifflent les balles. Dans sa partie visible, la guerre est le fait de meneurs d'hommes qui s'affrontent avec courage, tactique et force brute ; c'est la guerre conventionnelle, faite d'attaques et de contre-attaques, de traits sur une carte, de chiffres et de chance. Cette guerre est généralement peinte en noir, en blanc et en rouge sang. Il y a des gagnants, des perdants et des victimes : le bon, le méchant et le mort. Mais il y a aussi l'autre guerre, celle qui est moins visible, qui se joue en nuances de gris, une guerre faite de tromperies, de séduction et de mauvaise foi, de combines et d'illusions, dans laquelle la vérité est protégée par un « rempart de mensonges », comme le disait Churchill. Les combattants de cette guerre imaginaire étaient rarement ce qu'ils semblaient être, car la face cachée, celle où la fiction et la réalité sont tantôt ennemies tantôt amies, attire des esprits tortueux, sinueux et souvent très étranges.

L'homme étendu dans les dunes de Punta Umbria était un imposteur. Les mensonges qu'il colportait seraient acheminés de Londres à Berlin en passant par Madrid, transitant par un loch glacé en Écosse jusqu'aux côtes de Sicile, de la fiction à la réalité, de la salle 13 de l'Amirauté jusqu'au bureau de Hitler.

2

Esprits retors

« Tromper l'ennemi par temps de guerre, pensait l'amiral John Godfrey, directeur des services secrets de la Navy, c'est comme la pêche, et plus particulièrement la pêche à la mouche. » Dans un mémo top secret, il écrit : « Toute la journée, le pêcheur de truite lance patiemment son leurre, change souvent de lieu et d'appât. S'il effraye le poisson, il lui arrive de rester immobile pendant une demi-heure, mais il n'en perd pas de vue pour autant son objectif principal : attirer le poisson en l'appâtant depuis son bateau. »

Le « Mémo de la truite » de Godfrey a été remis à tous les dirigeants des services secrets, le 29 septembre 1939, alors que la guerre avait commencé depuis à peine trois semaines. Il avait été signé par Godfrey, mais il présentait toutes les caractéristiques du style de son assistant personnel, le capitaine de corvette Ian Fleming, qui, par la suite, écrivit les romans d'espionnage dont le héros était James Bond. D'après Godfrey, Fleming avait un « sens aigu » du renseignement, et était particulièrement doué, comme on peut s'y attendre, pour échafauder des scénarios destinés à berner l'ennemi. Fleming surnommait ces plans « des rêveries romantiques de Peaux-Rouges », mais leur sérieux ne faisait aucun doute. Le mémo suggérait différentes idées pour déboussoler les Allemands en mer et de nombreuses façons de piéger la proie par « la tromperie, les ruses de guerre, la désinformation, etc. ». Ses idées étaient extraordinairement imaginatives et, comme la plupart des récits de Fleming, à peine croyables. Le mémo l'admettait volontiers. « Au premier coup d'œil, beaucoup d'entre elles paraissent fantaisistes, mais elles contiennent néanmoins les germes de quelques bonnes idées ; et plus on les examine, moins elles semblent fantaisistes. »

Quant à Godfrey, il était complètement dépourvu d'imagination. Il était travailleur, irascible et infatigable. Il a d'ailleurs servi de modèle pour le personnage de « M » dans la série des *James Bond*. Personne dans les services secrets de la Royal Navy ne savait apprécier aussi bien que lui la disposition d'esprit nécessaire pour l'espionnage et le contre-espionnage. « Élaborer des opérations de désinformation, savoir gérer les agents doubles, produire des fuites délibérées et gagner progressivement la confiance de l'ennemi envers un agent double, demandaient un esprit suffisamment retors, ce que je n'avais pas. » Toujours d'après Godfrey, « collecter des renseignements et diffuser de faux renseignements, c'est comme pousser du mercure dans des ajoncs avec une cuillère à long manche ».

Le « Mémo de la truite » était un chef-d'œuvre de pensée alambiquée proposant cinquante et une suggestions pour « introduire des idées dans la tête des Allemands », allant des plus plausibles aux plus folles : lâcher des ballons de football peints dans des couleurs vives pour dérouter les sous-marins ; jeter des bouteilles à la mer avec des messages maudissant le Reich et écrits par un capitaine de sous-marin imaginaire ; une fausse épave pleine de commandos ; diffuser de fausses informations *via* des exemplaires contrefaits du *Times* (« un média irréprochable et vierge de tout soupçon »). L'une des idées les plus diaboliques consistait à faire dériver des boîtes de conserve remplies d'explosifs et portant des étiquettes avec des instructions dans plusieurs langues, dans l'espoir que des marins ou des sous-mariniers ennemis affamés les repêchent et qu'elles leur explosent à la figure quand ils les réchaufferaient.

Même si aucun de ces plans ne s'est jamais concrétisé, le mémo contenait l'embryon d'une autre idée, la vingt-huitième de la liste, qui était fantastique dans tous les sens du terme. Sous l'intitulé « Une suggestion (pas très sympathique) » Godfrey et Fleming écrivirent :

« La suggestion suivante est tirée d'un livre de Basil Thomson : un cadavre vêtu d'un uniforme d'aviateur, dont les poches contiendraient des dépêches, serait largué sur la côte, comme si son parachute ne s'était pas ouvert. Je suppose qu'il n'est pas difficile de se procurer des cadavres à l'hôpital de la Royal Navy, mais évidemment, [le corps] devrait être frais. »

Basil Thomson, ancien conseiller du roi des Tonga, tuteur du roi de Siam, ex-gouverneur de la prison de Dartmoor, policier et romancier, était célèbre pour avoir participé à l'arrestation d'espions pendant la Première Guerre mondiale. En tant que chef du département d'enquêtes criminelles de Scotland Yard et de la Branche spéciale de la police métropolitaine, c'est à lui que revenait le mérite (même s'il n'était pas seul) de la traque et de l'arrestation d'espions allemands opérant en Angleterre. Il interrogea notamment Mata Hari (et conclut qu'elle était innocente) et diffusa les journaux intimes (« Black Diaries ») du nationaliste et révolutionnaire irlandais, Roger Casement, décrivant ses aventures homosexuelles. Par la suite, Casement fut jugé et exécuté pour trahison. En son temps, Thomson était déjà maître dans l'art de la tromperie, et pas uniquement dans sa vie professionnelle. En 1925, le respectable chef de la police avait été arrêté pour attentat à la pudeur, en compagnie d'une « Miss Thelma de Lava », sur un banc public, dans un parc londonien, et condamné à payer une amende d'un montant de 5 livres.

Quand il n'arrêtait pas d'espions, qu'il ne surveillait pas de dirigeants syndicaux et qu'il ne fricotait pas avec des prostituées (« pour les besoins de l'enquête », comme il l'expliqua à la cour), Thomson trouvait le temps d'écrire des romans policiers. Il en publia douze au total, dont le héros, l'inspecteur Richardson, vivait dans un monde peuplé de demoiselles en détresse, d'hommes qui savent encaisser les coups et d'étrangers nerveux en mal de colonisation. La majorité des romans de Thomson, qui portent des titres du style « Mort dans la salle de bains » (*Death in the Bathroom*, traduit en français sous le titre *Dans la salle de bains*) et « Richardson marque encore » (*Richardson Scores Again*, non traduit en français, semble-t-il), ne valent pas la peine qu'on s'y attarde. Mais dans *The Milliner's Hat Mystery* (dont le titre pourrait être traduit par « Le Mystère du chapeau de la modiste »), qui est paru en 1937, il sema une petite graine. Le récit s'ouvre sur la découverte du corps d'un homme dans une grange par une nuit d'orage. Les papiers qu'il transporte permettent de l'identifier comme étant « John Whitaker ». Au cours d'un travail de détective particulièrement laborieux, l'inspecteur Richardson découvre que tous les documents trouvés sur le cadavre sont des faux : ses cartes de visite, ses factures, et même son passeport où son vrai nom a été effacé à l'aide d'un détachant spécial et remplacé par sa fausse identité. « Je connais les produits qu'ils utilisent ; ils s'en servaient pendant la guerre, déclare l'inspecteur Richardson. Cela permet de faire disparaître l'encre de n'importe quel document sans laisser de trace. » Dans la suite du roman, le héros s'acharne à remonter la piste de l'identité du mort. « Aussi incroyable qu'une histoire puisse paraître, nous sommes formés pour enquêter, dit l'inspecteur Richardson. Ce n'est qu'à cette condition que la vérité peut éclater. » Richardson s'exprime souvent ainsi.

L'idée de créer une fausse identité pour un cadavre est restée gravée dans la mémoire de Ian Fleming, grand bibliophile, qui possédait plusieurs romans écrits par Thomson. De l'esprit d'un espion et romancier, l'idée est passée dans celui d'un futur auteur de livres d'espionnage. Puis, en 1939, année de la mort de Basil Thomson, elle a officiellement germé dans les réflexions des hauts gradés de l'espionnage britannique qui étaient sur le point de livrer une féroce bataille du renseignement contre les nazis.

L'amateur de pêche à la truite, l'amiral Godfrey, écrivit plus tard que la Seconde Guerre mondiale « nous a offert beaucoup plus d'anecdotes intéressantes, amusantes et subtiles dans le cadre du travail dans le renseignement que n'importe quel auteur de romans d'espionnage ne pourrait jamais en inventer ». Pendant près de quatre ans, cette idée « pas très sympathique », comme il l'appelait, était restée latente, tel un leurre brillant lancé par un pêcheur-espion, attendant que le poisson-ennemi y morde.

À la fin du mois de septembre 1942, un frisson d'angoisse parcourut les cercles du renseignement britanniques et américains lorsque l'on crut que la date prévue pour le débarquement en Afrique du Nord était tombée entre les mains des Allemands. Le 25 septembre, un hydravion Catalina FP119 de la RAF, se rendant de Plymouth à Gibraltar, s'écrasa lors d'un violent orage au large de Cadix, sur la côte Atlantique espagnole, provoquant la mort de ses trois passagers et sept membres d'équipage. Parmi eux se trouvait le lieutenant-payeur James Hadden Turner, messager de la Royal Navy, qui transportait une lettre destinée au gouverneur de Gibraltar pour l'informer que le général américain Dwight Eisenhower arriverait sur le rocher juste avant l'offensive et que la « date avait été fixée au 4 novembre ». Une seconde lettre, datée du 21 septembre, contenait des informations complémentaires sur le prochain débarquement en Afrique du Nord.

Les corps des victimes avaient été rejetés par la mer à La Barrosa, au sud de Cadix, où ils ont été récupérés par les autorités espagnoles. Au bout de vingt-quatre heures, le corps de Turner a été rendu au consul britannique local par l'amiral espagnol en commandement à Cadix. La lettre était toujours dans la poche de l'uniforme. Même si la guerre faisait rage, l'Espagne avait plus ou moins réussi à préserver sa neutralité, les

Alliés craignant que le général Francisco Franco ne rejoigne Hitler. L'opinion officielle en Espagne était majoritairement en faveur des forces de l'Axe ; de nombreux hauts dignitaires espagnols étaient en contact avec les services secrets allemands et la région de Cadix, notamment, était réputée pour être un bastion d'espions pro-Allemands. Était-il possible que la lettre, révélant la date de l'offensive alliée, soit passée entre des mains ennemies ? Eisenhower était, semble-t-il, extrêmement inquiet.

Le débarquement en Afrique du Nord, l'« opération Torch », avait été préparé durant des mois. Le major-général George Patton devait prendre la mer depuis la Virginie, le 23 octobre, avec la Task Force occidentale, forte de 35 000 hommes, en direction de Casablanca, au Maroc. Au même moment, les troupes britanniques attaqueraient Oran, en Algérie, tandis que des troupes anglo-américaines envahiraient Alger. Les Allemands devaient se douter qu'une offensive majeure allait avoir lieu. Si la lettre avait été interceptée, ils connaissaient désormais aussi la date de l'assaut et ils savaient que Gibraltar, aux portes de la Méditerranée et de l'Afrique du Nord, allait jouer un rôle décisif.

Les autorités espagnoles assuraient aux Britanniques que le corps de Turner n'avait pas été « touché ». Des scientifiques furent envoyés d'urgence à Gibraltar pour examiner minutieusement le corps et la lettre. Les quatre sceaux qui cachetaient l'enveloppe avaient été ouverts, apparemment sous l'effet de l'eau de mer, et l'écriture était toujours « assez lisible », malgré une immersion d'au moins douze heures. Mais de l'avis des experts légistes, les Alliés pouvaient être rassurés car lorsqu'ils déboutonnèrent le pardessus de Turner pour prendre la lettre dans sa poche de poitrine, ils virent tomber du sable des trous dans les boutons et des boutonnières ; le sable s'y serait glissé quand le corps s'était échoué sur la plage. « Il est fort peu probable, conclurent les Britanniques, qu'un quelconque agent ait remis le sable en place au moment de reboutonner la veste. » Les espions allemands en activité en Espagne étaient bons, mais pas à ce point. Le secret n'avait pas été éventé.

Pourtant, les soupçons britanniques n'étaient pas sans fondement. G. D. Marcil, qui avait aussi trouvé la mort dans l'accident du Catalina, était officier de liaison pour les Forces françaises libres. Sous le nom de code « Clamorgan », il était en mission pour la Direction des opérations spéciales (Special Operations Executive ou SOE), organisation britannique clandestine qui œuvrait derrière les lignes ennemies. Marcil transportait un carnet et un document rédigé en français et daté du 22 septembre, qui faisait référence, bien qu'assez vaguement, à des attaques britanniques sur des cibles en Afrique du Nord. Des messages radio qui avaient été interceptés et décodés indiquaient que ces informations avaient été communiquées aux Allemands : « Tous les documents, dont une liste de personnalités de premier rang [c'est-à-dire des agents] en Afrique du Nord et probablement des informations relatives à nos organisations là-bas, ainsi qu'un carnet, ont été reproduits et remis à l'ennemi. » Un agent italien avait eu les copies entre les mains et les avait transmises aux Allemands qui ont commis l'erreur de n'accorder à ces informations « pas plus d'importance qu'à tout autre renseignement ». Les Allemands avaient peut-être soupçonné « les documents de n'être qu'un leurre ».

Un élément important du renseignement militaire avait transité par l'Atlantique avant de tomber entre les mains des Allemands ; par chance, l'importance du document leur avait échappé. « Cela suggérait que l'on pouvait faire confiance aux Espagnols pour faire passer ce qu'ils trouvaient et que ce comportement, qui n'était pas neutre, pouvait être tourné à notre avantage. » C'était la preuve qu'il était possible de s'infiltrer dans la pensée allemande en lançant une mouche appétissante sur l'eau.

L'incident avait ébranlé les chefs du renseignement de guerre, mais une idée était venue se loger dans l'esprit alambiqué d'un officier du renseignement et elle y était restée. Cet esprit appartenait au dénommé Charles Christopher Cholmondeley, âgé de vingt-cinq ans, capitaine d'aviation dans la Royal Air Force, détaché au MI5. Cholmondeley (prononcez « Chumly ») était un grand excentrique, mais aussi un soldat extrêmement efficace dans cette guerre aux règles étranges et compliquées. Cholmondeley regardait le monde à travers des lunettes aux verres épais et sa lèvre supérieure était ornée d'une impressionnante moustache longue de quinze centimètres et cirée en pointes magnifiques. Avec son bon mètre quatre-vingt-dix et sa pointure 47, il paraissait toujours engoncé dans son uniforme. En outre, il avait une démarche étrangement dégingandée et « marchait en levant les orteils ».

Cholmondeley avait soif d'aventure. Alors qu'il était encore élève à Canford School, dans le Dorset, il s'était embarqué pour des expéditions en Finlande et à Terre-Neuve qui étaient organisées par la Société exploratrice des écoles privées dans le but de cartographier des territoires inconnus. Dormant sous la tente, il se nourrissait de barres énergétiques « Kendal Mint Cake ». Il avait même découvert une nouvelle espèce de musaraigne quand l'une d'elles était venue mourir dans son sac de couchage. Il apprécia ces aventures dans leurs moindres instants. Il étudia la géographie à Oxford, rejoignit l'école des officiers (Officers' Training Corps), puis, en 1938, il posa sa candidature, qui fut retenue, pour faire son service militaire au Soudan. Il travailla brièvement comme messager du roi, acheminant les plis vers les ambassades et les consulats du monde entier. Ce poste était souvent considéré comme le point de départ d'une carrière dans le renseignement. Le plus honorable des ancêtres de Cholmondeley était son grand-père maternel, Charles Leyland, à qui l'on doit le cyprès de Leyland, ou Leylandii, cause de nombreuses disputes de voisinage à propos de la hauteur des haies. Cholmondeley avait des ambitions plus prestigieuses : il rêvait de devenir espion, soldat ou, au moins, administrateur colonial dans une lointaine contrée exotique. La mort au combat de son frère, Richard, à Dunkerque, enflamma davantage sa détermination dans sa quête d'action, d'excitation, voire, si nécessaire, d'une mort en héros.

Cholmondeley avait beau avoir une âme d'aventurier, il n'en avait ni la carrure, ni la chance. Il fut nommé au grade de sous-lieutenant d'aviation dans la Royal Air Force en novembre 1939, mais sa mauvaise vue lui interdisait de piloter un avion. Encore aurait-il fallu trouver un cockpit capable d'accueillir son grand corps maladroit. « Cela fut un choc terrible », d'après sa sœur. Donc, au lieu de s'élancer héroïquement dans les airs, comme il l'espérait, Cholmondeley fut immobilisé pendant toute la durée de la guerre, ses longues jambes coincées sous un bureau. Cela aurait refroidi les ambitions d'un homme ayant moins d'envergure que lui, mais au lieu de cela, Cholmondeley consacra son imagination débordante et toute son énergie aux missions secrètes.

En 1942, il avait été promu au rang de capitaine d'aviation (provisoire) dans le Département du renseignement et de la sécurité de la RAF, détaché au MI5. Tommy Argyll Robertson (plus connu sous le surnom de « Tar » d'après ses initiales), le chef du MI5 qui dirigea la section B1A du renseignement britannique, chargée de retourner les espions ennemis capturés pour en faire des agents doubles, recruta Cholmondeley comme « homme d'idées », le décrivant comme un homme « extraordinaire et délicieux ». Quand il n'était pas en service, Cholmondeley restaurait des voitures anciennes, étudiait la reproduction des insectes et chassait la perdrix au revolver. Il était courtois et poli, voire pathologiquement timide et secret. Silhouette familière de Whitehall, il battait des bras lorsqu'il se laissait emporter par son enthousiasme et sautillait le long des trottoirs, tel un grand oiseau myope et sans ailes. Malgré toutes ses bizarreries, Cholmondeley était une remarquable tête pensante en matière d'espionnage. Certaines de ses idées étaient carrément folles. Comme le disait l'un de ses collègues officier du renseignement, il avait l'« un de ces esprits subtils et ingénieux qui régurgite constamment les idées les plus fantastiques – généralement si ingénieuses qu'elles étaient soit impossibles à mettre en œuvre, soit si compliquées que cela compromettait leur efficacité. Mais, parfois, elles brillaient par leur simplicité ». Comme Ian Fleming au service de renseignement de la Royal Navy, Cholmondeley avait pour rôle d'imaginer l'inimaginable et de le rendre plausible. Officiellement, il était secrétaire d'une organisation ultrasecrète, le Comité XX (« XX Committee », ou Twenty Committee), qui était chargée de superviser les agents doubles et qui fut ainsi nommée car les deux chiffres romains formaient une double croix (le nom pouvait aussi être un hommage ironique à Charlie Chaplin, dont le dictateur, dans le film éponyme sorti en 1940, rallie le peuple sous un drapeau portant le signe XX pour imiter le swastika). Présidé par John Masterman, un professeur sec et ascétique d'Oxford, le Comité XX se réunissait tous les jeudis dans les locaux du MI5, au 58 St. James's Street, pour discuter du système d'agents doubles dirigé par « Tar » Robertson et échafauder de nouveaux plans de désinformation et d'intoxication visant à transmettre les informations les plus nuisibles possibles à l'ennemi. Dans le comité, on trouvait des représentants des services de renseignement de la Navy, de l'Army et de l'Air Force, ainsi que du MI5 (le Security Service, chargé du contre-espionnage) et du MI6 (le Secret Intelligence Service, SIS, chargé de la collecte de renseignement hors des frontières du Royaume-Uni). En tant que secrétaire et représentant du MI5 à cette réunion hebdomadaire d'espions tout-puissants, Cholmondeley était au courant de quelques-uns des projets les plus secrets de la guerre. Il avait lu le mémo de 1939 qui avait été rédigé par Godfrey et Fleming et qui contenait la suggestion

« pas très sympathique » qui proposait de se servir d'un cadavre pour communiquer de fausses informations. L'accident du Catalina au large de Cadix avait démontré qu'un plan de ce type pouvait fonctionner.

Le 31 octobre 1942, un mois tout juste après l'échouage du corps du lieutenant Turner sur une plage d'Espagne, Cholmondeley exposa au Comité XX l'une de ses idées, qui portait le nom de code « Cheval de Troie » et qu'il décrivait comme étant « un plan permettant de remettre des documents de nature extrêmement secrète entre les mains de l'ennemi ». Il s'agissait, pour l'essentiel, d'une version étendue du plan décrit dans le Mémo de la truite.

Un cadavre est récupéré auprès d'un hôpital londonien (prix habituel par temps de paix : 10 livres) et revêtu d'un uniforme de l'Army, de la Navy ou de l'Air Force, du grade voulu. Ses poumons sont remplis d'eau et les documents sont disposés dans une poche intérieure. Ensuite, le corps est largué par un avion du Coastal Command, le commandement chargé de la protection des côtes, à une position appropriée, où les courants devraient le faire dériver vers la côte en territoire ennemi. Lors de la découverte du cadavre, l'adversaire pensera que c'est l'un des passagers d'un avion abattu. Même s'il n'est pas certain que les documents arriveront à bon port, s'ils y parviennent, des informations présentées sous cette forme peuvent être de nature beaucoup plus confidentielle que celles habituellement transmises par une voie classique du B1A.

Des agents vivants ou des agents doubles peuvent être torturés ou retournés et contraints à révéler la supercherie. Un cadavre ne parle jamais.

Comme la plupart des idées de Cholmondeley, celle-ci est à la fois délicieusement simple et effroyablement problématique. Ayant dressé la première ébauche de son futur cheval de Troie, Cholmondeley entreprit d'en combler les failles. Une autopsie pourrait révéler que l'homme n'était pas mort de noyade. Ou bien, l'avion chargé du « largage » pourrait être intercepté. Même si un cadavre convenable était trouvé, il faudrait encore qu'il puisse « passer pour un officier ». Un membre du Comité XX fit remarquer que si un corps était largué d'un avion, quelle qu'en soit l'altitude, il serait certainement endommagé, « et les blessures infligées *post mortem* se voient toujours ». Si le corps était placé à un endroit depuis lequel il échouerait en territoire ennemi ou occupé, comme la Norvège ou la France, une autopsie complète serait certainement pratiquée par des scientifiques allemands. L'Espagne et le Portugal, pays neutres, penchaient tous les deux en faveur de l'Axe : « Sur ces deux pays, l'Espagne était certainement le pays où les documents avaient le plus de chances d'être remis ou au moins montrés aux Allemands. »

Le plan de Cholmondeley était à la fois novateur et très ancien. En effet, le choix du nom de code Cheval de Troie n'avait rien d'innocent et montre à quel point cette ruse est ancienne. Même si l'*Odyssée* est le premier récit qui relate le don d'un cadeau attrayant à l'ennemi dans le but de lui réserver une désagréable surprise, il y eut de nombreuses imitations. Dans le jargon anglais du renseignement, la technique consistant à introduire des informations trompeuses par le biais d'un faux accident se nomme « *haversack ruse* » ou ruse de la musette.

Cette ruse a été imaginée par Richard Meinertzhagen, ornithologue, sioniste antisémite, chasseur de gros gibier, escroc et espion anglais. Dans *Les Sept Piliers de la sagesse*, T. E. Lawrence (d'Arabie) dresse le portrait de son contemporain Meinertzhagen sous les traits d'un homme à la fois extraordinaire et extraordinairement mauvais. « Meinertzhagen ne connaissait pas de demi-mesures. Esprit logique, profondément idéaliste, il était si possédé par ses convictions qu'il se montrait disposé à atteler le mal au char du bien. Stratège aux vues étendues, géographe, ce pince-sans-rire pétri d'autorité naturelle prenait autant de plaisir à duper l'ennemi (ou ses amis) par une peu scrupuleuse plaisanterie qu'à fracasser un à un, à l'aide de son casse-tête africain, les crânes d'une bande d'Allemands acculés. Ses instincts étaient étayés par une formidable force physique et une âme féroce que rien n'entravait, ni doutes, ni préjugés, ni usages ou règles du jeu[1]. »

En 1917, l'armée britannique, sous le commandement du général sir Edmund Allenby, affronta à deux reprises les Turcs à Gaza, mais elle se vit barrer la route vers Jérusalem par un ennemi puissant. Allenby décida que la prochaine offensive se produirait à Beersheba, dans l'Est, en espérant tromper les Turcs qui devaient s'attendre à une autre attaque sur Gaza (la

1. *Les Sept Piliers de la sagesse*, T. E. Lawrence, Livre VI, chapitre LXXVI, p. 537, traduit de l'anglais par Éric Chédaille, publié aux éditions Phébus, en 2009.

cible la plus logique). L'officier du renseignement d'Allenby qui était chargé de la désinformation n'était autre que le major Richard Meinertzhagen.

Pour qu'une opération de désinformation réussisse, il fallait non seulement dissimuler ses agissements, mais il fallait aussi persuader l'adversaire que ce que vous laissiez voir était l'inverse de ce que vous faisiez vraiment. Après avoir fourré des faux documents, des lettres personnelles, un journal intime et la somme de 20 livres dans une musette, Meinertzhagen barbouilla cette dernière de sang de cheval. Ensuite, il s'enfonça dans le *no man's land*, jusqu'à ce qu'une patrouille turque à cheval lui tire dessus. S'avachissant sur sa selle comme s'il était blessé, il laissa tomber sa besace, ses jumelles et son arme et retourna en galopant jusqu'aux lignes britanniques. L'une des lettres (écrite par la sœur de Meinertzhagen, Mary) était censée provenir de la femme du propriétaire de la besace pour lui rapporter la naissance de leur fils. C'était du pur mélo édouardien : « Au revoir, mon amour ! L'infirmière ne veut pas que je me fatigue… Bébé envoie un baiser à son Papa ! »

Ensuite, Meinertzhagen lança une opération visant à faire croire que des recherches acharnées étaient menées pour retrouver le sac. Un sandwich, enveloppé dans un quotidien faisant référence aux documents manquants, fut placé près des lignes ennemies, comme jeté par une patrouille étourdie. Meinertzhagen comparut devant une commission d'enquête (fictive) pour fournir des explications sur la besace perdue.

Comme prévu, les Turcs concentrèrent leurs troupes à Gaza et redéployèrent deux divisions loin de Beersheba. Le 31 octobre 1917, les Britanniques lancèrent une nouvelle offensive et franchirent les rangs turcs clairsemés à Beersheba. En décembre, ils avaient pris Jérusalem. Meinertzhagen exultait en racontant que sa ruse de la besace avait été « facile, fiable et bon marché ». Mais la victoire pouvait aussi être attribuée à un autre stratagème retors de Meinertzhagen : le largage de centaines de cigarettes mêlées d'opium derrière les lignes turques. Quelques historiens ont argumenté que la ruse de la besace n'avait pas rencontré autant de succès que l'affirmait Meinertzhagen. Il est probable que nul ne saura jamais si les Turcs avaient bien été bernés ou s'ils étaient complètement drogués.

La ruse a été modernisée et réemployée au début de la Seconde Guerre mondiale. Avant la bataille d'Alam Halfa, en 1942, un cadavre serrant entre ses doigts une carte qui montrait un itinéraire « sûr » à travers le désert avait été placé dans un véhicule de reconnaissance calciné dans l'espoir que les chars de Rommel suivent la carte et s'enlisent dans des sables mouvants. Dans une autre variation sur ce thème, un faux plan de défense de Chypre avait été confié, au Caire, à une femme que l'on savait être en contact avec des espions de l'Axe. Mais la variante la plus récente avait été échafaudée, avec une symétrie parfaite, par Peter Fleming, le frère aîné de Ian Fleming, alors officier du renseignement, sous les ordres du général Archibald Wavell, commandant suprême allié en Extrême-Orient. Peter, qui partageait l'imagination fertile de son frère et qui était déjà un écrivain à succès, concocta sa version personnelle de la ruse de la besace. Elle portait le nom de code « Erreur » et était destinée à convaincre les Japonais que Wavell en personne avait été blessé dans la retraite de Birmanie et avait laissé divers documents importants dans un véhicule abandonné. En avril 1942, les faux documents, une photographie de la sœur de Wavell, des lettres personnelles, des romans et divers objets, avaient été placés dans une Ford Sedan verte qui avait ensuite été poussée dans une pente menant vers un pont sur la rivière Irrawaddy, juste devant l'armée japonaise en marche. L'opération Erreur aurait pu être très amusante, mais « il n'a jamais été prouvé que les Japonais aient remarqué la voiture et encore moins qu'ils aient tiré de quelconques conclusions de son contenu ».

C'était le gros problème posé par la ruse de la besace : elle était profondément ancrée dans le folklore du renseignement et elle avait fait l'objet de nombreuses discussions de salon, mais il n'y avait pour ainsi dire aucune preuve qu'elle ait jamais fonctionné.

3
Salle 13

Pendant son temps libre, John Masterman, président du Comité XX, écrivait des romans policiers mettant en scène un professeur d'Oxford, comme lui, et un détective dans la veine de Sherlock Holmes. Véritable énigme à construire scène par scène, en semant des indices que les Allemands devaient découvrir, l'opération échafaudée par Charles Cholmondeley n'était pas pour déplaire à la tournure d'esprit romanesque de Masterman. Malgré quelques doutes sur la faisabilité du projet, le Comité XX somma Cholmondeley d'étudier la possibilité de mettre en pratique le plan Cheval de Troie sur l'un des fronts de la Seconde Guerre mondiale.

Les espions, comme les généraux, se battent jusqu'au bout. Pourtant, les services de renseignement de l'Axe n'avaient pas réagi face aux documents authentiques qui avaient échoué sur la plage avec le lieutenant Turner et ils avaient donc manqué une occasion d'anticiper l'opération Torch. Il était peu probable qu'ils commettent deux fois la même erreur. « Les Allemands, qui avaient des raisons de regretter la facilité avec laquelle ils s'étaient laissé surprendre par les débarquements en Afrique du Nord, ne négligeraient plus aussi facilement des documents stratégiques alliés s'ils devaient encore en avoir en leur possession. »

D'après le plan dressé par Cholmondeley, le cadavre serait livré par la mer. Donc, l'opération devait être sous le contrôle de la Navy. Le représentant du service de renseignement de la Royal Navy auprès du Comité XX, le capitaine de corvette Ewen Montagu, fut désigné pour aider Cholmondeley à étoffer l'idée. Montagu avait lu lui aussi le Mémo de la truite. Il en était un fervent adepte et il se porta volontaire pour « réfléchir à la façon de se procurer le corps adéquat, de résoudre les problèmes médicaux et de dresser un plan ».

Le choix d'Ewen Montagu comme partenaire de Cholmondeley pour la planification était parfaitement fortuit, mais heureux. Le grand sens de l'organisation et la maîtrise du détail de Montagu, avocat et bourreau de travail, complétaient à merveille l'« imagination fertile » de Cholmondeley. Autant Cholmondeley était maladroit et charmant, autant Montagu était doux et acerbe, raffiné, romantique et lumineusement intelligent.

Alors âgé de quarante-deux ans, Ewen Edwin Samuel Montagu était le deuxième des trois fils du baron Swaythling, descendant d'une dynastie de banquiers juifs immensément riches. La première moitié de sa vie n'avait été faite que de plaisirs sans faille, à la fois matériellement et intellectuellement. « Mes souvenirs sont faits d'une succession de moments heureux, écrivit-il en se remémorant son enfance. La chance nous souriait. »

Le grand-père de Montagu, qui était le fondateur de la fortune familiale, avait changé son nom de Samuel en Montagu, à la consonance plus aristocratique, inspirant un cruel *limerick* à Hilaire Belloc :

Montagu, first Baron Swaythling he,
Thus is known to you and me.
But the Devil down in Hell
Knows the man as Samuel.
And though it may not sound the same
It is the blighter's proper name[1].

Le père d'Ewen avait repris la direction de la banque et avait gagné encore plus d'argent. Son oncle Edwin fit une carrière politique, devenant secrétaire d'État à l'Inde. La demeure familiale était un véritable palais en briques rouges au cœur de Kensington, au 28 Kensington Court. L'entrée était tapissée de vieux cuir d'Espagne ; la « petite salle à manger » pouvait accueillir vingt-quatre convives ; quant au salon Louis XVI, avec ses fauteuils en soie brodée, ses moulures Art déco et son « lustre exquis » aux dimensions impressionnantes, il était prévu pour les grandes assemblées. Les Montagu recevaient en grande pompe : « Hommes d'État (britanniques et étrangers), diplomates, généraux, amiraux, etc. » Ces occasions étaient présidées par « Père » (immense, barbu et

1. *Montagu, premier Baron Swaythling,*
C'est ainsi que vous et moi le connaissons.
Mais le Diable là-bas en Enfer
Connaît cet homme sous le nom de Samuel.
Et même si ça ne sonne pas pareil,
C'est le nom propre de ce veinard.

grave), « Mère » (petite, artiste et infatigable), « Mère Grannie », Lady Swaythling, la douairière qui, aux yeux d'Ewen, ressemblait à « une pièce de porcelaine de Saxe très animée [qui] comme la plupart des femmes de son milieu, ne faisait jamais rien elle-même ».

Ewen et ses frères avaient grandi entourés de domestiques et de trésors, mais, au regard du ferment idéologique de l'époque, chacun émergea de l'enfance avec sa personnalité propre. Le fils aîné, Stuart, était pompeux et dépourvu d'imagination, comme seul un héritier aristocratique anglais pouvait l'être ; en revanche, le jeune frère d'Ewen, Ivor, refusa l'argent de la famille et devint communiste engagé, pionnier du tennis de table britannique, collectionneur d'espèces rares de souris et réalisateur de films radicaux.

La maison était équipée d'un ascenseur hydraulique que les enfants Montagu n'empruntaient jamais : « C'était l'ascenseur des *domestiques*, destiné à transporter des plateaux ou des paniers à linge, ou encore les employés eux-mêmes lorsqu'ils devaient traverser en passant inaperçus les appartements de leurs maîtres, car leur présence aurait été contraire aux conventions. » Il y avait au moins une vingtaine de domestiques (même si personne ne les comptait), dont un majordome et deux valets de pied, un cuisinier et des filles de cuisine, deux femmes de chambre, la domestique personnelle de Mère, une infirmière et une bonne d'enfant, une gouvernante, un secrétaire, un cocher *cockney*, un palefrenier et deux chauffeurs. « Être né dans une famille très riche, où les serviteurs abondaient, rendait la vie totalement différente », écrivit Ewen.

Ewen est allé à Westminster School. Il portait le haut-de-forme et la queue-de-pie et y fut admirablement éduqué et rarement corrigé. Avant de poursuivre ses études à Trinity College, à Cambridge, il passa une année à Harvard où il étudia la composition anglaise, mais où il profita surtout de la grande époque du jazz d'une façon que le Grand Gatsby lui aurait enviée, en vivant, selon ses propres mots, « la vie mondaine américaine telle qu'on la voit dans les films ». Cette expérience fit de Montagu un américanophile convaincu : « Je me sentais redevable aux Américains pour leur gentillesse à mon égard et j'avais l'impression qu'il fallait que je leur rende la pareille. » La guerre lui en fournit l'occasion.

À Cambridge, Ewen avait un valet personnel et une Lancia sport biplace de 1910, qu'il appelait « Steve ». Il flirta avec les Travaillistes mais laissa les courants de pensée les plus extrémistes à son frère Ivor, qui le suivit à Cambridge un an plus tard et qui était déjà en voie de devenir un marxiste engagé. Malgré leurs personnalités et leurs opinions politiques divergentes, Ewen et Ivor étaient très proches. « L'écart entre les trois frères était surprenant », faisait remarquer Ewen. Stuart « posait déjà un regard de banquier sur la vie », tandis qu'Ewen et Ivor n'avaient pas l'intention de suivre la carrière familiale. « Lui et moi étions plus proches que nous ne l'étions avec Stuart, car nous partagions davantage de centres d'intérêt. »

« Nous n'avions rien d'autre à faire que de nous amuser, ajouta Ewen. Et, parfois, travailler. » Toutefois, ils trouvèrent le temps d'« inventer » le tennis de table. Ivor était un excellent « pongiste ». Comme le jeu n'avait encore ni règle ni règlement, il fonda l'Association britannique de ping-pong. Jaques, fabricant d'articles de sport, eut vent de la naissance du club et répliqua sans tarder que sa société avait déjà déposé le nom « ping pong ». Ewen rétorqua : « Je lui ai conseillé de choisir un autre nom. Alors que nous échangions des noms, l'un de nous deux inventa "tennis de table". » Ivor fonda la Fédération internationale de tennis de table en 1926 et en fut le premier président, poste qu'il occupa pendant quarante et un ans.

Les frères Montagu sont aussi à l'origine de la création de la « Ligue des mangeurs de fromage » à Cambridge. Ivor et Ewen partageaient une passion commune pour le fromage et fondèrent un club de dégustation pour pouvoir importer et goûter des spécimens exotiques provenant du monde entier : fromage au lait de chamelle, fromage de chèvre du Moyen-Orient, fromage fabriqué à partir de lait de brebis afghane à longues cornes. « Nous avions pour ambition de nous procurer du fromage au lait de baleine », écrivit Ewen. À cette fin, il contacta une société baleinière afin de s'assurer que « si une baleine allaitante était tuée, son lait serait transformé en fromage qui nous serait envoyé ».

Montagu sut profiter des moments privilégiés qu'il passa à Cambridge, mais il affûtait déjà les muscles intellectuels qui le maintiendraient d'aplomb en tant qu'avocat, d'abord, puis en tant qu'officier du renseignement, ensuite, notamment sa capacité à « travailler intensément malgré le manque ou l'absence de sommeil pendant une courte période ». Il avait aussi une bonne résistance physique. Une fois, alors qu'il chassait à courre, son pied glissa de son étrier qui bondit dans les airs lorsque le cheval fit un écart, le coupant profondément au menton et lui arrachant cinq dents. Un autre chasseur ramassa l'une des dents d'Ewen. « Je l'ai mise dans ma poche et j'ai continué », se souvient Ewen. L'accident lui laissa un sourire de travers, dont il jouait avec charme, mais parcimonie, et un rebord utile où poser sa pipe.

Alors qu'il était encore à l'université, Ewen se fiança à Iris Solomon. Par bien des aspects, ils allaient très bien ensemble. Iris était la fille de Solomon J. Solomon, le portraitiste. Elle était vive, intelligente et de souche anglo-juive. Ils se marièrent en 1923. Un fils arriva bientôt, suivi d'une fille.

Pendant les années 1920 et 1930, le jeune avocat et sa femme vécurent l'existence dorée de l'entre-deux-guerres. Ils côtoyèrent les personnes influentes du pays ; en fin de semaine, ils se retiraient à Townhill, la propriété des Montagu près de Southampton, où vingt-cinq jardiniers entretenaient des jardins magnifiques dessinés par Gertrude Jekyll. Ils y tiraient le faisan, chassaient et jouaient au tennis de table. L'été, ils naviguaient sur le voilier de quarante-cinq pieds d'Ewen sur la Solent ; l'hiver, ils skiaient en Suisse.

Mais surtout, Ewen (comme son futur chef, l'amiral Godfrey) adorait pêcher en rivière et dans les bassins à saumon de Townhill. Plus tard, on le décrira comme « l'un des meilleurs pêcheurs à la mouche du royaume », même s'il le niait en toute modestie, insistant sur le fait qu'il n'était « guère plus qu'un pêcheur médiocre mais enthousiaste ». Pour Montagu, que ce soit au bord de la rivière, au tribunal, et bientôt, à la guerre, il n'y avait pas d'expérience plus satisfaisante que « le frisson de la prise et le plaisir du jeu avec le poisson ».

Entre-temps, Ivor Montagu poursuivait une autre carrière. À vingt-deux ans, il avait fondé l'Association britannique de tennis de table, écrit un ouvrage intitulé *Table Tennis Today* (« Le Tennis de table aujourd'hui »), créé la Société cinématographique (avec Sidney Bernstein) et participé à deux expéditions en Union soviétique, où il perfectionna son russe et se mit en quête d'un « campagnol excessivement primitif » que l'on trouvait uniquement dans le Caucase. L'expérience aboutit à une monographie zoologique sur *Prometheomys*, la « souris-Prométhée », et une foi inébranlable en la machine d'État soviétique. En 1927, il épousa Frances Hellstern, mieux connue sous le surnom « Hell » (ou l'enfer, et considérée comme telle par sa belle-mère), fille-mère et fille d'un bottier du sud de Londres. Le mariage fit les gros titres des tabloïds : « Le fils du baron épouse la secrétaire ». La reine Mary écrivit à Lady Swaythling : « Chère Gladys, je compatis. May. » Ivor s'en fichait éperdument.

En 1929, Ivor rencontra le réalisateur soviétique Sergeï Eisenstein et, ensemble, ils se rendirent à Hollywood, où Ivor se lia d'amitié avec Charlie Chaplin, à qui il apprit à jurer en russe. Le benjamin des Montagu fut le producteur de cinq films britanniques d'Alfred Hitchcock. Pendant ce temps, les opinions politiques d'Ivor ne cessaient de se radicaliser. Il adhéra à la Société des Fabiens et au Parti communiste de Grande-Bretagne, avec un passage au Parti socialiste britannique. Il se rendit en Espagne pendant la Guerre civile et y tourna une série de documentaires pro-républicains. Pendant qu'Ewen frayait avec des généraux et des ambassadeurs, Ivor fréquentait George

Bernard Shaw, H. G. Wells et leurs semblables. Quand Ewen vivait à Kensington, Ivor se vit couper les vivres par son père et s'installa avec Hell dans une maison mitoyenne à Brixton. Malgré toutes leurs différences, les frères restèrent proches et se voyaient souvent.

Après avoir rejoint le barreau en 1924, Ewen devint un avocat exceptionnellement doué. Il apprit à absorber des détails, à improviser et à modeler l'esprit collectif d'un jury malléable. Ewen Montagu savait argumenter. Il pouvait discuter avec n'importe qui, sur n'importe quel sujet, à n'importe quelle heure de la journée. En outre, il était parfaitement convaincant, car il possédait la rare capacité de savoir lire dans les pensées de son interlocuteur, ce qui est l'apanage des bons avocats et des bons menteurs. Il devint fasciné par les rouages des esprits criminels et confessa « une certaine sympathie pour les fripouilles ». Il savourait les estocades échangées au tribunal, où la victoire dépendait du fait d'être capable de « voir le point de vue et d'anticiper les réactions d'un avocat adverse aussi astucieux ». Montagu était toujours aimable envers les gens qui lui étaient inférieurs de par leur statut social et il était parfaitement capable de « manières douces », mais il aimait remettre à leur place ceux qui détenaient l'autorité et pouvait se montrer très grossier. Comme de nombreux avocats, il aimait relever le défi de défendre ceux qui paraissaient sans défense ou indéfendables. L'un de ses clients était un juriste véreux dans lequel il se reconnaissait peut-être un peu : « Quand il remarquait un mensonge très artistique, son regard s'éclairait et il le dénonçait. » En 1939, Montagu fut nommé avocat de la Couronne.

Ewen naviguait au large des côtes bretonnes, six mois après sa nomination, lorsqu'il apprit que la guerre avait été déclarée. La croisière avait été merveilleuse, « avec un bon vent, un temps magnifique et escortée par des marsouins bondissant devant la proue ». En entendant la funeste déclaration du Premier ministre à la radio, Ewen fit demi-tour et rentra au port, sachant que sa vie dorée ne serait plus jamais aussi fastueuse qu'avant. « J'ai regardé vers le large et je me suis rendu compte que ma vie venait de se briser. Tout allait si bien, mon avenir en tant qu'avocat de la Couronne était prometteur, et dans ma vie de famille et ma vie privée, tout était merveilleux. Maintenant, tout cela est terminé. »

Iris et les deux enfants, Jeremy et Jennifer, furent envoyés aux États-Unis, loin des bombes de la Luftwaffe qui ne tarderaient pas à pleuvoir sur Londres. Étant membre de l'une des familles de banquiers juifs les plus en vue du pays, Ewen savait que le clan Montagu serait en première ligne en cas d'invasion nazie.

À trente-huit ans, Ewen était trop vieux pour le service actif, mais il s'était déjà porté volontaire pour le corps de réservistes de la Royal Navy. Au début de la guerre, il fut mobilisé en tant que lieutenant de vaisseau (capitaine de corvette par intérim) et attira rapidement l'attention de l'amiral John Godfrey, qui était à la tête du Service de renseignement de la Royal Navy. « Il est inutile, voire dangereux, d'employer des gens d'intelligence moyenne, écrivit Godfrey. Seuls des hommes ayant des cerveaux de première classe devraient être autorisés à toucher ces choses. S'il n'est pas possible de trouver les bonnes personnes, alors on ne prendra personne. » Avec Montagu, il savait qu'il avait affaire au bon type de personne.

Le service de renseignement de Godfrey était un organisme éclectique et marginal. Hormis Ian Fleming, son assistant personnel, Godfrey employait « deux agents de change, un instituteur, un journaliste, un collectionneur de livres sur la pensée originale, un professeur à Oxford, un clerc de notaire et un agent d'assurances ». Cette équipe hétérogène se tassait dans la salle 39 de l'Amirauté, constamment nimbée de fumée et résonnant souvent des cris et des jurons de l'amiral Godfrey. Fleming décerna à Godfrey le surnom fortement teinté d'ironie d'« Oncle John », car on avait rarement vu un chef aussi peu avenant. « Les résidents permanents qui finirent par s'installer dans la cave, écrivit-il, avaient des tempéraments, des ambitions, des statuts sociaux et des vies privées très différentes, et ils avaient chacun leurs manies, espoirs, craintes, angoisses, amours, haines, animosités et zones d'ombre. » Les moindres renseignements relatifs à la guerre navale passaient par la salle 39 et, même si l'atmosphère y était souvent tendue, les membres de l'équipe de Godfrey « faisaient un travail de fourmi et leurs résultats combinés étaient prodigieux ». Les fourmis dirigées par Godfrey n'étaient pas uniquement chargées de collecter et de diffuser des renseignements confidentiels, mais elles étaient aussi responsables des agents et des agents doubles en activité, ainsi que de l'élaboration d'opérations d'intoxication et de contre-espionnage.

Godfrey avait remarqué que Montagu était particulièrement doué pour ce type de travail et il l'a rapidement promu. Très vite, il représenta le Service de renseignement de la Royal Navy auprès de la plupart des organismes de renseignement importants, dont le Comité XX, et il dirigea sa propre sous-section du Service : la section 17M (M de Montagu).

Hébergée dans la salle 13, une cave basse de plafond de vingt mètres carrés, la section 17M était chargée de traiter tous les « renseignements spéciaux » liés à des questions navales, et principalement les interceptions dites « Ultra », c'est-à-dire les communications ennemies déchiffrées par les cryptanalystes de Bletchley Park quand le code d'Enigma, la machine de chiffrement allemande, fut brisé. Aux débuts de la section 17M, les données Ultra arrivèrent par bribes, mais progressivement, les informations secrètes coulèrent à flots, avec plus de deux cents messages à traiter par jour, certains longs de quelques mots et d'autres de plusieurs pages. La tâche qui consistait à comprendre, assembler et diffuser cet énorme volume d'informations était comparable à « l'apprentissage d'une nouvelle langue » d'après Montagu, dont le rôle consistait à déterminer quels fragments devaient être transmis aux autres agences et lesquels méritaient de figurer dans les résumés des renseignements spéciaux, « la crème du renseignement », destinés à la coordination des informations détenues par le MI5, Bletchley Park, les autres services de renseignement et le Premier ministre. Montagu développa un véritable don pour la lecture de ces flux de données, qui, même après leur décodage, pouvaient demeurer parfaitement opaques. « Les Allemands adorent les références croisées et les abréviations, mais ils aiment encore plus les noms de code (ce penchant n'ayant d'égal que leur inaptitude pratique). »

La section 17M s'agrandit. La première arrivée fut Joan Saunders, jeune femme mariée au bibliothécaire de la Chambre des Communes et dont la mission était d'« accomplir le travail minutieux d'indexation, de classement et de recherche ». En fait, Joan, qui était grande, aux épaules carrées, légèrement hautaine, et qui avait la voix forte et une personnalité assortie, est devenue l'assistante principale de Montagu. Elle avait été infirmière au début de la guerre et avait dirigé une infirmerie pendant la retraite de Dunkerque. Elle avait un grand sens pratique, elle était travailleuse, parfois terrifiante, et, en hiver, elle venait travailler enveloppée dans un manteau en peau de tigre. Les autres femmes du service la surnommaient « Tatie », mais jamais en face. Sa connaissance des cadavres allait se révéler fort utile. « Elle est extraordinairement compétente, très méthodique, mais aussi effroyablement vigilante, raconta Montagu à sa femme. Il est très agréable de travailler avec elle, même si elle n'est pas très agréable à regarder. Je n'ai pas beaucoup de chances avec mes assistantes concernant leur apparence. » Montagu était un fin connaisseur en matière de beauté féminine.

En 1943, la section 17M avait encore grossi et comptait quatorze personnes, dont un artiste, un journaliste pour un magazine de yachting et deux « sentinelles » chargées de surveiller le trafic nocturne. Les conditions de travail étaient atroces. La salle 13 était « beaucoup trop exiguë, beaucoup trop encombrée de coffres-forts, d'armoires métalliques, de tables, de chaises, etc., et surtout, beaucoup trop basse de plafond, avec des poutres métalliques qui la rendaient encore plus basse. Il n'y avait pas d'aération naturelle, seulement de l'air recyclé dans des conditions qui auraient été immédiatement condamnées par n'importe quel inspecteur d'usine ». Le seul éclairage était produit par des tubes fluorescents « qui rendaient tout le monde mauve ». En théorie, le personnel « n'était pas censé écouter ce que nous disions au téléphone ou entre nous ». Dans un espace aussi confiné, c'était impossible : il n'y avait pas de secrets entre les maîtres des secrets de la salle 13. Malgré ces conditions difficiles, la section de Montagu était extrêmement efficace : d'après l'amiral Godfrey, c'était « une bande brillante de vainqueurs convaincus ».

Comme au tribunal, Montagu aimait aussi se glisser dans l'esprit de ses adversaires sur le terrain de l'espionnage : des saboteurs, des espions, des agents et des maîtres-espions dont les échanges radio quotidiens, après avoir été écoutés, décodés et traduits, se déversaient jusqu'à la section 17M. Il finit par reconnaître la patte de quelques officiers du renseignement allemands et, comme pour ses anciens rivaux au tribunal, il « commença presque à en considérer certains comme des amis » : « Ils étaient si gentils avec nous, inconsciemment. »

Aux États-Unis, sur l'instigation d'Ewen, Iris avait commencé à travailler pour la Coordination britannique de la sécurité, un organisme de renseignement basé à New York et dirigé par William Stevenson, le maître-espion qui se cachait sous le nom de code « Intrepid ». Derrière la couverture d'un service de contrôle des passeports britanniques, l'équipe de Stevenson pratiquait la désinformation à destination des sympathisants nazis aux États-Unis, elle organisait l'espionnage et s'efforçait par tous ses moyens, loyaux ou déloyaux, de pousser le pays à entrer en guerre. D'une certaine façon, Iris avait déjà l'espionnage et la dissimulation dans le sang. En effet, son père, le peintre Solomon J. Solomon, avait joué un rôle dans l'invention du camouflage militaire pendant la Première Guerre mondiale. En 1916, il avait construit un faux arbre de deux mètres soixante-quinze de haut, en plaques métalliques enveloppées d'écorce, pour servir de poste d'observation sur le front occidental. Cette famille avait relevé le défi de la dissimulation et y avait pris plaisir. Ewen était content que sa femme « soit aussi "dans le coup" », comme il disait. Les époux s'écrivaient tous les jours, même si Ewen ne pouvait jamais vraiment décrire ce qu'il avait fait de sa journée : « Si je suis tué, quatre ou cinq personnes pourront te raconter après la guerre le genre d'activités que j'avais. »

Le rôle de Montagu prit encore plus d'ampleur quand Godfrey le nomma responsable de toute la désinformation navale par les agents doubles, « le boulot le plus fascinant de la guerre », d'après Montagu. Par le biais des interceptions Ultra, le Royaume-Uni arrêta tous les espions envoyés sur son territoire par l'Abwehr, l'organisation de renseignement militaire allemande. Un grand nombre d'entre eux furent utilisés comme agents doubles, transmettant de fausses informations à l'ennemi. Montagu se retrouva au cœur du « System Double Cross », aidant « Tar » Robertson et John Masterman à déployer les agents doubles quand la Royal Navy était impliquée. Il travailla avec Eddie Chapman, l'escroc devenu espion, opérant sous le nom de code « Zigzag », pour transmettre de fausses informations sur l'armement des sous-marins ; il étudia l'astrologie pour vérifier si l'apparente croyance de Hitler en ces prédictions pouvait être utilisée contre lui (« très distrayant mais inutile ») et, en novembre 1941, il se rendit aux États-Unis pour participer à l'élaboration d'un système permettant à l'agent double « Tricycle » (le dandy serbe Dusko Popov) de pénétrer dans le milieu des espions allemands opérant aux États-Unis. Le System Double Cross impliquait aussi de créer de faux espions. « Des espions qui n'existaient pas dans la vraie vie et qui étaient des personnes imaginaires soi-disant recrutées en tant que sous-agents par des agents doubles que nous manipulions déjà. » Pour réussir à convaincre l'ennemi que ces personnages fictifs existaient vraiment, les moindres aspects de leur fausse personnalité devaient prendre vie.

Certains des documents qui passaient sur le bureau de Montagu dépassaient l'entendement. En octobre 1941, Godfrey ordonna à Montagu d'enquêter sur la raison pour laquelle les Allemands avaient soudain importé mille singes rhésus, ainsi que des singes de Barbarie. Godfrey supposait que « cela pouvait indiquer que les Allemands avaient l'intention de se servir de gaz, de se lancer dans la guerre bactériologique ou de faire des expériences ». Montagu consulta Lord Victor Rothschild, expert en explosifs, attrape-nigauds et autres formes de lutte peu conventionnelles auprès du MI5. Sa seigneurie doutait que l'importation massive de singes soit de mauvais augure. « Même si j'ai surveillé d'un œil attentif les personnes qui demandaient des animaux, écrivit-il, les cas étudiés jusqu'ici se sont révélés inoffensifs. D'ailleurs, une annonce passée dans le *Times* pour cinq cents hérissons se révéla être en relation avec des expériences effectuées par la section de recherche sur la fièvre aphteuse. »

Montagu ne se battrait jamais sur le front, mais sa bravoure ne faisait aucun doute. Lorsque la Grande-Bretagne fut menacée par un débarquement allemand en 1940, il eut l'idée d'essayer de conduire l'envahisseur vers un champ de mines, en se servant de lui-même comme appât. Les mines disséminées le long de la côte est de l'Angleterre étaient suffisamment espacées pour laisser passer les bateaux de pêche. Les Allemands connaissaient l'emplacement approximatif de ces canaux, mais pas leurs coordonnées précises. Si une carte, qui montrait des canaux suffisamment proches des espaces réels pour être crédibles, tout en étant légèrement fausse, pouvait leur tomber entre les mains, la flotte allemande pourrait être persuadée de foncer en toute confiance sur la mauvaise route, et, avec un peu de chance, elle coulerait. Popov, l'agent Tricycle, ferait passer la fausse carte aux Allemands, affirmant se l'être procurée par le biais d'un officier juif de la Navy cherchant à s'attirer les faveurs des nazis. Popov dirait que cet homme, un avocat de grand renom dans la vie civile, « avait cru à la propagande sur le mauvais traitement infligé aux Juifs et ne voulait pas risquer de tomber entre les mains de la Gestapo ». La carte était son assurance-vie et il la remettrait uniquement en échange d'une garantie écrite de sa sécurité en cas d'invasion de l'Angleterre par les troupes allemandes. Popov demanda quel nom il devrait donner aux Allemands pour désigner le traître de la Royal Navy. « Je pensais que vous aviez compris, répondit Montagu. Capitaine de corvette Montagu. Ils peuvent vérifier mon nom au

Barreau et dans n'importe quel annuaire de la communauté juive. »

Cet acte révélait un courage considérable, même si Montagu le nia par la suite. Si les Allemands avaient envahi l'Angleterre, ils auraient vite compris que la carte était fausse et Montagu aurait couru un danger bien plus grave que celui qui le menaçait déjà. Il était aussi possible qu'une personne travaillant pour les services de renseignement britannique entende parler de la carte et du traître juif qui était prêt à vendre des secrets pour sauver sa peau : il lui faudrait alors fournir des explications compliquées. Aux yeux des Allemands, le complot faisait apparaître Montagu comme un traître. Ça lui était égal : laisser filtrer une histoire convaincante était tout ce qui importait.

Avant de charger Montagu de la désinformation à la Navy, Godfrey lui avait remis un exemplaire du Mémo de la truite écrit avec Ian Fleming. Montagu considérait Fleming comme un « homo » et s'entendait très bien avec lui. (« Fleming est charmant, mais il vendrait sa propre grand-mère. Je l'aime beaucoup. ») Des années plus tard, quand les deux hommes avaient pris leur retraite depuis longtemps, Godfrey rappela gentiment sa dette à Montagu et les origines de l'opération : « La simple idée de l'aviateur mort, échoué sur la plage, faisait partie de la douzaine de notions que je t'ai transmises au moment de la formation de la section 17M », écrivit-il. Montagu répliqua platement : « En toute honnêteté, je ne me souviens pas que vous m'ayez fait cette suggestion. Évidemment, vos paroles auraient pu rester gravées dans mon subconscient, mais je vous assure que ce n'était pas conscient, ce qui révèle l'œuvre étrange du destin (ou d'autre chose !). »

C'est aussi l'œuvre étrange du destin qui avait réuni dans la salle 13 Montagu, l'avocat futé, et Cholmondeley, le grand échalas imprévisible, un couple bien mal assorti, qui élaborerait le double jeu le plus remarquable de l'histoire de la désinformation. Ils avaient le soutien du Comité XX, ils pouvaient se fier à quantité de précédents et ils avaient l'embryon d'un plan : il ne leur manquait plus qu'une idée claire de ce qu'ils allaient en faire.

4

Objectif Sicile

Le plan d'action approuvé par Winston Churchill et Franklin Delano Roosevelt lorsqu'ils se rencontrèrent à Casablanca, en janvier 1943, était, par bien des aspects, d'une simplicité enfantine : après la réussite de la campagne d'Afrique du Nord, l'opération Torch, c'était au tour de la Sicile d'être dans la ligne de mire.

La machine de guerre nazie commençait à balbutier et à avoir des ratés. La 8e armée britannique, sous le commandement de Montgomery, avait vaincu l'invincible Afrika Korps de Rommel à El Alamein. L'invasion alliée du Maroc et de la Tunisie avait irréversiblement affaibli la mainmise allemande et, avec la libération de Tunis, les Alliés pouvaient contrôler les côtes d'Afrique du Nord, ses ports et ses terrains d'aviation, de Casablanca à Alexandrie. L'heure était venue d'assiéger la forteresse de Hitler. Mais où commencer ?

La Sicile était la cible logique si l'on voulait frapper un bon coup « dans le bas-ventre mou de l'Axe », comme Churchill se plaisait à le dire. L'île située à la pointe de la botte italienne occupait une place de choix sur la voie maritime reliant les rives est-ouest de la Méditerranée, à quatre-vingts miles seulement de la côte tunisienne. Si les forces armées britanniques et américaines combinées voulaient libérer l'Europe, en arrachant l'Italie au joug fasciste et en refoulant le monstre nazi, il leur faudrait d'abord prendre la Sicile. Les Britanniques à Malte et les convois alliés avaient été pilonnés par les bombardiers de la Luftwaffe décollant de l'île. Et, comme le faisait remarquer Montagu, « aucune opération majeure ne pouvait être lancée, maintenue ou ravitaillée tant que les terrains d'aviation ennemis et d'autres bases en Sicile n'avaient pas été rayés de la carte pour libérer le passage par la Méditerranée ». Une invasion de la Sicile ouvrirait la route vers Rome, éloignerait une partie des troupes allemandes du front de l'Est, ce qui soulagerait l'armée Rouge, permettrait de préparer le débarquement en France et peut-être même d'éliminer une Italie titubante de la guerre. Briser le « Pacte d'Acier », conclu en 1939 par Hitler et Mussolini, réduirait le moral des Allemands en miettes, comme le prédisait Churchill, et « cela pourrait être le début de la fin ». Au départ, les Américains étaient dubitatifs, se demandant si les Britanniques ne nourrissaient pas des ambitions impériales sur la Méditerranée, mais ils finirent par parvenir à un compromis : la Sicile serait un tremplin, un prélude au débarquement en Europe continentale.

Si l'importance stratégique de la Sicile était claire pour les Alliés, elle ne l'était pas moins pour l'Italie et l'Allemagne. Churchill était catégorique à propos du choix de la cible : « N'importe quel idiot *saurait* que ce sera la Sicile. » Et si l'ennemi était assez stupide pour ne pas anticiper ce qui allait se produire, il y croirait certainement quand 160 000 soldats britanniques, américains et du Commonwealth, ainsi qu'une armada de 3 200 navires, se mettraient en ordre de bataille pour le débarquement. Le millier de kilomètres de côtes siciliennes était déjà défendu par sept ou huit divisions ennemies. Si Hitler anticipait la prochaine manœuvre des Alliés, des milliers de soldats allemands en réserve en France seraient redéployés sur l'île. Le bas-ventre mou se transformerait en mur de muscle, refoulant le débarquement dans un bain de sang.

Mais la Sicile demeurait l'objectif privilégié. Le 22 janvier, Churchill et Roosevelt donnèrent leur bénédiction commune à l'« opération Husky », le débarquement de Sicile, qui deviendrait la seconde plus grande opération de la guerre. Le général Eisenhower fut convoqué à Casablanca pour recevoir ses ordres.

Tout cela posait un terrible casse-tête aux chefs du renseignement alliés : comment réussir à convaincre l'ennemi que les Alliés ne feraient *pas* ce que toute personne censée, munie d'un atlas, leur *recommanderait* de faire ?

Au mois de juin précédent, Churchill avait établi la London Controlling Section (au nom délibérément vague) et avait nommé à sa tête un contrôleur de la désinformation, le lieutenant-colonel John H. Bevan, dans le but de « préparer des plans d'intoxication à l'échelle mondiale avec pour objectif de provoquer le gaspillage des ressources militaires de l'ennemi ». Bevan était chargé de la conception globale, de la supervision et de la coordination de la désinformation stratégique. Immédiatement après la conférence de Casablanca, il reçut pour mission d'élaborer une nouvelle politique de désinformation pour camoufler le débarquement imminent en Sicile. Cela aboutit à l'« opération Barclay », un plan complexe, à multiples strates, supposé convaincre les Allemands que tout n'était pas noir, mais blanc, ou au moins gris.

Johnnie Bevan était un ancien d'Eton devenu agent de change, un véritable pilier de l'*establishment* britannique, dont le tempérament convivial et modeste cachait un esprit extrêmement vif. Il avait cette rare aptitude typiquement britannique de réussir de véritables coups de maître tout en conservant un air perpétuellement gêné, et il abordait la tâche monumentale de la désinformation comme s'il s'agissait d'une partie de cricket. « Quand les perspectives paraissaient plutôt mauvaises pour son équipe, il entrait sur le terrain en traînant les pieds, faisait quelques bons coups et repartait, toujours en traînant les pieds, en ayant l'air honteux de ce qu'il venait de faire. » Bevan jouait avec une grande droiture et c'était un coéquipier honnête et droit : c'est probablement pour cette raison que c'était un as de la désinformation.

Tandis que Bevan contrôlait tout ce qui avait trait à l'intoxication depuis les « Cabinet War Rooms », le sous-sol fortifié de Whitehall, son homologue en Méditerranée était le lieutenant-colonel Dudley Wrangel Clarke, le chef de la Force « A », l'unité de désinformation basée au Caire. Clarke était lui aussi un maître de la désinformation stratégique, mais d'un tout autre acabit. Célibataire, couche-tard et allergique aux enfants, il était doté d'« une imagination ingénieuse et d'une mémoire photographique » prodigieuse, ainsi que d'un flair pour le tragique qui n'était pas sans poser problème. À l'occasion du Royal Tournament de 1925, il monta une reconstitution historique illustrant l'artillerie impériale au fil des âges et à laquelle participèrent deux éléphants, trente-sept fusils et « quatorze des plus grands Nigérians qu'il avait pu trouver ». Il adorait les uniformes et les costumes. L'une de ses oreilles avait été partiellement arrachée par une balle allemande lorsqu'il avait participé au premier raid commando en France occupée. En 1940, il fut appelé en Égypte, à la demande expresse du général sir Archibald Wavell, commandant en chef au Moyen-Orient, pour créer une « section spéciale du renseignement pour la désinformation ».

Clarke et la Force « A » avaient passé les deux années précédentes à dérouter et à embobiner l'ennemi de différentes façons, toutes plus compliquées et extravagantes les unes que les autres. À eux deux, les colonels Bevan et Clarke tissèrent la toile de désinformation la plus complexe à avoir jamais été imaginée. Pour l'essentiel, l'objectif de l'opération Barclay était assez simple : convaincre les puissances de l'Axe qu'au lieu d'attaquer la Sicile, en pleine mer Méditerranée, les Alliés avaient l'intention de débarquer en Grèce, à l'est, et en Sardaigne puis au sud de la France, à l'ouest. Voici la teneur de l'intoxication : la 12e armée britannique (qui n'existait pas) allait envahir les Balkans à l'été 1943, en commençant par la Crète et le Péloponnèse, entraînant la Turquie dans la guerre contre les puissances de l'Axe, puis marchant sur la Bulgarie et la Roumanie et pactisant avec la résistance yougoslave pour, enfin, rejoindre les armées soviétiques sur le front de l'Est. Un mensonge subsidiaire était destiné à convaincre les Allemands que la 8e armée britannique prévoyait de débarquer dans le sud de la France, puis de remonter la vallée du Rhône lorsque les troupes américaines du général Patton auraient débarqué en Corse et en Sardaigne. La Sicile serait contournée. Si l'opération Barclay portait ses fruits, les Allemands enverraient des renforts dans les Balkans, en Sardaigne et dans le sud de la France en prévision de débarquements qui n'auraient jamais lieu, en ne laissant qu'une défense clairsemée en Sicile. Au final, les troupes ennemies seraient réparties sur un large front et le bouclier défensif allemand serait affaibli. Au moment où la Sicile apparaîtrait comme cible véritable, il serait trop tard pour y envoyer des renforts.

Le plan de désinformation jouait directement sur les peurs de Hitler. Les interceptions Ultra avaient clairement révélé que le Führer, son état-major et ses commandements locaux en Grèce craignaient que les Balkans ne représentent un point vulnérable sur le flanc méridional des nazis. Quoi qu'il en soit, il ne serait pas facile de détourner l'attention des Allemands de la Sicile, car l'importance stratégique de l'île était évidente. Un rapport de renseignement allemand produit début février pour le Commandement suprême des forces armées, l'Oberkommando de la Wehrmacht (OKW), était assez explicite, et précis, sur les intentions alliées : « L'idée d'évincer l'Italie de la guerre à la fin de la campagne en Afrique, au moyen d'attaques aériennes et d'un débarquement, pèse fortement sur les délibérations anglo-saxonnes… La Sicile se présente comme la cible prioritaire. » L'opération de désinformation devait pousser Hitler dans deux voies différentes : apaiser ses craintes concernant la Sicile, tout en attisant son anxiété envers la Sardaigne, la Grèce et les Balkans.

« Oncle » John Godfrey considérait l'idéalisme (*wishfulness*) et l'obédience (*yesmanship*) comme les deux points faibles du renseignement allemand : « Si les autorités réclamaient des rapports sur un sujet précis, le service de renseignement allemand était capable d'inventer ces rapports de toutes pièces en se basant sur ce qu'ils pensaient être probable. » Par ailleurs, quand le haut commandement était confronté à des rapports de renseignements contradictoires, il était « enclin à croire à celui qui correspondait le mieux à ses propres conceptions antérieures ». Si l'idéalisme paranoïaque de Hitler et l'obédience servile de ses subordonnés pouvaient être exploités, alors l'opération Barclay pourrait fonctionner : les Allemands se tromperaient eux-mêmes.

La désinformation fut mise en œuvre sur plusieurs fronts. Les ingénieurs entreprirent de fabriquer une armée de pacotille en Méditerranée orientale ; des agents doubles commencèrent à transmettre de fausses informations à leurs officiers traitants de l'Abwehr ; on inventa des mouvements de troupes fantômes, de faux messages radio ; on recruta des interprètes grecs et des officiers et on fit l'acquisition de cartes et de devises grecques pour faire croire à une offensive imminente sur le Péloponnèse.

Tandis que Bevan et Clarke commençaient à tisser les fils de l'opération Barclay, Montagu et Cholmondeley partirent à la chasse au cadavre.

Dans son plan initial, Cholmondeley avait supposé qu'il suffisait de se présenter dans un hôpital militaire et de choisir un cadavre en promotion à 10 livres sur une étagère. La réalité était tout autre. Même si la Seconde Guerre mondiale avait fait plus de morts que n'importe quel autre conflit de l'Histoire, il était étonnamment difficile de se procurer le type de corps recherché. Les gens avaient tendance à se faire tuer, ou à se tuer, d'une manière inappropriée. Une victime de bombardement ne pouvait pas faire l'affaire. Les suicides étaient plus fréquents qu'en temps de paix, mais ils se faisaient plutôt par pendaison, par inhalation de gaz, par empoisonnement avec des médicaments ou par d'autres moyens facilement détectables lors d'une autopsie. En outre, les besoins étaient très précis : le plan demandait un corps masculin d'âge militaire, sans blessure ou infirmité apparente, et une famille coopérative, qui ne verrait pas d'objection à ce que la dépouille de l'être aimé leur soit enlevée à des fins non spécifiées et à ce qu'elle soit emportée vers un lieu inconnu par de parfaits étrangers. Montagu demanda conseil à une personne qui en savait plus sur la mort que n'importe quel être vivant.

Cette personne était sir Bernard Spilsbury, médecin légiste en chef au Home Office, le ministère de l'Intérieur, expert lors de nombreux procès célèbres et pionnier de la science récente de la médecine légale. Sir Bernard collectionnait les morts comme d'autres collectionnaient les timbres ou les livres. Pendant un demi-siècle, jusqu'à sa propre disparition mystérieuse en 1949, Spilsbury étudia des morts ordinaires et extraordinaires, exécutant quelque 25 000 autopsies : il analysa la mort par asphyxie, par empoisonnement, par accident et par meurtre et il nota les spécificités de chaque cas, de son écriture en pattes de mouche, sur des milliers de fiches bristol, posant les fondations de l'investigation moderne des scènes de crime.

Spilsbury se fit connaître du grand public à l'occasion de la tristement célèbre affaire du Dr. Crippen, en 1910. Quand le Dr. Hawley Harvey Crippen, originaire du Michigan, fut arrêté alors qu'il tentait de fuir vers l'Amérique du Nord avec sa maîtresse, c'est Spilsbury qui, à partir d'un tissu cicatriciel distinctif sur un fragment de peau, identifia le corps enterré dans une cave, à Londres, comme étant celui de la femme de Crippen, Cora, portée disparue. Crippen fut pendu en 1910. Au cours des trois décennies suivantes, Spilsbury témoigna devant les tribunaux à travers tout le pays, défendant l'opinion de la Couronne sur un ton clair, précis, avec une rectitude morale irréprochable. Les journaux aimaient le montrer sous les traits d'un homme droit et élégant dans le box des témoins, associant assurance scientifique et sens moral typiquement édouardien. Comme l'un de ses contemporains l'observait, Spilsbury était l'instrument du châtiment à lui tout seul : « Il pouvait accomplir sans peine toutes les conséquences légales de l'homicide – l'arrestation, la procédure judiciaire, la condamnation et l'autopsie, demandant uniquement la brève assistance du bourreau. » Devant la cour, il se révéla un grand orateur, sachant faire preuve de concision, n'employant jamais trois mots lorsqu'un seul suffisait. « Il se forgeait une opinion ; l'exprimait de manière aussi claire et succincte que possible ; puis s'y tenait contre vents et marées. »

Avant Spilsbury, le bien-fondé scientifique et médical de la médecine légale était sujet à caution. En 1943, il avait déjà contribué à transformer l'étude des cadavres – ou « science abominable », comme elle était surnommée – en une spécialisation scientifique à la fois morbide et séduisante. Dans le même temps, il acquit la réputation de se servir de lui-même comme cobaye. Spilsbury inhalait du monoxyde de carbone pour en tester les effets sur le corps humain et prenait des notes sur ses sensations (qui étaient désagréables). Il descendit dans une bouche d'égout sur Redcross Street pour vérifier quel gaz avait tué un ouvrier. Lorsqu'il ingéra accidentellement le microbe de la méningite dans un laboratoire d'hôpital, il « fit comme si de rien n'était ». On raconte que sir Bernard pouvait identifier la cause de la mort simplement en reniflant un cadavre. En 1938, le *Washington Post* le salua comme « le Sherlock Holmes moderne d'Angleterre ».

Mais une vie passée à respirer la mort, à observer des cadavres et à côtoyer les faces les plus sombres de la nature humaine avait affecté le grand scientifique. L'attention des médias lui était montée à la tête. Sir Bernard était distant, arrogant et profondément convaincu de son infaillibilité. Il regardait le monde d'un œil sinistre, à travers un voile de cynisme et d'autosatisfaction, et montrait rarement la moindre sympathie pour quiconque, vivant ou mort. Avec ses paupières épaisses et son « port hautain, aristocratique », il ressemblait à un lézard en blouse blanche et sentait en permanence le formol.

Ewen Montagu rencontra le célèbre médecin légiste autour d'un verre de sherry tiède au *Junior Carlton*, le club fréquenté par Spilsbury. Ce dernier avait déjà rendu quelques macabres services au MI5. Les espions ennemis capturés avaient le choix : devenir des agents doubles ou être exécutés. La plupart acceptaient de coopérer, mais quelques-uns résistaient ou étaient inexploitables. Ces derniers, les « seize malchanceux », comme ils furent surnommés, furent jugés et exécutés. Spilsbury fut chargé de réaliser les autopsies des espions exécutés, dont celle de Josef Jakobs, qui passa devant le peloton d'exécution à l'été 1941 et qui fut le dernier condamné exécuté à la Tour de Londres.

Sir Bernard avait soixante-six ans, mais il en paraissait beaucoup plus. Montagu n'était pas d'un naturel soumis, mais il avait eu l'occasion de voir Spilsbury au tribunal et était profondément admiratif de « cet homme extraordinaire ». Conscient de la bizarrerie de sa requête, Montagu expliqua que la Royal Navy « voulait que les Allemands et les Espagnols croient qu'un cadavre échoué était le corps d'une victime d'une catastrophe aérienne ». Quelle mort conviendrait à l'impression que le gouvernement souhaitait donner ? Les lourdes paupières de Spilsbury ne clignèrent pas devant la question. D'ailleurs, comme Montagu lc précisa par la suite, « pas une fois il ne m'interrogea sur le motif de ma requête ou sur mes intentions ».

Il y eut une longue pause pendant laquelle le scientifique réfléchissait à la question en faisant tourner son sherry dans son verre. Finalement, avec sa voix de tribunal, « claire, sonore, sans la moindre trace d'hésitation », il exposa son verdict. Évidemment, le plus simple serait de trouver un noyé et de le laisser dériver vers la terre dans un gilet de sauvetage. Sinon, comme l'expliqua Spilsbury, d'autres causes de décès feraient aussi l'affaire car les victimes d'accidents aériens ne meurent pas nécessairement d'un traumatisme ou de noyade : « Ils meurent souvent d'hypothermie ou même du choc. »

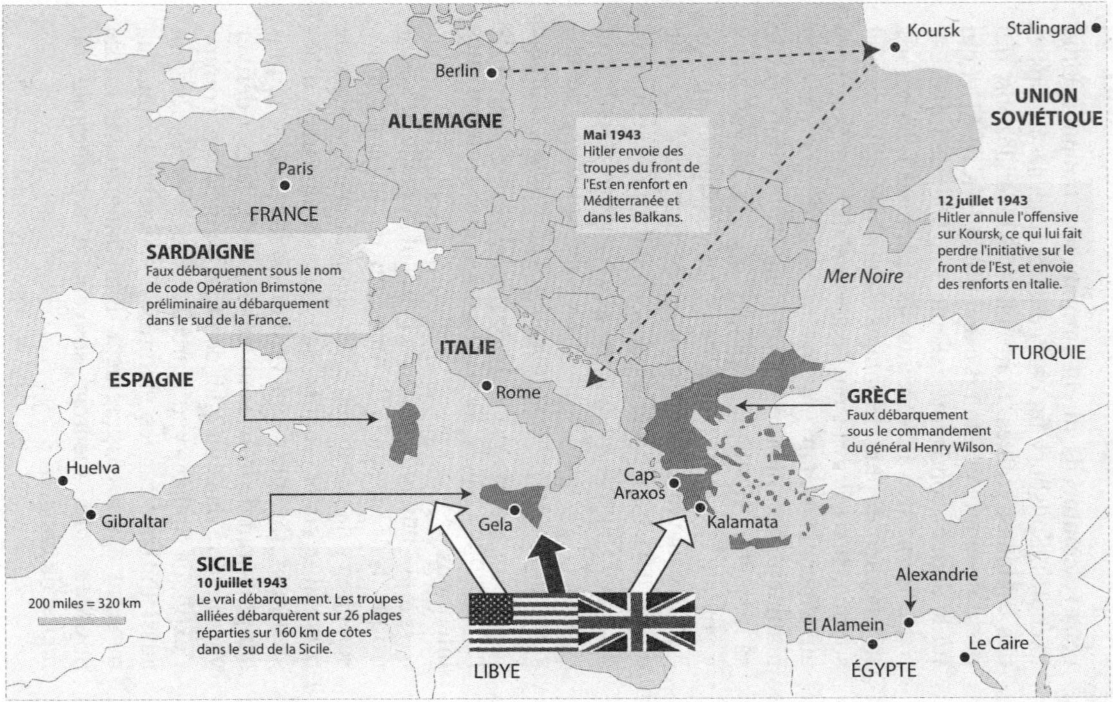
Koursk
Stalingrad
Berlin
UNION SOVIÉTIQUE
ALLEMAGNE
Mai 1943
Hitler envoie des troupes du front de l'Est en renfort en Méditerranée et dans les Balkans.
Paris
FRANCE
12 juillet 1943
Hitler annule l'offensive sur Koursk, ce qui lui fait perdre l'initiative sur le front de l'Est, et envoie des renforts en Italie.
SARDAIGNE
Faux débarquement sous le nom de code Opération Brimstone préliminaire au débarquement dans le sud de la France.
Mer Noire
ITALIE
TURQUIE
ESPAGNE
Rome
GRÈCE
Faux débarquement sous le commandement du général Henry Wilson.
Huelva
Cap Araxos
Gibraltar
Gela
Kalamata
SICILE
10 juillet 1943
Le vrai débarquement. Les troupes alliées débarquèrent sur 26 plages réparties sur 160 km de côtes dans le sud de la Sicile.
Alexandrie
200 miles = 320 km
El Alamein
Le Caire
LIBYE
ÉGYPTE

Spilsbury retourna à son laboratoire de l'hôpital St. Bartholomew et Montagu rapporta à Cholmondeley que la chasse au cadavre serait plus facile qu'ils ne s'y attendaient. Quoi qu'il en soit, il n'était pas envisageable de « demander autour de soi », car les gens ne tarderaient pas à commérer et des questions embarrassantes seraient certainement posées. Ils évoquèrent même la possibilité de violer une sépulture, à la manière de Burke et Hare, mais cette idée fut rapidement repoussée. (En 1827, William Burke et William Hare volèrent le corps d'un ancien combattant dans son cercueil et le vendirent à l'école de médecine d'Édimbourg moyennant la somme de 7 livres. Ensuite, ils assassinèrent seize personnes et vendirent leur cadavre pour qu'ils soit disséqué. Hare témoigna contre Burke qui fut pendu et publiquement disséqué.) Ce n'était pas une comparaison très heureuse. Voler des corps était déplaisant, immoral et illégal, et même s'ils étaient parvenus à leurs fins, un corps qui avait séjourné dans la terre, même pour quelques jours, serait trop décomposé pour être exploitable. Il leur fallait une personne discrète et serviable, ayant légalement accès à un vaste choix de cadavres frais.

Montagu connaissait une personne qui répondait trait pour trait à cette description : le *coroner* de St. Pancras, dans le nord-ouest de Londres, qui portait le nom délicieusement dickensien de Bentley Purchase.

D'après la loi britannique, le *coroner*, poste remontant au XIe siècle, est un représentant du gouvernement responsable des enquêtes sur les décès, et plus particulièrement ceux qui se produisent dans des circonstances inhabituelles, afin d'en déterminer la cause. Quand une mort est inattendue, violente ou non naturelle, le *coroner* doit décider du bien-fondé d'une autopsie et, si nécessaire, d'une enquête.

Bentley Purchase était un ami et collègue de Spilsbury, mais il était aussi gai que sir Bernard était sinistre. D'ailleurs, pour un homme qui passait sa vie avec des morts, Purchase était un vrai boute-en-train. Pour lui, la mort était non seulement passionnante, mais extrêmement amusante. Aucune forme de mort violente ou mystérieuse ne le surprenait ou ne l'attristait. « Un travail déprimant ? s'interrogeait-il. Absolument pas. Loin de moi l'idée d'en perdre le moral. » À ses visiteurs dans ses appartements privés, il offrait en plaisantant des chocolats qui avaient pris l'humidité : « On les a trouvés dans le sac de Tata quand elle a été repêchée dans la mare de Hampstead la nuit dernière. » D'origine paysanne, Purchase était « rude, tant par son apparence que sa personnalité », avec « un humour espiègle » et un certain sens du ridicule : il adorait les opéras de Gilbert et Sullivan, les trains miniatures, les œufs durs et la porcherie modèle qu'il dirigeait près d'Ipswich. Il ne portait jamais de chapeau et riait fort et souvent.

Montagu connaissait Purchase, car c'était « un vieil ami de l'époque où il était avocat ». Il lui fit envoyer un message pour lui demander s'ils pouvaient se rencontrer pour discuter d'une affaire confidentielle. Purchase lui envoya les instructions pour se rendre à la Coroner's Court de St. Pancras en terminant sur un post-scriptum typiquement jovial : « Pour venir ici, vous pouvez évidemment aussi vous faire renverser. »

Pendant la Première Guerre mondiale, Purchase servit comme médecin attaché à l'Artillerie et fut décoré de la croix militaire pour « galanterie manifeste et dévouement à la tâche ». Il combattit jusqu'en 1918, lorsqu'un éclat d'obus lui arracha la majeure partie de la main gauche. Quand la guerre éclata à nouveau, il approchait de la cinquantaine et était donc trop vieux pour porter l'uniforme, mais il était néanmoins « désireux de prendre part à la guerre ». En effet, il avait déjà prouvé sa volonté d'aider les services de renseignement et, si nécessaire, de « déformer la vérité au profit de la sécurité ». Lorsqu'un espion de l'Abwehr, nommé William Rolph, se suicida en mettant sa tête dans un four à gaz en 1940, Purchase eut l'obligeance de constater une « crise cardiaque ». Dans le mois au cours duquel il reçut le message de Montagu, Purchase avait été convoqué pour les délibérés dans l'affaire Paul Manoel, un agent de la France Libre qui avait été retrouvé pendu dans un sous-sol londonien après un interrogatoire où il était soupçonné d'être un agent ennemi. L'enquête de Purchase fut « extrêmement expéditive ».

Le *coroner* commença par émettre des doutes quand Montagu lui expliqua qu'il devait trouver un corps masculin pour une « opération de guerre », mais « ne voulait pas révéler le rôle du cadavre ».

« Vous savez qu'on ne se procure pas de cadavres comme ça, lui dit Purchase. Je dirais même que les cadavres sont la seule marchandise qui ne manque pas en ce moment. Malgré cette abondance, chaque corps est comptabilisé. »

Pour seule précision, Montagu indiqua que le projet nécessitait un corps en bon état de conservation, pouvant donner l'impression de s'être noyé ou d'avoir perdu la vie dans un accident d'avion. Cette affaire, ajoutait-il l'air grave, était « d'importance nationale ».

Purchase hésitait toujours, insistant sur le fait que si l'on apprenait que le système légal de traitement des personnes décédées était contourné, la « confiance publique envers les *coroners* du pays serait ébranlée ».

« Quel niveau d'approbation le projet a-t-il reçu ? » demanda le *coroner*.

Montagu marqua une pause avant de répondre, non sans mentir : « C'est remonté jusqu'au Premier ministre. »

C'était tout ce que voulait entendre Bentley Purchase, dont le « sens très développé de la comédie » était maintenant en éveil. En gloussant, il expliqua qu'en tant que *coroner*, il avait « toute discrétion » pour la paperasse et que, dans certaines circonstances, un décès pouvait être dissimulé et un corps récupéré, sans la moindre autorisation officielle. « Un *coroner*, expliqua-t-il, pouvait d'ailleurs toujours se débarrasser d'un cadavre par le biais d'un certificat indiquant que l'inhumation se ferait à l'étranger – on supposerait alors qu'un proche ramènerait le corps à la maison (c'est-à-dire en Irlande) pour l'enterrement, et le *coroner* pourrait alors en disposer à sa guise, librement, sans entrave et sans laisser la moindre trace. »

Les cadavres affluaient dans les morgues de Londres à une cadence sans précédent : au cours de l'année précédente, Purchase avait traité 1 855 cas et enquêté sur 726 morts violentes. De nombreux corps « ne furent jamais identifiés et finirent par être enterrés dans l'anonymat ». L'un d'eux devrait faire l'affaire. Comme la morgue de St. Pancras était rattachée à la

Coroner's Court, Purchase proposa à Montagu d'examiner les corps actuellement conservés dans la chambre froide. « Après avoir inspecté une ou deux dépouilles qui furent rejetées pour diverses raisons », les deux hommes se séparèrent sur une poignée de main, Purchase promettant de garder un œil sur les candidats potentiels.

Il ne faisait aucun doute que la morgue de St. Pancras était l'endroit le plus désagréable où Montagu soit jamais allé. Mais jusque-là, sa vie avait été presque entièrement dépourvue de lieux déplaisants et de visions contrariantes.

Ewen Montagu déplorait « la tristesse inévitable de sa séparation » de sa famille. Ses lettres à sa femme Iris se faisaient l'écho de sa nostalgie et de sa solitude. « Tu me manques terriblement et la vie me paraît une éternité grise et monotone depuis que nous sommes séparés. » Mais il profitait tout de même de son existence d'espion célibataire. « L'intérêt et la pression de mon travail m'ont permis de garder le moral, écrivit-il. En un sens, c'est comme lorsque l'on construit une grille de mots croisés ou que l'on découpe un puzzle, puis que l'on attend de voir si le destinataire parvient à résoudre les énigmes et à assembler les pièces correctement. » Le seul inconvénient d'habiter à Kensington Court était la présence de Lady Swaythling avec laquelle il se disputait constamment. Il trouvait parfois le temps de s'échapper pour des parties de pêche dans l'Exmoor. « Comme c'est agréable de se retrouver loin du bruit et des soucis et d'entendre simplement le murmure de l'eau, raconta-t-il à Iris. Rien ne m'a fait autant plaisir depuis que tu es partie. » Il appréciait encore plus la pêche quand les conditions étaient difficiles. « Le plus amusant, c'est de lancer l'appât dans des endroits inaccessibles. »

Comme Lord Swaythling avait pris la Rolls-Royce pour aller à Townhill, Montagu empruntait une bicyclette pour se rendre au travail. Pour transporter ses « papiers super secrets », il suspendit une grande sacoche au guidon et y enchaînait sa mallette. Le directeur de la sécurité du Service de renseignement de la Navy se demandait s'il était bien prudent de circuler à vélo avec une mallette pleine de secrets. Et si l'attaché-case était volé ? Mais au bout de quelques discussions, Montagu fut officiellement autorisé à continuer à employer son dispositif peu orthodoxe pour transporter ses documents « tant qu'[il] portait en permanence un pistolet automatique dans un étui d'épaule ».

Le 24 janvier 1943, Montagu rentra à bicyclette à Kensington Court, où Ward le majordome lui tint la porte ouverte. Nancy, « l'une des meilleures cuisinières de Londres », avait concocté un bon dîner malgré le rationnement, même si la douairière Lady Swaythling se plaignait que la qualité n'était plus ce qu'elle était.

« Mère est d'une indélicatesse innommable, écrivit Ewen à Iris. Elle se plaint de ne plus avoir ses chocolats "de qualité convenable" alors que tout le monde se réjouirait ne serait-ce que d'en avoir un carré. »

Ewen dîna seul dans la salle à manger aux murs tapissés de chêne, sous les portraits lugubres de ses ancêtres. Il y avait toujours un vaste choix de fromages. Ensuite, il passa une heure dans la grande bibliothèque, travaillant sur ses « mots croisés » qu'il transportait dans sa mallette. La conférence de Casablanca s'était achevée sur la décision d'envahir la Sicile. Le plan de Cholmondeley visant à remettre aux Allemands un cadavre aux poches pleines de faux documents était toujours à l'ordre du jour, mais la décision prise à Casablanca avait considérablement raccourci le délai : à moins que Montagu ne trouve rapidement un corps convenable, le projet Cheval de Troie se heurterait à un obstacle de taille.

Finalement, Montagu capitula, rangea les documents dans sa mallette, la verrouilla et se dirigea vers la chambre dans laquelle il couchait maintenant, au sous-sol, à cause des raids aériens. Mabel, la servante (« qui était dans la famille depuis plus de trente-cinq ans »), avait rabattu les draps de coton amidonné sur le lit.

Ce même soir, dans un entrepôt abandonné de l'autre côté de Londres, un jeune Gallois avalait une bonne dose de mort aux rats, mettant un terme à sa vie qui n'aurait pu être plus différente, de quelque manière que ce soit, de celle de l'Honorable Ewen Montagu.

5

L'homme qui avait existé

Au siècle dernier, Aberbargoed était un endroit effroyable, couvert de poussière de charbon, un village d'ouvriers harassés. La mine avait ouvert en 1903. Avant l'exploitation du charbon, il n'y avait rien à Aberbargoed, hormis de vertes vallées. Avec le charbon arrivèrent des rangées de maisons étriquées dans lesquelles logeaient des centaines de mineurs et leur famille. Sans le charbon, il n'y aurait rien eu. Et quand le charbon s'épuisa, comme il finit par le faire, il ne resta pas grand-chose. Avant la Première Guerre mondiale déjà, Aberbargoed souffrait et luttait.

C'est dans cet environnement sinistre que Glyndwr Michael vint au monde, le 4 janvier 1909, au 136 Commercial Street. Sa mère était Sarah Ann Chadwick, son père, un transporteur de houille nommé Thomas Michael. Les rares traces qui subsistent de cette famille donnent un aperçu de leurs vies difficiles. À l'âge de vingt ans, en 1888, Sarah épousa en premières noces un autre mineur, George Cottrell. Elle signa leur certificat de mariage d'une croix. Sarah ne savait ni lire ni écrire, et cela ne lui aurait servi à rien.

Bien que deux filles fussent nées de son mariage avec Cottrell, leur union fut de courte durée. En 1904, elle vivait avec Thomas Michael dans une maison exiguë à côté de la voie ferrée, à Dinas. Ils ne se marièrent jamais. Comme son père, qui était mort de la tuberculose quand Thomas était enfant, Thomas Michael avait été mineur toute sa vie. Baptiste gallois, né à Dinas, il travaillait au fond de la mine, poussant des wagonnets de charbon à travers les boyaux souterrains. Avant de rencontrer Sarah, Thomas Michael contracta la syphilis et la transmit à sa compagne qui ne se soigna pas. Il est possible qu'à sa naissance Glyndwr Michael ait contracté la syphilis congénitale qui se loge dans les os, les yeux et le cerveau.

Quand Glyn était encore enfant, sa famille déménagea à une vingtaine de kilomètres d'Aberbargoed, à Taff's Well, à côté de Rockwood Pitune, où deux ans plus tard naquit un second enfant, Doris. Incapables de payer le loyer, les Michael déménagèrent souvent, dans des maisons toujours plus décrépites, d'abord au 7 Garth Street, puis à nouveau, quelques années plus tard, au 28 Cornwall Road, Williamstown, Penygraig, dans la vallée du Rhondda, où Sarah mit au monde le troisième enfant de Thomas. Il n'y avait pas grand-chose à manger. Les enfants portaient des chaussures une fois par semaine, pour aller à l'église. Thomas Michael buvait.

Vers 1919, quand Glyn eut neuf ou dix ans, la santé de son père commença à décliner, probablement à cause des effets différés de la syphilis combinés aux effets sur les poumons de trois décennies de travail sous terre. Peu après, sa grand-mère mourut de « dégénérescence sénile ». La fragilité mentale allait être une caractéristique récurrente de l'histoire médicale de la famille. Thomas Michael commença à tousser et à transpirer à toute heure de la journée. Le côté droit de sa poitrine commença à se creuser.

Au début de 1924, Michael n'était plus capable de travailler et la famille dut s'en remettre à la charité du Pontypridd Union, deuxième organisme par la taille, régi par la Loi sur les Pauvres (*Poor Law*) en Grande-Bretagne. Ils furent sans abri pendant quelque temps et vécurent dans une seule pièce à Llwynypia Homes, un foyer d'hébergement. Le Pontypridd Union versait 23 shillings par couple et 2 shillings par enfant. Avec 1,9 shilling par semaine, une famille comptant cinq membres survivait à peine. Thomas Michael devint « mélancolique » d'après un compte rendu médical sur lequel on pouvait aussi lire qu'il était « confus et très déprimé », qu'il perdait beaucoup de poids et qu'il toussait à s'en déchirer la poitrine.

Peu avant Noël 1924, Thomas Michael se planta un couteau de cuisine dans la gorge. Il fut transporté d'urgence à l'hôpital psychiatrique de Bridgend, où la blessure fut nettoyée et recousue. Thomas Michael était une épave à la fois sur le plan physique et psychique, crachant du sang et « profondément déprimé ». Il avait cinquante et un ans, mais en paraissait quatre-vingts. Percy Hawkins, qui était infirmière à l'institution, le décrivit en ces mots : « Cheveux gris et clairsemés. Pupilles assez irrégulières qui réagissent à la lumière et convergent. La langue est recouverte d'une pellicule blanche sèche. La dentition est irrégulière et cariée. Il est maigre et mal nourri. Le patient tousse et crache beaucoup et transpire beaucoup la nuit. » Ses deux poumons étaient rongés par la maladie.

Dans un premier temps, Thomas sembla récupérer. Il se remit à parler de manière assez rationnelle et semblait plus intéressé par son environnement. Mais le 13 mars 1925, il attrapa la grippe, qui évolua en pneumonie, avec « une forte fièvre, de copieuses expectorations nauséabondes, une grande faiblesse et un profond abattement ». Il cessa de s'alimenter. Le 31 mars, Thomas Michael mourut.

Glyndwr Michael, alors âgé de seize ans, avait été témoin de la transformation de son père, de mineur vigoureux en épave chétive. Il l'avait vu se poignarder, puis se décomposer dans un asile de fous. Glyn était né pauvre. Maintenant il était indigent. Il souffrait peut-être déjà de maladie mentale. Quand Thomas Michael fut enterré dans la fosse commune du cimetière de Trealaw, sous l'office du révérend Overton, Glyn Michael signa le registre d'une main maladroite, sans utiliser de lettres capitales.

Sarah, devenue veuve, déménagea avec ses trois plus jeunes enfants dans un minuscule appartement dans les ruelles sombres de Trealaw, dépendant entièrement de l'aumône pour sa survie. Le Pontypridd Union fit faillite, ce qui mit fin à ses bonnes œuvres dans la région minière sinistrée du sud du pays de Galles. Un an après la mort de Thomas Michael, Neville Chamberlain, le ministre de la Santé, annonça devant le Parlement que le Pontypridd Union avait laissé une ardoise de 210 000 livres et que des fonds supplémentaires seraient avancés uniquement « à condition que l'échelle des aides soit réduite ». Lorsque la Dépression frappa, la situation économique du sud du pays de Galles, qui était déjà mauvaise, devint catastrophique. Glyn trouva un emploi à temps partiel comme jardinier et ouvrier du bâtiment, mais le travail manquait.

En 1939, lorsque la guerre éclata, Sarah et Glyn Michael habitaient toujours au 135 Trealaw Road. Les deux demi-sœurs de Glyn et sa sœur Doris avaient épousé des mineurs et avaient fondé une famille. Son jeune frère avait quitté la maison. Glyndwr n'était pas apte au service militaire, ce qui suggère qu'il était en mauvaise santé, soit physiquement, soit, plus probablement, mentalement. Le 15 janvier 1940, la mère de Glyn mourut dans son lit d'une crise cardiaque et d'une rupture d'anévrisme. Sarah était son seul soutien affectif. Le 16 janvier, Glyndwr Michael accusa réception du certificat de décès de sa mère qu'il enterra à côté de son père, au cimetière de Trealaw, puis disparut. Un homme sans abri, démuni et probablement malade mental se fondait parfaitement dans le paysage d'un pays en guerre.

Bentley Purchase se demandait souvent pourquoi les gens venaient jusqu'à la capitale pour mourir. Plus d'un quart des cas qu'il examinait était des morts par suicide, mais nombre de suicidés n'étaient pas des Londoniens. « Qu'est-ce qui pouvait bien pousser ces hommes et ces femmes à venir jusqu'à Londres pour finir leur vie ? Est-ce parce que les provinciaux espéraient que dans l'immensité de la capitale une tragédie supplémentaire passerait inaperçue ? Ou espéraient-ils épargner à leurs proches le désarroi que ceux-ci ressentiraient inévitablement si les malheureux mettaient fin à leur vie devant leur porte ? » Purchase était perplexe, mais de manière détachée et scientifique : « Il restait surpris de constater à quel point les gens semblaient seuls et abandonnés lorsqu'ils arrivaient dans sa morgue. »

On ne sait ni comment ni quand Glyndwr Michael arriva à Londres. À l'hiver 1942, il logeait dans un « foyer » de l'ouest de Londres, même s'il semblait aussi avoir dormi à la dure dans des bâtiments abandonnés et avoir subi une forme de traitement dans un asile psychiatrique. Il était rasé de près, ce qui suggère qu'il possédait un rasoir et qu'il habitait à un endroit où il pouvait s'en servir.

Le 26 janvier 1943, Michael fut découvert dans un entrepôt désaffecté près de King's Cross et fut transporté à l'hôpital de St. Pancras, souffrant d'un grave empoisonnement. Comme les notes de sir Bernard Spilsbury l'attestent, les suicidés de l'Angleterre en guerre trouvaient des moyens extraordinairement variés pour s'empoisonner : avec de l'eau de Javel, du camphre, de l'opium, des médicaments, de l'acide chlorhydrique, de l'alcool, du chloroforme ou encore du gaz. Michael ingéra de la mort aux rats, probablement du « *Battle's Vermin Killer* », une pâte contenant du phosphore blanc extrêmement toxique. On supposa que Michael s'était tué intentionnellement. Son père avait essayé de se suicider et l'autodestruction, tragiquement, semble se transmettre de père en fils. Mais on peut aussi imaginer que l'empoisonnement ait été accidentel. La mort aux rats était généralement mélangée à du pain rassis ou d'autres déchets alimentaires : le phosphore brille dans le noir et les rongeurs sont attirés à la fois par la lumière et par l'odeur. Il est parfaitement plausible que, poussé par la faim, Michael ait mangé de la nourriture empoisonnée.

L'intoxication au phosphore procure une mort abominable : le milieu acide du système digestif produit une réaction avec le phosphore et génère un gaz très toxique, la phosphine. La pathologie se déroule en trois phases distinctes. Dans les minutes qui suivent l'ingestion, la victime souffre de nausées et de vomissements quand le phosphore attaque l'estomac. Ces symptômes sont suivis de délire, de crampes, d'agitation, de convulsions, d'une grande soif et de deux symptômes particulièrement déplaisants, spécifiques à l'intoxication au phosphore : les « selles fumantes » et l'« haleine aillée ». La deuxième phase, qui survient dans les vingt-quatre heures, est relativement calme et les symptômes semblent s'atténuer. Au cours de la troisième phase, la victime présente un effondrement général du système nerveux central, une jaunisse, elle tombe dans le coma, souffre de défaillances rénales, cardiaques et hépatiques, et enfin elle meurt. Il aura fallu plus de deux jours au pauvre Glyndwr Michael pour mourir, mais il semble avoir été suffisamment lucide dans la deuxième phase pour décliner son identité et dire ce qu'il avait mangé aux infirmières de St. Pancras. Son décès fut prononcé le 28 janvier 1943.

À trente-quatre ans, Glyndwr Michael était simplement passé à travers les mailles d'une société qui avait d'autres soucis : il était célibataire, enfant illégitime, probablement illettré, démuni, sans amis ni famille. Certes, il était mort mal aimé et sans que personne ne verse une larme, mais sa mort n'était pas passée inaperçue.

Dès que le corps sans vie de Glyndwr Michael arriva à la morgue de St. Pancras, Bentley Purchase informa Ewen Montagu qu'un candidat pour le projet était parvenu sous sa juridiction et qu'il serait « gardé au frais jusqu'à ce que nous soyons disposés à le voir ».

Purchase mena une enquête sommaire dont l'issue ne faisait aucun doute. En cas de suspicion d'empoisonnement, le *coroner* aurait dû réaliser une autopsie, mais aucune n'a été demandée dans ce cas, pour des raisons évidentes. Purchase classa Michael parmi les « aliénés », ce qui suggère qu'il avait été reconnu comme malade mental et qu'il suivait un traitement. Le certificat de décès, basé sur l'enquête du *coroner*, le décrivait comme « ouvrier, sans domicile fixe » et, comme cause de décès, indiquait un « empoisonnement au phosphore. Ingéra de la mort aux rats au cours d'une tentative de suicide perpétrée alors qu'il n'avait pas toute sa tête ». Purchase signala au registre que le corps allait « quitter l'Angleterre » pour inhumation.

En privé, le *coroner* fit une description plus détaillée à Montagu. Le mort, expliqua-t-il, avait ingéré « une dose minime » de mort aux rats. « Cette dose n'était pas suffisante pour le tuer sur le coup et elle a eu pour seul effet de nuire au bon fonctionnement du foie, de sorte qu'il mourut peu de temps après. » Le *coroner* expliqua que le corps humain contient habituellement des traces de phosphore et que celui-ci « n'est pas un poison traçable passé une longue période, contrairement à l'arsenic qui envahit la racine des cheveux, ou à la strychnine ». La mort aux rats laisse peu d'indices sur la cause de la mort, « hormis peut-être quelques vagues traces d'action chimique sur le foie ». Parvenir à déterminer l'origine du décès après un séjour dans l'eau nécessiterait de faire appel à « un chimiste médico-légal hautement qualifié qui devrait doser la composition chimique de tous les organes avant de pouvoir tirer une quelconque conclusion ». Purchase, qui aimait bien jouer aux courses, était prêt à « parier gros que personne ne sera capable de déterminer la cause du décès avec suffisamment de certitude pour nier la présomption que l'homme était mort de noyade ou des suites du choc de la catastrophe aérienne, puis qu'il avait été immergé dans l'eau ».

Préférant entendre une seconde opinion, ayant plus de poids, Montagu se tourna une fois de plus vers sir Bernard Spilsbury, le chimiste médico-légal à la renommée internationale. Ils se rencontrèrent à nouveau au *Junior Carlton Club*. Le verdict de sir Bernard fut aussi sec que son sherry : « Vous n'avez rien à craindre d'une autopsie espagnole ; pour déceler que ce jeune homme n'est pas mort des conséquences de la disparition d'un avion en mer, il faudrait un médecin légiste ayant mon expérience – et il n'y en a pas en Espagne. »

La réponse de Spilsbury était caractéristique du personnage : sûr de lui, laconique, mais aussi (et cela valait de plus en plus pour les déclarations hautaines de sir Bernard) discutable. En effet, sir Bernard Spilsbury n'était plus l'oracle de la médecine légale qu'il avait été autrefois ; loin d'être infaillible, il avait commencé à commettre de terribles erreurs. Aujourd'hui, même son témoignage dans l'affaire Crippen est remis en cause. Profondément convaincu de sa propre rectitude et perclus de préjugés, Spilsbury contribua à envoyer cent dix hommes à la potence. On a su par la suite que certains étaient parfaitement innocents. Ses théories et ses opinions prévalaient de plus en plus souvent sur les faits, comme l'a notamment montré le cas de Norman Thorne, condamné à mort pour l'assassinat de sa fiancée. La femme s'était fort probablement suicidée et les preuves étaient au mieux contradictoires. Mais Spilsbury avait déposé un témoignage inébranlable, malgré la vague de protestations qui s'était soulevée à l'encontre de la soi-disant « expertise » d'un seul homme qui envoyait un présumé innocent à la potence. « Je suis un martyr du spilsburisme », déclara Thorne, peu avant son exécution.

Dans les années 1940, la réputation de Spilsbury avait commencé à décliner ; son mariage partait à vau-l'eau et son flair légendaire avait commencé à lui faire défaut. Il était surchargé de travail et, en 1940, il fit une légère congestion cérébrale. La mort de l'un de ses fils pendant le Blitz l'affecta profondément. Les réponses qu'il apporte aux questions de Montagu présentent toutes les caractéristiques de ses derniers jours : catégoriques mais contestables, et potentiellement extrêmement dangereuses.

Parvenir à déterminer qu'un individu est mort par noyade ou par d'autres causes est l'un des dilemmes médicaux les plus anciens et les plus difficiles à résoudre. Au XIIIe siècle, un livre intitulé *The Washing Away of Wrongs*, écrit par un physicien chinois, traite de l'épineux problème des allégations de mort par noyade. Aujourd'hui encore, la communauté médicale ne dispose pas de moyens totalement fiables pour déterminer les cas de noyade. Spilsbury lui-même avait eu l'occasion d'étudier la pathologie de la noyade dans l'affaire spectaculaire des « jeunes mariées dans leur baignoire », datant de 1915, où George Joseph Smith, escroc et bigame à répétition, était accusé d'avoir assassiné au moins trois de ses épouses. Dans chaque cas, la victime avait été retrouvée dans son bain. Spilsbury fit exhumer les corps et entreprit de démontrer qu'elles n'avaient pas pu mourir de causes naturelles. Au tribunal, il ne lui fallut que vingt minutes pour convaincre le jury qu'il est possible d'assassiner quelqu'un sans laisser de marques de violence, en les immergeant brusquement dans l'eau pendant le bain. Smith fut pendu.

Pendant cette affaire, Spilsbury a pu observer de très près les symptômes d'une noyade : la fine écume blanche, surnommée *champignon de mousse*, présente dans les poumons et sur les lèvres, l'apparence marbrée et gonflée des poumons, remplis par l'inhalation d'eau, la présence d'eau dans l'estomac, la présence de corps étrangers, comme des vomissures ou du sable, dans les poumons, et enfin, des hémorragies dans l'oreille interne. Une personne qui se noie meurt de mort violente : elle se débat, elle présente des hématomes ou une rupture des muscles du cou ou des épaules qui résultent de sa lutte pour reprendre son souffle. Aucun de ces symptômes ne serait visible sur le corps de Glyndwr Michael, qui n'était pas mort dans l'eau, mais dans un lit d'hôpital, sous puissants sédatifs. En revanche, une personne morte des suites d'une intoxication au phosphore, aussi faible que soit la dose, a la peau jaunie et présente probablement des brûlures gastriques, ainsi que des résidus significatifs de la substance dans son corps, facilement détectables par les moyens scientifiques disponibles en 1943.

Le grand médecin légiste n'examina par le corps de Glyndwr Michael. Comme à son habitude, sir Bernard donna son opinion, sur un ton hautain, et s'y tint, vaille que vaille.

Spilsbury avait tort quand il affirmait complaisamment qu'il n'y avait pas de médecins légistes compétents en Espagne. Si le corps était examiné par un médecin de campagne, la supercherie pourrait ne pas être révélée, mais l'objectif de l'opération était que le corps et ses documents soient remis aux Allemands : il y avait un légiste hautement qualifié travaillant en Espagne pour les espions allemands qui serait capable de repérer l'imposture au moins aussi rapidement que Spilsbury, voire plus. Donc, loin d'offrir une quelconque certitude, suivre l'opinion de sir Bernard, comme le fit Montagu, était extrêmement risqué. En cas d'échec, les victimes du spilsburisme se compteraient par milliers.

Montagu affirma par la suite que le corps qui avait servi dans l'opération de désinformation était « mort de pneumonie après avoir pris froid », que la famille avait été contactée et informée que la dépouille allait jouer un rôle qui « en valait vraiment la peine » et que son autorisation avait été dûment obtenue « à condition que l'on ne sache jamais à qui le corps appartenait ». Ce n'était que pure invention. Montagu et Cholmondeley « enquêtèrent fébrilement sur son passé et sa famille », mais uniquement pour s'assurer que le passé de Glyndwr Michael ne risquait pas de remonter à la surface et que sa famille ne viendrait pas poser de questions. Sarah était morte. Michael avait un frère et une sœur, ainsi que deux demi-sœurs, qui vivaient toujours dans les lointaines vallées galloises. Ils ne s'étaient apparemment jamais inquiétés de son sort quand il était en vie ; il était donc peu probable qu'ils s'en soucient une fois mort. Quoi qu'il en soit, ils ne furent pas consultés. D'ailleurs, personne n'a même tenté de les localiser. Dans un manuscrit non publié, Montagu écrivit : « Les enquêtes les plus méticuleuses possibles, réalisées avec un soin particulier eu égard à nos intentions ne parvinrent pas à retrouver la trace d'une quelconque famille. » Montagu ne révéla jamais l'identité de Glyndwr Michael. Toutefois, il ne put pas effacer son nom du registre officiel et il laissa des papiers personnels qui le désignaient aussi. Dans une lettre, Montagu fit référence à Glyndwr Michael comme « un bon à rien et sa famille ne valait guère mieux… cette personne ne fit jamais rien de bon pour quiconque – au moins son cadavre servit à quelque chose après sa mort ». Certes, Michael a eu une vie courte et malheureuse : il n'a jamais rien fait de bien, mais il n'en a pas non plus eu l'occasion. Mais cela allait changer : de manière posthume, le bon à rien allait faire quelque chose de vraiment très bien.

Bentley Purchase fit remarquer que le temps était une donnée essentielle. Le cadavre ne pouvait pas être congelé pour stopper entièrement la décomposition, car les fluides corporels se dilatent lorsqu'ils se transforment en glace, endommageant les fragiles tissus mous. Ces lésions deviendraient trop évidentes à la décongélation du corps. La morgue de St. Pancras était équipée d'un « réfrigérateur extra-froid » dont la température pouvait être baissée à quatre degrés centigrades, ce qui est suffisant pour retarder substantiellement la décomposition, mais pas assez pour la bloquer entièrement. Le cadavre de Glyndwr Michael commençait déjà à pourrir. Si l'on voulait que le corps soit encore présentable, avertit Purchase, il « faudrait l'utiliser dans les trois prochains mois ».

Avant de pouvoir lancer officiellement l'opération, il fallait lui trouver un nouveau nom de code. « Cheval de Troie » convenait comme désignation initiale, mais si un agent allemand tombait dessus, il serait immédiatement sur ses gardes, soupçonnant une forme de canular. Les noms de code étaient compilés par le Comité de sécurité interservices (Inter-Services Security Board ou ISSB) pour désigner les moindres aspects de la guerre : pays, villes, plans, sites, unités militaires, opérations, réunions diplomatiques, lieux, personnes et espions, tout était dissimulé sous de fausses dénominations. En théorie, ces noms de code étaient neutres et indéchiffrables, tels des raccourcis pour les initiés, et délibérément vides de sens pour les profanes. Des listes aléatoires de noms de code étaient produites par séries de dix classés par ordre alphabétique, puis choisis au hasard au gré des besoins ; six mois après être tombé en désuétude, un nom de code était réaffecté dans un stratagème délibéré visant à brouiller les pistes.

Churchill avait une politique clairement définie concernant le choix des noms de code pour les grandes opérations : « Il ne faudrait par leur donner le nom d'un personnage frivole, comme "Bunnyhug" et "Ballyhoo", décréta le Premier ministre. Une réflexion intelligente ne manquerait pas de fournir un nombre illimité de noms agréables à entendre qui ne dévoileraient pas la nature de l'opération et qui ne feraient pas dire à une veuve ou à une mère que son fils a été tué dans une opération nommée "Bunnyhug" ou "Ballyhoo". »

Toutefois, la règle imposant que les noms de code soient dépourvus de sens était régulièrement ignorée, car les espions avaient du mal à résister à la tentation d'inventer des jeux de mots ou de glisser des allusions dans les dénominations de leurs projets les plus secrets. L'agent « Tate » avait été nommé ainsi à cause de sa ressemblance avec l'artiste de music-hall Harry Tate ; le criminel Eddie Chapman a été surnommé « Zigzag », car personne ne pouvait prédire de quel côté il allait tourner ; Staline, dont le nom signifie « homme d'acier », était désigné par le nom de code « Glyptic », une glyptique étant « une image taillée dans la pierre ». Les Allemands étaient encore plus fautifs dans ce domaine. Leur système de radar à longue portée était nommé « Heimdall » d'après le nom du dieu scandinave qui avait la vue très perçante ; le débarquement prévu en Angleterre portait le nom de code « Sealion » (Lion de mer), une référence évidente aux fauves qui ornent les armoiries royales et à l'offensive maritime.

Montagu était particulièrement virulent envers la « stupidité » de l'Abwehr quant au choix de noms de code révélateurs : le nom de code de l'Angleterre, soulignait-il, était « Golfplatz », signifiant parcours de golf, tandis que les États-Unis étaient « Samland », le pays de l'Oncle Sam. Pourtant, Montagu enfreignit sa propre règle stipulant que les noms de code devaient être attribués de façon à ce qu'« aucune déduction ne puisse en être tirée », et il choisit un nom qui avait déjà été utilisé pour une opération de pose de mines en 1941 et qui était à nouveau disponible.

Le plan Cheval de Troie devint l'« opération Mincemeat » (Chair à pâté). Ce choix ne devait rien au hasard. Les longues discussions à propos des cadavres commençaient à produire leur effet et le « sens de l'humour [de Montagu] avait commencé à virer au macabre ». Un nom de code faisant référence à de la viande froide semblait parfaitement adapté et de « bon augure ». Il n'y avait pas de risque qu'une mère éplorée se plaigne que son fils mort avait été mobilisé dans une opération au nom frivole et de mauvais goût, car, comme les comploteurs ne le savaient que trop bien, personne ne pleurait Glyndwr Michael.

Avant même la fin de l'enquête de Bentley Purchase, Cholmondeley et Montagu se mirent au travail, élaborant une proposition formelle à l'intention des chefs du renseignement. Le 4 février, une semaine après la mort de Michael et le jour même où Purchase acheva son enquête, ils présentèrent une ébauche de l'opération Mincemeat au Comité XX : « Cette opération est proposée en réaction au fait que l'ennemi va très certainement obtenir des informations sur la préparation d'une offensive organisée en Afrique du Nord et qu'il essayera d'en découvrir la cible. »

Le plan envisageait de larguer un corps, avec des faux documents, depuis un avion, pour donner l'impression qu'« un courrier transportant des documents importants confiés "aux bons soins d'un officier" était en route pour Alger mais que l'avion s'était écrasé ». Le plan global devait non seulement détourner les Allemands de la véritable cible, mais aussi présenter la cible véritable comme « une diversion », un simple leurre. C'était un magnifique exemple de double bluff : lorsque les Allemands découvriraient les préparatifs en prévision du débarquement en Sicile, comme ils le feraient tôt ou tard, ils supposeraient que cela faisait partie de la diversion. La Sicile ne pouvait pas être totalement exclue de l'équation car, comme

Cholmondeley et Montagu le faisaient remarquer, si « la véritable cible était passée sous silence à la fois dans le “plan de l’opération” et dans le “plan de diversion”, cela éveillerait presque certainement les soupçons des Allemands, car la Sicile était une cible réaliste et les Allemands prévoyaient déjà de l’anticiper en tant que cible possible ». Comme « les Allemands seront à l’affût de nos plans de diversion comme de nos vrais plans », l’opération Mincemeat leur fournira à la fois un faux vrai plan et un faux plan de diversion – qui serait en fait le vrai plan.

L’ébauche ne fournissait pas beaucoup de détails sur la mise en pratique de l’opération de désinformation, ni sur le lieu de largage du corps, mais il signalait qu’une fois l’intoxication lancée, elle ne pourrait plus être différée : « Le corps devra être largué dans les vingt-quatre heures qui suivront son retrait de son emplacement actuel à Londres. Le vol, une fois programmé, ne doit pas être annulé ou retardé. » Le Comité XX réfléchit très rapidement, avant d’envoyer une salve de requêtes aux représentants des différents services. Le ministère de l’Air sera chargé de trouver un avion adéquat, de préférence un appareil utilisé par la Direction des opérations spéciales (SOE) ; l’ébauche du plan devra être présentée aux chefs du renseignement de l’Armée, de la Navy et de la RAF ; il faudra demander l’accord du colonel Johnnie Bevan de la London Controlling Section ; l’Amirauté devra « trouver une position appropriée pour le largage du corps » ; et le War Office devra étudier « la question de fournir ou non des papiers d’identité au corps ». L’attaché naval à Madrid, le capitaine Alan Hillgarth, devra être informé du plan de façon à « pouvoir faire face aux événements imprévus ».

Montagu et Cholmondeley reçurent pour instruction de « poursuivre les préparatifs pour fournir des vêtements, des papiers, des lettres, etc., à MINCEMEAT ». À partir du corps officiellement anonyme qui gisait dans la morgue, ils devaient faire surgir une personne vivante, avec une nouvelle identité, une personnalité et un passé. L'opération Mincemeat avait commencé comme une fiction, une intrigue imbriquée dans un roman oublié depuis longtemps, puis reprise par un autre romancier et approuvée par un comité présidé par encore un autre romancier. C'était maintenant au tour des services de renseignement de transformer la réalité d'un vagabond gallois décédé en fiction qui allait changer le cours de l'histoire.

6

La vie est un roman

Montagu et Cholmondeley avaient passé une grande partie des trois années précédentes à modeler, à façonner et à déployer des espions qui n'existaient pas. Le Comité XX et la section B1A du MI5 avaient fait du jeu des agents doubles un art à part entière. Au fil du développement et de l'expansion du Système Double Cross, souvent, les agents qui transmettaient des informations à l'Allemagne étaient purement fictifs : l'agent A (réel) employait théoriquement l'agent B (fictif), qui recrutait à son tour d'autres agents, C à Z (tous imaginaires). Ainsi, Juan Pujol, l'agent « Garbo », le plus célèbre des agents doubles, n'avait pas moins de vingt-sept sous-agents, ayant chacun une personnalité distincte, des amis, un travail, des goûts personnels, un foyer et une vie affective. Son « équipe active d'assistants imaginaires aux rôles clairement définis » formait un ensemble plutôt bigarré. On y trouvait un suprématiste aryen gallois, un communiste, un serveur grec, un fortuné étudiant vénézuélien, un ancien combattant d'Afrique du Sud, ainsi que divers escrocs. Comme l'écrivait John

Masterman, président du Comité XX et auteur de romans policiers, « l'homme-orchestre de Lisbonne se transforma en chef d'orchestre et se mit à jouer un répertoire de plus en plus ambitieux ». Dans son roman *Notre agent à La Havane*, Graham Greene qui, pendant la guerre, fut officier du renseignement en Afrique de l'Ouest, s'inspire de la vie de l'agent Garbo et raconte l'histoire d'un espion qui inventa tout un réseau de faux informateurs.

Après la guerre, Masterman déclara : « Pour la désinformation, des agents "théoriques" ou imaginaires étaient globalement préférables » aux agents vivants. Les agents réels avaient tendance à devenir truculents et exigeants ; ils devaient être nourris, logés, blanchis et, par-dessus le marché, payés. Au contraire, un agent imaginaire était malléable à l'infini et disposé à obéir sans discuter aux ordres de ses officiers traitants allemands : « Les Allemands résistaient rarement à un tel appât, à condition qu'il soit lancé avec précision et adresse », écrivit Masterman, qui était lui-même plutôt adroit quand il avait une canne à pêche entre les mains.

S'occuper d'une petite armée de personnages fictifs exigeait un souci constant du détail. « Il était très difficile, écrivit Montagu, de se souvenir des caractéristiques et des habitudes de chaque individu dans une masse de sous-agents purement fictifs. » Ces personnages imaginaires devaient traverser toutes les turpitudes d'une vie ordinaire, comme tomber malade, fêter leur anniversaire et avoir des problèmes d'argent. Leur comportement, leurs attitudes et leurs émotions devaient demeurer parfaitement cohérents. Comme le dit Montagu, l'agent imaginaire « ne doit *jamais* sortir de son personnage ». Le réseau de faux agents permit au renseignement britannique de communiquer aux Allemands un flux continu de contre-vérités et de demi-vérités, en faisant croire à l'Abwehr que l'organisation disposait d'un réseau d'espionnage vaste et efficace en Grande-Bretagne, alors qu'il n'en était rien.

Pour créer une personnalité pour le cadavre dans la morgue de St. Pancras, il fallait déployer des efforts d'imagination sur une encore plus vaste échelle. Dans le roman *The Case of the Four Friends*, le détective de Masterman, Ernest Brendel, fait remarquer que pour être un bon détective, il faut anticiper les moindres faits et gestes du criminel : « Résoudre le crime avant qu'il ne soit commis, prévoir la manière dont il va s'organiser, puis empêcher qu'il se produise ! Voilà bien une réussite indéniable. » Avec l'aide de Masterman, Cholmondeley et Montagu semèrent les indices d'une vie qui n'eut jamais lieu et mirent en scène une nouvelle mort pour un homme qui l'était déjà.

Les agents fictifs inventés jusque-là par l'équipe Double Cross parlaient tous en leur nom, ou plutôt à travers d'autres, par le biais de messages radio et de lettres à leurs officiers traitants, mais on ne les voyait jamais. Dans le cas de l'opération Mincemeat, l'émissaire pouvait uniquement communiquer par l'intermédiaire des vêtements qu'il portait, du contenu de ses poches et, surtout, des lettres qu'il avait en sa possession. Il pouvait transporter des lettres officielles typographiées pour transmettre l'intoxication centrale, mais aussi des lettres personnelles manuscrites, pour donner des indications sur sa personnalité. « Plus il paraîtrait réel, plus l'histoire serait convaincante », songeait Montagu, car « les moindres détails seraient étudiés par les Allemands ».

Les informations transportées devront être crédibles, mais aussi lisibles. « L'encre des lettres manuscrites et les signatures des autres courriers ne risquaient-elles pas de couler et de rendre les documents illisibles ? » s'interrogeait Montagu. On pourrait utiliser de l'encre indélébile, mais cela risquerait de « vendre la mèche ». Ils consultèrent les scientifiques du MI5 et de nombreux tests furent exécutés en utilisant différentes encres et machines à écrire, puis en immergeant les lettres dans de l'eau de mer pendant des durées plus ou moins longues. Les résultats étaient encourageants : « De nombreuses encres s'effacent immédiatement quand une lettre est plongée dans l'eau alors qu'elle vient d'être écrite. En revanche, beaucoup d'encres ordinaires, une fois parfaitement sèches, résistent à l'eau, même si elles y sont exposées directement. Quand un document se trouve dans une enveloppe ou dans un portefeuille, à l'intérieur d'une poche, les encres ordinaires parfaitement sèches restent souvent lisibles pendant une durée étonnamment longue – suffisante pour nos besoins actuels. »

La forme exacte de la désinformation sera définie ultérieurement : il fallait d'abord créer une correspondance crédible.

Ce n'est pas par hasard que Montagu et Cholmondeley étaient tous deux amateurs de lecture. Les plus grands écrivains de livres d'espionnage ont presque tous travaillé dans le renseignement avant de se tourner vers l'écriture. Somerset Maugham, John Buchan, Ian Fleming, Graham Greene, John le Carré : ces écrivains ont tous une expérience de première main du monde de l'espionnage. En effet, la tâche de l'espion n'est pas si différente de celle du romancier : il lui faut créer un monde imaginaire crédible, puis y attirer autrui par ses mots et divers artifices.

Comme s'ils construisaient un héros de roman, Montagu et Cholmondeley, avec l'aide de Joan Saunders de la section AM, entreprirent de créer une personnalité pour en habiller leur cadavre. Des heures durant, au sous-sol de l'Amirauté, ils discutèrent de ce personnage imaginaire, lui attribuant des goûts, des habitudes et des passe-temps, des qualités et des défauts. Le soir, ils allaient à la *Gargoyle* (la Gargouille), un club décadent de Soho dont Montagu était membre, pour poursuivre l'exercice dont ils étaient maintenant coutumiers : créer un homme de toutes pièces. Le projet reflétait toutes les possibilités et les écueils de la fiction : si la personnalité était trop haute en couleur ou si le portrait n'était pas cohérent, les Allemands détecteraient immanquablement la supercherie. S'il était possible de rendre cet officier britannique crédible aux yeux de l'ennemi, les documents qu'il transportait n'en seraient que plus authentiques. Les conspirateurs finirent même par croire eux-mêmes à l'existence de leur héros. « Nous parlions tant de lui que nous finîmes par le considérer comme un vieil ami, écrivit Montagu. Il devint vrai à nos yeux. » Ils lui donnèrent un deuxième prénom, une addiction à la nicotine et un lieu de naissance. Ils lui donnèrent un foyer, un grade, un régiment et une passion pour la pêche. On lui fournirait une montre, un banquier, un notaire et des boutons de manchettes. Ils lui donnèrent tout ce qui avait manqué à Glyndwr Michael au cours de sa vie de malheurs : une famille aimante, de l'argent, des amis et l'amour.

Mais d'abord, il lui fallait un nom et, surtout, un uniforme. Dans un premier temps, il était prévu que le corps serait celui d'un officier de l'armée de terre transportant des messages importants aux huiles d'Afrique du Nord. Un officier de l'armée de terre portait sa tenue de combat, qui était son uniforme ordinaire, plutôt qu'un uniforme d'apparat. Les officiers n'emportent pas de papiers d'identité avec une photo lorsqu'ils voyagent à l'étranger, ce qui évitait d'avoir à se procurer une photo d'identité de Glyndwr Michael. Toutefois, le directeur du service de renseignement militaire fit remarquer que si le messager était un officier de l'armée de terre, la découverte du corps devrait être signalée à l'attaché militaire basé à Madrid, et les informations seraient transmises à Londres, ce qui augmenterait le nombre de gens dans la confidence et donc les risques de fuite.

Comme l'idée provenait initialement du service de renseignement de la Navy, il était plus prudent de faire de Glyndwr Michael un officier de la marine, ce qui limitait le secret aux cercles de la marine. Toutefois, il était peu probable qu'un officier de la Navy transporte des documents concernant le débarquement. En outre, ces officiers voyageaient toujours en uniforme d'apparat, avec tous leurs galons et les signes de leur grade sur la manche. L'idée de demander à un tailleur de prendre les mesures du cadavre était inenvisageable car trop macabre (et trop dangereuse). Les services secrets disposaient d'hommes aux talents et aux occupations variés, mais pas de spécialiste de la confection pour homme ayant l'habitude d'habiller les morts.

Après de longues discussions, il fut convenu que le mort serait habillé en Royal Marine, le corps d'infanterie de marine au Royaume-Uni. Les Marines voyageaient toujours en tenue de combat, composée d'un béret ou d'une casquette, d'un veston kaki et d'un pantalon, de guêtres et de chaussures. Cet uniforme existait en tailles standard.

Les Marines, contrairement aux soldats de l'armée de terre, voyageaient avec des papiers d'identité comportant une photo. Il faudrait donc en contrefaire une, ce qui posait un problème supplémentaire. Bien que des milliers d'officiers servent dans l'armée britannique, le nombre d'officiers des Royal Marines était relativement faible et leurs noms figuraient tous sur la Liste de la Navy, dont les services secrets allemands possédaient certainement une copie. L'un de ces officiers allait donc devoir « prêter » son nom au cadavre.

Parcourant la liste des officiers de marine en activité, Montagu remarqua plusieurs hommes portant le nom de famille Martin. Pas moins de neuf d'entre eux étaient des Royal Marines, huit lieutenants et un capitaine, qui avait été promu « acting major » en 1941. L'acheminement de documents importants devait être confié à un officier suffisamment gradé, donc le capitaine William Hynde Norrie Martin fut enrôlé à son insu pour cette mission. Le véritable Norrie Martin s'était engagé en 1937 et devint l'un des meilleurs pilotes de la Fleet Air Arm. En 1943, il était instructeur sur la base américaine de Quonset Point, dans le Rhode Island, et il était donc peu probable qu'il ait vent de l'usage qui était fait de son nom. Par pure coïncidence, le vrai Martin avait servi à bord du porte-avions *Hermes*, qui avait été coulé par les Japonais en avril 1942, provoquant la perte de plus de trois cents hommes. Il faudrait publier un avis de décès pour le faux William Martin dans la presse britannique : les Allemands croiraient qu'il ferait référence au corps transportant les documents, mais les amis et collègues du véritable major Martin supposeraient probablement qu'il était mort à bord de l'*Hermes* en perdition et que sa mort n'était confirmée que tardivement.

Le capitaine William « Bill » Martin reçut de l'Amirauté la carte d'identité portant le numéro 148228. On lui donna quatre ans de moins que Glyndwr Michael, mais Cardiff fut choisie comme lieu de naissance, distante de dix miles seulement d'Aberbargoed, où était né Michael. La carte affecta Martin aux Opérations combinées, le département créé pour harceler les Allemands par des opérations conjointes de la marine et de l'armée de terre et dirigé par Lord Louis Mountbatten. La carte d'identité étant trop brillante pour être vraie, pour plus de précaution, elle portait la mention « En remplacement de la carte numéro 09650 déclarée perdue ». Ce numéro était celui de la carte d'identité de Montagu, qui s'assurait ainsi que quiconque enquêtant sur cet officier fantôme finirait par arriver à lui. Perdre sa carte d'identité était une faute grave dans l'Angleterre en guerre, mais en plus d'expliquer le caractère récent de la carte, le remplacement fournissait aussi le premier trait de la personnalité de Bill Martin : il était maladroit. Montagu signa la carte ; c'était la première des nombreuses occasions où il agirait au nom de Bill Martin.

Il ne manquait plus qu'une photo pour finaliser la carte. Glyndwr Michael n'avait jamais eu de passeport ou toute autre forme de papier d'identité comportant une photo et, si l'on voulait essayer d'obtenir un cliché récent, s'il en existait, il faudrait contacter la famille de Michael. Montagu et Cholmondeley se rendirent à la morgue de St. Pancras avec un appareil photo et un mètre ruban. Pendant que Cholmondeley mesurait Glyndwr pour la tenue de combat et les godillots des Royal Marines, Montagu le prépara pour la prise de vue. C'était la première fois qu'ils voyaient le cadavre : le visage paraissait maigre et maladif, assez différent de celui du jeune combattant qu'ils avaient imaginé. Quoi qu'il en soit, comme Montagu le fit remarquer : « Il ne doit pas nécessairement ressembler à un officier – seulement à un officier d'état-major », et c'était rarement les spécimens au gabarit le plus impressionnant.

C'était probablement la première fois que Glyndwr Michael était photographié. Mais la séance de pause macabre fut un « échec total ». Au bout de quelques jours seulement, les yeux du cadavre dans la chambre froide avaient commencé à s'enfoncer dans leur orbite et les muscles faciaux s'étaient relâchés. Il était tout simplement impossible de photographier le visage d'un mort sans qu'il ait l'air d'être mort. Avant de mourir, Michael était maigre. Chaque jour supplémentaire passé à la morgue de St. Pancras lui donnait l'air encore plus mort. Quels que soient l'angle et l'éclairage sous lesquels il était photographié, le nouvellement nommé William Martin refusait obstinément de reprendre vie devant l'objectif.

Au bureau, et dans la rue, Montagu et Cholmondeley épiaient furtivement les visages de leurs proches ou de parfaits inconnus, dans l'espoir de repérer quelqu'un qui pourrait servir de doublure à Bill Martin. Glyndwr

Michael avait un visage quelconque et des cheveux grisonnants et clairsemés. D'après Montagu, « il serait passé inaperçu dans une foule ». Pourtant, trouver quelqu'un qui lui ressemblât, ne serait-ce que vaguement, se révélait extraordinairement difficile.

Pendant que Montagu recherchait le visage adéquat, « dévisageant sans gêne tous ceux que nous rencontrions », Cholmondeley partit en quête de vêtements. Glyndwr Michael était grand et maigre, « avec une constitution quasiment identique » à celle de Cholmondeley. Cholmondeley acheta d'abord des bretelles, des guêtres et des godillots militaires standard, en taille 47. Puis, ayant reçu l'autorisation du colonel Neville des Royal Marines, il se présenta chez Gieves, le tailleur militaire de Piccadilly, pour y trouver une tenue de combat des Royal Marines, avec les décorations qui correspondaient au grade, les parements des Royal Marines et les insignes des Opérations combinées. L'uniforme fut complété d'un imperméable et d'un béret. Comme les vêtements devaient montrer la patine de l'usage, Cholmondeley enfila l'uniforme et le porta chaque jour pendant les trois mois qui suivirent.

Les sous-vêtements posaient un problème plus épineux. Cholmondeley, on peut le comprendre, n'avait pas envie de sacrifier les siens, car il était difficile de trouver de bons sous-vêtements dans une Angleterre rationnée et en guerre. Ils consultèrent John Masterman, universitaire à Oxford et président du Comité XX, qui trouva une solution académique qui était aussi personnellement satisfaisante. « La difficulté d'obtenir des sous-vêtements, en raison du système des tickets de rationnement, écrivit Masterman, fut résolue par l'acceptation de sous-vêtements épais reçus en cadeau et provenant de la garde-robe du défunt Warden de New College, à Oxford. » Le major Martin se verrait affublé du maillot de corps et du caleçon en pilou de nul autre que H. A. L. Fisher, l'éminent historien d'Oxford, ancien ministre de l'Éducation dans le gouvernement de Lloyd George. John Masterman et Herbert Fisher avaient tous deux enseigné l'histoire à Oxford pendant les années 1920 et avaient longtemps entretenu une rivalité acharnée. Fisher était une figure à la grandeur et à la gravité pesantes qui dirigeait New College, d'après l'un de ses collègues, tel « un énorme mausolée ». Masterman le considérait comme un personnage verbeux et pompeux. Fisher avait été renversé par un camion tandis qu'il se rendait au tribunal, qu'il présidait, pour examiner les recours en appel déposés par des objecteurs de conscience. Les nécrologies rendirent un retentissant hommage à sa stature intellectuelle et académique, ce qui agaça Masterman. Faire porter les sous-vêtements du grand homme à un mort qui allait échouer entre les mains des Allemands était exactement le genre de blague qui plaisait à son sens de l'humour plutôt déplacé. Masterman indiqua que les sous-vêtements étaient un « cadeau ». Mais il est bien plus probable qu'il fit simplement en sorte que le contenu des tiroirs du défunt professeur contribue à l'effort de guerre.

À leur façon, Montagu et Cholmondeley s'approprièrent le rôle de Bill Martin. Montagu avait imité sa signature. Cholmondeley portait ses vêtements. Ils entrevoyaient peu à peu la personnalité du major Martin, ses traits de caractère qu'ils allaient devoir révéler par le biais du contenu de son portefeuille, de ses poches et de sa mallette. Il fut décidé que Martin était le fils adoré d'une famille de la haute bourgeoisie du pays de Galles (son origine galloise était la seule concession faite à la véritable identité de Glyndwr Michael). Il était catholique. Les catholiques étaient censés être opposés aux autopsies pour des raisons religieuses, et cette réticence traditionnelle serait probablement prise en compte si le corps était présumé appartenir à un coreligionnaire.

Le William Martin qu'ils imaginèrent était intelligent, voire « brillant », travailleur mais étourdi et enclin aux coups d'éclat. Il aimait se divertir, aller au théâtre et danser. Il dépensait plus qu'il ne gagnait, s'attendant à ce que son père le tire d'affaire. Sa mère, Antonia, était morte quelques années auparavant. Ils commencèrent à lui écrire un passé. Ils décidèrent qu'il avait fait des études, en *public school* et à l'université. Il écrivait en cachette et était un écrivain très prometteur, même s'il n'avait jamais rien publié. Après l'université, il s'était retiré à la campagne pour écrire, écouter de la musique et pêcher. Il était plutôt solitaire. Lorsque la guerre avait éclaté, il s'était engagé dans les Royal Marines, mais s'était retrouvé coincé derrière un bureau, ce qui ne lui plaisait pas. « Toujours partant pour un service actif et pour prendre des risques », il avait fui dans les commandos où il s'était distingué par ses compétences techniques, notamment en ce qui concernait les barges de débarquement. Il avait prédit que le raid sur Dieppe serait un désastre et il avait raison. En conclusion, Martin était « un type bien », romantique et fringant, mais aussi assez irresponsable, rarement ponctuel et extravagant.

Le premier témoin de la personnalité fictive de Martin fut son banquier. Montagu rencontra Ernest Whitley Jones, directeur général adjoint de la Lloyds Bank, et lui demanda de bien vouloir écrire une lettre de rappel à propos d'un découvert qui n'existait pas à un client qui lui aussi était imaginaire. Cette requête est certainement un cas unique dans les annales de la banque britannique. Whitley Jones était un homme prudent, ce qui n'a probablement rien d'étonnant. Il n'était pas courant, fit-il remarquer, qu'un directeur général d'une banque, au siège qui plus est, exécute une tâche aussi prosaïque. Mais lorsque Montagu expliqua qu'il ne préférait pas « impliquer » quelqu'un d'autre, le directeur céda. Ce type de courrier « pouvait parfois provenir du siège, dit-il, surtout quand le directeur général était un ami du père d'un jeune client dont les extravagances devaient être freinées et que le père ne voulait pas enquiquiner son fils ».

La lettre de réclamation fut adressée au major Martin au Club de l'Armée et de la Marine, sur Pall Mall. Il avait été décidé que c'est là que Martin élirait domicile lorsqu'il serait « en ville ». Cholmondeley obtint une facture du club, établie au nom du major Martin.

Après avoir imaginé le père de Martin, Montagu et Cholmondeley décidèrent que ce parent anxieux méritait de jouer un rôle plus important dans le drame qui allait se jouer. C'est ainsi qu'entra en scène John G. Martin, *paterfamilias*, « un père de la vieille école », d'après Montagu qui s'inspira probablement de son propre père : affectueux, mais solennel et autoritaire. La lettre a probablement été écrite par Cyril Mills, un collègue du MI5. Mills, fils de l'impresario de cirque,

Bertram Mills, avait repris l'affaire au décès de son père en 1938 et il était devenu l'un des principaux agents de l'équipe Double Cross. Mills savait impressionner. La lettre, pompeuse et pédante, comme seul pouvait l'être un père édouardien, était un « brillant tour de force ».

Tél. : 98
Hôtel du Lion noir
Mold
Galles du Nord

Le 13 avril 1943

Mon cher William,

Je ne peux pas dire que cet hôtel soit aussi confortable qu'il l'était dans mon souvenir d'avant-guerre. J'y suis descendu car c'est la seule solution ; je ne voudrais pas m'imposer une fois encore à ta tante dont le personnel aux effectifs réduits et l'observance stricte des économies de carburant (qui, je l'accorde, est nécessaire en temps de guerre) ont rendu la maison presque inhabitable pour les invités, ou au moins pour une personne de mon âge. J'envisage de rester en ville les nuits du 20 et du 21 avril puisque nous aurons certainement l'occasion de nous voir. Je joins un exemplaire de la lettre que j'ai écrite à Gwatkin de McKenna à propos de tes affaires. Tu pourras lire que je lui ai demandé de déjeuner avec moi au grill du Carlton (qui est toujours ouvert, paraît-il), à une heure moins le quart, le mercredi 21. Je serais ravi que tu puisses te joindre à nous. Nous ne t'attendrons pas, donc je suppose que si tu parviens à te libérer, tu t'efforceras d'être ponctuel.

Ta cousine Priscilla a demandé à être rappelée à ton bon souvenir. Bien qu'elle soit devenue une fille intelligente, je ne peux pas dire que son travail pour l'Armée de Terre ait beaucoup amélioré son apparence. De ce point de vue, j'ai bien peur qu'elle ne tienne de son père.

Affectueusement,

Père

Cholmondeley et Montagu s'amusaient beaucoup, emballés par leur imagination débordante, par la profondeur des détails, par les rebondissements de l'intrigue : le père exaspéré réglant les problèmes financiers de son fils, plein de ressentiment contre la manière dont sa belle-sœur régnait sur la maison familiale, le forçant à passer la nuit dans un hôtel de seconde zone ; la nièce Priscilla, intelligente mais disgracieuse qui, comme il était sous-entendu, avait un petit faible pour son cousin Bill ; les allusions aux privations et au rationnement ; l'artistique tache d'encre sur la première page. Le sens de l'humour acide de Montagu transpirait dans les moindres mots des lettres.

Maintenant que la vie de Martin était tracée dans ses grandes lignes, Cholmondeley commençait aussi à réunir les petits objets qu'un officier pouvait avoir dans les poches et dans son portefeuille en temps de guerre, des détails sans importance à eux seuls mais vitaux pris ensemble. Dans le jargon moderne de l'espionnage, cela s'appelle du « fouillis de sac à main », toutes les petites choses que l'on accumule et qui en disent long sur la personnalité de leur propriétaire et sur les lieux qu'il a visités. Dans le fouillis de Martin, on trouverait un carnet de tickets, dont deux usagers ; une croix en argent avec son collier et une médaille de saint Christophe, un bout de crayon, des clés, un paquet de cigarettes Player's Navy Cut (les cigarettes habituelles de la Navy), des allumettes et un ticket de bus usager. Ils ajoutèrent dans son portefeuille un laissez-passer périmé pour le QG des Opérations combinées, comme preuve supplémentaire de son attitude laxiste vis-à-vis de la sécurité. Les membres de la section 17M, qui étaient tous dans la confidence, apportèrent chacun leurs contributions. On discuta beaucoup sur le club fréquenté par Bill. Margery Boxall, la secrétaire de Montagu, obtint une invitation au *Club Cabaret*, un club de nuit du Londres branché, comme preuve du penchant de Martin pour la grande vie. On y ajouta un fragment d'une lettre déchirée, adressée à Bill en provenance d'une adresse dans le Perthshire, et faisant état de bribes de commérages romantiques : « … au dernier moment – c'est d'autant plus regrettable qu'il ne l'avait pour ainsi dire jamais vu avant. Mais, comme je le lui ai dit… » L'écriture était celle de John Masterman.

Deux plaques d'identification, sur lesquelles était gravé « Major W. Martin, R.M., R/C » (*Roman Catholic* ou catholique romain), seraient attachées aux bretelles qui retiendraient le pantalon du mort. Une facture pour des chemises de chez Gieves, payées en liquide, fut chiffonnée avant d'être fourrée dans une poche. Bill Martin transporterait de l'argent liquide lors de son dernier voyage : un billet de 5 livres, trois billets de 1 livre et un peu de monnaie. Les numéros des billets de banque ont été scrupuleusement notés. Comme pour tout l'argent qui pourrait être remis à l'ennemi ou reçu de l'ennemi, la monnaie était surveillée au cas où elle réapparaîtrait à un endroit intéressant. Si l'argent disparaissait après l'arrivée du corps en Espagne, cela prouverait que les vêtements avaient été fouillés.

Rien n'était laissé au hasard. Tout ce qui accompagnait le corps était minutieusement inspecté pour vérifier que cela corroborait le récit, en supposant que les Allemands feraient tout leur possible « pour trouver une faille dans le maquillage du major Martin ». Et pourtant, il manquait quelque chose dans la vie de Martin. C'est Joan Saunders qui le fit remarquer : il n'avait pas de vie amoureuse. Bill Martin devait tomber amoureux. « Nous décidâmes qu'un “mariage serait arrangé” entre Bill Martin et une fille juste avant qu'il ne soit envoyé à l'étranger », écrivit Montagu. Même s'il mentionnait nonchalamment « une fille », Montagu savait parfaitement de quelle fille il s'agirait.

7

Pam

Jean Leslie avait dix-huit ans à peine, en 1941, lorsqu'elle rejoignit la section chargée du contre-espionnage et des agents doubles au MI5. Avec sa peau d'albâtre et ses cheveux châtains ondulés, Jean était très belle, avec un charme très britannique. Elle avait quitté l'école à dix-sept ans, puis ses parents, appartenant à la haute bourgeoisie, lui avaient inculqué les aptitudes classiques de la parfaite jeune fille : la dactylographie, le secrétariat et les bals des débutantes. Mais elle était beaucoup plus intelligente qu'on n'aurait pu le croire. Elle était trop intelligente au goût de sa mère devenue veuve. « Qu'allons-nous bien pouvoir faire de Jean ? » s'inquiétait-elle. Un ami de la famille suggéra qu'elle trouve un travail au War Office (ex-ministère de la Défense). Quelques semaines plus tard, Jean signait l'Official Secrets Act (loi relative aux secrets d'État), puis plongea dans les méandres de l'administration chargée de la paperasse top secret du MI5. Dans un premier temps, elle travailla à la section B1B, qui collectait, classait et analysait les messages Ultra déchiffrés, les messages de l'Abwehr et divers renseignements exploités par les agents doubles du système Double Cross. Elle adorait son travail.

Le secrétariat était dirigé par un dragon à la langue de vipère nommé Hester Leggett, qui exigeait de ses « filles » une obéissance absolue et une efficacité à toute épreuve. Le travail de Jean consistait à trier les « périls jaunes », c'est-à-dire les copies carbone jaunes des interrogatoires du Camp 020, le centre d'internement de Richmond, près de Londres, où tous les espions étaient passés au gril. Elle pouvait lire les comptes rendus des espions arrêtés pour essayer de repérer tout ce qui nécessitait l'attention de ses supérieurs (mâles). C'est Jean Leslie qui repéra les « incohérences criantes » dans la confession d'un certain Johannes de Graaf, un agent belge. Par la suite, il fut découvert que de Graaf jouait un triple jeu. Jean fut très contente d'elle, mais elle s'affola quand il apparut que de Graaf risquait d'être exécuté.

L'équipe de secrétariat, entièrement féminine, fut surnommée « les Castors », et le castor le plus travailleur était la jeune Jean Leslie. « J'étais toujours prête à aider. Je courais partout. J'avais tellement envie de plaire. » Hester Leggett, cruellement surnommée « The Spin » (la vieille fille), la réprimandait constamment parce qu'elle sprintait dans les bureaux silencieux de St. James's Street. « Ne courez pas, Miss Leslie ! »

Cette belle jeune femme pressée attira le regard d'Ewen Montagu. Jean ne pouvait pas ne pas remarquer que le beau et gentil officier, de quelques années son aîné, faisait plus particulièrement attention à elle. « En fait, il me draguait un peu. Il était même un peu amoureux. » C'était exact : les récits officiels et non officiels de Montagu la décrivent indifféremment comme étant « charmante », « très séduisante » ou d'autres adjectifs qui traduisaient son admiration.

À la mi-février, on se mit en quête d'une compagne convenable pour le major Martin. On demanda « aux filles les plus jolies des différents services » de donner des photographies qui serviraient dans une séance d'identification. Montagu mit un point d'honneur à en demander une à Miss Leslie. « Je pense qu'il avait fermement l'intention d'en obtenir une de ma part coûte que coûte. » Ce soir-là, Jean, toujours aussi enthousiaste et plutôt flattée de l'attention qui lui était accordée, mit ses tiroirs sens dessus dessous pour trouver une photographie récente. Depuis le bombardement de Londres, Mrs Leslie avait quitté la capitale pour s'installer dans une maison qu'on lui prêtait, sur la Tamise, près de Dorchester, dans l'Oxfordshire, où sa fille la retrouvait en fin de semaine. Quelques semaines plus tôt, elle était allée nager dans la rivière, à Wittenham Clumps, avec Tony, un grenadier de la Garde en permission qui, comme Montagu, était enamouré et qui allait bientôt repartir à la guerre. « La baignade était horrible », mais l'occasion avait été heureuse. Tony avait pris une photo qu'il lui avait envoyée par la suite. On y voyait Jean qui venait de sortir de l'eau dans un maillot de bain une pièce à motifs, serrant timidement sa serviette contre elle, les cheveux balayés par le vent et un doux sourire aux lèvres. Dans l'Angleterre des années 1940, l'image n'était pas seulement jolie, mais presque coquine, et Jean Leslie, comme Ewen Montagu, le savait.

« Une bonne collection » de photographies avait pu être rassemblée. Ce n'était pas par accident que le

Service de renseignement de la Navy contenait une forte proportion de femmes particulièrement jolies. « Oncle John donnait des ordres précis pour que l'on n'embauche que les filles les plus jolies, arguant d'une théorie selon laquelle elles auraient moins de risques de se vanter auprès de leurs petits amis du travail secret qu'elles accomplissaient. » Quelques collègues féminines de Montagu dans la salle 13 furent très déçues quand il choisit la photographie d'une femme d'un autre service : « Nous étions toutes jalouses », se souvient Patricia Trehearne, l'une de ses assistantes. Mais il n'y eut jamais aucun doute sur la gagnante de ce concours de beauté très particulier.

La photographie de Jean fut ajoutée à la pile grandissante des biens de Martin et un nouveau personnage central vint compléter l'intrigue qui se tramait : c'était « Pam », sa nouvelle fiancée, une jeune femme vive qui travaillait dans l'administration publique, qui était nerveuse, jolie, discrète et un peu bête. Il fut décidé que Bill avait rencontré Pam tout juste cinq semaines plus tôt, et qu'il lui avait demandé de l'épouser après une cour éclair, lui achetant pour l'occasion une bague ornée d'un gros diamant. John Martin, son père, était opposé au mariage, suspectant justement Pam d'être une croqueuse de diamants. La date du mariage n'avait pas été fixée. C'était une histoire d'amour typique de la guerre : soudaine, exaltante et, comme cela allait bientôt s'avérer, vouée à l'échec.

Jean Leslie jouissait d'un niveau d'habilitation suffisant pour être partiellement dans le secret. Montagu lui dit que la photographie représentait une fiancée fictive, dans le cadre d'un plan de désinformation. « Je savais qu'elle allait être placée sur un corps, mais je ne savais pas pourquoi. » Charles Cholmondeley interrogea Jean en aparté et lui demanda sur un ton sérieux : « Qui d'autre a cette photo ? Si quelqu'un d'autre l'a, tu devras la récupérer. Si tu l'as donnée à quelqu'un et que cette personne était envoyée sur le front, qu'elle était capturée et que cette photo était découverte en sa possession, cela aurait de très graves conséquences. » Jean contacta Tony, le grenadier de la Garde, et lui demanda de détruire tous les autres exemplaires de la photo. Blessé, Tony obtempéra. Montagu convoqua aussi Jean et insista auprès d'elle sur la nécessité du secret absolu. Puis il l'invita à dîner. Elle accepta.

Montagu adorait sa femme, Iris. « Je n'avais pas réalisé à quel point la vie me paraissait vide simplement parce que tu n'étais pas là », lui écrivit-il. Ses lettres étaient passionnées, pimentées de grossièretés, de poèmes et de récits. Elles étaient hantées par la crainte qu'ils puissent être séparés à tout jamais : « Notre vie était ultra-heureuse avant que cette terrible affaire ne commence… Salaud de Hitler. » Dès que les lettres d'Iris arrivaient avec du retard de New York, il plaisantait à moitié : « Tu as dû t'enfuir avec un Américain. » Mais la compagnie féminine lui manquait. « Je tiens toujours la chandelle », se plaignait-il. Il refusa une invitation à danser, même s'il aurait adoré y aller, faute d'avoir quelqu'un pour l'accompagner. Jean Leslie était célibataire, extrêmement jolie et de charmante compagnie. Ewen ne chercha pas à cacher son premier rendez-vous avec Jean à sa femme, mais il ne s'attarda pas dessus non plus. « J'ai amené une fille du bureau au *Hungaria* [un restaurant] et nous avons dîné et dansé. C'est une belle enfant. »

Bill avait besoin de lettres d'amour pour accompagner la photo de Pam. La tâche de les rédiger incomba à Hester Leggett, « The Spin », la femme la plus âgée du service. Jean se souvient d'elle comme d'une personne « maigre et aigrie ». Hester Leggett était certainement amère et exigeante. Elle ne se maria jamais et était dévouée corps et âme à son travail, qui consistait à trier des tonnes de paperasse secrète. Dans la correspondance de Pam, elle mit les moindres onces de pathos et d'émotion qu'elle avait pu rassembler. Ces lettres pourraient bien être le plus près que Hester Leggett approcha d'une histoire d'amour : c'était le pastiche de bavardages d'une jeune femme follement amoureuse, faisant peu de cas de la grammaire.

Le Manoir
Ogbourne St. George
Marlborough, Wiltshire
Téléphone : Ogbourne St. George 242

Dimanche 18

Je pense, mon tendre aimé, qu'accompagner des gens comme toi à la gare est loin d'être une partie de plaisir. Le départ d'un train peut laisser un trou béant dans sa [sic] vie et il ne me reste plus qu'à essayer désespérément – et en vain – de la remplir avec tout ce que l'on appréciait il y a à peine cinq semaines. Ces jours heureux que nous passions ensemble oh ! je sais que cela a déjà été dit, mais si seulement le temps pouvait s'arrêter pendant une minute – mais c'est peine perdue. Remue-toi, Pam, et ne fais pas l'idiote.

La lecture de ta lettre m'a fait un peu de bien – mais je vais devenir horriblement vaniteuse si tu continues à dire de telles choses de moi – ça ne ME ressemble absolument pas, comme tu finiras par le remarquer bien vite. Et maintenant je me retrouve pour le week-end dans un endroit divin avec Maman et Jane, qui sont vraiment trop gentilles et compatissantes, m'ennuyant terriblement et attendant impatiemment d'être à lundi pour pouvoir retourner au travail. Quel gâchis sans nom !

Bill, mon amour, fais-moi savoir dès que tu as des nouvelles et que nous pouvons faire des projets et, s'il te plaît, ne les laisse pas t'envoyer au loin, comme ils semblent avoir coutume de le faire – maintenant que nous nous sommes trouvés, je ne pense pas que je pourrai le supporter.

Avec tout mon amour,

Pam

Le papier à en-tête (obtenu auprès du beau-frère de Montagu) fut utilisé en arguant du fait qu'« aucun Allemand ne pourrait résister au côté si "britannique" de l'adresse. La lettre suivante, intentionnellement datée de trois jours plus tard, était écrite en toute hâte par « Pam » sur du papier ordinaire, alors que son patron, « le Basset », menaçait de rentrer de son déjeuner d'une minute à l'autre. Comme il a été relaté dans le rapport officiel sur l'opération Mincemeat, les efforts de Hester Leggett pour « décrire le frisson et le pathos des amours de guerre ont été couronnés de succès ».

Bureau

Mercredi 21

Le Basset a quitté sa niche pour une demi-heure et j'en profite pour te griffonner encore quelques inepties.

Ta lettre est arrivée juste au moment où je me dépêchais de partir – très en retard, comme d'habitude ! Tu m'écris des lettres tellement divines. Mais quelles sont ces allusions à propos d'être envoyé quelque part – évidemment je ne dirai rien à personne – je ne le fais jamais quand tu me dis des choses, ce n'est pas à l'étranger, n'est-ce pas ? Parce que je ne tolérerais pas, C'EST IMPOSSIBLE, dis-leur de ma part. Mon amour, pourquoi nous sommes-nous rencontrés pendant la guerre, comme c'était idiot – s'il n'y avait pas la guerre, nous serions presque mariés à l'heure qu'il est, nous serions en train de choisir des rideaux, etc. Et je ne serai pas assise là, dans un horrible bureau du gouvernement à taper des rapports débiles toute la journée – je sais que le travail futile que je fais ne contribue même pas à réduire la guerre d'une minute –

Mon très cher Bill, j'aime tellement ma bague – scandaleusement extravagante – tu sais à quel point j'adore les diamants – je n'arrive pas à en détacher les yeux.

Je vais à une horrible soirée dansante ce soir avec Jock et Hazel, je crois qu'ils ont invité un autre homme. Je sais de quoi leurs amis ont toujours l'air, il aura une charmante pomme d'Adam et un crâne chauve bien brillant ! Comme c'est moche et ingrat de ma part, mais je ne suis pas vraiment ça – tu sais – n'est-ce pas ?

Écoute, mon amour, je ne travaille pas dimanche et lundi prochain car c'est Pâques. Je rentrerai à la maison, évidemment, viens aussi si tu peux, ou si tu ne peux pas quitter Londres j'y ferai un saut et nous passerons une soirée heureuse ensemble – (au fait, Tante

Marian m'a dit de t'amener pour dîner la prochaine fois que je monterai, mais je pense que ce n'est pas pressé ?)

Voilà le Basset, plein d'amour et un baiser de Pam

Hester Leggett termina la seconde lettre par une fioriture, tandis que l'écriture aux boucles rondes de Pam se transformait en un gribouillis pressé.

Pour faire bonne mesure, Montagu et Cholmondeley ajoutèrent dans le portefeuille de Martin une facture d'un montant colossal de 53 livres 0 shilling 6 pence pour l'achat d'une bague de fiançailles de chez S. J. Phillips sur New Bond Street. Sur la bague était gravé « P. L. de la part de W. M. 14.4.43 ».

Deux autres lettres complétaient les effets personnels de Martin. La première lui était adressée par son notaire, F. A. S. Gwatkin, de McKenna & Co., et faisait référence à son testament et à des questions fiscales. « Nous ajouterons le legs de 50 livres à votre ordonnance », écrivit M. Gwatkin, qui regrettait de ne pas encore pouvoir remplir la déclaration de revenus de Martin au titre de l'exercice 1941/42 : « Il semblerait que nous n'ayons jamais reçu les renseignements indispensables et nous vous serions reconnaissants de bien vouloir nous les communiquer. » En outre, le délai de remise de la déclaration de revenus du major Martin était déjà dépassé. Enfin, il y avait une autre lettre de John Martin, qui était une copie de la lettre au notaire de la famille et dans laquelle il discutait du régime matrimonial de son fils et insistait sur le fait que « comme la famille de sa femme ne contribuait pas à la dot, je ne pense pas qu'il soit sage qu'ils conservent, au décès de William, l'usufruit des fonds fournis par mes soins. Je n'accepterai cette disposition qu'à condition que des enfants soient issus du mariage ».

Montagu et Cholmondeley étaient ravis de la tournure que prenait l'intrigue qu'ils avaient créée, sur laquelle planait un pressentiment d'un désastre imminent, et qui mettait en scène un héros fringant mais raté, une héroïne sexy, légèrement farfelue, et des seconds rôles tragi-comiques : le Basset, Père, la grosse Priscilla et Whitley Jones, le banquier. Mais vue avec près de soixante-dix ans de recul, l'intrigue semble presque éculée. L'impression de danger imminent et les « pressentiments » de Pam sont par trop mélodramatiques. « Bill, mon amour, s'il te plaît, ne les laisse pas t'envoyer au loin, comme ils semblent avoir coutume de le faire… »

L'amiral John Godfrey insistait sur le risque qu'il y avait à trop peaufiner une ruse d'espionnage. « Plus on approche du renseignement de type “thriller”, plus celui qui donne et celui qui reçoit doivent être sur leurs gardes. Les tournures élégantes ne devraient pas avoir leur place dans le vocabulaire d'un officier du renseignement. En revanche, celui qui ne sait pas raconter une bonne histoire est assommant. »

À ce moment-là, Godfrey n'était plus là pour donner son avis éclairé. Au beau milieu de l'opération Mincemeat, Montagu et Cholmondeley perdirent leur mentor. Le caractère corrosif de l'amiral avait fini par dépasser les bornes : il fut retiré du Service de renseignement de la Navy et envoyé au commandement naval en Inde. Il fut remplacé par le *commodore* (puis contre-amiral) Edmund Rushbrooke, un administrateur capable mais un officier qui n'avait ni la flamme ni le flair de Godfrey. « Il est très âgé et il lui manque l'énergie de cette dynamo humaine », écrivit Montagu, dont l'appréciation de Godfrey était aussi directe : « C'était un emmerdeur de la pire espèce, mais c'était un génie... Je l'admirais énormément en tant que cerveau et organisateur du renseignement, aussi sincèrement que je le haïssais en tant qu'homme. » La bonne nouvelle à propos du départ de Godfrey était que Montagu et Cholmondeley bénéficiaient désormais de « l'avantage inespéré d'avoir les mains entièrement libres ». Mais cela signifiait aussi que la « préparation et la mise au point de Mincemeat, d'après Montagu, n'étaient ni supervisées ni contrôlées ».

Godfrey était l'un des rares officiers supérieurs qui pouvait – et qui aurait probablement – souligné que l'histoire contenait une débauche de fioritures. Les personnages étaient trop caricaturaux : l'abominable banquier, le patron intimidant, la fille joyeuse qui allait bientôt subir un sale coup du sort. L'histoire d'amour vouée à l'échec, le soldat imperturbable qui marche tout droit vers son destin : c'étaient les ingrédients essentiels de la culture populaire en 1943. L'histoire de Bill Martin était le fruit d'esprits qui avaient lu trop de romans d'amour et vu trop de films dont le héros disparaît dans le lointain pour ne jamais revenir. Ce défaut pouvait être en partie intentionnel, car le récit n'était pas censé être une somme réaliste de gens et d'événements, ayant pour but de convaincre un public britannique, mais une histoire qu'un Allemand pensait être très britannique. Le rôle de l'avocat, et de l'officier du renseignement, dans l'esprit de Montagu, était de demander : « Comment cet argument ou cette preuve interpellera-t-il le public ? » Et non : « Comment m'interpellera-t-il moi-même ? »

En un sens, l'histoire de Bill Martin était trop parfaite. Rien n'était laissé au hasard. Tout le monde transporte habituellement dans ses poches et dans son portefeuille des objets inutiles ou dont la signification n'est pas évidente de prime abord : une photo non identifiée, un pense-bête illisible, des trombones, un bouton. Les poches de Martin ne contenaient aucun objet égaré ou inexplicable, rien d'improbable ou d'insignifiant. Les lettres personnelles ne contenaient ni allusions obscures à des tiers, ni plaisanteries privées, ni fautes d'orthographe : aucune des qualités qui différenciaient une correspondance authentique d'une correspondance fabriquée de toutes pièces. Tout était lié, tout se complétait. Il y avait trop de détails.

« Pam se donnerait-elle vraiment la peine de préciser qu'elle travaillait dans une administration ? » Bill le saurait probablement déjà. De la même façon, un bijoutier se donnerait-il la peine de recopier les mots gravés sur l'anneau dans sa facture ? Dans la mentalité tordue du renseignement, quand c'est trop parfait, ça sonne faux.

Mais l'intrigue n'était pas parfaite. En effet, elle contenait des erreurs qui pouvaient se révéler catastrophiques. Le major Martin léguait de l'argent à son « ordonnance » : un officier des Royal Marines n'aurait jamais employé le terme d'ordonnance, mais plutôt d'attaché (*Marine Officer's Attendant* ou MOA). Pourquoi payait-il ses chemises en liquide (chez un tailleur militaire qui faisait crédit aux officiers en service) alors qu'il avait déjà un gros découvert et qu'il devait 53 livres pour une bague de fiançailles ?

Pire encore, l'intrigue n'aurait pas résisté à un examen minutieux si des espions allemands en Grande-Bretagne n'avaient fait ne serait-ce que des vérifications rapides. Un simple coup de téléphone à Ogbourne St. George 242 aurait établi qu'aucune Pam n'était connue à cette adresse. Un coup d'œil au registre de l'hôtel du *Lion noir* aurait révélé qu'aucun M. J. C. Martin n'y avait passé la nuit du 13 avril. Même un agent modérément compétent aurait pu appeler S. J. Phillips sur New Bond Street pour vérifier quelle était l'échéance de la facture et aurait découvert que cette bague n'avait jamais été vendue.

Montagu et Cholmondeley ne tenaient aucun compte du danger d'être inquiété par un agent ennemi en Grande-Bretagne pour la simple raison qu'ils ne pensaient pas qu'il y en avait. « La sécurité était quasi absolue, écrivit Montagu. Nous pouvions faire croire tout ce que nous voulions à l'ennemi. » Certes, parmi les centaines d'espions ennemis parachutés, débarqués ou entrés clandestinement en Grande-Bretagne, tous ont été repérés et arrêtés sauf un : l'exception avait été retrouvée morte dans un bunker après s'être suicidée. Les Allemands ne menaient tout bonnement pas d'opérations de renseignement en Grande-Bretagne. En mars 1943, il y avait tant d'agents doubles dans le Système Double Cross que « Masterman souleva la question de savoir s'il n'était pas temps de "liquider" quelques agents, à la fois pour accroître l'efficacité et pour améliorer la vraisemblance ». Un « sous-comité exécutif fut formé » pour liquider un faux agent « tous les mois ou presque ».

Tous les soirs, Montagu rentrait chez lui à bicyclette, avec sa mallette pleine de secrets, conscient d'être « le seul "désinformateur" en contact quotidien avec tous les services spéciaux », et que ses secrets étaient parfaitement en sécurité. Pourtant, il y avait de nombreux espions à Londres en provenance de pays supposés neutres qui auraient été heureux de fournir des informations aux puissances de l'Axe. Ewen Montagu ne le sut jamais, mais un espion opérait sous son nez, un homme avec qui il partageait un penchant pour le fromage exotique et le tennis de table, ainsi que ses parents.

Ivor Montagu passait son temps à fonder et à devenir membre de divers clubs. De la Ligue des mangeurs de fromage et de la Fédération internationale de tennis de table en 1926, il était passé à l'Association des techniciens du cinéma, la Société zoologique, le Club de cricket de Marylebone, le comité de rédaction du *Labour Monthly*, le Conseil mondial de la paix, les Amis de l'Union soviétique, le Club de football de Southampton United, la Société pour les relations culturelles avec la Russie soviétique et la présidence de la branche de Woolwich-Plumstead du Congrès contre la guerre.

En devenant agent du renseignement militaire soviétique, il était aussi devenu membre d'un club moins public et encore plus exclusif.

En partie en signe de provocation envers ses parents de la haute bourgeoisie, Ivor Montagu avait, dès son plus jeune âge, montré un vif « enthousiasme pour tout ce qui avait trait à la Russie », et un penchant pour les opinions politiques radicales. En 1927, alors âgé de vingt-trois ans, Ivor fut contacté par Bob Stewart, l'un des fondateurs du Parti communiste britannique et recruteur d'agents soviétiques en Grande-Bretagne. Stewart dit à Montagu : « L'Internationale communiste nous a demandé de t'envoyer immédiatement à Moscou. Quand peux-tu partir ? » À Moscou, Ivor fut accueilli en héros et flatté : il joua au tennis de table au siège du Komintern avec « les meilleurs joueurs de Moscou », il alla au Bolchoï et regarda le défilé révolutionnaire depuis une loge sur la place Rouge. Une personne des hautes sphères de l'État soviétique avait pris Ivor Montagu en charge.

Après son retour en Europe, la carrière cinématographique d'Ivor était en plein essor, comme son intérêt pour le tennis de table, les rongeurs et les films soviétiques. Au même moment, son engagement envers le communisme s'intensifia. En 1929, il entreprit une correspondance avec Léon Trotski, le révolutionnaire bolchevik mis au ban du Parti communiste et vivant en exil sur l'île turque de Prinkipio.

« Cher camarade Trotski, écrivit Ivor le 1er juillet. Laisse-moi me porter volontaire pour le service… Je serais heureux de me rendre utile de quelque manière que ce soit. »

Trotski répondit, sur un ton amical, et une correspondance plus qu'improbable s'ensuivit. Ivor échafauda des plans pour rencontrer le révolutionnaire soviétique exilé en personne. Il décrirait son voyage à Prinkipio comme l'innocente excursion d'un jeune idéaliste étudiant les fractures du communisme russe. Il semblait plus probable qu'il y fût envoyé par Moscou pour gagner la confiance de Trotski et rendre compte de ses activités. Ivor arriva à Istanbul sous une pluie battante, « comme à Édimbourg dans ses mauvais jours », et loua un bateau pour rejoindre l'île. « Deux policiers turcs montaient la garde devant la villa. Mme Trotski, une petite femme maternelle à l'air anxieux, vint m'accueillir. Trotski apparut et nous nous installâmes pour discuter. »

Ils discutèrent jusque tard dans la nuit, à propos des frustrations de Trotski, de ses amis exilés en Sibérie et de son souhait de contacter Christian Rakovsky, le bolchevik bulgare qui finirait par périr entre les mains des bourreaux de Staline. À la fin de la soirée, un pistolet chargé fut remis à Ivor « pour qu'il le mette sous son oreiller par mesure de précaution contre les assassins ». (Trotski serait assassiné à Mexico en 1940.) Ivor ne parvint pas à trouver le sommeil. « Je ne savais pas quelles précautions prendre contre le revolver et j'étais terrifié. »

Le lendemain matin, Trotski et Ivor partirent pêcher dans la mer de Marmara. Les gardes du corps turcs ramèrent. La conversation axée sur la politique continua. Les conditions météorologiques étaient atroces. Ils rentrèrent bredouilles. « Je garderai toujours le souvenir de notre frêle esquif, en périlleux équilibre sur la crête d'une vague, prêt à se briser sur un monstrueux rocher, Trotski, perché à la proue, répétant aux policiers, qui ramaient de toutes leurs forces pour sauver leur vie, l'équivalent d'"une-deux une-deux" sur un ton et avec une autorité qui auraient pu commander une armée. »

La rencontre avec Trotski marqua un tournant. Ivor Montagu était attiré par cette « personnalité fascinante et autoritaire » mais « horrifié par son narcissisme », par l'ambition du révolutionnaire en exil : « J'avais l'impression d'avoir compris que ce qui le rendait insupportable pour tout parti était le fait que sa personnalité dictait son jugement. » Ivor n'avait pas encore trente ans, mais c'était déjà un apparatchik et un stalinien engagé. Trotski savait qu'Ivor était un outil consentant du régime soviétique. En 1932, il écrivit : « Ivor Montagu a, ou a eu, de la sympathie envers moi, mais aujourd'hui, même à son niveau, il est paralysé par son adhésion au parti. »

Son engagement était devenu absolu et permanent : il faisait des discours, écrivait des pamphlets et tournait des films de soutien au communisme. Toute sa vie, les manifestations les plus cachées et les plus dangereuses de son obédience au parti restèrent secrètes.

Le MI5 avait commencé à s'intéresser à l'honorable Ivor Montagu en 1926, après avoir intercepté une lettre qu'il avait écrite à un membre d'un syndicat soviétique en visite en Angleterre pour lui demander l'autorisation d'aller à Moscou. Les fouineurs commencèrent immédiatement à ouvrir le courrier d'Ivor et à épier ses moindres faits et gestes, rapportant que « Montagu était connu pour avoir été mêlé pendant quelque temps au cercle restreint du Parti communiste ». Son comportement était plus que suspect : il assistait à des congrès radicaux, jouait au tennis de table, traduisait des pièces de théâtre en français, fréquentait des acteurs et des réalisateurs d'extrême gauche, portait un long manteau en cuir de Mongolie et distribuait des films soviétiques. Sa correspondance avec Trotski fut copiée et consignée dans les dossiers de plus en plus épais ouverts pour Ivor au MI5. Un rapport de 1931 de la Branche spéciale était teinté d'antisémitisme : « Montagu a des cheveux bruns frisés et ressemble sans aucun doute à un Juif. Ses yeux sont marron foncé et il a le teint pâle. Il est généralement sale et négligé. »

Lorsque la guerre fut déclarée, Ivor Montagu avait coupé le contact avec sa famille, à l'exception d'Ewen. Tandis que son frère aîné continuait à profiter des services du majordome à Kensington Court, Ivor vivait à Brixton, partageant un appartement crasseux avec Betsy, un corniaud adopté au refuge canin de Battersea, Hell, sa femme, Rownala, sa belle-fille, ainsi que sa belle-mère, accro au fromage et aux pickles, même s'ils la faisaient souffrir d'indigestion chronique. « À quoi ça sert de vivre si l'on ne peut pas manger du fromage avec des pickles ? » s'interrogeait-elle. Cofondateur de la Ligue des mangeurs de fromage, Ivor ne lui donnait pas tort. Les frères Montagu ne pouvaient avoir des personnalités plus différentes, ni des opinions politiques plus opposées. Pourtant, ils continuèrent à se fréquenter pendant la guerre.

Ewen Montagu envoyait des bulletins réguliers à Iris sur les activités d'Ivor, d'un ton moqueur mais affectueux. « Hier soir, Ivor est venu dîner après le concert à l'Albert Hall, écrit-il en juin 1942. Il est tout bonnement énorme, il a tout pris dans le ventre. Hell va bien et creuse pour la victoire[1], mais elle ne l'a pas encore trouvée. » Il considérait l'engagement politique d'Ivor comme une obsession inoffensive. « Ivor est vraiment mal engagé dans la guerre, dit-il à sa femme. Il travaille pour le gouvernement russe en faisant de la

1. Référence à la campagne *Dig for victory*, qui fut lancée en Angleterre dès le début de la guerre pour assurer la subsistance de la population en cultivant les moindres parcelles de terre.

propagande prosoviétique [et] écrit des lettres antimilitaristes ou procommunistes aux journaux. »

Le MI5 savait parfaitement que l'un des officiers les plus hauts gradés du renseignement – un homme qui, de ses propres dires, « connaissait pratiquement tous les secrets de la guerre, y compris la bombe atomique » – était en contact régulier avec un frère qui était un sympathisant soviétique connu, qui correspondait avec des révolutionnaires russes et qui était opposé à la guerre. En 1939, le MI5 avait commencé à faire référence à « ce communiste particulièrement déplaisant, l'Honorable Ivor ». Ivor représentait un risque majeur pour la sécurité. Ewen savait que le MI5 avait un dossier sur Ivor, mais il était loin de se douter qu'en 1943 il se composait déjà de trois volumes et comptait des centaines de pages.

Dans les dossiers du MI5, toute référence explicite à Ewen avait été éliminée. Mais au fil de la progression de la carrière de l'aîné dans le renseignement et de la croissance de ses responsabilités, la surveillance du benjamin s'intensifia. Le MI5 interrogea les voisins d'Ivor, infiltra les congrès qu'il animait et analysa ses articles et ses discours. Pourtant, aucune preuve ne fut trouvée contre lui. Pour cela, il faudrait attendre deux décennies supplémentaires.

Entre 1940 et 1948, des cryptanalystes américains interceptèrent des copies de milliers de télégrammes entre Moscou et ses missions diplomatiques à l'étranger, écrits dans un code qui était théoriquement indéchiffrable. Au cours des quarante années suivantes, les cryptologues alliés tentèrent de casser le code soviétique dans une opération initialement surnommée « le Problème russe », puis désignée par le nom de code « Venona ». C'était un projet si secret que même la CIA n'en connut l'existence qu'en 1952. De grands pans de la correspondance étaient et sont toujours illisibles, mais au final, quelque 2900 messages furent traduits, une infime fraction du tout, mais cela offre un point de vue étonnant sur l'espionnage soviétique.

Parmi ces messages interceptés et décryptés, 178 furent envoyés au ou par le bureau londonien du GRU, la branche militaire du renseignement soviétique, entre mars 1940 et avril 1942.

Les messages sont incomplets et il en manque beaucoup, mais ils révèlent un point assez surprenant : pendant au moins deux ans, l'Union soviétique a dirigé un cercle d'espions britanniques portant le nom de code « Groupe X » (*Gruppa iks*), placé sous la direction d'un individu désigné par le nom de code « Intelligentsia ».

Les espions soviétiques, comme leurs homologues britanniques et allemands, semblaient prendre un plaisir pervers à choisir des noms de code contenant des références manquant de subtilité. En code Venona, la France était « Gastronomica » ; les Allemands étaient « les Vendeurs de saucisses » (*Kolbasniki*). Le nom de code choisi pour l'espion qui dirigeait le Groupe X ne faisait pas exception. L'agent Intelligentsia n'était autre qu'Ivor Montagu aux penchants intellectuels bien connus.

Le 25 juillet 1940, Simon Davidovitch Kremer, secrétaire de l'attaché militaire soviétique à Londres et officier traitant au GRU, envoya un message sous le nom de code « Barch » au « Directeur » à Moscou :

« J'ai rencontré des représentants du GROUPE X. C'est IVOR MONTAGU (frère de Lord Montagu), le fameux communiste local, journaliste et conférencier. Il bénéficie de contacts [inintelligible] par le biais de ses proches influents. Il a rapporté qu'il avait reçu pour instruction de travailler avec moi, mais qu'il n'a pas encore obtenu le moindre contact. Nous avons conclu un accord à propos du travail et j'ai souligné l'importance de la vitesse. »

Le rapport continuait en relatant le point de vue d'Ivor sur le « dernier appel à la raison » de Hitler, son « offre de paix » à l'Angleterre. Ivor pensait, à juste titre, qu'un accord de paix était peu probable : « Intelligentsia considère que l'armée est plutôt anti-Vendeurs de saucisses. » La référence aux proches "influents" d'Ivor suggère que le GRU connaissait la position occupée par Ewen Montagu dans le renseignement britannique.

Ewen et Ivor Montagu espionnaient désormais pour des camps opposés dans la guerre. Depuis 1939, le pacte Molotov-Ribbentrop conclu entre l'Union soviétique et l'Allemagne nazie liait les deux pays par un accord officiel de non-agression et, jusqu'à ce que Hitler rompe le pacte en juin 1941, les informations qui étaient transmises au renseignement soviétique finissaient par arriver entre les mains de la Gestapo.

Au départ, les maîtres-espions d'Ivor Montagu n'étaient pas impressionnés :

« Intelligentsia n'avait encore recruté personne dans les services financiers militaires. Il a promis de fournir des documents provenant du professeur Haldane qui travaille dans le cadre d'une mission de l'Amirauté qui a trait aux sous-marins et à leur fonctionnement. Nous avons besoin d'un homme d'un autre calibre et qui soit plus téméraire qu'INTELLIGENTSIA. »

Le professeur J. B. S. Haldane est l'un des scientifiques les plus connus de Grande-Bretagne. Pionnier touche-à-tout, il développa une théorie mathématique sur la génétique humaine, prédit que les moulins à vent produisant de l'hydrogène remplaceraient les carburants fossiles, expliqua la fission nucléaire et se perfora le tympan en testant une chambre de décompression faite maison : « Même quand on est sourd, on parvient à souffler de la fumée de tabac par l'oreille en question, ce qui est une réussite sociale. » Haldane était un athée et un communiste convaincu : « Je pense que le marxisme a raison », déclara-t-il en 1938.

Ivor Montagu et Jack Haldane s'étaient liés d'amitié à Cambridge, et peu après le début de la guerre, Ivor recruta le scientifique dans le Groupe X. En 1940, Haldane travaillait au centre de recherche sous-marine de la Navy, à Gosport, et, en juillet, il remit à l'Amirauté un document secret intitulé *Rapport sur les effets de la haute pression, du dioxyde de carbone et du froid*. Il s'agissait d'une étude portant sur l'immersion prolongée des sous-marins. Deux mois plus tard, Kremer rapporta : « Intelligentsia a transmis un exemplaire du rapport du professeur Haldane à l'Amirauté sur ces expériences relatives à la durée pendant laquelle un homme peut rester sous l'eau. »

Le Groupe X d'Ivor Montagu s'agrandit lentement, sur les conseils acerbes de Kremer, et la qualité des renseignements s'améliora. À l'automne 1940, Ivor avait recruté « trois sources militaires » et un agent portant le nom de code « Baron », probablement un haut gradé des services secrets du gouvernement tchécoslovaque en exil, qui fournit de copieuses informations sur les forces allemandes en Tchécoslovaquie.

Par la suite, le MI5 supposa qu'une autre recrue d'Ivor, désignée par le nom de code « Bob », était le futur leader syndical Jack Jones. En octobre 1940, Ivor « rapporta qu'une fille travaillant dans une administration gouvernementale remarqua dans un document que les Britanniques avaient cassé un code soviétique ». Kremer dit à Ivor « que c'était une affaire de la plus haute importance et qu'il devrait donner pour mission au Groupe [X] de développer ce rapport ».

À la fin de l'année 1940, le Groupe X était devenu si productif que le traitement d'Ivor Montagu fut repris par l'officier supérieur du GRU à Londres, le colonel Ivan Sklyarov, attaché militaire soviétique, portant le nom de code « Brion ». Les messages rescapés du Groupe X montrent qu'un flux constant de renseignements militaires était transmis à Moscou à propos des mouvements de troupes, des dégâts provoqués par les raids aériens, des informations techniques obtenues par le biais d'un « officier du ministère de l'Air », de la production de chars et d'armes, ainsi que des rapports sur les préparatifs menés en prévision d'un éventuel débarquement allemand. « La défense côtière se base sur un réseau de blockhaus présentant des défauts de construction et qui ne tiennent pas compte de la marge de manœuvre nécessaire pour l'artillerie lourde et l'équipement des chars des Vendeurs de saucisses. » Ces informations présentaient un grand intérêt pour Moscou, mais elles auraient été encore plus importantes pour les Allemands, alors en train de préparer l'opération Lion de mer, c'est-à-dire le débarquement en Grande-Bretagne.

Les précieuses informations d'Ivor Montagu furent transmises à Moscou le 16 octobre 1940, après un raid aérien sur une usine aéronautique près de Bristol : « 30 bombardiers et 30 avions de combat des Vendeurs de saucisses suivirent un faisceau hertzien en provenance du nord de la France. »

La précision de visée des bombardiers de la Luftwaffe s'était considérablement améliorée au cours des mois précédents, ce qui éveilla les soupçons sur l'invention par les Allemands d'un appareil de guidage sophistiqué utilisant les faisceaux hertziens. Il s'agissait du système « Knickebein » : les bombardiers allemands suivaient un faisceau hertzien émis depuis la France jusqu'à ce qu'ils en interceptent un autre au-dessus de la cible et qu'ils larguent leurs bombes. Churchill avait constitué un comité secret pour essayer de découvrir le mode de fonctionnement du système et trouver une solution pour le contrer. Le problème fut désigné par le nom de code « Maux de tête » ; les contre-mesures furent inévitablement désignées par le nom de code « Aspirine ». La RAF développa une technique permettant de « plier » les faisceaux hertziens pour écarter les bombes de la Luftwaffe de leurs cibles : les migraines furent guéries. Mais en octobre 1940, Maux de tête bénéficiait d'un niveau de confidentialité très élevé et n'était connu que d'une poignée de chefs du renseignement, d'officiers hauts gradés de la RAF et de scientifiques du gouvernement. Le Groupe X collectait désormais des renseignements émanant des hautes sphères.

Ivor Montagu était un idéaliste, mais ses actions constituaient une trahison. Il ne se contentait pas de faire passer d'importants secrets militaires à une puissance étrangère, mais à un État qui était lié par un pacte d'amitié avec l'ennemi. Ivor était un antifasciste engagé et aurait été scandalisé d'être accusé d'aider le nazisme, mais son engagement envers la cause du communisme, bien que naïf, était absolu. S'il avait été pris, il aurait certainement été arrêté et jugé d'après les termes de la Loi sur la Trahison (*Treason Act*).

Une partie des informations d'Ivor auraient pu lui avoir été fournies, par inadvertance, par son frère aîné. Ewen Montagu connaissait l'engagement politique de son frère (« il semble continuer ses réunions », écrivit-il à sa femme), mais il n'était absolument pas au courant de ses activités d'espionnage. Il ne savait pas non plus que son frère faisait l'objet d'une surveillance très rapprochée de la part de ses propres collègues du MI5. En revanche, Ivor savait que son frère travaillait pour le service de renseignement de la Navy, à un haut niveau, et il ne faisait aucun doute qu'il était intéressé par le contenu de sa mallette fermée à clé. L'adhésion servile d'Ivor au parti, comme le fit remarquer Trotski, l'emportait-elle sur son affection fraternelle ?

Nous ne saurons probablement jamais si Ivor espionna son frère, car à la fin de l'année 1942, les interceptions Venona cessèrent brusquement. Les échanges continuèrent entre la *rezidentura* à Londres et Moscou, mais ils devinrent illisibles. Le dernier rapport traduit de Brion est le suivant : « Intelligentsia a indiqué que son ami, un militaire dans un régiment de Liverpool, a remis [inintelligible] entraînement allemand, avec des bombardiers en piqué prenant part [inintelligible] entre Liverpool et Manchester tout – industrie… » Ce furent les derniers mots déchiffrables de l'agent Intelligentsia.

En 1943, l'Allemagne nazie et l'Union soviétique étaient enfermées dans un conflit mortel, et il y avait peu de risques que les informations du Groupe X soient transmises à Berlin. Mais Ivor resta indubitablement immergé dans le jeu de l'espionnage. L'Allemagne avait des espions opérant au sein des services de renseignement soviétiques. Ewen préparait depuis des mois l'opération de désinformation la plus complexe de la guerre et la personne la plus à même de faire échouer l'opération Mincemeat, s'il venait à la découvrir, était son propre frère.

8

Le collectionneur de papillons

Cholmondeley et Montagu étaient convaincus que William Martin, le personnage qu'ils avaient créé, était parfaitement crédible. « Nous avions l'impression de le connaître aussi bien que notre meilleur ami, écrivit Montagu. Nous en étions arrivés à penser que nous connaissions Bill Martin depuis sa petite enfance, que nous connaissions ses moindres pensées et ses réactions probables à tous les événements qui pouvaient se produire dans sa vie. »

Il n'est pas surprenant que Montagu et Cholmondeley aient prétendu connaître Bill Martin aussi bien qu'ils se connaissaient eux-mêmes car, d'une certaine façon, la personnalité qu'ils avaient créée était leurs alter ego combinés, la personne qu'ils auraient aimé être. Un contemporain décrivit Cholmondeley comme « un incurable romantique de la vieille école ». Chez Bill Martin, Cholmondeley trouva un personnage imaginaire qui pouvait porter la cape et brandir l'épée à sa place. Alors que Cholmondeley était cloué au sol, à cause de sa vue courte, et rivé à son bureau, à cause de son travail, Bill Martin était un jeune officier en première ligne, partant en guerre alors que sa fiancée l'attendait. Montagu écrivit qu'il « s'était enrôlé pour partir en mer, pour mettre à profit son expérience de marin et pour se battre ». Bill Martin était l'officier de marine d'active qu'il n'était pas. Mais Montagu alla encore plus loin dans son identification avec Bill Martin.

« Ewen *vivait* son rôle, d'après Jean Leslie. Il *était* Willie Martin et j'étais Pam. Son esprit fonctionnait ainsi. » Ewen (Bill) commença à courtiser Jean (Pam) « pour de vrai ». Il l'amena dans des clubs, au cinéma et au restaurant. Il lui offrit des cadeaux, des bijoux et un col de chemise des Royal Marines, en souvenir de « Bill ».

« Il m'écrivit des lettres interminables, *de la part de Bill.* » Jean conserva quelques-unes de ces lettres de son fiancé imaginaire. Elles constituent un témoignage extraordinaire de l'une des histoires d'amour les plus étranges qui soient, de la façon totalement inattendue dont la fiction se mêlait à la réalité. Jean Leslie n'était, semble-t-il, pas farouchement opposée aux avances de Montagu ou, plus précisément, à celles de Bill Martin. Elle fit agrandir une copie de la photographie de la baignade et écrivit dessus : « Jusqu'à ce que la mort nous sépare, Amoureusement, Pam », et la donna à Montagu.

Montagu répondit :

Pam, ma très chère,

J'ai adoré la photographie – à tel point que, ne supportant pas l'idée qu'il lui arrive quelque chose, je l'ai laissée aux bons soins de mon meilleur ami –

je sais que vous l'auriez beaucoup apprécié – il m'a tout donné et a fait de moi ce que je suis aujourd'hui.

Je crois que j'ai une prémonition – c'est bien le cas et, à lire votre inscription sur la photo, vous semblez partager cette crainte.

Si je ne revenais pas, vous ne voudrez peut-être pas porter la bague que je vous ai offerte, donc j'espère que vous aimerez cette broche. Vous pourrez continuer à la porter, même si, comme je l'espère, vous rencontrerez quelqu'un qui sera davantage digne de vous – je suis sûr qu'il comprendra si c'est le genre d'homme que vous aimez.

À vous, pour toujours,

Bill

P.S. La prochaine fois, essayez plutôt les RNVR.

Ewen Montagu faisait évidemment partie des RNVR, les réservistes de la Royal Navy. Il posa la photo de Pam sur sa coiffeuse, à Kensington Court.

Montagu était séparé de sa femme depuis 1940, avec une seule et brève occasion de retrouvailles, aux États-Unis, en 1941, lorsqu'il fut envoyé pour travailler en liaison avec le FBI. Dans ses lettres à sa femme, Ewen mentionnait ouvertement ses rendez-vous avec une jeune femme en pension dans les Elms, à Hampstead, même s'il ne désigna jamais Jean Leslie nommément. « La fille des Elms est l'une des secrétaires de Tar Robertson et elle est très gentille et très intelligente (22-24 ans ?), dit-il à Iris. L'une de ses vertus les plus charmantes est qu'elle sait si bien écouter. » Il ajouta : « Elle est très impliquée dans l'un des aspects de ces activités. » Iris avait déjà abordé le sujet de savoir si les enfants et elle devaient rentrer en Angleterre. Le 15 mars 1943, Ewen lui écrivit : « J'ai amené la fille des Elms à dîner et nous sommes allés voir "Desert Victory" à l'Astoria. » Dans la même lettre, il remarqua : « Je pense que vous ne devriez pas rentrer tout de suite. »

Si Iris avait des doutes quant à la relation qu'entretenait Ewen avec la femme anonyme liée aux « agissements » de son mari, elle n'était pas la seule. Montagu affirma plus tard qu'il avait placé la photographie de « Pam », avec sa dédicace enamourée, sur la coiffeuse, à Kensington Court, pour vérifier si son inquisitrice de mère réagirait, voire la ferait disparaître. « Si Mère touchait à mes affaires, ce serait la goutte d'eau qui ferait déborder le vase. C'est la seule chose pénible qu'elle ne fit pas encore. » Lady Swaythling vit évidemment la photo et exigea une explication. « Je lui ai dit en toute sincérité que c'était un souvenir de l'une de mes activités… Je ne suis pas tout à fait sûr de ce qu'elle a pu penser !! »

La mère de Montagu commença à envoyer des messages codés à sa belle-fille à New York, écrivant dans ses lettres qu'elle avait l'impression que [Iris] devait rentrer à la maison dès que [son] travail le permettait.

Il est possible que la relation qui unissait Ewen Montagu et Jean Leslie n'ait été que pure comédie romantique, rien de plus que du badinage plaisant. Mais lorsque Iris vit la photographie avec sa dédicace passionnée, Montagu dut insister en affirmant que c'était une blague dans le cadre d'une opération de guerre et que rien ne s'était passé entre lui (et son alter ego) et Jean (et le sien). Il est possible que sa femme l'ait cru. Il a peut-être dit la vérité.

Créer le personnage du major William Martin et flirter avec sa fiancée avaient été plutôt agréables. En revanche, créer des preuves matérielles qu'il allait falloir placer sur le cadavre était beaucoup plus exigeant et important. Si les faux renseignements étaient placés trop en évidence, les Allemands repéreraient la supercherie ; si les indices étaient trop bien cachés, les Allemands pourraient passer à côté. À quel niveau fallait-il jouer la désinformation ? Le major Martin était censé être un officier en service dont l'avion s'était écrasé alors qu'il ralliait Gibraltar depuis l'Angleterre. Il ne pouvait pas transporter des ordres de mission ou des plans de bataille, car ce type de document ne serait pas confié à un simple messager ; il serait plutôt envoyé par la valise diplomatique. De plus, les informations hautement confidentielles sont plutôt transmises par le biais de télégrammes codés. Il fut décidé que les fausses informations seraient transmises sous la forme d'une correspondance privée entre des officiers de rang suffisamment élevé pour que l'ennemi prenne les renseignements au sérieux. Il fallait que les Allemands puissent reconnaître le nom des hauts gradés. Les communications entre un membre mineur du personnel de l'état-major à Londres et son homologue à Alger « n'auraient pas assez de poids ». La mission, telle que la voyait Montagu, consistait à « contrefaire des documents d'un niveau suffisamment élevé pour exercer un effet stratégique, même après un examen prolongé par des personnes suspicieuses et hautement qualifiées qui seraient peu enclines à y croire ». La question de la formulation de la désinformation était encore plus problématique. Si la Sicile était identifiée comme la cible cachée, mais que les Allemands flairaient le complot, cela révélerait la Sicile comme la véritable cible. Au lieu d'être égaré, l'ennemi serait mis au courant.

Montagu s'attela à la falsification des lettres comme s'il était au tribunal, fournissant à la partie adverse des preuves fictives, minutieusement choisies. Plus tard, il fit remarquer que c'était « le paradis rêvé pour un avocat véreux ». Il établit trois règles fondamentales pour la rédaction de la correspondance :

1. La cible du leurre [c'est-à-dire la Grèce, la Sardaigne ou les deux] devait être identifiée de manière à la fois désinvolte et indubitable.

2. Deux autres lieux devaient être identifiés pour faire diversion : l'un d'entre eux serait la Sicile et l'autre aurait simplement pour but de détourner l'attention de la Sicile si les Allemands comprenaient que le document était un faux.

3. La lettre devait être « un aparté » et devait pouvoir être acheminée par un officier et non par une voie officielle ; elle devrait contenir des remarques personnelles et des preuves d'une discussion personnelle ou de dispositions qui empêcheraient le message d'être transmis par les ondes.

Montagu rédigea un premier jet : une lettre du général sir Archibald « Archie » Nye, vice-chef d'état-major général de l'Empire britannique (VCIGS) au général sir Harold Alexander en Tunisie. Nye était dans le secret de toutes les opérations militaires. Alexander était au commandement d'une armée sous le général Dwight Eisenhower, au quartier général du 18e groupe d'armées. Les deux généraux britanniques se connaissaient assez bien et étaient suffisamment hauts gradés pour être au courant des plans de bataille.

Harold Alexander s'était battu avec honneur pendant la Première Guerre mondiale, mais il était perçu comme manquant de discernement. D'ailleurs, l'un de ses collègues le décrivit injustement comme étant « complètement bouché ». Quoi qu'il en soit, il était l'épitomé de la droiture martiale britannique, raide comme une baguette et ayant toujours l'air « de sortir d'un bain de vapeur, de s'être fait masser et d'avoir pris un bon petit déjeuner en lisant une lettre de sa famille ». Mais surtout, il était probablement le soldat le plus célèbre d'Angleterre, après Montgomery, et il allait être chargé par Eisenhower de prendre le commandement des forces terrestres en Sicile. Les Allemands sauraient immédiatement qui il était et son importance.

Le premier brouillon de Montagu était une lettre écrite sur un ton de bavardage amical entre deux grands pontes, dépourvue de références évidentes aux intentions alliées, mais laissant des indices qu'aucun lecteur attentif ne pouvait manquer. Elle laissait entendre qu'il y avait débat sur la pertinence de la Sicile ou de Marseille comme cible de diversion ; elle mentionnait divers lieux de débarquement possibles en Sardaigne ; elle contenait des discussions en apparence oiseuses sur les alliés américains (« Eisenhower va-t-il continuer sur sa lancée ? »), les salutations d'un ami commun (« Untel et untel [en désignant nommément un général] vous font leurs amitiés ») et des taquineries sans conséquence à propos de Montgomery, de la victoire d'El Alamein et de sa grosse tête.

Montagu pensait que, dans son brouillon, il avait su trouver le ton parfait, avec le bon dosage d'« informations personnelles et d'aparté ». Il était très satisfait, mais on ne pouvait pas en dire autant de ses supérieurs immédiats. La London Controlling Section, ou LCS, qui était le comité chargé de la désinformation, conseilla de déployer un plan moins ambitieux, suggérant que « le contenu d'une telle lettre devrait être plus basique et de moins haute volée ». Le 11 mars, Johnnie Bevan, à la tête du LCS, prit un avion pour Alger afin d'y rencontrer Dudley Wrangel Clarke, l'officier chargé de la désinformation pour l'opération Husky, nom de code du débarquement en Sicile. Clarke pensait aussi que l'opération Mincemeat était trop ambitieuse. Il suggéra que la lettre donne simplement une fausse indication de la date prévue pour le débarquement, sans en désigner le lieu.

Au cours des mois suivants, la lettre fut souvent revue et réécrite, lorsque les officiers supérieurs du renseignement, les chefs d'état-major et d'autres encore ajoutaient leur grain de sel au plan. Quand on a une bonne idée, on court le risque que des gens intelligents soient du même avis et veuillent y prendre part. Comme beaucoup de romanciers, Montagu n'aimait pas les révisions. Il n'aimait pas la façon dont l'opération Mincemeat était édulcorée. Il n'aimait pas que ses supérieurs usent de leur autorité et interviennent dans un projet dans lequel il avait investi tant de temps, d'énergie et de sa personne. Mais surtout, il n'aimait pas Johnnie Bevan.

Montagu avait été un fidèle de Bevan, le chef paisible de la London Controlling Section. Mais les tensions ne tardèrent pas à naître dans le milieu fermé et tendu de la désinformation. Peu après la nomination de Bevan, ils commencèrent à se heurter, ce qui conduisit à des désaccords qui culminèrent en de gigantesques conflits de personnalités. Bevan prenait un malin plaisir à donner des ordres à Montagu ; Montagu réagissait par un mépris cinglant. Début mars, au milieu de discussions sur la forme que devait prendre l'opération Mincemeat, Montagu monta une attaque tous azimuts contre Bevan, l'accusant d'incompétence, de malhonnêteté, d'inefficacité et d'« ignorance quasi totale des services de renseignement allemands, de leur fonctionnement et de ce qu'ils étaient à même de croire ».

Quand Montagu avait quelque chose en tête, il n'était pas facile de lui faire changer d'avis. Bevan, protesta-t-il, « a très peu d'expérience dans quelque forme de désinformation que ce soit. Il est agréable et sait se "vendre". Il n'a pas une intelligence hors du commun et est capable d'exposer des inepties du genre "Nous voulons contenir les Allemands à l'ouest" avec le plus grand aplomb… Je suis sûr qu'il ne s'améliorera pas en gagnant de l'expérience. Soit le personnel de la Section est inadapté à ce type de travail (dans lequel ils sont tous complètement inexpérimentés), soit il n'est pas à la hauteur ».

La harangue continue ainsi sur plusieurs pages. Le dénigrement de Bevan par Montagu est totalement dépourvu de fondement. Bevan était au moins aussi malin qu'Ewen Montagu. Le mémo calomniant Bevan circula en interne jusqu'aux chefs du renseignement de la Navy, mais les collègues de Montagu se sont probablement rendu compte qu'il ne faisait que se défouler et le document ne quitta pas le NID, ce qui n'était pas plus mal, car si les récriminations de Montagu étaient arrivées jusqu'aux oreilles de Churchill, qui faisait toute confiance à Bevan, il aurait pu se faire débarquer. Certains virent dans l'attitude de Montagu face à Bevan la preuve d'une ambition déçue et de luttes intestines. Il est plus probable que c'était la réaction exagérée d'un perfectionniste, frustré de la façon dont son œuvre était manipulée et profondément alarmé par ce qu'il considérait comme une réaction de plomb face à la tournure des événements en Méditerranée.

Fin février, Bletchley Park déchiffra un message du haut commandement nazi à l'état-major allemand en Tunisie, évaluant la situation en Méditerranée. « D'après ce que nous savons sur les intentions de débarquement anglo-américain, il est évident que l'ennemi pratique la désinformation à grande échelle. Malgré tout, il faut s'attendre à un débarquement significatif en mars. Tout porte à croire que le théâtre des opérations sera la Méditerranée et que la première opération consistera en une offensive sur l'une des grandes îles, avec la Sicile en tête des probabilités, suivie de la Crète, en deuxième, et de la Sardaigne ou de la Corse en troisième. »

Non seulement les Allemands anticipaient une opération de désinformation, mais ils en avaient correctement deviné la cible et il était trop tard pour changer les plans. « La Sicile a été autorisée à devenir notre cible la plus probable et il va être difficile de la faire sortir de la tête de l'ennemi, avertit Montagu. Il est bien plus facile de persuader les Allemands que nous attaquerons X que de les dissuader d'une appréciation qu'ils ont déjà dû formuler que nous attaquerons Y. » Bevan semblait impassible : « Il n'y a toujours pas de plan de désinformation pour Husky… Pourquoi, aujourd'hui encore, plusieurs semaines après le lancement de HUSKY, n'avons-nous toujours pas d'ébauche de plan de désinformation, et encore moins de plan approuvé et initié ? » Mincemeat avançait à grands pas, mais si le plan ne fonctionnait pas, ce serait « un échec total de l'intoxication des Allemands par l'une ou l'autre de nos actions ». Les Alliés étaient sur le point d'attaquer une cible que les Allemands s'attendaient à voir attaquer. Montagu avertit que la Grande-Bretagne et ses alliés étaient « désormais dans une situation extrêmement dangereuse ».

Il adressa une autre lettre à « Tar » Robertson, plus tempérée cette fois mais rejetant platement l'idée de Bevan selon laquelle une lettre factuelle serait suffisante : « Il serait vraiment dommage de nous servir d'une lettre à un faible niveau. Je ne pense pas qu'une telle lettre impressionne l'Abwehr ou les autorités opérationnelles. »

Tandis que Montagu était aux prises avec Bevan et que les tractations continuaient à propos du contenu des lettres, un autre débat était en cours pour déterminer l'endroit où le corps devait aller s'échouer. Après avoir brièvement évoqué le Portugal ou le sud de la France, les planificateurs choisirent l'Espagne. La Grande-Bretagne et l'Allemagne avaient toutes les deux une ambassade à Madrid, mais le climat général était plutôt pro-allemand et anti-britannique, surtout au sein des forces armées et de la bureaucratie espagnole. Comme un officier du MI5 le fit observer, une partie de l'État espagnol était effectivement à la solde des Allemands : « La police espagnole et les officiers de la Seguridad [le service de la sécurité espagnol] avaient pour instructions d'accéder aux moindres demandes

des Allemands. Des passeports étaient émis pour les nationalistes espagnols sur la recommandation des Allemands ou refusés sur leur ordre. La presse et la radio espagnoles étaient à la botte des Allemands. L'état-major allemand collaborait au maximum. Ils pouvaient user librement de la valise diplomatique espagnole. » Si les documents trompeurs pouvaient être placés entre les bonnes mains espagnoles, ils seraient certainement transmis aux Allemands. Mais les Espagnols étaient imprévisibles et beaucoup étaient foncièrement opposés aux nazis. Le pire adviendrait si le cadavre et ses papiers tombaient entre les mains d'un sympathisant allié et qu'ils étaient retournés intacts. Quelle était donc la partie la plus pro-allemande de la côte espagnole ?

Un télégramme fut envoyé au capitaine Alan Hillgarth, attaché naval à l'ambassade de Madrid et chef du renseignement de Churchill en Espagne, pour lui demander d'envoyer un lieutenant de confiance à Londres pour une conférence urgente. Salvador Augustus Gómez-Bearc, assistant de l'attaché naval à l'ambassade de Grande-Bretagne à Madrid, se présenta à l'Amirauté, fraîchement débarqué de l'avion de Madrid, et fut conduit à la salle 13.

Gómez-Beare, universellement connu par son surnom, « Don », était un Anglo-Espagnol de Gibraltar qui était parfaitement à l'aise dans les deux cultures. Il était citoyen britannique, profitait de gros revenus privés, parlait le plus pur anglais de la haute bourgeoisie et présentait d'impeccables manières britanniques comme seul un non-Britannique pouvait le faire. Il jouait au bridge avec Ian Fleming au *Portland Club*, et au golf toute l'année. Mais en Espagne, il était espagnol, avait la peau mate, parlait avec un accent méridional et devenait invisible. En 1914, alors qu'il était étudiant en médecine à Philadelphie, il s'engagea volontaire dans l'armée britannique et passa deux années dans les tranchées avant de rejoindre le Royal Flying Corps. Pendant la Guerre civile espagnole, il « travailla dans le renseignement militaire pour l'armée de Franco ». Gómez-Beare avait accès à des lieux dans lesquels aucun Anglais ne pouvait pénétrer, « Espagnol en Espagne, Anglais en Angleterre qui servit le Royaume-Uni avec une intensité et une minutie inégalées par aucun Anglo-Saxon ». Hillgarth l'avait recruté en 1939, suggérant initialement qu'on lui donne le rang de capitaine dans les Royal Marines, « à cause de son énorme moustache de la RAF ». Il fut nommé au rang de capitaine de corvette de la RNVR, à condition qu'il se rase et bien qu'il n'ait « guère plus que de vagues expériences maritimes ». Dès le début de la guerre, on pouvait voir Gómez-Beare « arpentant Madrid, roulant jusqu'à Saint-Sébastien, voletant jusqu'à Barcelone, volant autour de Gibraltar et aidant les aviateurs anglais à quitter la France ». Quand Airey Neave s'évada de Colditz en 1942, c'est Gómez-Beare qui lui fit passer la frontière vers Gibraltar. Il avait une villa à Séville, un appartement à Madrid et des espions dans toutes les strates de la société espagnole. Gómez-Beare fut le principal recruteur des agents secrets de Hillgarth.

Alan Hillgarth, en tant que dirigeant d'une ambassade dans un pays neutre, ne pouvait pas être pris en flagrant délit d'espionnage ou en train de recruter des espions, mais Gómez-Beare ne tombait pas sous le coup de ces contraintes. Dans les propres mots de Hillgarth, il était « exceptionnellement favorisé par des prédispositions personnelles et linguistiques pour cultiver ce type de relations et, dans la majorité des cas, ses contacts n'auraient accepté de travailler pour nul autre ». Les espions de Gómez-Beare s'infiltraient dans la bureaucratie espagnole, comme des veines dans le marbre : il avait des agents dans la police espagnole, la sécurité nationale, le ministère de l'Intérieur, l'état-major espagnol et toutes les branches militaires. Il avait des informateurs dans la haute société comme dans ses bas-fonds, des salons de Madrid jusqu'aux docks de Cadix. Ces espions ne se rencontraient jamais et se contactaient uniquement par le biais de Gómez-Beare. « Il était précieux, disait Hillgarth. C'est lui qui traitait avec nos contacts spéciaux. Il était d'une loyauté et d'une discrétion sans égales et les Espagnols, et plus particulièrement la marine, l'adoraient. »

Les Allemands, au contraire, n'aimaient pas Don Gómez-Beare. L'assistant de l'attaché naval de Grande-Bretagne échappa de justesse à un sabotage pendant une visite secrète à Lisbonne. Son chauffeur, à la solde des Allemands, desserra les roues de sa voiture avant que son patron n'emprunte les routes de montagne du Despeñaperros. Gómez-Beare repéra la tentative d'assassinat juste à temps. Madrid était un repère infesté d'espions et, pendant quatre ans, une bataille non déclarée, non officielle et implacable fit rage entre les agents britanniques et allemands en Espagne. Les deux parties déployaient tout l'arsenal des armes de la corruption à grande échelle. Les agents de l'Abwehr espionnaient leurs homologues anglais, qui n'en faisaient pas moins ; les Espagnols espionnaient les deux camps, sans beaucoup de résultats. Au début, la chance ne souriait pas aux Anglais. Les Allemands avaient trop d'avantages de leur côté et bénéficiaient de nombreux « privilèges et moyens (non officiels évidemment) » fournis par des collaborateurs espagnols consentants. L'Abwehr infiltra toutes les branches de l'administration, de la police, du gouvernement et même des affaires. Mais au fil du temps, la lutte se fit à armes égales, tandis que Hillgarth et Gómez-Beare tissaient leur toile d'informateurs, combinant charme, corruption et magouille. « L'Espagne contient un grand nombre d'agents allemands et de nombreux Espagnols à la solde des Allemands, écrivit Hillgarth. Ils ont des idées ingénieuses. Nous nous sommes efforcés de déjouer leurs plans et, dans une certaine mesure, nous y sommes parvenus. » Dans cette atmosphère fébrile, il était impossible de savoir qui espionnait pour qui. « Madrid était pleine d'espions, écrivit Hillgarth, personne n'est surveillé en permanence, mais tout le monde est observé. »

Et personne n'était surveillé plus attentivement ou n'observait plus scrupuleusement que Don Gómez-Beare.

Une fois le thé servi dans la salle 13, Cholmondeley et Montagu exposèrent leurs plans au Gibraltarien. Quel serait le meilleur endroit, demandèrent-ils, pour déposer un cadavre lardé de fausses informations entre les mains des Allemands ? Gómez-Beare réfléchit au problème. Si le corps s'échouait près de Cadix, il risquait d'être simplement remis aux autorités britanniques de Gibraltar, ce qui ferait échouer le plan dès le départ. Il y avait aussi le risque, expliqua-t-il, que « le corps soit découvert et/ou récupéré par la marine espagnole qui ne coopérerait pas avec les Allemands ». La marine, en partie grâce aux efforts de

Gómez-Beare, penchait bien plus en faveur de l'Angleterre que les autres branches militaires, donc il était préférable que le cadavre et son contenu soient tenus loin de la marine.

D'après Gómez-Beare, l'endroit idéal se trouvait à proximité de Huelva, un port de pêche sur la côte espagnole où le fleuve Tinto se jetait dans l'Atlantique. « Huelva est sous forte influence allemande », expliqua Gómez-Beare ; la ville abritait une vaste communauté allemande à la ferveur patriotique. Le consul britannique à Huelva, Francis Haselden, était « un homme fiable et serviable », dont l'aide serait précieuse pour la réussite de la ruse. Huelva avait aussi un « chef de police très pro-allemand [qui] communiquerait aux Allemands toutes les choses dignes d'intérêt qui seraient trouvées sur le corps ».

Mais surtout, Huelva était le pré carré d'un espion allemand particulier et particulièrement problématique. L'agent en question était « actif et influent » dans toute la région. Il était extrêmement efficace, avait beaucoup de relations et était impitoyable. Il n'était pas souhaitable d'embobiner cet homme, mais c'était un véritable plaisir.

Adolf Clauss collectionnait les papillons. Les murs de sa grande maison étaient couverts de boîtes de papillons, chacun étant minutieusement épinglé et identifié. Il passait ses journées avec son filet à papillons, des jumelles et un appareil photo sur les falaises de Rabida, où l'Odiel et le Tinto se rejoignaient et se jetaient dans l'océan, à l'endroit où Christophe Colomb se prépara à appareiller pour le Nouveau Monde. Clauss possédait une grande ferme à Rabida, où il faisait pousser de grosses tomates et des betteraves. Il peignait, jouait au tennis en soirée et fumait des cigarettes sans filtre dès le réveil. Il construisait de fragiles chaises en bois qui se brisaient dès qu'on s'asseyait dessus. Adolf était un homme à l'apparence peu commune. La malaria qu'il avait attrapée au Congo l'avait rendu affreusement maigre, et chaque crise le laissait toujours plus émacié. Il avait de grandes oreilles décollées et ressemblait à un cadavre sur lequel on aurait collé deux soucoupes. L'habitude qu'il avait d'apparaître dans votre dos, silencieusement et subrepticement, lui avait valu le surnom de « l'Ombre ». À quarante-six ans, Clauss avait pris sa retraite, mais on ne savait pas bien de quoi.

La famille Clauss était la plus riche de Huelva. Le père d'Adolf, Ludwig, était un industriel qui avait déménagé de Leipzig vers l'Espagne à la fin du XIXe siècle. Avec son partenaire, Bruno Wetzig, Ludwig créa une entreprise de transformation de produits agricoles, qui vendait du poisson sur les marchés de Madrid et fournissait des denrées alimentaires et autres aux ouvriers des mines du Rio Tinto exploitées par des Britanniques. Clauss et Wetzig firent fortune. Ludwig acheta des terres à proximité de Huelva, fit édifier un grand mur et devint le consul honoraire d'Allemagne.

La communauté britannique était aussi nombreuse et encore plus riche que la communauté allemande. Si la famille Clauss régnait sur la communauté allemande de Huelva, la compagnie du Rio Tinto régnait sur tous les autres, employant plus de 10 000 personnes et dirigeant la ville comme son fief. Les mines se trouvaient à 100 kilomètres de la côte et le cuivre et la pyrite étaient transportés jusqu'au port de Huelva par une voie de chemin de fer construite à cet effet. Les patrons se déplaçaient à cheval et étaient surnommés « les vice-rois », à tel point que leur attitude était arrogante et royale. Les riches Espagnols singeaient les manières coloniales britanniques, buvant le thé à dix-sept heures et jouant au bridge. En privé, les Anglais étaient détestés pour leur pillage des richesses du sous-sol espagnol : « Les Romains l'exploitèrent en premier, puis ce furent les Britanniques. Quand vint le tour des Espagnols, il ne restait plus rien. »

Comme de nombreux colonialistes, les Britanniques et les Allemands avaient tendance à exagérer leurs particularismes culturels. Les Britanniques construisirent la réplique d'un village anglais, qu'ils nommèrent Barrio Reina Victoria, avec des cottages à pignon et un pré communal. Les Allemands envoyaient leurs enfants à l'école en Allemagne et observaient les traditions germaniques : ils vivaient en Espagne, mais l'Allemagne était leur *Fatherland*. Avant la guerre, les deux communautés s'étaient mélangées, ils jouaient ensemble au golf et au tennis et assistaient aux mêmes événements. Après la déclaration de guerre, tout contact social cessa.

L'opinion publique espagnole à Huelva était divisée à propos d'Adolf Clauss, le fils cadet de Ludwig. Certains le considéraient comme un « mouton noir », car il ne semblait jamais travailler. Pour d'autres, il était « la seule personne douée d'intelligence de la famille », aussi parce qu'il ne paraissait jamais travailler. En effet, Clauss était très malin et il travaillait probablement plus dur que quiconque à Huelva, espionnant pour le Reich.

Adolf Clauss avait suivi des études d'architecture et d'ingénierie industrielle en Allemagne. Il avait dix-sept ans quand la Première Guerre mondiale éclata. Il s'engagea dans l'armée et se porta volontaire dans les services secrets. Comme il parlait un espagnol impeccable, il fut envoyé en mission par sous-marin pour faire sauter des usines anglaises à Carthagène. Le canot pneumatique à bord duquel il avait embarqué coula sous le poids des explosifs et Clauss fut finalement repêché par la marine espagnole après avoir passé huit heures dans l'eau. Il fut brièvement emprisonné avant d'être renvoyé en Allemagne. L'incident ne fit qu'accroître l'appétit de Clauss pour la clandestinité. En 1920, bien que travaillant officiellement comme technicien agricole, il était déjà le principal agent de l'Abwehr à Huelva.

Son mariage, au cours des années 1930, avec la fille d'un haut gradé de l'armée espagnole, lui ouvrit les portes du mouvement phalangiste. Lorsque la Guerre civile éclata, il s'enrôla immédiatement en tant que capitaine dans la Légion Condor, la force de bénévoles allemands qui combattait aux côtés des Nationalistes sous le commandement du général Franco. Ce sont les pilotes de la Légion Condor qui bombardèrent la ville basque de Guernica, le 26 avril 1937, avec une violence immortalisée dans le tableau éponyme de Pablo Picasso. Pendant la plus grande partie du conflit, Clauss fut l'interprète personnel du colonel Wilhelm von Thoma, commandant du contingent terrestre de la Légion Condor. Quand Madrid tomba aux mains des Nationalistes, le capitaine Clauss parada dans la capitale vaincue sur son tank. Il se vit décerner la croix rouge du Mérite militaire par le régime de Franco reconnaissant, qui vint s'ajouter à la croix de fer qu'il avait déjà reçue pour services rendus à l'Allemagne pendant la Première Guerre mondiale. Plus tard, il fut décoré d'une autre croix de fer par le Troisième Reich de Hitler. Clauss se défendrait plus tard, comme beaucoup d'autres, en plaidant qu'il s'était battu pour l'Allemagne et non pour Hitler. Mais il n'y avait pas de preuve qu'il ait jamais remis en cause la politique nazie. Des officiers de l'Abwehr se dérobèrent devant la barbarie de Hitler. Clauss n'en faisait pas partie. Quand la guerre éclata, il fut ravi de proposer ses talents d'espion bien rodé et de mettre ses contacts dans la haute société espagnole et son énergie quasi illimitée au service de la cause nazie.

En 1943, Adolf Clauss dirigeait le plus vaste et le plus efficace réseau d'espionnage de la côte espagnole. Huelva, située presque à mi-chemin entre la frontière portugaise et Gibraltar, jouait un rôle stratégique vital durant la guerre. De là, les navires marchands britanniques mettaient le cap vers l'Atlantique, lourdement chargés de minerais extraits des mines. Depuis sa ferme, idéalement située sur la côte, Clauss surveillait tous les bateaux qui entraient et sortaient du port. Ses informateurs, disséminés le long de la côte, complétaient le tableau. Il prenait parfois des photos avec son Minox muni d'un téléobjectif. Ensuite, les informations étaient acheminées jusqu'à Berlin par les opérateurs radio de l'Abwehr qui se trouvaient au consulat allemand, situé au 51 Avenida de Italia. Le frère aîné d'Adolf, Luis, était aussi un fervent adepte du nazisme. Comme leur père Ludwig Clauss, le consul allemand honoraire, avait plus de quatre-vingts ans et était presque sourd, les devoirs consulaires avaient échu à Luis. Les deux fils furent nommés vice-consuls et le consulat fut mis à la disposition de l'Abwehr. Luis possédait une flotte de bateaux de pêche équipés de radios qui relayaient les mouvements des navires.

L'autre activité principale du chef de l'Abwehr à Huelva, en plus du sabotage et du repérage des cibles des sous-marins, était la corruption. Tous les soirs, Adolf Clauss se rendait au *Café del Palma*, un bar du port, payant des tournées mais buvant peu, rencontrant ses contacts et leur remettant discrètement de grosses sommes en argent liquide. Clauss soudoyait tous ceux qui jouaient un rôle quelconque et les autres aussi. Il graissait la patte au capitaine du port, aux dockers, aux officiers de la Guardia Civil et au chef de la police. La nouvelle se répandit vite que Don Adolfo était prêt à payer grassement des informations sur les mouvements des navires, les activités des Britanniques à Huelva et les allées et venues des fonctionnaires espagnols. Aucun mot ne pouvait être prononcé, aucune parole ne pouvait être murmurée à Huelva, sans qu'il n'arrive aux oreilles extraordinairement grandes d'Adolf Clauss, qui relayait fidèlement tout ce qu'il entendait à ses chefs de l'Abwehr, à Madrid.

Maigre, introverti et associal, Adolf Clauss possédait néanmoins le talent essentiel pour un espion : l'écoute. « Il ne protestait jamais ; si vous pensiez avoir le bon argument, il vous laissait toujours avoir le dernier mot. » Mais même sa famille le trouvait « froid, distant et silencieux ». Il se mettait au travail à six heures du matin et ne faisait jamais de sieste. Il buvait rarement. Il ne souriait presque jamais. Il avait une mentalité de collectionneur, de perfectionniste.

Il aimait réunir les informations fournies par son réseau de renseignement, puis il les épinglait dans différents compartiments, à la manière des papillons.

Les autorités britanniques de Huelva étaient au courant des agissements de l'étrange lépidoptériste allemand, car les Anglais avaient leurs propres espions et informateurs. Dans les paisibles rues bordées d'orangers de Huelva, une autre course au renseignement avait lieu, même si elle se déroulait à une échelle moindre que celle qui faisait rage à Madrid. Le réseau d'espions de Clauss présentait une menace pour le trafic maritime britannique. De nombreuses vies avaient déjà tourné court à cause de ses activités. Pourtant, Clauss était un adversaire insaisissable. Comme le disait l'un des officiers britanniques du renseignement : « C'était quelqu'un d'intelligent. Aucun de nos agents ne parvenait à le tenir à l'œil. Il était ingénieux et semait tous ceux qui le suivaient. »

Don Gómez-Beare décrivit le réseau de Clauss à Montagu et Cholmondeley, qui le connaissaient déjà en partie. Les messages de l'Abwehr qui avaient été décodés avaient révélé, au début de la guerre, l'existence à Huelva de cet « agent allemand très efficace qui était parvenu à faire travailler pour lui la majorité des fonctionnaires espagnols, soit moyennant une rémunération, soit pour l'idéologie fasciste ». Pendant plus de trois ans, Montagu avait été témoin de la montée en puissance des activités d'espionnage des Allemands dans le sud de l'Espagne, de la violation des eaux territoriales espagnoles par les sous-marins allemands et des activités de celui qu'il appelait « cet agent super-super-efficace » à Huelva, avec des sources de « premier choix » et qui semblait quadriller toute la ville : « Aucun bateau ne pouvait appareiller sans être vu, identifié et signalé par radiotélégraphie. Les Allemands sont informés par les gardiens de phare, les bateaux de pêche, les pilotes et les navires de la marine, ainsi que des agents à bord de bateaux de pêche banalisés. » Quand les Allemands commencèrent à mettre en place un système de repérage par infrarouge pour suivre les bateaux qui passaient la nuit par le détroit de Gibraltar, Churchill songea brièvement à lancer un raid commando contre l'installation. Seules les objections diplomatiques les plus vigoureuses du gouvernement britannique parvinrent à persuader les Espagnols d'intervenir pour le faire supprimer. En règle générale, le gouvernement espagnol tolérait sans mot dire ou excusait activement l'espionnage et le sabotage par les Allemands des navires britanniques et alliés.

Gibraltar, situé à quatre-vingts kilomètres de Huelva, était la porte d'accès des Anglais à la Méditerranée, « l'un des endroits les plus difficiles et compliqués de la carte », d'après John Masterman. Le Rocher gardait l'entrée sur la mer. Pour les Britanniques, c'était un avant-poste stratégique sur la côte espagnole. Il exerçait un attrait magnétique sur les espions. Comme l'écrivit le chef du MI5 sur la péninsule, dans un accès de lyrisme : Gibraltar était « le plus petit joyau de la couronne impériale… ce point stratégique sur la carte du monde n'est pas seulement une colonie, c'est aussi une ville de garnison, une base navale, un port de commerce, un aérodrome civil et militaire et une vitrine pour la Grande-Bretagne en Europe ». L'Abwehr payait grassement les saboteurs espagnols à Gibraltar et dans sa région par l'intermédiaire du colonel Rubio Sánchez, qui portait le nom de code « Burma », et qui était le chef des renseignements militaires de la région d'Algésiras. Sánchez distribuait quelque 5 000 pesetas par mois aux saboteurs de Gibraltar et de ses environs. Jusqu'à présent, les dégâts étaient limités car, comme le souligna le chef du MI5 à Gibraltar, les « instincts mercenaires [des saboteurs] prévalaient sur leur efficacité ou leur enthousiasme ». Montagu pensait que les services spéciaux étaient parvenus à faire échouer plusieurs tentatives de sabotage, mais la menace présentée par l'espionnage allemand dans le sud de l'Espagne ne cessait de croître. Dans le premier mois de l'opération Mincemeat, Montagu avertit que les activités de sabotage « avaient augmenté et s'étaient répandues » et qu'elles étaient désormais pratiquées activement par les nazis et leurs collaborateurs « dans tous les ports espagnols et administrés par des Espagnols ».

Jusque-là, pour Adolf Clauss, la guerre s'était montrée plutôt agréable et productive. À Madrid, comme à Berlin, il était tenu en haute estime. On disait qu'il était « l'un des agents allemands les plus importants, les plus actifs et les plus intelligents du sud de l'Europe ». Même le NID et le MI6 admiraient son don pour la manipulation. Son réseau d'espions et d'informateurs s'étirait de Valence à Séville. Si un objet important ou présentant un intérêt quelconque s'échouait dans un rayon de quatre-vingts kilomètres du *Café del Palma*, sans parler d'un cadavre transportant des documents, Clauss en entendrait certainement parler. Le zèle de l'espion allemand allait se retourner contre lui. Plus tard, si l'opération réussissait, les preuves des activités d'espionnage de Clauss seraient si flagrantes qu'elles pourraient être utilisées pour enflammer une querelle diplomatique et, avec un peu de chance, « des preuves suffisantes pourraient être réunies pour contraindre les Espagnols à l'expulser ». Il fut convenu que Huelva serait la cible et que si, par voie de conséquence, l'antipathique Clauss pouvait s'en trouver affaibli, s'il pouvait passer pour un imbécile et être expulsé d'Espagne, ce serait encore mieux.

Une note fut envoyée à l'hydrographe de la Royal Navy, le dépositaire officiel de la documentation technique maritime, pour lui soumettre une requête déguisée : si un objet était largué au large des côtes espagnoles, près de Huelva, dériverait-il jusqu'à la terre sous l'action des marées et des vents dominants ? Au même moment, Gómez-Beare reçut l'ordre de se rendre en avion jusqu'à Gibraltar et d'y informer l'officier général et son officier d'état-major des grandes lignes du plan. « Ils devront être mis au courant, expliqua Montagu, au cas où le corps ou les documents se retrouveraient à Gibraltar. » Avant de rentrer à Madrid, Gómez-Beare devait rendre visite aux consuls britanniques à Séville, Cadix et Huelva et les informer que « l'échouage d'un corps dans leur zone devait être signalé à l'attaché naval à Madrid, Alan Hillgarth, et à aucune autre autorité britannique ». Francis Haselden, consul à Huelva, « devait connaître les grandes lignes du plan, sans description de son objet ». Ensuite, Gómez-Beare devait retourner à Madrid pour faire un rapport complet à son chef.

Le capitaine Alan Hillgarth devait orchestrer le côté espagnol de l'opération et nul n'était mieux armé pour cette tâche.

9
Mon cher Alex

Même l'esprit retors de Charles Cholmondeley ne parvenait pas à venir à bout du problème du transport du cadavre de Londres à l'Espagne, et de sa mise à l'eau, sans être repéré et en faisant croire qu'il s'agissait d'une victime d'une catastrophe aérienne. D'après lui, il y avait quatre méthodes possibles pour acheminer le major Martin à destination. Le corps pouvait être transporté à bord d'un navire de surface, le plus simple étant d'utiliser l'un des escorteurs accompagnant les navires marchands qui entraient et sortaient du port de Huelva. Cette option fut rejetée, « en raison de la nécessité de laisser le corps près de la côte ; rien n'attirait plus sûrement l'attention d'Adolf Clauss et de ses espions qu'un navire de la Royal Navy s'attardant dans des eaux peu profondes ». Une autre solution consistait à transporter le trépassé par avion et à ouvrir la portière pour le larguer au bon endroit. Mais le problème était que « si le corps était projeté de cette façon, il risquait de se briser en mille morceaux en touchant l'eau », surtout s'il avait commencé à se décomposer. Un hydravion, comme le Catalina, pourrait amerrir, si les conditions s'y prêtaient, pour faire doucement glisser le corps dans l'eau. Cholmondeley dessina un scénario possible : l'hydravion « arriverait par la mer en imitant une défaillance du moteur, il larguerait une bombe pour imiter le crash, il repartirait aussi vite que possible, il reviendrait (comme s'il s'agissait d'un second avion), il lancerait une fusée comme s'il était à la recherche du premier avion, il amerrirait, puis, tout en cherchant ostensiblement des survivants, il larguerait le corps et le reste et, enfin, il décollerait à nouveau ». Après examen, ce plan était bien trop compliqué. Trop d'aspects risquaient de mal tourner, aboutissant à un véritable fiasco.

Mieux valait emprunter un sous-marin. Le largage pouvait avoir lieu de nuit et, si la profondeur était insuffisante, on rapprocherait le corps de la côte à bord d'un canot pneumatique. Le capitaine du sous-marin pouvait surveiller les vents et les courants pour faire surface et larguer le corps au moment optimal. « Après le largage du corps, l'illusion serait renforcée si une pièce d'artifice pouvait être laissée sur place pour créer l'impression d'un avion qui s'écrase en lançant une fusée de détresse et en déclenchant une explosion avec un retardateur. » Le seul problème, comme Cholmondeley le fit savoir avec toute la délicatesse qu'il se doit, était posé par « les difficultés techniques de la conservation du corps pendant la traversée ». Les sous-mariniers avaient la réputation d'être des durs à cuire, capables de supporter de longues périodes d'immersion en respirant un air fétide dans un espace exigu. Mais ces mêmes sous-mariniers ne seraient certainement pas ravis d'avoir un cadavre en décomposition comme compagnon de cabine. En outre, l'opération était top secret : la présence d'un cadavre à bord d'un sous-marin ne serait pas tenue secrète très longtemps. « Parmi ces méthodes, conclut Cholmondeley, la meilleure est celle du sous-marin (à condition de pouvoir assurer la bonne conservation du corps). »

Il n'est déjà pas facile de faire monter clandestinement un cadavre à l'intérieur d'un sous-marin, mais l'empêcher de pourrir dans l'atmosphère chaude et confinée de la soute l'est encore moins. Cholmondeley se tourna vers Charles Fraser-Smith de la « Branche Q », premier fournisseur de gadgets aux services secrets. Ancien missionnaire au Maroc, Fraser-Smith était officiellement un bureaucrate du département de l'Habillement et du Textile au ministère de l'Approvisionnement ; son véritable travail consistait à fournir aux agents secrets, aux saboteurs et aux prisonniers de guerre un vaste éventail de gadgets, tels que des appareils photo miniatures, de l'encre invisible, des armes secrètes et des boussoles cachées. (C'est Fraser-Smith qui fournit à Ian Fleming l'équipement nécessaire à ses projets les plus extravagants et il servit certainement à forger la personnalité de « Q », l'inventeur génial des films de James Bond.)

Fraser-Smith était extrêmement ingénieux mais aussi terriblement pratique. Il inventa le chocolat à l'ail pour les agents parachutés en France afin que, dès leur arrivée, leur haleine ait la même odeur que celle des autochtones ; il fabriqua des lacets de chaussures contenant un garrot métallique ; il imagina une boussole cachée dans un bouton qui se dévissait dans le sens des aiguilles d'une montre, en se fiant à la théorie implacable selon laquelle « la logique inébranlable de la pensée allemande » ne devinerait jamais qu'il était possible de dévisser dans le mauvais sens.

Avec l'aide de Fraser-Smith, Cholmondeley dessina le plan du premier système de transport de cadavre sous-marin au monde. C'était un coffre tubulaire, mesurant deux mètres de long et près de soixante centimètres de diamètre, avec une double enveloppe en acier de calibre 22, l'espace entre les deux tôles étant garni de laine de verre. Une extrémité était soudée, tandis que l'autre était fermée par un couvercle étanche, en acier, qui se vissait sur un joint en caoutchouc et était maintenu en position par seize boulons. Une poignée rabattable était fixée à chaque extrémité et une clé tubulaire était enchaînée au couvercle pour en faciliter l'ouverture. Cholmondeley estimait que la totalité du colis pèserait environ 180 kilos, avec le corps, et qu'il pouvait parfaitement se loger dans le caisson hyperbare d'un sous-marin. Sir Bernard Spilsbury fut à nouveau consulté. Il expliqua que l'oxygène était la cause d'une décomposition rapide. Mais « si l'oxygène avait préalablement été extrait » du tube par injection de neige carbonique, le coffre serait complètement hermétique. Si, de surcroît, le corps était enveloppé de neige carbonique, le cadavre serait « conservé de manière parfaitement satisfaisante », et il resterait aussi froid qu'il l'avait été dans la morgue. Fraser-Smith avait donc pour mission de concevoir « une énorme bouteille Thermos », suffisamment fine pour être placée dans la chambre des torpilles. Les plans furent remis au ministère de la Production d'avions à qui l'on demanda de construire ce conteneur aussi vite que possible, sans en connaître l'usage. À l'extérieur du coffre seraient inscrits les mots suivants, au pochoir : « ATTENTION FRAGILE – INSTRUMENTS OPTIQUES – COLIS FOS SPÉCIAL. »

Entre-temps, Montagu avait contacté l'amiral sir Claud Barry, officier général chargé des sous-marins (*Officer in command of Submarines* ou FOS) pour savoir quel sous-marin conviendrait le mieux à la mission. Barry répondit que les sous-marins anglais passaient souvent au large de Huelva lorsqu'ils faisaient route vers Malte. D'ailleurs, le sous-marin HMS *Seraph* se trouvait actuellement en Écosse. Il était amarré dans le Holy Loch de la Clyde et se préparait à repartir en Méditerranée, en avril. Le *Seraph* était commandé par le lieutenant Bill Jewell, un jeune capitaine qui avait déjà exécuté plusieurs missions secrètes et sur qui on pouvait compter pour une entière discrétion. Montagu rédigea des ordres de mission pour Jewell et prit ses dispositions pour rencontrer l'officier à Londres et lui faire une description détaillée de sa nouvelle mission.

L'hydrographe de l'Amirauté remit son rapport sur les vents et marées au large de Huelva. Comme il se doit pour un homme soumis aux aléas des conditions maritimes, il était particulièrement réservé, soulignant que « les Espagnols et les Portugais ne publiaient pratiquement rien sur les marées et les courants au large de leurs côtes ». En outre, « les courants de cette zone ne faisaient essentiellement que monter et descendre le long de la côte ». Si l'objet était largué au bon endroit, dans les bonnes conditions, « le vent orienté au S[ud]-O[uest] devrait le diriger vers l'extrémité de la baie, près de Huelva ». Toutefois, si le corps était rejeté sur la côte, il n'était pas garanti qu'il y reste, parce que

« s'il ne s'échouait pas, il serait à nouveau emporté par la marée ». Ce n'était pas idéal, mais pas suffisamment décourageant pour annuler l'opération. Quoi qu'il en soit, se disait Montagu, l'« objet » en question était un homme portant un gilet de sauvetage, et donc plus gros que l'objet à partir duquel l'hydrographe avait échafaudé sa théorie. On pouvait donc s'attendre à ce qu'il soit poussé par le vent et qu'il dérive vers la terre. Il conclut : « Les courants côtiers ne sont pas pris en compte car le vent de sud-ouest poussera le corps vers la terre, si Jewell peut le larguer suffisamment près de la côte. »

Au cours de la dernière semaine de mars, Montagu rédigea un rapport de progression en sept points à l'intention de Johnnie Bevan, qui venait de rentrer d'Afrique du Nord, où il avait coordonné les plans de l'opération Barclay avec le lieutenant-colonel Dudley Clarke. Les relations entre Montagu et Bevan restaient tendues. « Je ne sais toujours pas très bien qui est responsable des aspects administratifs liés à l'opération, écrivit Bevan à Montagu, dans une note destinée à l'énerver. Je pense que nous sommes tous d'accord sur le fait que plusieurs choses peuvent mal tourner. » Montagu était parfaitement conscient du danger et savait qu'il était seul responsable de l'opération, même si Bevan ne le voyait pas ainsi. En privé, Montagu accusait Bevan de « penser que ça ne marcherait pas et de nier toute responsabilité ».

Dans son rapport, Montagu dressait un état des lieux : le corps était presque prêt, l'uniforme et l'accoutrement du major Martin avaient été choisis, le coffre hermétique était en construction ; Gómez-Beare et Hillgarth attendaient leurs instructions en Espagne.

Une date butoir avait été définie. « Le major embarquerait comme passager clandestin à bord du HMS *Seraph*, qui quitterait probablement la côte nord-est du pays le 10 avril. » Cela ne laissait que deux semaines pour conclure les préparatifs. Montagu et Cholmondeley avaient délibérément cherché à tout organiser avant d'obtenir l'aval final pour l'opération, en supposant que les officiers supérieurs auraient moins tendance à s'en mêler si on leur présentait un *fait* presque *accompli*. Mais il ne restait que très peu de temps pour finaliser la dernière, et de loin la plus importante, pièce du puzzle. La lettre adressée par Montagu à Bevan se terminait sur une note d'exaspération : « Tous les détails sont "bouclés", écrivit-il. Il ne manque plus que les documents officiels. »

Le débat à propos de ce qui devait ou non figurer dans les lettres officielles du major Martin avait duré plus d'un mois. Jamais pendant la guerre un document n'avait été soumis à un examen aussi minutieux ou à autant de révisions. De nombreuses versions successives furent proposées par Montagu et Cholmondeley, révisées par divers officiers supérieurs et comités, annotées, retapées, renvoyées pour approbation, puis modifiées, amendées, rejetées pour finir par être entièrement réécrites. Comme Montagu l'avait initialement envisagé, tout le monde s'accordait à dire que le point principal de la désinformation devait être une lettre personnelle adressée par le général Nye au général Alexander. Il était aussi entendu que la lettre devait désigner la Grèce comme cible de la prochaine offensive alliée et que la Sicile était la cible de diversion. Hormis cela, personne n'était d'accord sur rien.

Presque tous ceux qui lisaient la lettre pensaient qu'elle pouvait être « modifiée et améliorée ». Tout le monde, c'est-à-dire toutes les instances officielles concernées, du Comité XX aux chefs d'état-major, avait son opinion sur la manière de procéder. L'Amirauté pensait qu'il fallait que ce soit « plus personnel ». Le ministère de l'Air insistait sur le fait que la lettre devait clairement indiquer que le bombardement des aérodromes de Sicile était un préliminaire au débarquement en Grèce et non un prélude à l'offensive en Sicile. Le général sir Alan Brooke, chef de l'état-major impérial et président des chefs d'état-major, voulait « une lettre en réponse à une autre du général Alexander ». Le directeur des Plans pensait que l'opération était prématurée et qu'elle « ne devait pas être entreprise plus de deux mois avant la véritable opération », au cas où les vrais plans viendaient à changer. Bevan se demandait si l'ébauche de lettre ne paraissait pas « trop officielle » et insistait sur le fait d'« obtenir l'approbation de Dudley Clarke, car c'est son théâtre des opérations ». Clarke lui-même, dans une rafale de câbles en provenance d'Alger, prévenait du « danger de surcharger ce type de communication » et s'en tenait au point de vue selon lequel c'était « une erreur de miser sur des enjeux de désinformation aussi élevés ».

Bevan demeurait anxieux : « Si quoi que ce soit tourne mal et si les Allemands découvrent que la lettre est un faux, ils en déduiront que nous avons l'intention d'attaquer la Sicile. » Clarke rédigea sa propre ébauche, ce qui enragea davantage Montagu, qui considéra cet effort comme « une simple allusion de bas étage à la cible, du type de celles qu'un agent double fait et fera toujours passer ». Le directeur des

Plans était d'accord sur le fait que « Mincemeat devait être capable de bien mieux que ça ». Bevan s'essaya à son tour à la rédaction d'une lettre que Montagu dénigra immédiatement comme « étant du type qui aurait pu avoir été envoyée par signal et qui ne paraîtrait pas authentique aux yeux des Allemands si elle était transportée de la façon que ce document allait l'être ». Il y eut même un bref mais virulent débat sur l'orthographe du nom de la ville grecque de « Kalamata ». L'opération semblait se noyer dans les détails.

Comme à son habitude, Montagu essaya de glisser quelques notes d'humour dans la lettre. Il voulait que Nye écrive : « Si ce n'est pas trop te demander, pourrais-tu me faire envoyer une caisse d'oranges ou de citrons par l'un de tes ADC ? On manque terriblement de fruits frais, surtout à cette époque de l'année. » Les chefs d'état-major supprimèrent ce passage, ne voulant pas que le général Nye ait l'air d'un pique-assiette. Même pour les Allemands. Surtout pour les Allemands. Montagu essaya un autre registre : « Comment ça se passe avec Eisenhower ? Je suppose que ce n'est pas trop désagréable de travailler avec lui… » Cette remarque fut aussi supprimée car trop cavalière pour un général. Ensuite, Montagu tenta un trait d'esprit au détriment du général Montgomery, connu pour avoir la grosse tête : « As-tu toujours la même taille de chapeau ou as-tu besoin de deux tailles de plus, comme Monty ? » Cela fut aussi censuré. Finalement, Montagu réussit à glisser une toute petite blague à la fin de la lettre, liée à l'habitude très moquée qu'avait Montgomery de donner des ordres tous les jours. « Monty ne va pas bien ? Il n'a pas donné d'ordre du jour depuis au moins quarante-huit heures. » Cela fut conservé, pour le moment du moins.

Montagu, qui était toujours prompt à s'enflammer, commença à monter dangereusement en pression au fur et mesure que la date butoir approchait et que la lettre était corrigée et annotée, peaufinée et remodelée, avant d'être déchirée et entièrement réécrite. Des pages et des pages de brouillons furent classées dans les archives, couvertes des gribouillis et des commentaires de plus en plus furieux de Montagu.

Finalement, les chefs d'état-major eurent une idée : pourquoi le général Nye n'écrirait-il pas la lettre lui-même, puisque ce serait « le meilleur moyen qu'elle paraisse authentique » ? Archie Nye n'était pas un orfèvre des mots, mais il connaissait assez bien le général Alexander et il avait son style personnel. Nye lut toutes les versions précédentes, puis écrivit la lettre avec ses propres mots. Le passage clé faisait référence au général sir Henry « Jumbo » Wilson, alors commandant en chef au Moyen-Orient, laissant entendre qu'il allait mcner une offensive sur la Grèce ; il indiquait que la Sicile avait été prévue comme cible de diversion pour une offensive simultanée dans une autre partie de la Méditerranée ; il faisait référence à des affaires courantes, qui étaient authentiques, comme la nomination d'un nouveau commandant de la brigade de la Garde et une offre par les Américains de décerner la médaille Purple Heart aux soldats britanniques servant aux côtés des troupes américaines. Mais surtout, la lettre sonnait juste. Au bout de tant de semaines passées à essayer de réaliser le faux lui-même, Montagu admit que la lettre de Nye « convenait parfaitement ». Les fausses cibles « n'étaient pas mentionnées de but en blanc mais très clairement indiquées », laissant à l'ennemi le soin d'additionner deux et deux pour parvenir au moins à six.

Bevan écrivit à Nye pour lui demander de faire dactylographier la lettre, puis de la signer avec une encre qui ne résistait pas à l'eau, car une signature indélébile risquait d'éveiller les soupçons. « Votre signature à l'encre risque de devenir illisible à cause du contact avec l'eau de mer et, par conséquent, il est conseillé de taper votre titre et votre nom complet à la machine au-dessous de la signature. »

Bevan apporta une dernière correction. « Il est fait trois fois référence au général Wilson en tant que "Jumbo", "Jumbo Wilson" et "Wilson". Ne serait-il pas plus plausible d'en parler pour la première fois en tant que "Jumbo Wilson" puis de s'en tenir à "Jumbo" ? »

Nye répondit : « Je l'ai intentionnellement désigné de différentes façons (et j'ai commis quelques petites fautes grammaticales) pour ne pas être accusé d'écrire une lettre trop parfaite. D'ailleurs, quand on dicte des lettres, comme on le fait habituellement, il arrive que des erreurs s'y glissent et, à mon avis, les conserver renforce le réalisme. » Au dernier moment, Nye laissa tomber la blague à propos de Monty. « Je n'aurais jamais écrit ça… Ce n'est pas mon genre. Cela aurait sonné faux, et quand bien même, le risque en vaut-il vraiment la peine ? » Le général envisagea d'ajouter une blague de son propre cru : « P.S. Nous t'avons vu au cinéma l'autre soir et Colleen a trouvé que tu ressemblais étrangement à Hailé Sélassié ! » En effet, le général Alexander ressemblait *un peu* à l'empereur éthiopien et, d'après Nye, cette remarque « pourrait contribuer à créer une note d'informalité qui sonnait juste ». En revanche, le général Nye n'avait aucun sens de l'humour et était assez réaliste pour le savoir. Son dernier jet était totalement dépourvu d'humour. Il le renvoya avec une note et une fioriture : « Il ne me reste plus qu'à espérer que vos amis assureront la livraison. » D'après Montagu, « c'était une lettre vraiment magnifique ».

Téléphone : Whitehall 9400
Chef de l'état-major impérial
War Office
Whitehall
London S.W.1.
23 avril 1943

Personnel et Top Secret

Mon cher Alex,

Je profite de t'envoyer une lettre personnelle par le biais de l'un des officiers de Mountbatten pour t'exposer les dessous de nos échanges de câbles récents à propos des opérations en Méditerranée et des plans de diversion correspondants. Tu as dû penser que nos décisions étaient quelque peu arbitraires, mais je peux t'assurer que le Comité C.O.S. a tenu grand compte de tes remarques et de celles de Jumbo.

Nous avons récemment appris que les Boches renforçaient leurs défenses en Grèce et en Crète, et le C.I.G.S. a considéré que nos forces étaient insuffisantes pour l'assaut. Les chefs d'état-major ont convenu que la 5e division devait recevoir le renfort d'un groupe de brigades pour le débarquement sur une plage au sud du CAP d'ARAXOS et qu'un renfort similaire devait être prévu pour la 56e division à KALAMATA.

Nous rassemblons les troupes et les navires nécessaires. Jumbo Wilson a proposé de choisir la SICILE comme cible de diversion pour « HUSKY », mais nous l'avons déjà choisie comme diversion pour l'opération « BRIMSTONE ». Le Comité C.O.S. a réexaminé toute la question pour conclure qu'au regard des préparatifs en Algérie, de l'entraînement amphibie qui se déroulera sur la côte tunisienne et des lourds bombardements qui seront entrepris pour neutraliser les terrains d'aviation de Sicile, nous devrions nous en tenir à notre plan pour en faire la diversion de « BRIMSTONE » – d'ailleurs, il y a de très bonnes chances que nous lui [sic] faisions croire que nous débarquerons en Sicile – c'est un objectif évident et cela doit le tracasser. Par ailleurs, ils pensaient qu'il n'y avait pas grand espoir de persuader les Boches que les intenses préparatifs en Méditerranée orientale étaient également dirigés vers la Sicile. C'est pourquoi ils ont dit à Wilson que le plan de diversion devait se dérouler dans un lieu plus proche du lieu réel, tel que le Dodécanèse. Comme nos relations avec la Turquie se sont évidemment resserrées, les Italiens doivent avoir des inquiétudes bien compréhensibles à propos de ces îles.

J'imagine que tu seras d'accord avec ces arguments. Je suis sûr que tu as déjà beaucoup à faire et que tu n'as pas trop eu l'occasion de discuter des opérations à venir avec Eisenhower. Mais si, par hasard, tu voulais soutenir la proposition de Wilson, j'espère que tu nous le feras savoir rapidement car nous ne pouvons plus attendre très longtemps.

Je suis désolé que nous n'ayons pas pu répondre à tes attentes concernant le nouveau commandant de la brigade de la Garde. Ton propre candidat était alité à cause d'une mauvaise grippe et il était peu probable qu'il soit remis sur pied avant quelques semaines. Mais tu connais Forster personnellement ; il a obtenu d'excellents résultats à la tête d'une brigade en Angleterre et, à mon avis, c'est le meilleur gars disponible.

Tu dois en avoir autant marre que nous de la question des médailles de guerre et des « Cœurs pourpres ». Nous sommes tous d'accord avec toi sur le fait que nous ne voulons pas vexer nos amis américains, mais cela ne s'arrête pas là. Si nos troupes qui servent dans un théâtre d'opérations particulier devaient recevoir des décorations supplémentaires pour la simple raison que les Américains y servent aussi, nous serons confrontés à une bonne dose de mécontentement chez les soldats qui se battent ailleurs et au moins aussi âprement, voire plus. Personnellement, je pense que nous devrions remercier les Américains pour leur offre, mais qu'elle risquait de causer trop d'anomalies et que nous sommes désolés de ne pas pouvoir l'accepter. C'est à l'ordre du jour de la prochaine réunion et j'espère que l'on prendra vite une décision.

Bonne chance

Bien à toi,

Archie Nye

Général sir Harold R.L.G. Alexander, G.C.B., C.S.I., D.S.O., M.C. Quartier Général, 18e groupe d'armées

La lettre tirait sur toutes les cordes. Elle laissait entendre qu'il n'y avait non pas un, mais deux débarquements prévus : l'armée du général Wilson, sous le commandement de Montgomery, attaquerait en deux endroits en Grèce, selon un plan portant le nom de code « Husky » ; le général Alexander, sous le commandement d'Eisenhower, se préparait à lancer une autre offensive en Méditerranée occidentale, sous le nom de code « Brimstone ». La cible de diversion pour cette dernière opération était la Sicile. La lettre énonçait ouvertement l'intention de tromper les Allemands en leur faisant croire qu'une offensive était imminente en Sicile, en précisant que les entraînements amphibies en Afrique du Nord et le bombardement des aérodromes de Sicile viendraient étayer cette impression. Évidemment, les entraînements et les bombardements étaient effectués en préparation de la véritable offensive sur la Sicile. Husky était le vrai nom de code de ce débarquement ; si, à l'avenir, les Allemands avaient vent d'une autre allusion à Husky, ils supposeraient que cela faisait référence au débarquement en Grèce.

La lettre de Nye mentionnait une seconde offensive en Méditerranée occidentale, mais sans préciser la cible de l'opération Brimstone. Elle n'expliquait pas non plus pourquoi une lettre si importante était transportée par cet officier particulier. Rien n'expliquait la présence du major Martin en Afrique du Nord, la veille d'une offensive majeure. Une seconde lettre était nécessaire. Comme Martin appartenait aux Opérations combinées, le colonel Neville des Royal Marines, qui avait été consulté à propos de l'uniforme, rédigea une lettre qui serait signée par Lord Louis

Mountbatten, chef des Opérations combinées, et adressée à l'amiral sir Andrew Cunningham, commandant en chef en Méditerranée.

Cunningham était l'adjoint d'Eisenhower dans la marine. C'était un Écossais coriace, aux yeux injectés de sang, qui n'avait pas quitté l'uniforme depuis la guerre des Boers. Comme pour Alexander, son nom et son rang seraient connus des Allemands ; mais contrairement à Alexander, l'amiral Cunningham, qui n'avait rien de doux ni de raffiné, préférait le fracas du champ de bataille au confort et à l'apparat dus à son rang. Son expression favorite quand les choses semblaient aller trop bien était : « *It's too velvety-arsed and Rolls-Royce for me*[1]. »

La lettre indiquait clairement que Martin, expert reconnu en matière de barges de débarquement, venait conseiller l'amiral Cunningham dans ses préparatifs en vue de la prochaine offensive amphibie.

En réponse : S.R. 1924/43
Quartier Général des Opérations combinées
1A Richmond Terrace
Whitehall, S.W.1

21 avril

Cher Amiral de la Flotte,

J'ai promis au VCIGS que le major Martin s'arrangerait avec vous pour la transmission de la lettre qu'il porte sur lui pour le général Alexander. C'est un

1. Littéralement : C'est trop cul de velours et Rolls-Royce pour moi. (C'est trop bien léché pour moi.)

courrier urgent et très « sensible » et comme elle contient quelques remarques qui ne doivent pas passer sous les yeux de certaines personnes au War Office, elle ne pouvait pas être envoyée par câble. Je suis certain que vous veillerez à ce qu'elle soit acheminée en toute sécurité et sans tarder.

Je pense que Martin est l'homme que vous cherchez. Il est silencieux et timide de prime abord, mais il sait ce qu'il fait. Il a été plus précis que certains d'entre nous concernant l'issue probable des événements de Dieppe et il s'en est bien sorti lors des essais de barges et d'équipements qui se sont déroulés en Écosse.

J'aimerais le récupérer dès que l'offensive sera terminée. Il pourrait rapporter quelques sardines – elles sont rationnées ici !

Bien cordialement,

Louis Mountbatten

Amiral de la Flotte sir A.B. Cunningham G.C.B., D.S.O.
Commandant en Chef Méditerranée
QG des Forces Alliées
Alger

La partie cruciale de la lettre était le dernier paragraphe qui indiquait clairement que l'offensive à laquelle Martin apportait son expertise allait se dérouler au pays de la sardine. Par conséquent, l'opération Brimstone devait viser la Sardaigne. Montagu admit que l'allusion était laborieuse. Comme de nombreux Anglais, Montagu trouvait que les Allemands avaient un sens de l'humour plutôt lourd. « Je pensais que ce type de blague plairait aux Allemands. »

Que les Allemands trouvent cela drôle ou non est anecdotique, mais s'y laisseront-ils prendre ? Cette seconde lettre contenait de dangereux défauts. Elle semblait indiquer que Mountbatten connaissait le contenu de la lettre de Nye, ce qui, en réalité, était plus qu'improbable. Le chef des Opérations combinées avait-il besoin d'expliquer la raison pour laquelle les informations n'étaient pas transmises par câble ? La blague sur les sardines était louche. Louis Mountbatten étant un membre de la famille royale, il ne devait pas trop souffrir du rationnement. Si quelqu'un pouvait manger des sardines quand il en avait envie, c'était bien Lord Louis. La référence ressemblait dangereusement à une tentative forcée de placer le mot « sardines » dans la lettre.

Il manquait encore une dernière lettre. Elle n'avait pas de signification militaire d'aucune sorte et était uniquement mise là pour, littéralement, faire le poids. Si Martin ne transportait que deux lettres, il les aurait probablement glissées dans une poche intérieure de sa veste pour plus de sécurité. Mais alors, les Espagnols ou les Allemands auraient pu passer à côté, comme ç'avait été le cas pour le corps du lieutenant Turner, en 1942. « Les papiers qui étaient sur le corps risquaient de ne jamais être découverts à cause des préjugés catholiques à l'encontre de la profanation des corps. » Un attaché-case serait bien plus difficile à rater, mais si Martin devait transporter une mallette, il faudrait qu'il y range quelque chose de plus encombrant que deux malheureuses lettres. Hilary Saunders, le bibliothécaire de la Chambre des Communes et mari de la collègue de Montagu, Joan Saunders, venait d'écrire un pamphlet sur l'histoire des commandos, un éloge pittoresque de la bravoure censé remonter le moral du pays. Il fut décidé qu'en plus des autres lettres, l'attaché-case de Martin contiendrait des épreuves de cet ouvrage remarquable, ainsi qu'une autre lettre de Mountbatten, demandant au général Eisenhower d'écrire un commentaire flatteur pour l'édition américaine.

En réponse : S.R. 1989/43
Quartier Général des Opérations combinées
1A Richmond Terrace
Whitehall, S.W.1

22 avril

Cher Général,

Vous trouverez ci-joint deux exemplaires du pamphlet qui a été préparé dans le but de décrire les activités menées sous mes ordres ; j'ai également joint une copie des photographies qui seront insérées dans le pamphlet.

Le livre a été écrit par Hilary St. George Saunders, auteur de « La Bataille d'Angleterre », le « Commandement des Forces de bombardement » et d'autres pamphlets qui ont rencontré un vif succès à la fois dans ce pays et dans le vôtre.

L'édition qui sera publiée aux États-Unis a déjà été prévendue à près d'un million et demi d'exemplaires et il semblerait que les autorités américaines souhaitent largement distribuer le livre à leurs soldats.

Les services de renseignement britanniques à Washington m'ont laissé entendre qu'ils aimeraient recevoir un « message » de votre part pour faire la promotion du pamphlet et qu'ils vous demandent ce message directement, via Washington.

J'envoie les épreuves par le biais de mon officier d'état-major, le major W. Martin de la Marine royale. Inutile de préciser à quel point nous serions tous honorés si vous acceptiez de nous remettre un tel message. Je conçois parfaitement que c'est beaucoup vous demander car vous êtes déjà très pris par des affaires infiniment plus importantes. Mais j'espère que vous prendrez quelques minutes de votre temps pour donner au pamphlet une expression de votre approbation inestimable de façon à ce qu'il soit lu par le plus grand nombre et qu'il ait la chance d'apporter son message de coopération à nos deux peuples.

C'est avec la plus grande admiration et le plus vif plaisir que nous observons votre magnifique progression et nous aimerions tous être à vos côtés.

Vous pouvez parler librement au major Martin à ce sujet, ou autre, car il a toute ma confiance.

Bien cordialement,

Louis Mountbatten

Général Dwight Eisenhower
QG des Forces Alliées
Alger

Les deux lettres ont été écrites sur la même machine à écrire et signées par Mountbatten en personne, à qui on a expliqué que les lettres allaient servir pour une mission secrète. Le seul élément qui manquait encore était l'approbation venant d'en haut.

À 10 heures 30, le matin du 13 avril, les chefs d'état-major se rassemblaient pour leur soixante-seizième réunion. Présidé par le chef de l'état-major général impérial, le « premier seigneur de la mer » (*First Sea Lord*) et le chef de l'état-major de l'armée de l'air, le comité comptait aussi huit hauts gradés de différents services. Le point 10 à l'ordre du jour était l'opération Mincemeat. Les lettres furent approuvées et le lieutenant général sir Hastings « Pug » Ismay fut chargé d'informer Johnnie Bevan de la décision, ainsi que de prendre rendez-vous avec le Premier ministre pour obtenir l'accord final et lancer officiellement l'opération. Ismay écrivit un mot à Churchill pour l'aviser que « les chefs d'état-major avaient donné leur approbation, soumise à votre accord, à un plan de diversion assez surprenant en relation avec HUSKY. L'officier de contrôle pourrait-il vous voir cinq minutes ces jours-ci pour vous expliquer de quoi il retourne ? » La note revint avec le message « oui jeudi à 10 heures 15 » griffonné de la main de Churchill.

Deux jours plus tard, Bevan était assis sur le lit de Winston Churchill pour présenter l'opération Mincemeat à un Premier ministre en pyjama et robe de chambre qui tirait des bouffées d'un gros cigare. D'immenses caves à vin qui avaient autrefois servi à un château en face de St. James's Park avaient été transformées en un réseau fortifié de chambres, tunnels, bureaux et dortoirs, dénommé *Cabinet War Rooms*, véritable centre névralgique de l'effort de guerre. Au-dessus des *War Rooms* se trouvait l'annexe du Numéro dix, dans laquelle se trouvaient les appartements privés où Churchill passait généralement la nuit. Le Premier ministre de l'Angleterre en guerre avait l'habitude de travailler tard, un verre de whisky à la main, et de se lever à une heure non moins tardive.

Bevan était arrivé à 10 heures tapantes pour la réunion, en uniforme. « À ma grande surprise, on m'a fait entrer dans sa chambre à coucher, dans l'annexe, où je l'ai trouvé au lit, fumant le cigare. Il était entouré de papiers et de coffrets à cigares noir et rouge. »

Churchill adorait les plans de désinformation. Plus ils étaient déconcertants, mieux c'était. Il se régalait avec les histoires d'espionnage aussi sordides ou captivantes fussent-elles. « Dans les hautes sphères des services secrets, les faits bruts de nombreuses affaires valaient par bien des aspects les inventions les plus fantastiques des romans et des mélodrames », écrivit Churchill après la guerre.

Bevan lui tendit une feuille de papier ministre décrivant le plan et Churchill la lut en entier. Bevan sentit qu'il devait dire quelque chose : « Évidemment, il est possible que les Espagnols découvrent que cet homme n'est jamais mort de noyade après une catastrophe aérienne, mais qu'il était jardinier au pays de Galles et qu'il s'est suicidé au désherbant. » Bevan avait laissé Montagu et Cholmondeley se charger des détails et il se trouvait maintenant en train d'essayer d'expliquer les symptômes d'un empoisonnement par des produits chimiques à un Premier ministre en vêtements de nuit, et embrouillant les faits au passage. « Le désherbant pénètre dans les poumons et est très difficile à diagnostiquer, bluffa-t-il. Apparemment, il ne faut pas moins de trois semaines à un mois pour découvrir la cause du décès. »

Churchill « fut très intéressé » par le plan, à tel point que Bevan se sentit obligé de l'avertir qu'il pouvait très mal tourner. « Je lui fis remarquer qu'il y avait évidemment une chance que le plan échoue et que le pot aux roses soit découvert. Le cadavre pouvait ne jamais s'échouer sur la plage ou, s'il le faisait, les Espagnols pouvaient le remettre aux autorités britanniques locales sans prendre les papiers décisifs. »

Le Premier ministre lui répondit avec la concision qui lui était coutumière : « Dans ce cas, nous récupérons le corps et nous lui ferons prendre un autre bain. »

Churchill avait donné son feu vert, mais à une condition : avant que l'opération Mincemeat ne puisse continuer, il fallait obtenir l'accord du général Eisenhower, dont le débarquement en Sicile serait profondément affecté par le succès ou l'échec du plan. Laissant Churchill finir son cigare au lit, Bevan retourna aux bureaux de la London Controlling Section et rédigea rapidement un télégramme chiffré top secret, sous le nom de code « Chaucer », à Eisenhower au quartier général avancé à Alger. La réponse arriva dans les heures qui suivirent : « Le général Eisenhower approuve sans réserve MINCEMEAT. »

10

Le traître au tennis de table

Parmi la poignée de personnes qui étaient dans le secret, certaines se réjouirent discrètement. La mauvaise humeur de Montagu s'estompa : « Je deviens de plus en plus optimiste, dit-il à Iris. Au moment où tu liras ces lignes, nous devrions avoir exposé le point faible de Hitler (l'Italie) pour l'offensive et les calamités ne devraient plus durer très longtemps. » Aussi surprenant que cela puisse paraître, cette référence non dissimulée à des plans de guerre passa la censure. « Mincemeat a démarré », écrivit Guy Liddell, chef du contre-espionnage au MI5, dans son journal. « Le plan Mincemeat a été approuvé par le Premier ministre. Les faux documents sont extrêmement réussis. »

Liddell était à la tête de la section « B », la branche des services de sécurité chargée de débusquer les espions ennemis et les agents présumés : il surveillait les transfuges, les réfugiés suspects, les agents nazis, les agents doubles, les sympathisants prosoviétiques et, entre autres, Ivor Montagu. En effet, tandis que l'Honorable Ewen était sur le point de lancer une prouesse d'espionnage des plus élaborées, le comportement de l'Honorable Ivor suscitait une préoccupation grandissante, à la fois au MI5 et au MI6.

En mai 1942, le MI5 nota qu'Ivor était « en contact étroit avec de nombreux Russes dans notre pays, y compris des membres de l'ambassade, la Délégation syndicale et l'agence TASS ». Les agents infiltrés dans les manifestations pacifistes où Ivor faisait régulièrement des allocutions, signalèrent qu'il était « un antinationaliste incurable ». Un certain P. Wimsey (probablement un vrai nom) rédigea un rapport dans lequel il déclarait que le 16 décembre 1942, Ivor Montagu avait fait un discours lors d'une réunion des Amis de l'Union soviétique dans lequel il avait clamé que les « installations sportives étaient bien meilleures en Russie qu'en Angleterre ». Ivor fut vu en train de déjeuner avec Constantin Zinchenko, second secrétaire de l'ambassade soviétique, et complotant avec des « hommes d'apparence indubitablement étrangère, probablement russes ». Un vent de panique se mit à souffler lorsqu'il fut vu près d'une installation secrète du Royal Observer Corps à Watford, mais l'informateur ajouta qu'« il ne pensait pas que Montagu découvre quoi que ce soit de secret à moins de pénétrer dans la base ». Étant donné « son association avec les Russes de ce pays, conclut le MI5, toute information d'importance arrivant en sa possession serait certainement transmise ». M. Aiken Sneath (encore un nom trop improbable pour ne pas être vrai) informa le MI5, sans produire de preuve, que Montagu était « un membre actif de la Cinquième Colonne ». Ses voisins furent encouragés à l'épier. Ils rapportèrent qu'« il était toujours prompt à écouter les nouvelles de l'étranger » à la radio et qu'« une cabane en bois au fond de son jardin était bien garnie de livres ». Hell, la femme d'Ivor, partageait ses opinions politiques et était aussi considérée comme une subversive potentielle. Il est probable que Hell était au courant des activités secrètes d'Ivor et qu'elle y avait contribué. Mais le MI5 n'en avait aucune preuve.

En 1940, Ivor déposa une demande de visa pour visiter l'URSS en tant que journaliste accrédité par le *Daily Worker*. La demande fut rejetée sur l'insistance du MI5. « Il ne semble pas souhaitable d'autoriser le Parti communiste à faire voyager un messager de ce pays jusqu'à Moscou… un membre du Parti communiste de cet acabit ne devrait pas être autorisé à quitter le pays. C'est une chose d'autoriser le *Daily Worker* à mener sa propagande de guerre dans ce pays, mais c'en est une autre de faciliter l'envoi à l'étranger de correspondants de ce journal dans le but de favoriser la propagande. » Ivor se plaignit du refus de sa demande à un député de gauche qui aborda le sujet devant le Parlement, exigeant de savoir « si ce refus était personnellement adressé à M. Montagu, si moi je pouvais être autorisé à y aller, ou s'il indiquait de l'hostilité envers la Russie ? ».

Ivor s'était ouvertement et avec véhémence opposé à la guerre, mais lorsque l'Union soviétique se retrouva empêtrée dans la guerre contre l'Allemagne, il se déclara prêt à se battre. « Je me suis inscrit et je suis prêt à m'enrôler et j'espère que si je suis pris, je ferai un bon soldat », déclara-t-il à la branche Woolwich-Plumstead du Congrès anti-guerre. Ces mots furent immédiatement rapportés au MI5. Ivor fut appelé en 1941, mais ses papiers d'incorporation furent immédiatement révoqués, étant « peu souhaitable qu'il soit autorisé à servir dans les forces armées de son pays ».

« Je suppose qu'ils ont vérifié ton passé », dit l'un de ses amis communistes en blaguant. Comme Ivor était sur écoute téléphonique, ces propos furent rapportés au MI5.

À cette époque, Ivor avait emménagé avec sa famille dans le village de Bucks Hill dans le Hertfordshire, au désespoir de son officier traitant soviétique : « INTELLIGENTSIA vit en province et il est difficile de le contacter. »

Ivor Montagu était à découvert et débraillé. Il rencontra Sylvia Pankhurst, la suffragette ; il écoutait les nouvelles de l'étranger, dénigrait l'équipement sportif britannique, faisait la promotion des films soviétiques, fréquentait des acteurs et des réalisateurs de gauche et lisait des livres. Elfriede Stoecker, une Allemande, réfugiée juive, vivait dans sa maison. Pour le MI5, c'était on ne peut plus suspect. Les officiers du contre-espionnage voyaient des signes de trahison dans tous les faits et gestes d'Ivor Montagu : ses fréquentations, son apparence, ses opinions et son comportement. Mais surtout, ils en virent dans son amour passionné, et suspect, du tennis de table.

La suspicion que l'intérêt d'Ivor pour le ping-pong déguisât d'obscurs desseins était surtout nourrie par le colonel Valentine Vivian, grand chasseur d'espions communistes auprès des services secrets britanniques.

Vivian dirigeait la section V, l'unité du contre-espionnage du MI6, avant de devenir sous-chef du SIS, chargé du poste de guerre du MI6 à Bletchley Park. Au cours de sa longue carrière dans le renseignement, Vivian consacra une grande partie de son énergie, et celle de la section V, à la lutte contre les communistes anglais et le Komintern, qu'il considérait « comme une conspiration criminelle plus qu'un mouvement politique clandestin ». Il était profondément, voire fanatiquement, obsédé par les activités d'Ivor Montagu, suspectant, à juste titre, que ce rejeton de la haute société n'était pas seulement un compagnon de route. Mais des années de surveillance intense, passées à ouvrir son courrier, à écouter ses conversations, à le suivre et à le photographier, n'avaient jusqu'à présent produit que des preuves indirectes de ses magouilles. Le colonel Vivian était convaincu que l'enthousiasme d'Ivor Montagu pour le ping-pong était une couverture pour des activités beaucoup moins plaisantes.

De nombreuses lettres interceptées – un nombre beaucoup trop important pour être honnête aux yeux des intercepteurs – étaient liées à la fourniture d'équipement de tennis de table par des étrangers. Deux Bulgares, Zoltán Mechlovits et Ivor Bodanszky, lui écrivaient régulièrement et de manière ostensible sur les arcanes du jeu, le potentiel d'effet des différents types de balles et le poids optimal de la raquette. Vivian donna l'ordre d'enquêter sur les Bulgares pour découvrir s'ils étaient « réputés suspects d'une manière ou d'une autre » (le mot « autre » en dit long). À l'homme du MI6 à Sofia, Vivian écrivit : « La raison de notre timide intérêt pour ces personnes peut vous paraître assez bizarre. Ils écrivent de longues lettres à Ivor Montagu sur le tennis de table et sur les essais de balles. Montagu est évidemment connu pour être passionné de ping-pong, au cœur de l'Internationale du tennis de table, mais même en Angleterre, qui ne brille pas pour son bon sens dans ce domaine, nous avons du mal à croire qu'un gentleman puisse passer des semaines à tester des balles de tennis de table. »

La réponse reçue de Bulgarie fut décevante : « La police bulgare n'a rien dans ses registres… sur un plan superficiel, on en conclurait que Mechlovits et Bodanszky sont des individus parfaitement sains qui passent leur temps à tester des balles de tennis de table. » La correspondance d'avant-guerre entre Ivor et Fritz Zinn, trésorier de l'Association allemande de tennis de table, est une autre source de tracas. L'échange de lettres traitait de la « balle Hanno » et de « certains tendeurs de filet ». Il était aussi mentionné que Zinn divorçait et qu'il était « soupçonné d'être à la tête d'un club de jeu illégal ». Se pouvait-il que « Hannoball » fût le nom de code d'une arme secrète ? Ivor Montagu envoyait-il des messages secrets à ses contacts bulgares et allemands sous le prétexte innocent du sport ? Se pouvait-il que Montagu et ces mystérieux étrangers « utilisent le canal du tennis de table international pour cette pièce étrange d'espionnage interne » ? Vivian était déterminé à mettre fin à l'énigmatique conspiration du tennis de table. « Je sais que cela paraît dérisoire, écrivit-il, mais quand on y regarde de plus près, c'est plutôt déroutant. »

Vivian n'était pas le seul à penser qu'un homme qui passait tant de temps à parler de tennis de table était probablement un espion. Quand il pénétra pour la première fois à l'intérieur du cercle du renseignement britannique, Ewen Montagu s'attendait à ce que le MI5 fouille dans son passé et découvre les penchants communistes d'Ivor. « Je ne faisais pas une grande confiance aux registres du MI5. Je pensais qu'ils risquaient de me confondre avec mon jeune frère communiste. » Il n'avait pas complètement tort. Un jour, John Masterman se pencha au-dessus de la table pendant une réunion du Comité XX et demanda à Montagu, l'air de rien : « Comment ça va au tennis de table ? » Masterman avait mené sa propre enquête sur les frères Montagu et était au courant des investigations du colonel Vivian sur la Fédération internationale de tennis de table. « C'est mon petit frère communiste, répondit Montagu. C'est lui le créateur de tennis de table, pas moi. » Montagu supposa que Masterman avait simplement commis l'erreur de confondre les deux frères. Mais le professeur d'Oxford ne commettait jamais d'erreur : il tâtait le terrain pour voir si son collègue du Comité XX faisait partie de ce sinistre réseau du tennis de table.

Vivian avait raison, évidemment, mais il avait aussi profondément tort. Ivor Montagu *espionnait* bien pour le compte de l'Union soviétique, en tant qu'agent Intelligentsia, et il continua pendant toute la durée de la guerre, sans être inquiété. En revanche, son intérêt pour le tennis de table n'avait rien d'étrange ni de mal intentionné. Il aimait tout simplement ce sport. Même les officiers du MI5 peuvent perdre un peu la tête à force d'être obnubilés et ils finissent par imaginer des ombres là où il n'y en a pas. Comme Freud le dit un jour, alors qu'on l'interrogeait sur la signification de sa pipe omniprésente : « Parfois une pipe n'est qu'une pipe. » Et parfois, une balle de tennis de table n'est qu'une balle de tennis de table.

Alors que la date de lancement de l'opération Mincemeat approchait, Cholmondeley et Montagu couraient dans tout Londres pour essayer de régler les derniers détails. Le Premier ministre avait approuvé le plan et le HMS *Seraph* attendait. L'opération ne pouvait plus être arrêtée, mais quelques sérieux problèmes n'avaient pas encore été résolus : des solutions seraient trouvées pour chacun d'entre eux, mais aucune n'était totalement satisfaisante.

On demanda à Nye de ne plier la lettre qu'une fois et pas plus. Ensuite, les « examinateurs spéciaux » du département de la Censure, chargés d'enquêter sur les communications postales pendant la guerre, prirent des photographies en gros plan du pli en utilisant un appareil photo muni d'un objectif microscopique. Ainsi, il serait possible de déterminer si la lettre avait été ouverte et replacée dans l'enveloppe. Dans une dernière démonstration, plutôt mélodramatique, de savoir-faire en termes d'espionnage, un unique cil brun fut placé dans le pli du papier. Si ce cil était toujours en place, si et quand la lettre était récupérée, cela signifierait que la lettre n'avait pas été lue, mais « si le cil avait disparu, ce serait un moyen simple de savoir que la lettre a été ouverte ». Montagu était assez réservé sur les mesures prises pour déterminer si les lettres avaient été manipulées. Pour son esprit de juriste, la présence ou l'absence d'un simple cil n'était pas une preuve suffisante devant un tribunal.

La lettre clé avait été placée dans une enveloppe qui, à son tour, fut scellée, deux fois, avec le sceau officiel du VCIGS, aux armes du War Office. Une fois encore, le département de la censure photographia les bords irréguliers des sceaux en cire, pour s'assurer que toute manipulation puisse être repérée. Les lettres de Mountbatten furent également scellées, et les sceaux photographiés en gros plan. Lorsque les lettres furent entre ses mains, Montagu s'assura que lui et lui seul les manipulaient. Il en fut de même pour les autres possessions de Martin. Montagu gardait les lettres de Pam dans son portefeuille, les dépliant et les repliant régulièrement, comme le ferait un jeune fiancé. Au moindre doute et si l'occasion leur en était donnée, les Allemands rechercheraient des empreintes sur les lettres : « Les miennes ont toujours été utilisées pour le major Martin », écrivit-il. Cette précaution avait beau être nécessaire, elle n'était pas à toute épreuve. Si les Allemands comparaient les empreintes sur la lettre avec celles du mort, ils remarqueraient certainement les différences.

Les lettres et les épreuves du pamphlet sur les commandos allaient être placées à l'intérieur d'une mallette noire officielle, avec le monogramme royal brocardé sur le rabat. La clé de la serrure serait placée sur le porte-clés du major Martin. Mais cela posait un autre problème. Les Espagnols avaient plus de chances de remarquer et de transmettre aux Allemands une mallette d'apparence officielle, mais comment s'assurer que la mallette et le corps arriveraient ensemble en Espagne ? La poignée pouvait être placée dans la main du mort, mais il était fort peu probable que la *rigor mortis* à elle seule fasse en sorte que le corps dérive jusqu'à la terre en serrant sa mallette. L'homme était censé avoir trouvé la mort dans un accident d'avion, donc la solution la plus réaliste serait de placer tout bonnement le corps et la mallette dans l'eau ensemble mais séparément, en espérant qu'ils s'échouent tous les deux sur la plage. Mais comme le département d'Hydrographie l'avait fait remarquer, les vents et les courants de marée au large de Huelva étaient hautement imprévisibles. Un corps maintenu par un gilet de sauvetage ne se comportera pas de la même façon qu'une mallette en cuir détrempée et remplie de papier. La mallette risquait de couler ou de dériver jusqu'au Portugal. Tout le monde s'accorda à dire que la solution était d'attacher le porte-documents au major Martin à l'aide d'une chaîne gainée de cuir, du type de celles utilisées par les transporteurs de fonds, qui remonterait dans la manche droite et qui serait fixée par un mousqueton à la ceinture et par un autre à la poignée. Ainsi, la mallette et le corps dériveraient enchaînés ensemble jusqu'à la côte. Cela servirait aussi à souligner la valeur et l'importance du contenu de l'attaché-case. Le seul inconvénient était que les officiers britanniques n'utilisaient jamais cette méthode pour assurer la sécurité de documents pendant leur transport. Pour Montagu, la chaîne paraissait « complètement bidon ». Cholmondeley était autant dubitatif. Après une réunion avec les autres organisateurs, il écrivit : « Le recours à une chaîne reliant le sac au corps [est] trop incertain et risque de mettre en danger toute l'opération. » Mais il n'y avait pas d'autre choix.

Au ministère de l'Air, Cholmondeley réquisitionna un canot pneumatique et des rames, comme ceux utilisés sur le Catalina. Le plan initial était de jeter des débris à la mer afin qu'ils dérivent à terre avec le corps, mais de plus amples recherches révélèrent que « peu ou pas de fragments d'épaves d'avions flottaient » après un accident aérien, donc il fut décidé que « pour simplifier les choses et pour plus de sécurité pour l'équipage du sous-marin, rien ne serait largué à part le canot pneumatique ».

L'impossibilité de trouver un sosie qui poserait pour la carte d'identité de Bill Martin était encore plus frustrante. Deux officiers avaient accepté d'être photographiés. Aucun ne ressemblait beaucoup à Glyndwr Michael, mais le temps commençait à manquer. Fin mars, Montagu participa à une réunion au B1A pour discuter du cas d'Eddie Chapman, l'agent double « Zigzag ». Chapman, un criminel de métier, avait été parachuté en Angleterre après avoir reçu un entraînement pour le sabotage dans un camp secret de la France occupée et Montagu siégeait au comité qui débattait pour statuer sur son devenir. L'officier traitant de Chapman, Ronnie Reed, un ancien technicien de la BBC et expert de la radio, était assis en face de lui. La ressemblance de Reed avec l'homme étendu à la morgue était frappante. Montagu affirma plus tard qu'« il aurait pu être le frère jumeau » du mort. Il ne fait aucun doute qu'il avait le même menton pointu et le même visage étroit que Glyndwr Michael, mais ses cheveux étaient plus épais et plus foncés. Reed avait quatre ans de plus que le mort et portait une fine moustache. Mais il ferait l'affaire. Reed fut photographié, les épaulettes de l'uniforme des Royal Marines bien visibles sur ses épaules. Montagu était persuadé que la carte d'identité du major Martin « lui ressemblait beaucoup plus après sa mort que la mienne ne me ressemblait ». La seule photographie officielle de William Martin montre un homme au visage fin avec un léger sourire sournois.

Bill Martin avait désormais un visage qui lui allait bien, et un uniforme, qui ne lui allait peut-être pas. Ils décidèrent de retourner à la morgue de St. Pancras et de lui faire essayer les vêtements que Cholmondeley avait usés. Il serait désastreux de découvrir à la dernière minute que le pantalon était trop court ou que la chemise n'était pas à sa taille. Déshabiller, puis rhabiller le cadavre, en commençant par les sous-vêtements du défunt professeur et en terminant par l'imperméable, était une tâche qu'ils « détestèrent cordialement ». Montagu subit une « étrange réaction psychologique » à la vue du corps gisant sur la table d'autopsie, peu à peu transformé en une personne qu'il connaissait presque à cause des vêtements qu'il portait et de la personnalité qu'ils avaient créée pour lui. L'uniforme lui allait bien. Il fut décidé de le laisser dans cette tenue à l'intérieur du réfrigérateur et de lui enfiler les godillots plus tard.

Le HMS *Seraph* avait passé cinq mois en Méditerranée, en combat sous-marin rapproché avec l'ennemi, avant de retourner en Angleterre pour des réparations au chantier naval de Blyth. Ensuite, le sous-marin avait fait route jusqu'à la Clyde, en Écosse, où il se préparait à son prochain départ. Il était amarré à couple du navire ravitailleur de sous-marins, le HMS *Forth*, à Holy Loch, sur la côte ouest de l'Écosse, prêt à retourner sur le champ de bataille. Son départ fut repoussé d'une semaine et son commandant, le lieutenant Bill Jewell, fut « informé de se rendre au rapport du côté renseignement de l'Amirauté » pendant que les officiers et l'équipage continuaient leurs « préparatifs habituels » à Holy Loch. Le retard offrit une semaine de répit pour apporter les dernières touches et pour s'assurer qu'Alan Hillgarth, en Espagne, et Dudley Clarke, à Alger, étaient prêts de leur côté. Bevan envoya un télégramme codé à Clarke : « Mincemeat appareille le 19 avril et l'opération aura probablement lieu le 28 avril. »

Le délai supplémentaire « permettait aussi à l'opération de se dérouler sous une lune descendante, dans une période d'obscurité relative (aux environs du 28-29 avril) ». Jewell arriva au quartier général des sous-marins, un ensemble d'appartements réquisitionnés à Swiss Cottage, dans le nord de Londres, où le contre-amiral Barry l'envoya à une adresse de St. James. Là, il fut accueilli par Montagu, Cholmondeley, le capitaine Raw, chef d'état-major de l'amiral pour les sous-marins, ainsi que par divers ordres de mission.

Le lieutenant Norman Limbury Auchinleck Jewell avait trente ans, un sourire jovial et des yeux très bleus. Poli et charmant, Bill Jewell, comme on l'appelait, n'en était pas moins coriace, impitoyable, téméraire à l'occasion et sans peur. Il avait vu de rudes combats en Méditerranée et dans l'Atlantique. Son sous-marin avait été la cible de grenades sous-marines, de torpilles, de mitrailleuses et même la RAF lui avait tiré dessus par erreur ; il avait passé soixante-dix-huit heures à s'asphyxier à petit feu avec son équipage, dans un sous-marin à demi paralysé au fond de la mer ; il avait participé à plusieurs opérations clandestines qui, si elles avaient été interceptées, l'auraient exposé à des accusations d'espionnage et, peut-être, à un peloton d'exécution allemand. En quatre ans de guerre des mers, Jewell avait vu tant de secrets, de bizarreries et de violence que la demande de déposer un cadavre dans l'océan au large de l'Espagne ne le décontenançait pas le moins du monde. « Pendant la guerre, n'importe quel plan pouvant sauver des vies valait la peine d'être essayé », fit-il remarquer.

Jewell ne fut jamais informé de l'identité du cadavre, ni de la nature exacte des documents qu'il transportait ; il était inutile de lui rappeler « la nécessité vitale du secret ». L'homme de grande taille et à la moustache extravagante fut présenté comme « un chef d'escadrille pour les renseignements de la RAF ». Cholmondeley lui expliqua que le corps serait apporté jusqu'au sous-marin, en Écosse, « emballé, entièrement habillé et prêt », à l'intérieur d'un grand tube métallique. Le coffre pourrait être soulevé par deux hommes, mais ne devait surtout pas être traîné par une seule poignée, car l'acier était assez fin pour limiter autant que possible le poids de l'ensemble » et il pourrait céder s'il était manipulé brutalement. L'idée que le conteneur puisse céder et que le corps en sorte était trop horrible pour être envisagée. Le coffre pouvait être glissé par la trappe à torpilles pour être ensuite caché sur le pont inférieur. Jewell recevrait aussi un canot pneumatique dans un emballage séparé, une mallette fermée à clé fixée à une chaîne et trois cartes d'idcntité pour William Martin, munies de trois photographies différentes. À ses moments perdus, Montagu frottait les fausses cartes d'identité de Martin sur son pantalon pour les patiner.

Jewell demanda s'il devait informer les hommes qui étaient sous son commandement de la nature de cet objet encombrant. Montagu lui expliqua que le lieutenant pourrait mettre ses officiers dans la confidence après le départ, mais qu'il fallait simplement dire au reste de l'équipage que le conteneur « enfermait un instrument de mesure météorologique automatique top secret et qu'il était essentiel que son existence et sa position ne soient pas dévoilées, sinon il serait récupéré par les Espagnols, et les Allemands en connaîtraient les plans ».

Jewell fit remarquer que si les conditions météorologiques étaient difficiles, les officiers pourraient avoir besoin d'un coup de main de l'équipage pour monter le coffre sur le pont. Si un membre de l'équipage repérait le corps, il faudrait lui dire que « nous soupçonnons les Allemands de récupérer les papiers trouvés sur les corps échoués sur la côte et que, par conséquent, ce corps va être surveillé : si nos soupçons sont fondés, on demandera aux Espagnols de se débarrasser des Allemands concernés ». Cette histoire serait aussi racontée aux officiers, mais « le lieutenant Jewell devait bien [leur] faire comprendre qu'ils ne connaîtraient jamais le résultat et que si des informations filtraient à propos de l'opération, non seulement les dangereux agents allemands ne seraient pas éliminés, mais les vies des observateurs seraient en danger ».

Lorsqu'il atteindrait une position située « entre Portil Pillar et Punta Umbria, juste à l'ouest de l'embouchure du rio Tinto », Jewell devrait examiner les conditions météorologiques. « Tout doit être fait pour choisir une période dominée par un vent venant de la mer. » Jewell étudia les cartes et estima que « le sous-marin pourrait probablement rapprocher suffisamment le corps de la côte pour éviter d'avoir recours au canot pneumatique ». Cholmondeley avait initialement envisagé de déclencher une explosion au large pour imiter un avion qui s'écrase, mais au bout de quelques discussions « le recours à une fusée fut abandonné ». Il n'y avait aucun intérêt à attirer inutilement l'attention.

Sous le couvert de l'obscurité, le coffre devait être passé par l'écoutille des torpilles « sur des glissières prévues à cet effet et attaché au garde-corps de la plate-forme de tir ». Tous les membres de l'équipage devaient alors redescendre pour ne laisser que les officiers sur le pont. « Le conteneur serait alors ouvert sur le pont et la neige carbonique laisserait échapper du dioxyde de carbone. » La puanteur serait horrible.

Montagu et Cholmondeley avaient beaucoup réfléchi à la manière dont la mallette devait être attachée au major Martin. Personne, pas même l'officier le plus zélé, ne resterait assis pendant un long vol avec une chaîne inconfortable lui descendant du bras. « Quand le corps sera extrait du conteneur, il ne restera plus qu'à fixer la chaîne à la mallette en passant par la ceinture de l'imperméable qui enveloppera le corps… comme si l'officier avait retiré la chaîne pour plus de confort dans l'avion, mais qu'il l'avait néanmoins laissée attachée à lui pour éviter d'oublier la mallette ou qu'elle ne glisse loin de lui. » Jewell devait décider laquelle des trois cartes d'identité ressemblait le plus au mort et la glisser dans la poche de celui-ci. Le corps, avec le gilet de sauvetage gonflé, devait ensuite être glissé par-dessus bord. Le canot pneumatique gonflé devait aussi être largué et éventuellement aussi une rame, « près du corps, mais pas trop, si possible ». La dernière tâche de Jewell devait être de refermer hermétiquement le coffre, de rejoindre les eaux profondes, puis de le couler.

Si, pour une raison quelconque, l'opération devait être abandonnée, « le corps et le conteneur devaient être coulés en eaux profondes », et, s'il était nécessaire d'ouvrir le coffrage pour y laisser entrer de l'eau, « il fallait faire attention à ce que le corps ne s'échappe pas ». Un message serait envoyé avec les mots :

« Annuler Mincemeat ». Si le largage se déroulait comme prévu, un autre message devait être envoyé : « Mincemeat terminé ».

Jewell remarqua que deux officiers des services secrets paraissaient profondément impliqués dans le projet et qu'ils avaient apparemment « pris du plaisir à échafauder un personnage ». Avant que la réunion ne se termine, Montagu demanda au jeune sous-marinier s'il voulait contribuer, d'une modeste façon, à « créer une vie pour le major des Marines ». Il manquait encore un billet d'entrée dans un night-club dans le portefeuille du mort. Le lieutenant Jewell aurait-il l'obligeance de passer une nuit en ville, puis d'en envoyer la preuve ? « J'ai eu le plaisir de faire la tournée des night-clubs de Londres à ses frais », témoigne Jewell. « J'ai passé un excellent moment. »

Pendant que Jewell repartait vers le nord avec ses nouveaux ordres de mission et une légère gueule de bois, un autre télégramme fut envoyé au général Eisenhower, à Alger. « Mincemeat largue les amarres le 19 avril et l'opération aura probablement lieu le 28 avril, mais elle pourrait être annulée, si nécessaire, à tout moment, jusqu'au 26 avril inclus. »

Si tout se déroulait comme prévu, le major Martin devrait s'échouer en Espagne le 28 avril, ou peu après, où une réception extraordinaire était préparée pour lui par le capitaine Alan Hugh Hillgarth, attaché naval à Madrid, espion, ancien chercheur d'or et, sans doute inévitablement, romancier à succès.

11

Le chercheur d'or

Les six romans d'Alan Hillgarth sont empreints de la nostalgie de l'âge d'or de la valeur personnelle, de la chevalerie et de l'autosuffisance. « Jadis, l'aventure était une appellation noble, arborée fièrement par des hommes comme Raleigh et Drake », écrivit-il dans *The War Maker*, mais aujourd'hui « elle est réservée aux membres les mieux vêtus des classes criminelles ». La vie de Hillgarth semblait elle aussi tout droit sortie du *Boy's Own Paper* ou des romans de Rider Haggard.

Fils d'un chirurgien spécialisé dans la sphère ORL, Hillgarth entra au Royal Naval College à l'âge de treize ans. Il fit la Première Guerre mondiale en tant qu'aspirant, alors qu'il n'avait encore que quatorze ans (sa première mission consista à assister le médecin de bord, pendant la bataille de Heligoland, en jetant les membres amputés par-dessus bord), et embrocha son premier Turc, à la baïonnette, avant son seizième anniversaire. À Gallipoli, il se retrouva à la tête du débarquement, car tous les officiers s'étaient fait tuer. Il fut blessé à la tête et à la jambe et profita de sa convalescence pour apprendre des langues étrangères et cultiver sa passion pour la littérature. Hillgarth était petit et fougueux, avec d'épais sourcils broussailleux et une énergie inépuisable. Il « était aussi dendrophile : il aimait les arbres et était le plus heureux des hommes quand il était dans la forêt ou dans la jungle ».

En 1927, Evelyn Waugh se souvient de sa première rencontre avec « un jeune homme qui s'appelait Alan Hillgarth, très sûr de lui, qui écrit des récits à sensation, un ancien marin ». À cette époque, Hillgarth avait débuté une deuxième carrière en tant qu'écrivain, une troisième en tant que conseiller auprès de la Légion étrangère espagnole pendant le soulèvement des tribus du Rif, au Maroc, et une quatrième en tant que « Messager du Roi », acheminant des messages confidentiels pour le compte du gouvernement. Mais ce fut la cinquième carrière de Hillgarth, en tant que chasseur de trésors, qui définit le reste de sa vie et la prochaine étape de l'opération Mincemeat.

En 1928, Hillgarth rencontra le Dr. Edgar Sanders, un aventurier suisse né en Russie et vivant à Londres, qui lui raconta une histoire étrange. Sanders avait voyagé en Bolivie en 1924, attiré par la légende d'un énorme tas d'or, le trésor de Sacambaya, extrait par les jésuites et caché avant qu'ils ne soient chassés d'Amérique latine au XVIIIe siècle. Sanders montra à Hillgarth un document qui lui avait été remis par un récoltant de latex, vétéran de la guerre des Boers, qui affirmait l'avoir reçu de la famille d'un vieux jésuite. Le document identifiait la cachette de l'or dans un dédale de grottes souterraines « que cinq cents hommes mirent deux ans et demi à creuser ».

Sanders affirmait avoir trouvé le site parmi les ruines d'une ancienne colonie jésuite au plus profond de la cordillère de Quimsa Cruz, dans les Andes orientales.

Sanders était un « homme carré avec des pommettes remarquablement hautes et des yeux gris ardoise au regard dur », qui menait une quête fanatique et qui était profondément convaincant. Il pensait que les jésuites avaient créé la grotte souterraine en creusant un tunnel depuis la rive du fleuve. Mais depuis, le niveau de la nappe phréatique était monté : pour atteindre l'entrée, il fallait des grosses pompes, de l'équipement d'excavation, beaucoup d'argent et beaucoup de sueur. Sanders invita Hillgarth à se joindre à lui dans ce qui promettait d'être la plus grande chasse au trésor de tous les temps. Hillgarth, alors âgé de vingt ans, accepta sans hésiter.

La Compagnie d'exploration de Sacambaya fut créée. À la veille du Grand Crack, les rêves rapportaient de l'argent et les investisseurs affluèrent pour un projet promettant un rendement de 48 000 pour cent.

Hillgarth et Sanders entreprirent de recruter « des hommes qui avaient une considérable expérience des conditions difficiles », qui étaient décrites en détail. « Sacambaya est un endroit empoisonné, une vallée sombre et sale, encerclée de montagnes qui grimpent presque immédiatement à plus de mille mètres. C'est soit très sec, soit inondé. Il y fait généralement très chaud, le jour, et il gèle presque la nuit. C'est envahi d'insectes, de puces, de mouches, de fourmis, de moustiques, de phlébotomes, de crotales et autres serpents. Chez les Indiens, ce lieu est réputé pour être un foyer de malaria. On y trouve des putois. » Il y avait aussi des bandits, aucune certitude quant au succès de l'opération et une forte probabilité de trouver la mort. Mais, à cette époque, Shackleton et Scott étaient révérés comme des héros. Vingt-trois hommes furent choisis en fonction de leur expertise, de leur résistance et de leur capacité de divertissement, dont un photographe, un médecin, un mineur serbe et un ingénieur américain qui se nommait Julius Nolte.

Le 1er mars 1928, l'expédition mit les voiles depuis Liverpool pour la première étape d'un voyage de 9000 miles depuis l'Angleterre jusqu'à Sacambaya. Les quarante tonnes d'équipements entassés dans la soute comprenaient des tracteurs Morris à six roues, quatre gros compresseurs pour alimenter les monte-charges pneumatiques, des pioches, des pelles et des foreuses, deux pompes, six grues, un moteur à essence, des winches, des groupes électrogènes, des forges, des tentes, des moustiquaires et une scie circulaire pour couper du bois pour la voie de chemin de fer qui devrait être construite à l'arrivée. En plus du matériel médical habituel, le Dr. P. B. P. Mellows, de l'hôpital de St. Bartholomew, apporta 28000 comprimés de quinine pour lutter contre la malaria et 5000 aspirines. Hillgarth acheta vingt carabines et vingt pistolets automatiques, quatre fusils, deux carabines automatiques et assez de munitions pour une petite guerre.

À partir du port d'Arica, au Chili, l'expédition affréta un train pour parcourir les 530 kilomètres jusqu'à La Paz, puis continua vers le sud, jusqu'à une gare nommée Eucalyptus, où la voie s'arrêtait. De là, la route, ou ce qui y ressemblait, allait jusqu'à Pongo, une cité minière borgne construite pour desservir les mines Guggenheim et dirigée par une formidable Américaine nommée Alicia O'Reardon Overbeck, que l'équipe surnommait « Mrs. Starbird ». Sacambaya était encore à soixante-dix kilomètres par une piste en partie emportée par les pluies. Le plus dur allait commencer. Le petit matériel fut emballé par lots de 200 kilos et chargé sur des mules récalcitrantes, tandis que les plus gros éléments, comme les compresseurs qui pesaient chacun une tonne et demie, furent charriés sur les pistes de montagne à la force du poignet et des bœufs.

« L'entreprise n'était pas facile », dit Hillgarth, et c'était un euphémisme. À certains endroits, la piste avait dû être reconstruite, taillée dans la roche. À d'autres, les lourdes machines avaient dû être descendues par un système de palans. Un compresseur, deux bœufs et plusieurs hommes basculèrent dans le vide et n'eurent la vie sauve que parce qu'ils tombèrent dans des arbres dix mètres en contrebas. Hillgarth, avec cinq hommes blancs et vingt Indiens, parvint à transférer tout l'équipement à Sacambaya en cinq semaines et quatre jours. Les pertes s'élevèrent à « une caisse contenant cent kilos de macaroni ».

C'était la dernière bonne nouvelle.

Armée de technologie moderne et d'un vieux document, la Compagnie d'exploration de Sacambaya entreprit de se frayer un chemin de « trente mètres dans la montagne » à coups de pioches, de pelles, de pompes et d'explosifs, à la poursuite de l'or des jésuites. Dix heures par jour, six jours par semaine, de juin à octobre, les hommes tailladèrent la montagne. Quelque 37 000 tonnes de roche furent extraites pour creuser un énorme trou.

Les conditions de vie à Sacambaya étaient aussi mauvaises qu'annoncé. En quelques semaines, les trois quarts des hommes avaient des chiques – de petits vers qui creusent le talon. « L'absence complète de fruits frais et de légumes de notre diététique [sic] avait entraîné une constipation chronique, mais une vaste palette de purges variant en pouvoirs propulsifs furent prévues pour tous les goûts », raconta le Dr. Mellows, jovial. Les mules et les bœufs furent la cible de chauves-souris vampires, qui ne disaient pas non au sang humain si elles pouvaient en obtenir. « L'un de nos compagnons se réveilla une nuit et fut surpris de voir une chauve-souris vampire qui déchirait sa moustiquaire. » Mellows identifia une nouvelle maladie, qu'il nomma *sacambayaïte* : « claustrophobie occasionnée par l'enfermement pendant des mois dans une vallée malsaine coincée entre de hautes montagnes à travailler dur et en suivant un régime qui variait peu, sans divertissement, en vivant dans la peur constante d'une attaque de bandits ».

Alan Hillgarth était le seul membre de l'équipe à être immunisé contre la sacambayaïte. Sur les photographies de l'expédition, on peut le voir avec son visage frais et heureux, en train de creuser, sourire aux lèvres, portant toujours la cravate, même lorsqu'on le voit assister à l'exécution d'une appendicectomie sur un collègue.

Ce ne furent ni les chiques, ni la claustrophobie, ni la constipation, ni les chauves-souris, ni les bandits qui finirent par provoquer la perte de la Compagnie d'exploration de Sacambaya, mais l'eau. Elle tombait du ciel à seaux et remontait du sol en formant des bulles, remplissant le moindre trou à peine creusé, malgré les efforts haletants des pompes. Finalement, même

Hillgarth dut admettre sa défaite, même s'il était persuadé que la grotte n'était plus qu'à cinq mètres.

L'expédition fut un désastre complet. La compagnie fut démantelée de manière spectaculaire. Deux des équipes se dirigèrent vers l'intérieur du pays et on ne les revit jamais. L'ingénieur en chef resta à Pongo. « Il est tombé éperdument amoureux de Mrs. Starbird et n'a apparemment aucune intention de partir. » Le mineur serbe fut empoisonné à La Paz, « soit par les gens de l'hôtel, soit par la police ».

Sanders fut enfermé dans une prison bolivienne. Quelques mois plus tôt, il s'était rendu compte que la police bolivienne interceptait son courrier. Il écrivit alors une fausse lettre mentionnant une cargaison de gaz moutarde, pour voir si cela les forcerait à se démasquer. Les autorités boliviennes prirent les informations au pied de la lettre et Sanders fut accusé de préparer un coup d'État contre le gouvernement bolivien. Il fut inculpé pour avoir fait entrer illégalement des armes dans le pays, dont cinquante mitraillettes et cent tonnes de gaz asphyxiant.

Hillgarth rentra en Angleterre pour affronter la colère de ses investisseurs, réalisant qu'il avait été complètement dupé. Il apparut que les documents de Sanders étaient des faux. Ils n'avaient pas été écrits par un Espagnol, car ils contenaient de nombreuses fautes grammaticales et des idiomes anglais traduits tels quels en espagnol.

La débâcle de Sacambaya avait été une expérience salutaire. Un immense trou dans la jungle bolivienne témoigne de l'absurdité héroïque de cette réalisation, mais c'était aussi une leçon que Hillgarth n'était pas près d'oublier : des personnes intelligentes par ailleurs pouvaient être persuadées de croire aveuglément à ce qu'elles voulaient croire. Il suffisait de quelques documents, falsifiés avec soin, et d'une forte crédulité de la part du lecteur. Le voyage à Sacambaya est à la base du cinquième roman de Hillgarth, celui qui connut le plus vif succès, *The Black Mountain*, publié en 1933 et encensé par Graham Greene notamment.

À cette époque, devenu vice-consul honoraire de Grande-Bretagne, puis consul, à Palma, Hillgarth s'était installé à Majorque, avec sa femme Mary et leurs trois enfants. Au même moment, « il faisait aussi l'espion ». À la veille de la Guerre civile espagnole, Winston Churchill rencontra Hillgarth à Majorque, alors qu'il partait en vacances à Marrakech. Ils s'entendirent à merveille. Quand Clémentine Churchill se plaignit de l'odeur des canalisations à leur hôtel, Hillgarth invita les Churchill à s'installer dans sa pittoresque villa, Son Torella.

Hillgarth joua un rôle crucial en tant qu'intermédiaire pendant la Guerre civile espagnole, participant à l'organisation des échanges de prisonniers entre les deux camps et parvenant à assurer la capitulation de Minorque face aux troupes de Franco, en 1939, sans qu'une goutte de sang ne fût versée. Le commandant des forces nationalistes aux Baléares était le contre-amiral Salvador Moreno Fernández, et c'est par son intermédiaire que Hillgarth permit aux troupes républicaines de quitter l'île en évitant, d'après Hillgarth, « un intense bombardement qui aurait pu causer quelque 20 000 morts ». Les négociations prolongées de Hillgarth avec Moreno, un politicien convivial et subtil, marquèrent le début d'un partenariat fructueux. Quand le capitaine John Godfrey du HMS *Repulse* voulut faire escale à Barcelone, c'est Hillgarth qui s'assura, par le biais de ses contacts dans le gouvernement de Franco, que le navire britannique ne soit pas la cible d'une attaque aérienne.

Récemment nommé directeur des services de renseignement de la Navy, au début de la guerre, Godfrey se souvint de Hillgarth et recommanda sa promotion au rang d'attaché naval à Madrid. Cette nomination à un poste très difficile et sensible était bien inspirée. L'Espagne occupait une place charnière pour les intérêts britanniques en Méditerranée et à Gibraltar. Avec la défaite de la France, des troupes allemandes se trouvaient aux portes de l'Espagne. Franco était redevable à l'Italie et à l'Allemagne pour leurs fournitures d'armes. Se rangerait-il du côté des puissances de l'Axe ? S'il s'y refusait et si l'Espagne demeurait non engagée, Hitler envahirait-il le pays ? Hillgarth aurait pour rôle de combattre l'influence nazie, de contrecarrer les efforts de sabotage allemands, d'empêcher les U-boats de s'approvisionner en carburant et en vivres dans les ports espagnols et de contrer la Phalange pro-Axe au sein du gouvernement de Franco. Avec Ian Fleming, il participa à l'élaboration de la campagne de sabotage et de guérilla qui serait déclenchée si l'Espagne était envahie et qui portait le nom de code « opération Goldeneye » (nom que Fleming donnera pas la suite à sa villa à la Jamaïque). La politique britannique imposait une approche plus nuancée et les rapports de Hillgarth montraient à quel point il comprenait ce délicat équilibre : Hillgarth rapporta que Franco souhaitait préserver sa neutralité et sa liberté d'action, mais « une victoire décisive de l'Allemagne sur la Russie pourrait permettre à la Phalange de prendre le contrôle [et] l'Espagne rejoindrait probablement l'Allemagne ».

Sir Samuel Hoare, un ancien loyaliste de Chamberlain, nommé ambassadeur à Madrid par Churchill, joua ce jeu délicat au niveau diplomatique. Hillgarth fit de même à un niveau souterrain, tout en coordonnant simultanément les opérations du MI6, du SOE et de son propre réseau d'agents. Dans tout cela, Hillgarth bénéficiait du soutien personnel de Winston Churchill (ils avaient une personnalité très semblable) qui le considérait comme un « très bon » homme « équipé d'une profonde connaissance des affaires espagnoles ». Le Premier ministre demanda à Hillgarth de lui écrire « en privé à propos de tout ce qu'il jugeait digne d'intérêt ». Ian Fleming partageait la haute opinion qu'avait Churchill de Hillgarth et le décrivait comme un « type utile et un grand vainqueur de la guerre ». Malgré des personnalités divergentes, Hoare et Hillgarth s'entendaient bien et coopéraient étroitement. L'ambassadeur le surnommait « le dynamisme incarné ». En revanche, Kim Philby, qui dirigeait le contre-espionnage au bureau ibérique du MI6 et qui se révéla plus tard être un espion soviétique, détestait cordialement Hillgarth, pensant que le soutien de Churchill, les « fonds secrets qui furent mis à sa disposition pour des activités clandestines » et son accès direct à « C », Stewart Menzies, à la tête du MI6, « avaient contribué à alimenter les illusions de grandeur du vaillant officier ». Philby était particulièrement irrité par la décision prise par Hillgarth de choisir « Armada » comme nom de code, ce qu'il considérait comme plutôt ronflant.

Sicherheitsdienst, le service de renseignement tant redouté des SS, nommé Eugene Messig, qui lui demanda « de fournir des informations qu'il transmettrait directement à Berlin (c'est-à-dire sans passer par le QG du renseignement allemand à Madrid) ». Le SD et l'Abwehr étaient rivaux. Au départ, « C » fut dubitatif, craignant que cela ne « compromette un agent très précieux », mais Hillgarth fut prompt à ouvrir une voie de désinformation vers les SS. Andros accepta l'invitation de Messig et commença à lui transmettre de fausses informations sélectionnées par Hillgarth : « Les éléments furent choisis de façon à ce que les Allemands soient forcés d'en déduire ce que nous avions prévu. » Andros, qui était également connu sous le nom de code « Blind », se révéla un excellent agent double, qui réussit à passer des informations indiquant que la marine espagnole avait appris, de ses propres sources, que les U-boats pouvaient être attaqués depuis des avions et des sous-marins britanniques dans les eaux espagnoles : « Messig goba toute l'histoire, fut extrêmement satisfait et en demandait toujours plus. »

Pour tromper Messig, Andros devait vraiment avoir accès à des renseignements espagnols de haut niveau. « C'était un travail difficile. Pourtant, Andros était en particulièrement bonne posture pour informer Messig », ce qui suggère qu'il devait être haut placé dans les services de renseignement de la marine espagnole. Qui que fût Andros, Hillgarth lui faisait entièrement confiance.

Les espions britanniques et allemands se tournaient autour à la manière de chats en colère. Hillgarth savait que des « copies de tous nos télégrammes étaient remises aux Allemands », et que tel téléphone était sur écoute : « Il semblerait que les écoutes étaient menées par un membre de l'Abwehr, mais elles auraient aussi pu l'être par une opératrice espagnole. Seuls les cryptographes de la marine pouvaient envoyer des messages réellement sûrs », rapporta-t-il. L'un des gardes de l'ambassade britannique fut « suborné par une femme à la solde des Allemands », mais il fut intercepté avant de pouvoir faire beaucoup de dégâts. Il savait néanmoins que les Allemands « dressaient la liste de tous ceux qui entraient et sortaient de l'ambassade britannique ».

Cette concurrence amusait beaucoup Hillgarth – « les Allemands le faisaient suivre et il faisait suivre les Allemands » – qui trouvait la surveillance constante, à la fois par les espions espagnols et allemands, plutôt divertissante car ceux-ci étaient généralement « très amateurs et inefficaces ». Il rencontrait parfois des officiers de l'Abwehr lors d'occasions officielles. « Notre ligne de conduite vis-à-vis des diplomates allemands était de nous comporter comme s'ils n'existaient pas. Si nous les rencontrions à une réception, nous les ignorions. Ils agissaient de même. »

Madrid était le creuset de l'espionnage européen, et, en tant que chef des espions britanniques, Hillgarth se retrouva à servir la soupe à d'étranges clients du monde du renseignement.

Dudley Wrangel Clarke était le maître de la force « A », l'unité qui était basée au Caire et qui se consacrait aux opérations de désinformation en Méditerranée. En tant qu'officier des renseignements à la tête de la désinformation dans le cadre de l'opération Husky, Clarke avait été impliqué à tous les stades de l'élaboration de l'opération Mincemeat. Mais Hillgarth l'avait déjà rencontré dans d'autres circonstances. En octobre 1941, il avait fait sortir Dudley Clarke d'une prison espagnole. Cela n'avait rien d'extraordinaire, car Hillgarth faisait souvent sortir des gens de prison. Ce qui rendait l'occasion si particulière, et si embarrassante, c'était la tenue du colonel Clarke : il était habillé en femme. Une photographie prise par la police espagnole montrait ce maître de la désinformation en hauts talons, avec du rouge à lèvres, des perles et un chapeau chic, portant de longs gants d'opéra. Il n'était même pas censé se trouver en Espagne, mais en Égypte. Malgré la situation embarrassante dans laquelle le colonel se trouvait, il avait l'air très à l'aise, voire insouciant sur la photo.

En revanche, ses collègues ne l'étaient pas du tout. Guy Liddell du MI5 remarqua : « Les circonstances de sa libération étaient pour le moins singulières. Il était habillé en femme et portait un soutien-gorge, etc. » C'est le « soutien-gorge, etc. » qui en dit long. Que pouvait-il bien avoir en tête ? Un type peut bien se déguiser, s'il le faut, mais en portant un soutien-gorge ? Les pouvoirs publics espagnols semblèrent trouver l'incident amusant et ils publièrent un prospectus de propagande annonçant qu'un homme nommé « Wrangal Craker », qui affirmait être le correspondant du *Times* à Madrid, avait été arrêté, habillé en femme.

Ayant facilité la libération de Clarke, Hillgarth obtint les photographies de son collègue, avec et sans déguisement, et les envoya joyeusement à l'assistant personnel de Churchill, Charles « Tommy » Thompson, qui les montra au Premier ministre. Hillgarth y joignit une note pince-sans-rire : « Ci-joint quelques photographies de M. Dudley Wrangel Clarke tel qu'il était au moment de son arrestation et après avoir été autorisé à se changer. » La photographie « après » montrait Clarke en nœud papillon et veste, tenue qui lui était plus habituelle. « PM a vu », disait une note griffonnée sur la lettre de Hillgarth. Malheureusement, l'histoire ne dit pas quelle a été la réaction de Churchill. Tout Whitehall eut vent des photographies : certains se demandèrent si Clarke était « sain d'esprit », tandis que l'explication plus sympathique était qu'« il était tout à fait du genre à s'imaginer comme étant un agent des super services secrets ». L'affaire nuisit longtemps à sa carrière, mais la raison du travestissement de Dudley Clarke demeure un mystère.

Au printemps 1943, après le succès de la campagne d'Afrique du Nord, le risque que l'Espagne rejoigne l'Axe avait reculé et, après plus de trois années passées à jouer au chat et à la souris avec les Allemands, Hillgarth fut prompt à la contre-attaque. En février 1943, il envoya une lettre au directeur du renseignement de la Navy dans laquelle il déclarait : « Il est temps de passer de la défensive à l'offensive. Il est temps de frapper un grand coup. » Les sous-marins de l'Axe croisaient toujours dans les eaux espagnoles ; les bateaux de pêche espagnols étaient utilisés pour repérer les U-boats ; des saboteurs allemands et à la solde des Allemands s'attaquaient aux navires britanniques et les autorités portuaires espagnoles fournissaient à l'Abwehr « plus ou moins tous les renseignements maritimes qu'elles obtenaient ». Tous ces agissements étaient en parfaite violation de la neutralité espagnole. Malgré des protestations britanniques répétées, Hillgarth souligna que l'Axe « fut autorisé, avec peu ou aucune interférence des autorités espagnoles, et malgré les constantes plaintes officielles britanniques, à établir et à maintenir des postes d'observation et de signalisation à des emplacements privilégiés le long des côtes espagnoles ». Hillgarth citait notamment les activités du frère aîné d'Adolf Clauss à Huelva.

La solution préconisée par Hillgarth était simple et radicale : « J'ai trouvé un homme qui se dit prêt à coller une mine sur la coque de l'un des plus gros navires allemands, depuis un bateau de pêche, par une nuit pluvieuse et sans lune. » L'opération coûterait 50 000 pesetas, 5 000 avant et 45 000 après. La bombe serait programmée pour exploser après que le navire ennemi avait quitté le port. Le ministère des Affaires étrangères ne serait pas impliqué. « Toutes les opérations, si je puis me permettre, sont sous ma responsabilité, écrivit Hillgarth. Si quoi que ce soit tournait mal, une bonne riposte consisterait à mentionner les sabotages allemands en Espagne et je pourrais toujours être désavoué et officiellement sacrifié. Je suis prêt à en prendre le risque, car je suis sûr que la situation actuelle justifie une action de ce type. » Il ne lui manquait plus qu'un signe d'approbation et une bombe.

La proposition fut refusée platement. Si les Espagnols apprenaient que l'attaché naval britannique collait des mines sous des bateaux, ce serait une catastrophe diplomatique qui risquait de réduire à néant tout le bon travail qu'avait fait Hillgarth jusque-là. « Vous et votre équipe avez montré que vous étiez parfaitement capables de vous prendre en main, mais je ne suis pas prêt à courir le risque que quoi que ce soit tourne mal, écrivit le *commodore* Rushbrooke, le nouveau directeur des services de renseignement de la Navy, ajoutant qu'une attaque sur un navire allemand dans les eaux espagnoles était à la fois « indésirable et inutile ». Avec le recul, Kim Philby considéra qu'une campagne de sabotage britannique aurait déclenché « une foire d'empoigne à la James Bond en Espagne ».

Hillgarth fut profondément frustré, tant il avait envie de porter un coup à ses adversaires allemands, mais il se retint. La cavalerie de saint-George fut dissoute. Il commençait à s'ennuyer. Au moment où le projet de sabotage de Hillgarth fut sabordé, Gómez-Beare réapparut à Madrid, venant de recevoir son briefing sur l'opération Mincemeat et portant de nouvelles instructions à son chef : quand le cadavre serait livré par le HMS *Seraph*, Hillgarth devrait coordonner sa réception en Espagne pour découvrir où et quand il s'était échoué, et ce qu'il était advenu des documents, et pour entretenir la fiction voulant que des secrets de la plus haute importance avaient disparu.

Hillgarth, le romancier de la Navy, allait pouvoir écrire le second chapitre de l'opération Mincemeat. Il jouerait le rôle du héros ; Gómez-Beare tiendrait le second rôle ; avec un peu de chance, Adolf Clauss, à Huelva, serait le réceptionniste serviable.

Et à Madrid, à l'épicentre des réseaux de renseignement allemands, se trouvait un homme qui aurait pu décrocher le rôle du méchant.

12

L'espion qui faisait de la pâtisserie

Les agents et les informateurs de l'Abwehr en Espagne n'arrivaient pas seuls, mais par bataillons ; la collaboration espagnole avec les Allemands, comme le fit remarquer un officier du MI5, était « omniprésente ». Sur les 391 personnes employées par l'ambassade d'Allemagne à Madrid, 220 étaient des officiers de l'Abwehr répartis en sections d'espionnage, de sabotage et de contre-espionnage, déployant quelque 1 500 agents à travers l'Espagne, dont de nombreux émigrés allemands. Ceux-ci recrutaient à leur tour leurs propres sous-agents dans un vaste réseau aux ramifications très étendues : « Toutes les catégories sociales étaient représentées, depuis des ministres jusqu'à des matelots anonymes sur des cargos », d'après une estimation effectuée pendant la guerre par les services secrets. « Chez les hauts gradés, il y avait indubitablement une sympathie idéologique authentique, mais à un niveau inférieur, les transactions étaient essentiellement financières et, dans un pays où nombreux étaient ceux qui mouraient de faim, il était assez facile de recruter. » La quantité de renseignements qui se déversaient au quartier général de l'Abwehr à Madrid, qui était mitoyen avec l'ambassade, était si énorme que trente-quatre opérateurs radio et dix secrétaires (dont Elsa, la cousine d'Adolf Clauss) étaient nécessaires pour maintenir une liaison directe par télétype avec Berlin, *via* Paris.

Grâce à l'un de ces agents, un haut gradé de la Dirección General de Seguridad, les services de sécurité espagnols, Alan Hillgarth connaissait le nom, le grade, le rôle et, généralement, le nom de code, de la plupart des agents de l'Abwehr. À la demande de Hillgarth, cet agent avait mis sur pied une section spéciale dans le but de surveiller l'espionnage allemand. Officieusement, c'était pour s'assurer que le ministre de l'Intérieur espagnol soit tenu informé des activités clandestines allemandes. « En effet, les rapports étaient destinés au ministère de l'Intérieur, écrivit Hillgarth, mais ils nous étaient aussi remis. » Le même informateur fournit à Hillgarth la liste complète du personnel de l'Abwehr en Espagne, avec « le signalement de chacun ». Menzies, à la tête du MI6, autorisa Hillgarth à acheter la liste « contre une très grosse somme ». De retour à Londres, Philby maugréa que le prix payé par « Armada » pour cette « précieuse source » était « très élevé, en effet ». « J'ai dû me battre pour obtenir une augmentation de 5 livres par mois pour les agents qui produisaient des informations régulières, bien que moins spectaculaires ! » se plaignit-il. Mais elle en valait la moindre peseta, car elle fournit aux services de renseignement britanniques une description détaillée de l'organigramme de l'Abwehr en Espagne : connais ton ennemi, puis trouve comment le tromper.

À la tête du poste de l'Abwehr en Espagne, Wilhelm Leissner, attaché honoraire à l'ambassade d'Allemagne, portait les noms de code « Heidelberg » et « Juan ». Il était de petite taille et avait la voix douce. Vétéran de la Légion Condor, Leissner était resté en Espagne, où il dirigeait une entreprise d'import-export sous le pseudonyme de Gustav Lenz. Au-dessous de Leissner se trouvaient Hans Gude, chargé des renseignements de la marine, Fritz Knappe-Ratey, un agent portant le nom de code « Federico », et George Helmut Lang, mieux connu sous le nom d'« Emilio ». Depuis l'automne 1942, les rangs de l'Abwehr en Espagne comptaient aussi le major Fritz Baumann, ancien policier, détaché par l'armée allemande à la section sabotage de l'Abwehr. Baumann était chargé de coordonner les attaques contre les navires alliés, mais c'était aussi un médecin légiste expérimenté qui avait étudié la médecine légale à l'école de police de Hambourg avant la guerre. Devenu expert dans l'art de déterminer « les causes de décès et la gravité des blessures », Baumann avait « examiné des centaines de cadavres » à la fois avant et pendant la guerre.

Mais l'officier de l'Abwehr qui intriguait le plus Hillgarth était le major Karl-Erich Kuhlenthal. Le dossier que détenait le MI5 sur cet homme faisait huit centimètres d'épaisseur ; on en savait plus sur lui que sur tout autre espion allemand en Espagne. Le père de Kuhlenthal s'était distingué en tant que soldat, avait été promu au rang de général et servait en tant qu'attaché militaire à Paris et à Madrid. La famille Kuhlenthal était riche et avait des relations. L'amiral Wilhelm Canaris, à la tête de l'Abwehr, était de la famille, ce qui contribue à expliquer l'ascension rapide de

Kuhlenthal dans les rangs des services de renseignement. Comme Clauss, Kuhlenthal avait servi dans la Légion Condor en tant que secrétaire de Joachim Rohleder, chef des renseignements de l'unité. Après la Guerre civile, il retourna en Allemagne pendant quelque temps et travailla pour un oncle dans le commerce du vin, puis pour son beau-père dans l'entreprise de textile de Dienz. Il visita Londres, Paris et Barcelone ; il parlait bien anglais et parfaitement espagnol. En 1938, il était de retour en Espagne, dirigeant ostensiblement une affaire de radio tout en continuant son travail clandestin. Au début de la guerre, il fut nommé adjudant général de Leissner, mais il se distingua vite par son ambition et son énergie.

En 1943, âgé de trente-sept ans, Kuhlenthal était à la tête de la section espionnage de l'Abwehr à Madrid. Il coordonnait les renseignements politiques et militaires et opérait sous le nom de code « Carlos » ou, plus souvent, « Felipe ». Dans les bars et les cafés de Madrid, il était connu comme « Don Pablo ». Le réseau d'espions de Kuhlenthal s'étendait jusqu'aux quatre coins du pays, mais sa spécialité était le recrutement d'agents dans l'Espagne neutre pour travailler outre-mer, en Afrique du Nord, au Portugal, à Gibraltar et, surtout, en Grande-Bretagne et aux États-Unis.

En Grande-Bretagne uniquement, le « réseau Felipe » comptait des dizaines d'agents clandestins, renvoyant d'énormes volumes d'informations de qualité. D'après l'un de ses collègues officiers, « il ne se passait rien dans le poste de l'Abwehr sans qu'il en soit informé ». Kuhlenthal faisait figure de dandy dans les rues de Madrid. Grand et aristocratique, il tirait ses cheveux en arrière, avait « des joues charnues, sans os », un « nez courbé comme le bec d'un aigle » et des « yeux bleus perçants ». Il portait d'élégants costumes croisés et conduisait « un coupé français marron foncé, à quatre places, ayant plusieurs plaques minéralogiques ». Ses ongles étaient toujours « manucurés avec le plus grand soin ». Il jouait merveilleusement au tennis. Le MI5 le jugea comme « un homme très efficace, très ambitieux et très dangereux, avec une énorme capacité de travail ». Il fut promu et décoré de la croix du Mérite de guerre, et peu à peu « réussit à écarter Leissner de tout poste d'autorité » jusqu'à ce que le chef de l'Abwehr « ne soit plus qu'un simple homme de paille ».

En 1943, Kuhlenthal dirigeait tout : « C'était un homme extrêmement capable, qui retenait tout ce qui se passait au bureau et qui devint si important qu'il était virtuellement le chef du bureau. » Inévitablement, ses collègues de l'Abwehr furent jaloux de « l'estime et de la réputation dont Kuhlenthal semblait bénéficier auprès de la hiérarchie ». En tant que protégé de Canaris, il n'avait jamais tort. Un dossier confidentiel de 1943 le décrit comme étant « de loin le meilleur homme du Groupe I [espionnage] en Espagne et très fiable du point de vue politique ». Himmler lui-même « envoya un message personnel de remerciement à Felipe à Madrid pour le travail accompli par son réseau en Angleterre ». Aux yeux du haut commandement allemand, Kuhlenthal était le fils prodige de l'Abwehr à Madrid.

La réalité était tout autre. Loin d'être un maître-espion, Kuhlenthal était une calamité pour l'espionnage qui était déjà tombé dans le piège de l'un des canulars les plus élaborés à avoir jamais été monté. Au lieu de gagner la guerre des espions, Kuhlenthal aidait les Allemands à la perdre de la manière la plus dramatique qui soit.

En mai 1941, un Espagnol nommé Juan Pujol García se présenta à l'Abwehr, à Madrid, et expliqua qu'il voulait aller en Grande-Bretagne et, une fois là-bas, il voulait espionner pour le compte des Allemands. Kuhlenthal ne fut pas très enthousiaste, disant à Pujol qu'il était « extrêmement occupé et que sa visite ne tombait pas bien ». Pujol était chauve, barbu, myope et vraiment bizarre. Mais l'Espagnol semblait vouer une haine authentique aux Anglais et une profonde admiration à Hitler. Il indiqua à Kuhlenthal qu'il avait de bons contacts dans les services de sécurité espagnols et aux Affaires étrangères. Finalement, Kuhlenthal accepta de le prendre. Pujol apprit à écrire avec de l'encre secrète et on lui précisa de transmettre ses informations par l'intermédiaire de l'attaché militaire espagnol à Londres. L'Espagnol partit avec une liasse de billets anglais, quelques adresses clandestines en Grande-Bretagne et les conseils de Kuhlenthal qui rappela à sa nouvelle recrue de faire « attention à ne pas sous-estimer les Anglais, car ils étaient un formidable ennemi ». Pujol pouvait s'attendre à rester en Grande-Bretagne indéfiniment car, comme le prévoyait Kuhlenthal, « la guerre allait être très longue ».

Le 19 juillet, Kuhlenthal reçut une lettre de Pujol, écrite à l'encre secrète, l'informant qu'il était bien arrivé en Angleterre et qu'il avait recruté un messager travaillant pour une compagnie aérienne civile, qui était d'accord pour transporter ses lettres pour une livre chacune et les poster à Lisbonne, évitant ainsi la censure britannique.

En fait, Pujol n'avait jamais atteint l'Angleterre et était toujours au Portugal : c'était le premier d'un flot intarissable de mensonges qu'il allait transmettre à Kuhlenthal. Pujol n'était pas un sympathisant nazi. Né en 1912 d'une famille catalane de la bourgeoisie libérale, il était parvenu à se battre dans les deux camps pendant la Guerre civile espagnole, même s'il n'avait jamais tiré un coup de feu. Il avait déserté et s'en était sorti avec une haine féroce du fascisme. En 1941, il était résolu à se battre à sa façon. Il approcha par trois fois les autorités britanniques à Madrid, leur proposant d'espionner pour le compte de l'Angleterre. Après avoir essuyé trois refus, il offrit ses services à l'Abwehr, en ayant l'intention de les trahir.

Depuis Lisbonne, Pujol commença à envoyer des rapports fictifs aux Allemands, prétendant être en Angleterre. Il puisait ses informations dans des guides et des magazines empruntés à la bibliothèque, une vieille carte de Grande-Bretagne, les actualités, une publication portugaise intitulée *La Flotte britannique* et un lexique des termes militaires anglais. Pujol n'avait jamais mis les pieds en Angleterre et ça se voyait. Ses rapports étaient cousus d'erreurs élémentaires. Il ne parvint jamais à assimiler la monnaie pré-décimale. Il affirmait en toute bonne foi qu'« il y a des gens à Glasgow prêts à faire n'importe quoi pour un litre de vin », alors qu'à l'époque, la plupart des Glaswegiens n'auraient jamais consenti à boire du vin, même s'il avait été servi au litre.

Pourtant, Kuhlenthal y crut.

Entre-temps, les messages de Pujol étaient déchiffrés par les décrypteurs anglais, à la grande consternation du MI5. Qui était donc cet agent allemand, qui opérait clandestinement en Grande-Bretagne et qui semblait ne rien connaître du pays ?

Finalement, au début de l'année 1942, après que l'épouse de Pujol eut approché la légation américaine à Lisbonne, l'espion autoproclamé fut identifié et les renseignements alliés réalisèrent, un peu tard, qu'ils avaient un orfèvre de l'espionnage entre les mains. Pujol fut envoyé en Angleterre et installé en lieu sûr, à Hendon, dans le nord de Londres, avant d'être remis au travail en tant qu'agent double. Son premier nom de code, « Bovril », fut rapidement transformé en « Garbo », plus respectable, en hommage à son étonnant talent d'acteur.

Au cours des trois années suivantes, l'agent Garbo envoya 1 399 messages et 423 lettres à ses agents de liaison en Espagne. Au MI5, il fallait trois officiers traitants à temps complet pour gérer sa correspondance, ainsi que les vingt-sept personnages fictifs du réseau Garbo. Les sous-agents de Garbo étaient anglais, grecs, américains, sud-africains, portugais, vénézuéliens et espagnols ; certains étaient officiels, comme sa taupe au ministère espagnol de l'Information, d'autres étaient des soldats ou des pilotes mécontents, et cinq, au moins, étaient des marins recrutés dans différents ports du Royaume-Uni. Parmi les autres recrues, il y avait un voyageur de commerce, des femmes au foyer, des bureaucrates, un technicien radio et un poète indien nommé Rags qui faisait partie d'une étrange organisation aryenne basée au pays de Galles. Les agents de Garbo n'avaient rien en commun, hormis le fait qu'ils n'existaient pas. Les informations qu'ils transmettaient à Madrid étaient une délicate concoction à base de vérités inoffensives, de demi-vérités et de non-vérités, et Kuhlenthal envoyait joyeusement le tout à Berlin, ne suspectant jamais qu'il était le dindon de la farce. « Nous vous faisons une confiance absolue », disait-il à son meilleur espion, flattant l'ego de l'agent dont le succès lui assurait une promotion rapide : « Vos derniers efforts sont tous magnifiques... »

Les messages de Pujol à son agent traitant nazi étaient de pompeuses envolées poétiques. Il n'utilisait jamais un seul mot quand huit très longs pouvaient être employés à la place et il abreuvait Kuhlenthal d'un mélange de flatterie et d'emphase nazie. « Mon cher ami et camarade, écrivait Pujol dans une effusion typique, nous sommes deux amis qui partageons les mêmes idéaux et qui combattons dans un même but. J'ai toujours éprouvé le plus haut respect et la plus grande admiration pour vos conseils, pleins de bon sens et de sang-froid... Ces questions peuvent uniquement être traitées par des hommes d'esprit déterminés et par des gens qui suivent une doctrine, par des hommes de combat et par des combattants audacieux. Les confidences peuvent uniquement se faire entre camarades. C'est ainsi que la grande Allemagne est devenue ce qu'elle est. C'est ainsi qu'elle a été capable d'accorder une telle confiance à l'homme qui la gouverne, sachant qu'il n'est pas un despote démocratique mais un homme d'origine modeste qui n'a fait que suivre un idéal... »

Page après page, Garbo raillait l'« idéologie démocratique judéo-maçonnique », exhortant les Allemands à envahir la perfide Albion (« l'Angleterre doit être prise par les armes, elle doit être envahie, détruite, dominée… ») dans ses lettres parsemées de patriotisme nazi : « C'est le bras levé que je termine cette lettre en pieux souvenir de tous nos morts. »

Kuhlenthal gobait tout. « Son absence de sens de l'humour, typiquement allemand, dans des circonstances aussi sérieuses que celles-ci, le rendait aveugle aux absurdités du récit que nous déroulions. » L'officier de l'Abwehr se vantait ouvertement de son talentueux espion, portant le nom de code « Arabel », qui envoyait des informations top secret depuis le cœur de l'Angleterre. Quand Canaris, le chef de l'Abwehr, se rendit en Espagne, Kuhlenthal, qui avait « la vedette », le divertit notamment avec une histoire. En mars 1943, l'agent Arabel avait obtenu un précieux manuel sur les avions de la RAF, qu'il avait emballé dans du papier sulfurisé et fait cuire à l'intérieur d'un gâteau. En glaçage en chocolat, il avait écrit : « Mes meilleurs vœux à Odette ». Une lettre accompagnait le gâteau et faisait croire qu'il s'agissait d'un cadeau de la part d'un marin anglais à sa petite amie à Lisbonne. Kuhlenthal expliqua à Canaris qu'il avait été déposé en lieu sûr à Lisbonne, avec une note de Pujol qu'il lut à son public ébloui : « J'ai fait le glaçage moi-même. J'ai dû utiliser plusieurs produits rationnés que j'ai sacrifiés pour la bonne cause… Bon appétit. » Kuhlenthal conclut sa performance par une blague un peu lourde, soulignant que même si son agent « confectionnait des gâteaux aux goûts désagréables, leur contenu était excellent ».

Canaris fut impressionné. La réputation de Kuhlenthal monta encore d'un cran. (En fait, le gâteau avait été préparé par l'épouse de Garbo, envoyé à Lisbonne par la valise diplomatique et déposé par un agent du MI6. La brochure de la RAF était dépassée et les services secrets britanniques savaient que l'Abwehr l'avait déjà.)

La carrière de Garbo allait atteindre son point culminant lors du débarquement allié en Normandie en 1944. Le plan de désinformation lié au débarquement portait le nom de code « Fortitude » et avait pour objectif de persuader les nazis qu'au lieu d'avoir lieu en Normandie, l'offensive principale se déroulerait dans le Pas-de-Calais. À cette fin, une fausse armée américaine fut « assemblée » dans le Kent, des émissions radio furent produites et des allusions furent faites devant des diplomates « neutres » moins que fiables. De nombreux fils furent tissés dans l'écheveau de désinformation qu'était l'opération Fortitude, mais aucun n'était plus important que le système d'agents doubles et, parmi ces agents, aucun n'était plus vital que Garbo. Depuis sa maison de Crespigny Road, à Hendon, Pujol diffusa plus de 500 messages radio entre janvier 1944 et le Jour J, tissant une fantastique toile de désinformation à l'aide de son détachement d'« agents » fantoches, minuscules pièces d'un puzzle qui ne trouverait son sens qu'une fois assemblé par les Allemands. Au grand étonnement de tous, l'intoxication fut réussie. Six semaines après le Jour J, Pujol fut décoré de la croix de fer par ordre du Führer pour « services extraordinaires » rendus au Troisième Reich. Il fut également nommé MBE (Membre de l'Ordre de l'Empire britannique), mais en secret.

En 1943, Karl-Erich Kuhlenthal, la vedette de l'Abwehr à Madrid, mangeait dans la main de Garbo, et il était vorace. Un bureau fut spécialement créé pour traiter les « vastes informations » reçues et l'exploitation du « réseau Felipe » était devenue son principal travail : « Étant un officier motivé et efficace, il faisait tout ce qui était en son pouvoir pour fournir à Garbo des codes secrets, des encres sympathiques et des adresses de haut vol pour assurer sa sécurité maximale. Il lui offrait aussi des moyens financiers considérables. »

Par le biais des interceptions radio, les Anglais suivaient avec plaisir la dépendance croissante de Kuhlenthal envers Garbo et son capital qui grimpait à Berlin. « Nous avons eu la satisfaction d'apprendre par l'intermédiaire des MSS [*Most Secret Sources*, principalement des sources Ultra] que toutes les informations de GARBO étaient traitées en priorité et que les moindres rapports militaires qui parvenaient à Madrid par le réseau GARBO étaient immédiatement transmis à Berlin. » Les officiers traitants de Garbo en Angleterre étaient stupéfaits de la facilité avec laquelle Kuhlenthal croyait aux « nombreuses choses incroyables que nous lui faisions croire ». En effet, « plus les rapports étaient sensationnels, plus nous pouvions être certains que Madrid les transmettrait aux quartiers généraux ». Kuhlenthal semblait parfois transmettre les informations de Garbo sans même les lire, et encore moins les remettre en cause. « Dans certains cas, quand les messages semblaient extrêmement urgents, ils étaient retransmis à Berlin avec environ une heure de décalage par rapport à Madrid. » Par l'intermédiaire de Garbo et Kuhlenthal, les services de renseignement britanniques s'adressaient directement à Berlin : « Felipe était devenu notre porte-parole. »

C'était « une voie inestimable par l'intermédiaire de laquelle nous pouvions tromper l'ennemi ».

Alors qu'ils passaient au peigne fin les messages de Kuhlenthal à Berlin, les cryptanalystes anglais remarquèrent quelque chose d'étrange. Comme si les informations de Garbo n'étaient pas assez sensationnelles, Kuhlenthal les relevait encore pour leur donner plus de substance. Il n'hésitait pas non plus à inventer ses propres sous-agents. La plupart de ses élucubrations étaient fausses ou insensées. Il commit aussi quelques erreurs comiques, comme sa « conviction que l'île de Man se trouve au nord de l'Irlande ». Le MI5 arriva à la conclusion que les informations ajoutées étaient « inventées par Felipe en personne ». Kuhlenthal trompait ses chefs de l'Abwehr en leur transmettant des renseignements imaginaires, en plus des informations qu'il croyait fermement être vraies alors qu'elles ne l'étaient pas. « Jusqu'ici, les informations fournies par son entremise étaient inexactes, inexploitables ou fournies par le MI5 par l'intermédiaire des agents doubles sous son contrôle. »

Guy Liddell du MI5 considérait Kuhlenthal comme « l'une de ces personnes qui inventent la majorité de leurs informations ». Il est possible qu'il ait aussi détourné de l'argent. C'est du moins ce que pensaient certaines personnes au sein de l'Abwehr. D'après un message intercepté, Kuhlenthal entretenait, à Londres, un agent qui coûtait très cher, un diplomate yougoslave, qui avait coûté 400 livres à l'Abwehr en deux ans. « En Espagne, des officiers sont convaincus que K fait moitié-moitié, c'est-à-dire qu'il partage les indemnités mensuelles entre sa bourse et celle du diplomate. »

Un autre facteur faisait que le maître-espion allemand de Garbo convenait parfaitement pour être le destinataire de la mystification de Mincemeat : Karl-Erich Kuhlenthal était juif.

Même si l'officier de l'Abwehr avait une grand-mère juive, il ne se considérait pas comme juif. Son mariage à une femme à moitié juive n'avait pas entravé la carrière militaire de son père. Mais c'était avant l'avènement du nazisme. D'après la politique raciale sans compromis de Hitler, le quart de sang juif qui coulait dans les veines de Kuhlenthal était suffisant pour sa discrimination, sa persécution ou pire encore. Plus tard, Kuhlenthal allait affirmer que l'antisémitisme l'avait contraint à fuir l'Allemagne, « quittant un bon emploi de gérant d'une grande cave de champagne et de vin détenue par son oncle ». Son frère, officier, avait quitté l'Allemagne pour la même raison et s'était installé au Chili. C'est Canaris qui était intervenu pour le compte de son parent (le chef de l'Abwehr avait la réputation d'aider les Juifs) et qui avait fait en sorte qu'il prenne le poste en Espagne car « étant un bâtard juif, il ne pouvait pas servir dans l'armée ». À Madrid, il était plus loin des persécutions de la Gestapo, sans être en sécurité pour autant.

En 1941, Canaris fit « aryaniser » son protégé qui fut formellement déclaré de bonne origine allemande. Leissner, le chef du poste de l'Abwehr, confirma que Kuhlenthal était officiellement de race pure. Mais dans l'esprit intransigeant des nazis, soit une personne avait du sang juif, et était donc corrompue et dangereuse, soit elle n'en avait pas. La tentative de manipulation des lois raciales de Hitler suscita une réprimande de la part de Berlin : « Il a été fait Aryen à l'instigation de son poste. Une formulation de cette nature n'a aucun lien avec la réalité. JUAN [Leissner] peut-il énoncer une justification légale pour ces actes ? » La branche espagnole du SD, l'organisation de renseignement des SS, se demandait aussi comment Kuhlenthal pouvait simplement être déclaré Aryen, « puisqu'il ne semblait pas y avoir d'autorité pour cet acte ». Canaris intervint à nouveau, et le SD de Madrid reçut l'ordre de « laisser tomber l'affaire ». Les collègues de Kuhlenthal en Espagne étaient au courant de ses aïeuls juifs et de la tentative faite pour les oblitérer. Pour certains, c'était une preuve évidente de trahison. Le major Helm, à la tête du contre-espionnage en Espagne, envoya un rapport confidentiel à Canaris accusant Kuhlenthal d'être « à la solde des services secrets britanniques ». Le dirigeant de l'Abwehr « refusa de prendre ce rapport au sérieux ». Helm fut transféré vers un autre bureau de l'Abwehr.

Les espions britanniques qui suivaient Kuhlenthal avaient noté qu'il paraissait « froid et réservé », mais aussi très mal à l'aise. « Apparence : nerveux, incertain. Signe particulier : yeux fuyants », pouvait-on lire dans l'un des rapports de surveillance. Kuhlenthal avait toutes les raisons d'être anxieux. Il était bien vu à Berlin, grâce à Pujol et au réseau Felipe, mais si Canaris était déchu ou cessait de le défendre, ou si quelque chose tournait mal dans son organisation, alors ses ennemis antisémites fondraient sur lui. Kuhlenthal était très paranoïaque, ce qui se comprenait. La moindre erreur pouvait lui être fatale. Comme un informateur le dit aux services secrets britanniques : « Kuhlenthal ne veut pas perdre son poste pour ne pas avoir à rentrer en Allemagne et il fait de son mieux pour faire plaisir à ses supérieurs. »

Kuhlenthal s'était déjà fait avoir par l'agent Garbo. C'était la cible idéale pour l'opération Mincemeat : profondément crédule, mais admiré et ayant la confiance de ses chefs, y compris Himmler et Canaris ; ambitieux et déterminé, mais aussi avide de plaire, prêt à relayer tout ce qui pourrait consolider sa réputation et le sauver du sort réservé à ceux qui avaient du sang juif ; il était aussi vaniteux, peut-être corrompu et prêt à tromper ses supérieurs pour améliorer son sort. Kuhlenthal illustrait parfaitement les défauts que John Godfrey avait identifiés comme étant les deux plus dangereux chez un espion : l'idéalisme (*wishfulness*) et l'obédience (*yesmanship*). Il était disposé à croire à toutes les informations qu'il recevait et il ferait tout ce qui était en son pouvoir pour plaire à son chef et sauver sa peau.

Pour réussir, l'opération Mincemeat devait monter jusqu'à Hitler personnellement. Alan Hillgarth savait que le meilleur moyen de procéder était de faire parvenir les informations à Adolf Clauss, à Huelva, d'où on pouvait être certain qu'elles passeraient entre les mains de Karl-Erich Kuhlenthal, puis, avec la bénédiction de cet officier dans les bonnes grâces, mais crédule, elles remonteraient la chaîne de commandement allemand. Clauss était le destinataire idéal, car c'était un espion très efficace. Kuhlenthal était l'espion idéal pour faire passer les informations, parce qu'il était pire que bon à rien.

13

Mincemeat met les voiles

Leverton & Fils, fossoyeurs et entrepreneurs de pompes funèbres, commencèrent à fabriquer des cercueils dans le quartier de St. Pancras, à Londres, au moment de la Révolution française. Pendant deux siècles, l'entreprise fut transmise de père en fils, en même temps que la contenance sévère et formelle requise de ceux qui travaillent dans le commerce de la mort.

En 1943, le gardien de cette longue tradition, qui remontait à six générations, était Ivor Leverton. Son frère aîné, Derrick, servait comme major dans l'artillerie en Afrique du Nord, et n'allait pas tarder à prendre part à l'offensive que tout le monde savait être sur le point de se produire en Europe. Ivor, qui avait des problèmes respiratoires et qui avait été déclaré physiquement inapte au service militaire, gérait les affaires familiales. Même s'il n'avait que vingt-neuf ans, il le faisait avec le plus grand sérieux, veillant à ce que tous les clients, riches ou pauvres, soient traités avec la même solennité et dignité. Mais au-delà de cette façade, comme la plupart des croque-morts, Ivor Leverton avait un tempérament imperturbable et un sens de l'humour acerbe. Il se sentait coupable de ne pas se battre sur le front. Le plus proche qu'il avait été de l'action, c'était en 1941, quand il était parti chercher un mort à l'hôpital de la Tempérance, à Euston : une bombe tomba dans la cheminée et des éclats de verre passèrent à travers son chapeau noir à la « Anthony Eden ». Ivor avait très envie d'avoir un rôle à jouer. Il n'était donc que trop heureux qu'on lui demande de transporter un corps, au milieu de la nuit, dans le plus grand secret, pour accomplir une tâche d'« importance nationale ».

La requête émanait de P. C. Glyndon May, un officier qui travaillait pour Bentley Purchase, le médecin légiste de St. Pancras. Leverton & Fils était régulièrement en affaire avec le *coroner*, mais jamais pour ce type de travail. Ivor écrivit dans son journal : « Je ne devais pas divulguer ce que l'on me dirait, conformément à la Loi sur les secrets d'État, pas même à ma propre famille. Aucune trace ne devait être conservée et nous ne recevrions pas le moindre penny en dédommagement. » La demande de May arriva le 1er avril, et pendant un instant, Ivor Leverton se demanda si le « coup de téléphone de l'Institut de médecine légale de St. Pancras n'était pas une blague ». Mais le *constable* May était on ne peut plus sérieux : Ivor devait emporter un cercueil à la morgue qui se trouvait derrière le bureau du médecin légiste, où May le rencontrerait à 1 heure du matin, le samedi 17 avril. Il devait agir seul et porter le cercueil lui-même. « J'étais encore en assez bonne forme, râla Ivor, mais c'est quand même beaucoup demander. »

Peu après minuit, Ivor Leverton descendit sur la pointe des pieds de son appartement situé au-dessus du salon funéraire sur Eversholt Street, prenant soin de ne pas réveiller sa femme, et emprunta un corbillard dans le garage de l'entreprise, à Crawley Mews. Il roula jusqu'à l'entrée principale du salon funéraire et porta tant bien que mal l'un des « cercueils de rapatriement » en bois doublé de zinc à l'arrière, espérant que Pat, leur voisin le plus curieux, ne se réveillerait pas et ne le verrait pas en train de se débattre avec un lourd cercueil en pleine nuit. Glyn May attendait à la morgue. Tous les deux, ils portèrent tant bien que mal le corps dans le cercueil. Le mort portait un uniforme militaire kaki, mais pas de chaussures. Leverton fut surpris par sa taille. Les cercueils standard de Leverton & Fils mesuraient un mètre quatre-vingt-huit de long à l'intérieur, mais le mort « devait bien mesurer un mètre quatre-vingt-treize » et ne pouvait donc pas reposer à plat. « En lui pliant les genoux et en inclinant ses pieds, nous y parvînmes tout juste. »

Après un trajet sans encombre à travers les rues désertes de la ville jusqu'à la morgue de Hackney, Leverton aida May à décharger le cercueil, ils « laissèrent [leur] passager » dans l'un des réfrigérateurs mortuaires et rentrèrent chez eux. La femme de Leverton, qui était enceinte de l'un des rejetons de la future génération de croque-morts, dormait toujours.

La morgue de Hackney avait été choisie par Bentley Purchase parce qu'« on pouvait compter sur le silence de son gardien ». Un peu plus tard ce jour-là, à 18 heures, Purchase retrouva Cholmondeley et Montagu à la morgue, avec Glyn May. La dépouille de Glyndwr Michael fut retirée du réfrigérateur et placée sur un chariot. Près de trois mois étaient passés depuis le décès de Michael. Pendant sa longue réfrigération, ses yeux s'étaient enfoncés dans ses orbites et sa peau avait jauni sous l'effet de la jaunisse due au poison. À part ça, son corps semblait dans un état de conservation correct. Un gilet de sauvetage « Mae West » fut passé par-dessus sa tête et noué autour de sa taille (*Mae West* était employé en argot pour désigner les seins : quand le gilet de sauvetage en caoutchouc est gonflé au maximum, la poitrine de celui qui le porte semble grossir démesurément, rappelant au soldat frustré la vedette à l'opulente poitrine). La chaîne fut passée autour de ses épaules, à l'extérieur de son manteau et sous le Mae West, avant d'être nouée à la ceinture du trench-coat. L'attaché-case aurait dû être remis au lieutenant Jewell pour qu'il l'attache à la chaîne au dernier moment, mais le coffre était suffisamment grand pour accueillir le corps et la mallette. La poignée fut attachée à l'extrémité de la chaîne et la mallette fut déposée sur le corps. Il ne restait plus à Jewell qu'à y ranger les documents et à basculer le corps dans l'eau, en s'assurant qu'il s'échoue de façon à ce qu'il soit aussi facile que possible pour les Espagnols ou les Allemands de retirer la mallette et la chaîne sans laisser de trace ». La montre, qui n'avait pas été remontée, avait été réglée sur 2 heures 59 et passée au poignet gauche : avec un peu de chance, les Allemands en déduiraient que la montre s'était arrêtée quand le Catalina imaginaire s'était abîmé en mer.

Il ne manquait plus que les chaussures pour que la tenue du major Martin soit complète. Mais lui enfiler ses godillots se révéla la partie la plus difficile de toute l'opération d'habillement. Dans le réfrigérateur très froid, les pieds avaient gelé et la cheville était figée en formant un angle droit avec la jambe. Il était impossible d'enfiler les bottes, même si les lacets étaient complètement défaits. Bentley Purchase eut une idée. « J'ai trouvé, dit le légiste. Nous utiliserons un radiateur électrique pour dégeler seulement les pieds. Dès que les godillots auront été enfilés, nous le remettrons au réfrigérateur pour qu'il regèle. »

Glyn May partit chercher le radiateur électrique dans la loge de la morgue. S'ensuivit une scène macabre au cours de laquelle Montagu essayait de dégeler les pieds du mort pendant que Cholmondeley s'évertuait à lui enfiler ses bottes. Finalement, les chevilles dégelèrent suffisamment et les bottes furent enfilées, suivies des guêtres. Le gel et le dégel allaient certainement accélérer la décomposition, mais une fois les guêtres solidement fermées, les pieds ne tomberaient probablement pas. Comme Montagu le dit du fond du cœur, ce fut « la partie la moins agréable de notre travail ».

Le portefeuille du major, qui contenait les lettres de Pam et de Père, fut glissé dans la poche de poitrine. Dans ses autres poches fut placé le reste du « désordre » qui complétait sa personnalité : crayon, petite monnaie, clés, et, ajout de dernière minute, deux talons de billet pour *Strike A New Note*, un spectacle de variétés, avec l'artiste de music-hall Sid Field, qui se jouait au théâtre du Prince de Galles. C'était encore une des idées lumineuses de Cholmondeley. Le HMS *Seraph* devait quitter Holy Loch le lundi 19 avril et il lui faudrait dix ou onze jours pour atteindre Huelva. Toutefois, les Allemands devaient être persuadés que le corps s'était échoué après avoir passé moins d'une semaine à la mer à la suite d'un accident d'avion. Mettons que le corps soit trouvé le 28 avril, il fallait que ses poches contiennent une preuve qu'il était encore à Londres le 24 avril. C'est là que Sid Field entrait en scène. Cholmondeley acheta quatre tickets pour son nouveau spectacle au théâtre du Prince de Galles, le 22 avril, déchira les contremarques des deux places centrales et les mit dans la poche du manteau du major Martin. « Nous avons décidé que Bill Martin et Pam devaient faire la fête avant le départ de Bill. » Ce serait leur dernière soirée ensemble avant que le jeune officier ne parte pour l'Afrique du Nord et n'aille au-devant d'une mort certaine. Les talons offraient une « preuve » irréfutable que le seul moyen de transport qu'il aurait pu emprunter pour atteindre l'Espagne le 28 était l'avion.

Un examen attentif des lettres et du fouillis trouvés dans les poches permettrait de retracer l'itinéraire des derniers jours du major Martin à Londres :

18 avril – Arrivée au Club naval et militaire

19 avril – Facture de S. J. Phillips de New Bond Street pour la bague en diamant

21 avril – Déjeuner avec Père et Gwatkin, le notaire, au grill du *Carlton* ; Pam va danser avec Jock et Hazel

22 avril – Théâtre avec Pam, puis discothèque

24 avril – Départ du Club naval et militaire, paye la facture en liquide (1 livre et 10 shillings) ; récupère les lettres au QG des Opérations combinées et au War Office ; embarque à bord d'un vol pour Gibraltar ; 14 heures 59, s'écrase dans le golfe de Cadix.

Deux photographies furent prises du corps sur le chariot de la morgue. Seul le torse de l'homme tenant le chariot est visible, mais il s'agit presque certainement de P. C. May, le *coroner*. La bouche du cadavre est ouverte. La peau autour du nez s'est creusée et le haut du visage a perdu toute couleur. Les doigts de la main gauche sont recroquevillés, comme s'ils étaient serrés de douleur. Ce sont les seuls clichés connus de Glyndwr Michael, un homme que personne ne s'était donné la peine de photographier de son vivant.

La décomposition déjà visible sur son visage faisait surgir une autre complication potentielle. Le corps allait devoir être conduit à 650 kilomètres de là, en Écosse, puis chargé dans un sous-marin exigu pour faire un voyage de dix jours en mer au cours duquel il rencontrerait peut-être du mauvais temps. Si le coffre était bousculé, le visage serait certainement encore plus abîmé par les chocs sur les parois. Bentley Purchase trouva encore la solution : « Enveloppez le visage et le cou dans une couverture de l'armée pour éviter tout frottement. » Le corps fut roulé dans une couverture « maintenue en place par du ruban adhésif collé sans serrer le corps ». Selon les instructions de Bernard Spilsbury, dix kilos de neige carbonique furent placés dans le coffre pour expulser l'oxygène. Ensuite, le corps fut « respectueusement » inséré dans la malle de transport, dans laquelle plus de glace sèche fut encore placée avant que le couvercle ne soit vissé hermétiquement en place. Il ne restait plus qu'à se dépêcher d'atteindre l'Écosse.

Une camionnette Fordson BBE, avec deux sièges à l'avant et un moteur V8 un peu poussé, attendait dans le parking de la morgue de Hackney. Derrière le volant se trouvait un petit homme à la moustache bien taillée, en civil. Il s'appelait St. John « Jock » Horsfall. Il était chauffeur au MI5 et c'était aussi l'un des plus célèbres pilotes de course du pays.

St. John Ratcliffe Stewart Horsfall, né en 1910 dans une famille de grands amateurs de voitures, acheta sa première Aston Martin à l'âge de vingt-trois ans. Entre 1933 et le début de la guerre, il remporta de nombreux prix sur les circuits de course, dont le Dunlop Outer Circuit Handicap, à plus de 160 km/h. Horsfall était myope et astigmate, mais refusait de porter des lunettes. Il portait rarement de casque ou de blouson de cuir, préférant courir en « chemise et cravate sous un blouson d'aviateur ou en débardeur ». Il conduisait à une vitesse stupéfiante et fut victime de quelques accidents graves, dont l'un lors d'un essai à Brooklands où sa voiture « fut prise d'un coup de folie [et] essaya de se jeter par-dessus le talus ». À une autre occasion, l'accélérateur resté bloqué, le moteur grimpa à plus de 10 000 tr/min, jusqu'à ce que l'embrayage explose, envoyant des « bouts de métal potentiellement meurtriers » à travers le carter sous ses pieds.

Au début de la guerre, Horsfall avait été recruté au service de sécurité par Eric Holt-Wilson, le directeur adjoint du MI5, qui avait employé la mère du pilote de course comme chauffeur pendant la Première Guerre mondiale. Le travail de Horsfall consistait essentiellement à conduire des officiers du MI5 et du MI6, ainsi que des agents doubles et des espions ennemis arrêtés, d'un lieu à un autre, très vite. Il lui arrivait aussi de tester la sécurité des sites de la Navy et des aérodromes et il connaissait beaucoup d'informations secrètes.

Horsfall savait uniquement qu'il devait transporter jusque dans l'ouest de l'Écosse un cylindre contenant un cadavre qui allait servir à faire une blague qui humilierait les Allemands. Horsfall adorait les bonnes blagues. Un jour, il avait branché la lunette des toilettes sur une batterie et avait attendu que sa petite amie s'y assoie. « Le hurlement que poussa Kath quand la magnéto fut allumée fut très satisfaisant. » Il écrivit même un poème pour commémorer cette occasion.

Je lui ai laissé le temps de commencer à faire pipi
Puis j'ai donné au truc un bon coup de pouce
Avant même d'avoir fini un tour
Elle ferma le circuit avec sa poupe
Et décollant du siège en bois
Elle émit un cri perçant.

Même si l'idée de transporter un cadavre dans la nuit pour embobiner les Allemands plaisait beaucoup à Jock Horsfall, il n'en parla jamais à quiconque, alors que c'était sans doute l'épisode de conduite le plus significatif de sa vie. Même s'il était imprudent derrière le volant, quand il ne se trouvait pas dans un véhicule motorisé, Jock Horsfall était la discrétion personnifiée. Le MI5 avait une flotte de voitures et de fourgons, mais pour cette opération, Horsfall avait choisi l'un de ses propres fourgons, un Fordson 30 CWT, de six ans, transformé pour pouvoir charger une Aston Martin à l'arrière, muni d'un moteur gonflé avec lequel « il affirme avoir atteint 160 km/h dans une rue piétonne ». Il était minuit passé quand Ewen Montagu, Charles Cholmondeley et Jock Horsfall chargèrent le cylindre à l'arrière.

Le trio fit un bref arrêt à l'appartement de Cholmondeley, situé dans une ruelle qui donnait sur Cromwell Road, pour prendre un repas léger, « l'un de nous était assis sur le rebord de la fenêtre pour s'assurer que personne ne vole le major Martin dans le fourgon (même s'il ne valait pas grand-chose pour le voleur, il avait beaucoup de valeur pour nous) ». Cholmondeley déclara plus tard que c'était la première fois qu'il « dînait avec un cadavre garé dans son garage ». La sœur de Cholmondeley, Dottie, prépara quelques sandwiches au fromage et une Thermos de thé chaud. À 2 heures du matin environ, le groupe se mit en route en direction du nord. Jewell avait demandé que le passager clandestin soit déposé à bord du HMS *Seraph* le 18 avril avant midi. Horsfall faisait la course contre la montre, sa seconde occupation favorite.

L'opération Mincemeat faillit connaître une fin prématurée et embarrassante avant même qu'ils aient quitté Londres. En passant devant un cinéma, où était projeté un film d'espionnage, Jock Horsfall fit une remarque à propos de « la bien meilleure histoire » qu'ils vivaient actuellement. Il fut pris de fou rire et faillit emboutir un arrêt de tramway. Un peu plus tard, le chauffeur myope, qui roulait à vive allure, vit trop tard un rond-point et traversa le terre-plein herbeux par son centre. Voilà bien le genre de chose à laquelle on pouvait s'attendre de la part de Jock Horsfall. Cette expérience était d'autant plus inquiétante qu'il lui fallait conduire avec les phares masqués à cause du couvre-feu. Par chance, ils ne croisèrent pas beaucoup de voitures. Montagu et Cholmondeley s'allongèrent chacun leur tour à l'arrière pour essayer de dormir.

Jamais ils ne frôleraient la mort de plus près pendant la guerre que cette nuit-là.

Au sud du village de Langbank, entre Glasgow et Greenock, à l'ouest de la Clyde, ils s'arrêtèrent pour se dégourdir les jambes et mangèrent les sandwiches préparés par Dottie. Dans la lumière pâle de l'aube des Highlands, ils posèrent pour quelques photographies à côté du fourgon. Jock Horsfall grimpa à l'arrière et fut photographié en train de boire une tasse de thé perché sur le cylindre.

Une vedette les attendait au dock de Greenock. Avec l'aide d'une demi-douzaine de marins et de quelques cordes, le lourd coffre fut lentement descendu sur le bateau, suivi du canot et des rames. Quelques minutes suffirent pour atteindre le HMS *Forth*, le navire d'approvisionnement le long duquel était amarré le sous-marin. Les officiers étaient « partiellement "au courant" », mais l'arrivée du coffre ne provoqua ni méfiance ni commentaire parmi l'équipage, qui « le considéra comme étant une cargaison fragile plus urgente que d'habitude ». Montagu et Cholmondeley furent accueillis chaleureusement par Jewell, qui donna des ordres pour que la cargaison spéciale soit descendue dans le sous-marin le matin, en même temps qu'une grosse cargaison de gin, de sherry et de whisky qu'il transportait pour désaltérer la 8e flottille à Alger. Ces marchandises étaient aussi tenues secrètes pour l'équipage.

Jewell reçut les dernières instructions de Montagu et Cholmondeley, ainsi qu'une grosse enveloppe marron contenant les documents. Ceux-ci seraient en sécurité dans le coffre-fort du sous-marin jusqu'à ce que le corps soit prêt à être mis à l'eau. Dans le journal du navire, l'opération portait la référence « 191435B », qui était le code des ordres de missions secrètes de Jewell. Au dernier moment, Montagu décida de garder l'une des rames du canot en souvenir. Si les quarante-quatre hommes d'équipage du *Seraph* pensèrent qu'il était étrange d'embarquer un canot avec une seule rame, ils n'en soufflèrent mot.

Au bout de trois mois en compagnie même imaginaire de Bill Martin, Montagu et Cholmondeley rentraient chez eux. Il y avait quelque chose d'étrangement touchant dans leurs adieux. « À ce moment-là, le major Martin était devenu quelqu'un de complètement vivant pour nous », écrivit Montagu qui n'aurait jamais rencontré un homme comme Glyndwr Michael dans sa vie courante. Leur création fictive était devenue une sorte de réalité. « Nous pensions que nous le connaissions comme on connaît son meilleur ami... nous avions l'impression de connaître Bill Martin depuis sa petite enfance et nous nous intéressions personnellement aux progrès de son aventure amoureuse et de ses problèmes financiers. »

Montagu écrivit avec enthousiasme à Iris, lui annonçant « la nouvelle telle que la censure l'autorisait à l'écrire » : « J'ai dû aller en Écosse à la fin de la semaine dernière. C'était très amusant d'y aller en camion avec un autre couple. C'était par une belle nuit baignée par la lune, donc ce n'était pas si terrible, même avec les phares à moitié occultés, et c'était comme au bon vieux temps quand on partait pour une longue route. J'ai passé deux jours à bord d'un bateau (stationnaire... je n'ai toujours pas pris la mer !!). C'était très amusant, car il y avait beaucoup de monde à bord. Quand je suis rentré, j'ai eu beaucoup à faire pour boucler la mission sur laquelle je travaillais. »

À bord du *Seraph*, le premier lieutenant David Scott, commandant en second, reçut l'ordre de Jewell de faire particulièrement attention au moment d'embarquer le cylindre métallique portant l'inscription « Instruments optiques ». « Je devais m'assurer que le colis était manipulé avec une extrême précaution et qu'il ne subissait aucun choc au moment d'être embarqué par la trappe de chargement des missiles. » Une torpille fut débarquée pour faire de la place pour le coffre dans le rack de recharge. Comme la plupart des sous-marins de guerre, le *Seraph* n'avait pas assez de couchettes pour tous les membres d'équipage et ils dormaient donc à tour de rôle dans la salle des torpilles avant. Pendant les dix jours qui allaient suivre, ils devraient dormir à côté de Bill Martin.

À 16 heures, le 19 avril, le HMS *Seraph* largua les amarres et quitta le Holy Loch pour la Clyde. Montagu envoya un message à l'Amirauté pour annoncer que l'opération Mincemeat était en route. « Quelle émotion ! », fit-il remarquer. Pourtant, l'excitation était teintée d'une forte anxiété. « Allaient-ils mener à bien leur mission ? »

Le *Seraph* fendit les vagues de la mer au crépuscule. « Le printemps était là, écrivit Scott, « mais on le remarquait à peine sur les pentes boisées des collines à bâbord. Sur tribord, on pouvait voir Dunoon, son contour estompé par une légère brume et par la fumée des feux de bois et de charbon qui montait des cheminées des maisons austères et grises. » Sur la Clyde, le *Seraph* rejoignit son escorte, un démineur, dont la mission principale serait de repousser d'éventuelles attaques d'avions britanniques, qui avaient tendance à supposer que les sous-marins étaient hostiles à moins d'avoir la preuve du contraire.

Au large de l'île d'Arran, le *Seraph* exécuta une « plongée d'assiette » pour s'assurer que le sous-marin était correctement équilibré, puis il entra dans la mer d'Irlande. Au sud des îles Scilly, le démineur rebroussa chemin après avoir embarqué un sac en toile contenant les dernières lettres de l'équipage. « Après un dernier échange de signaux lumineux pour nous souhaiter "Bonne chance", nous mîmes le cap sur la houle de l'Atlantique, plongeant peu après. » Le *Seraph* était seul. Le temps était correct et la mer était calme, l'équipage s'installa dans le monde étrange, à demi éclairé, d'un long voyage sous-marin, composé à parts égales d'ennui, d'anticipation et de peur. Le jour, le sous-marin progressait immergé ; la nuit, il refaisait surface et continuait au diesel, pour recharger les batteries, puis il plongeait à nouveau lorsque l'aube pointait. S'il n'était ni attaqué ni distrait d'aucune sorte, parcourant 130 miles par jour, la traversée jusqu'à Huelva devrait prendre dix jours.

Sous le pont, l'air était étouffant. L'équipage et les officiers étaient de quart pendant deux heures, puis de repos pendant quatre heures, vingt-quatre heures sur vingt-quatre, sept jours sur sept. « La monotonie ne s'installait jamais vraiment, parce que nous avions toujours en tête notre détermination à survivre, ce qui exigeait d'être en alerte constante. » Pour l'époque, la nourriture sur le *Seraph* était excellente et abondante. « Nous ne manquions jamais de viande, de beurre, de sucre ni d'œufs. Nous avions même des produits de luxe comme des biscuits au chocolat et du miel… Nous avions la chance d'avoir un chef qui savait faire du bon pain. » Personne ne se rasait et tout le monde dormait tout habillé. Au bout de quelques jours de mer, l'odeur des corps pas lavés et des moteurs envahissait le sous-marin.

Le lieutenant Scott était allongé sur sa couchette, tentait de lire *Guerre et Paix* et de ne pas penser à la mort. Il admirait Jewell, le considérant comme l'incarnation du parfait capitaine de sous-marin : courageux, il était d'un naturel toujours calme et calculateur. Mais aussi brave et astucieux que fût son commandant, Scott savait qu'il risquait de mourir avant d'avoir atteint son vingt-troisième anniversaire. « À l'époque, les chances de rentrer chez soi quand on servait dans un sous-marin basé en Méditerranée étaient de 50/50. » Avant d'embarquer sur le *Seraph*, Scott avait passé une semaine à Londres. Le dernier jour de sa permission, son oncle Jack et sa mère récemment veuve l'invitèrent à déjeuner dans un restaurant chic. Quand le moment fut venu de faire ses adieux, sa mère et son oncle avaient tous les deux les larmes aux yeux. « Assez choqué, je me suis rendu compte qu'ils pensaient que, peut-être, ils ne me reverraient jamais. »

À quelques mètres de là, sur sa propre couchette, le commandant du *Seraph*, le lieutenant Jewell, ne pensait pas à la mort. En effet, après plus de trois ans de combats sous-marins particulièrement féroces et plusieurs missions irrégulières et exceptionnellement dangereuses, la pensée de mourir semblait ne jamais lui avoir effleuré l'esprit.

Jewell était né aux Seychelles, où son père était médecin en service colonial. Il se porta volontaire pour travailler dans les sous-marins en 1936. La guerre durait déjà depuis deux ans, quand le jeune lieutenant se qualifia pour prendre le commandement du *Seraph*, un sous-marin de classe S, qui venait d'être inauguré. Peu après avoir pris le commandement, Jewell tomba par l'écoutille. En 1946, un médecin lui annonça qu'il avait deux vertèbres cassées : il avait fait toute la guerre avec une fracture du cou.

Sa première patrouille, en juillet 1942, était emblématique de ce qui allait suivre : danger extrême, échappée belle et une certaine dose de farce. Le *Seraph* fut la cible d'un avion de la RAF, mais échappa au pire. Puis, au large de la Norvège, Jewell repéra un U-boat et le réduisit en miettes avec une seule torpille. La première victime du *Seraph* s'avéra être une baleine.

En octobre 1942, pendant la dernière ligne droite avant l'opération Torch, le nom de code du débarquement en Afrique du Nord, Bill Jewell reçut sa première mission secrète : il fut chargé de transporter le général américain Mark Clark, vice-commandant en chef auprès d'Eisenhower, jusqu'aux côtes algériennes, pour des négociations secrètes avec les commandants français. Le débarquement, dirigé par le général Patton, avait déjà commencé et la neutralité des forces de Vichy en Algérie française était critique pour la réussite. Les officiers de Vichy étaient profondément hostiles aux Britanniques après la mise hors d'état de nuire de la flotte française à Mers el-Kébir. Clark était confronté à une situation extrêmement délicate. Jewell avait la tâche non moins délicate de le déposer à terre sans être repéré. Le 19 octobre, le *Seraph* et ses passagers américains arrivèrent au lieu désigné, une villa isolée, au bord de l'eau, à quatre-vingts kilomètres environ d'Alger. Peu après minuit, Jewell approcha le sous-marin à 500 mètres de la côte et les négociateurs américains débarquèrent à bord de quatre canoës pliants, accompagnés par une escadre de protection composée de trois nageurs de combat anglais du Special Boat Service, qui avait à sa tête Roger « Jumbo » Courtney, un ancien chasseur de gros gibier avec le « visage marqué et des manières abruptes et directes ».

Les négociations qui prirent toute la nuit se déroulèrent bien, jusqu'au moment où les visiteurs durent se cacher dans une cave poussiéreuse pendant une visite impromptue des gendarmes. Courtney fut pris d'une quinte de toux qui faillit les faire prendre. Le général Clark proposa des chewing-gums à l'homme qui s'étouffait.

« Votre chewing-gum américain n'a pas beaucoup de goût », chuchota Courtney, lorsque la quinte fut passée.

« Oui, répondit Clark. Je m'en suis déjà servi. »

Lorsque le moment fut venu de récupérer le groupe, Jewell rapprocha le *Seraph* périlleusement près de la côte, au point qu'il s'échouait presque. Clark avait été trahi et, très peu de temps avant l'arrivée du raid français, le général et ceux qui l'accompagnaient se précipitèrent sur leurs canoës, ramèrent de toutes leurs forces pour franchir les vagues et grimpèrent en toute hâte à bord du *Seraph*. Jewell donna l'ordre d'appareiller au plus vite, puis de plonger. Sir Andrew Cunningham, le destinataire de l'une des lettres de l'opération Mincemeat qui était commandant en chef de la Royal Navy en Méditerranée, décrivit l'aventure anglo-américaine comme étant de « bon augure pour l'avenir ».

Le flegme de Jewell en faisait un candidat tout désigné pour les missions secrètes. Sa prochaine affectation était encore plus étrange : il devait passer prendre le général Henri Honoré Giraud dans le sud de la France. Ancien combattant de la Grande Guerre, charismatique et suffisant, le général français de soixante-trois ans était considéré comme le seul officier capable de faire basculer les forces françaises en Afrique du Nord du côté des Alliés. Giraud était caché par la résistance après s'être évadé des geôles allemandes. Le commandement allié avait décidé que Giraud serait la figure de proue qu'il fallait pour galvaniser l'opposition de Vichy contre les Allemands, à condition de pouvoir être récupéré en toute sécurité. La mission portait le nom de code « opération Kingpin ». Le seul problème était que le général grincheux, comme de Gaulle, avait la réputation de détester cordialement les Anglais et avait insisté sur le fait que, s'il était secouru, c'était aux Américains de le faire. Par conséquent, le *Seraph* allait devoir revêtir une nouvelle nationalité pour l'occasion. Un capitaine américain, Jerauld Wright, fut symboliquement nommé aux commandes.

Arborant le drapeau des Stars and Stripes, le *Seraph* attendait comme prévu au large du Lavandou, quand Jewell repéra les signaux lumineux sur la côte et envoya chercher Giraud. Le général français réussit à rater une marche au moment du transfert sur le sous-marin et, dégoulinant, il fut hissé à bord. Pour ne pas éventer la supercherie, l'équipage du *Seraph* essaya de prendre un accent américain et passa le reste du voyage à imiter Clark Gable et Jimmy Stewart. Il s'avéra que le général Giraud parlait anglais et ne s'y laissa pas prendre. Mais il était bien trop fier pour l'avouer.

Dans le sillage du débarquement en Afrique du Nord, le *Seraph* sillonna la Méditerranée, exécutant des opérations sous-marines plus conventionnelles et attaquant les vaisseaux ennemis. En l'espace de quelques semaines, il coula quatre navires de ravitaillement de l'armée de Rommel et mit un destroyer italien hors d'état de nuire. À l'arrivée au port d'Alger, Jewell le pirate hissa le Jolly Roger. À la fin du mois de décembre 1942, le *Seraph* fut affecté à une autre mission secrète : la reconnaissance de l'île méditerranéenne de La Galite, située à quatre-vingts miles au nord des côtes africaines. L'île était occupée par les troupes allemandes et italiennes et servait de poste de vigie pour surveiller les mouvements des navires alliés. La mission de Jewell – nom de code « opération Peashooter » – consistait à faire secrètement la reconnaissance de l'île afin de déterminer les chances de réussite d'une attaque menée par un commando dirigé par un Américain, le colonel William Orlando Darby des US Rangers. Le 17 décembre, Jewell mit le cap sur La Galite, avec Bill Darby à son bord.

Les deux Bill sympathisèrent immédiatement, ce qui n'était pas surprenant car Darby, selon les propres mots de Jewell, était « un homme de combat costaud » qui avait un goût du danger semblable au sien. Les Rangers, une unité d'élite surentraînée (équivalant aux Royal Marine Commandos), avaient été formés en Écosse, en 1942, sous la direction de Darby. En Afrique du Nord, ils s'étaient déjà distingués par leur courage et leur dévotion à leur chef. À trente et un ans, « El Darbo », comme ses troupes le surnommaient, donnait l'impression d'avoir été taillé dans le granit de l'Arkansas : par trois fois au cours de sa carrière, il dédaigna une promotion pour rester à la tête de ses troupes, un équipage bigarré qui comprenait un trompettiste de jazz, un détective d'hôtel, un joueur compulsif et plusieurs mineurs endurcis. À Arzew, en Afrique du Nord, Darby avait mené le 1er bataillon des Rangers au combat, répliquant par des grenades à main au tir des canons mitrailleurs, « toujours ostensiblement à la tête de ses troupes ».

En route pour La Galite, Darby régala Jewell et son équipage d'histoires grivoises. Pendant deux jours, le *Seraph* rôda autour de l'île, répertoriant les lieux de débarquement, pendant que l'Américain prenait des photographies. « Je pense que c'est faisable », déclara Darby. Finalement, il fut décidé qu'on ne pouvait risquer de perdre aucun soldat dans l'offensive sur La Galite et l'opération Peashooter fut annulée, mais pas avant que Darby n'ait un avant-goût des méthodes de Jewell. Toutes les forces alliées avaient été évacuées du théâtre des opérations et les ordres de Jewell l'incitaient à « couler à vue tous les vaisseaux ». Sur le chemin du retour vers Alger, Jewell emboutit un U-boat immergé et lança trois torpilles sur un autre, l'une ne détona pas lors de l'impact et les deux autres furent déviées de la cible en raison des dégâts provoqués par la précédente collision. Même l'inébranlable Darby trouva inquiétante l'expérience du combat sous-marin. Il dit à Jewell : « Mets-moi à terre, donne-moi une arme et je ne crains rien ni personne. Mais, ça alors, Bill, je n'ai jamais eu aussi peur qu'au cours de ces deux derniers jours. »

Le *Seraph* avait subi des dégâts par l'avant et son équipage souffrait de la « tension permanente », comme cela devint apparent quand deux ex-amis se disputèrent : l'un s'empara d'un grand couteau dans la cambuse et voulut poignarder l'autre dans le dos. Le *Seraph* reçut l'ordre de rentrer à la maison pour se reposer, récupérer et réparer les dégâts. Pendant le trajet du retour, le sous-marin fut encore attaqué par des bombardiers alliés.

Les réparations effectuées au chantier naval de Blyth avaient permis de redresser le « nez cassé » du sous-marin, ce qui donnait au *Seraph* « un air gracieux et agile ». Ferdinand le Taureau fut peint sur son kiosque en référence au dessin animé pour enfants qui racontait l'histoire d'un taureau qui dédaignait l'arène, contrairement à ses congénères, comme le *Seraph* qui passait plus de temps à des missions spéciales qu'en patrouille.

Tandis que le *Seraph* faisait route sur Huelva, Jewell n'aurait pas refusé une petite bagarre, mais il savait pertinemment qu'il devait éviter, dans la mesure du possible, tout contact avec l'ennemi. « On nous a dit que nous n'aurions pas à attaquer quoi que ce soit, car [cette mission] était plus importante. » La RAF avait donné des instructions strictes aux avions pour qu'ils n'attaquent pas de sous-marins sur la route du *Seraph* et les renseignements de la Navy confirmèrent qu'il n'y avait pas de vaisseaux ennemis connus dans le golfe de Cadix. Pourtant, à l'ouest de Brest, arrivés à mi-chemin de leur voyage, les sous-mariniers entendirent un bruit qu'ils connaissaient et redoutaient tous : « Le bruit reconnaissable entre tous d'un sous-marin qui était la cible de grenades sous-marines. » Quelque part, tout près de là, un duel était en cours. « Nous savions qu'au moins un de nos bateaux était dans les parages, écrivit le lieutenant Scott, et, tandis que chaque série d'explosions frappait la coque comme un marteau, malgré la distance, nous craignions pour la sécurité de nos amis. » Jewell avait des ordres et le *Seraph* continua sa route vers le sud. Scott retourna à *Guerre et Paix*.

Au moment précis où Bill Jewell tournait le dos au combat, ce qui n'était pas dans ses habitudes, Ewen Montagu et Jean Leslie étaient à Londres et se préparaient à aller au théâtre, puis à dîner, pour la dernière fois, en tant que Bill Martin et sa fiancée Pam.

14

Les adieux de Bill

Depuis quelque temps déjà, Ewen Montagu préparait la « fête d'adieu de Bill Martin », mais il n'en souffla mot à Jean Leslie jusqu'à l'après-midi du 22 avril. Il envoya un mot de la part de « Bill » pour inviter « Pam » à voir la vedette de variétés Sid Field, dans *Strike A New Note*, au théâtre du Prince de Galles. Ensuite, ils iraient dîner au club de la *Gargouille*. La secrétaire du MI5 fut ravie d'être invitée par son admirateur : « Je suis rentrée chez moi en toute hâte, je me suis changée et je me suis maquillée à toute vitesse. » Cholmondeley avait acheté quatre tickets pour la représentation du soir même – ainsi, il pouvait prouver que les tickets avaient été achetés à la suite, même si les talons des deux places du milieu manquaient et étaient déjà en route pour l'Espagne dans la poche d'un mort. Gâcher les places, écrivit Montagu plus tard, aurait été « absurde ». D'ailleurs, c'était l'occasion idéale pour poursuivre la cour de sa fiancée imaginaire. Quant à Charles Cholmondeley, il serait accompagné pour la soirée par Avril Gordon, une autre jeune secrétaire qui avait aidé Hester Leggett à rédiger les lettres de « Pam ». Les deux femmes étaient au courant de l'opération Mincemeat, même si elles en ignoraient les détails.

Montagu restait fidèle à son personnage. La mort de Bill Martin, présumé disparu en mer à la suite d'un accident d'avion, serait bientôt annoncée, mais d'ici là, Montagu lui composa un hommage personnel, qui serait publié dans le *Times* le moment venu. La ruse devrait être maintenue et renforcée bien après l'échouage du corps.

La notice nécrologique décrivait la vie d'un génie littéraire sédentaire qui avait insisté pour accomplir son devoir patriotique et qui avait connu une mort tragique.

« Quand l'annonce de la mort de Bill Martin "en service actif" fut annoncée dans vos colonnes, ce fut une surprise pour nombre de ses amis. Rares étaient ceux qui savaient qu'il servait depuis quelque temps pour les Commandos où des qualités insoupçonnées jusque-là furent révélées.

Martin avait une personnalité exceptionnelle et sa perte est une tragédie. Un nombre sans cesse croissant de ses contemporains les plus perspicaces pensaient que c'était un génie. Il fit peu d'étincelles à l'école où il était davantage intéressé par ses propres lectures et par la musique que par le travail et le sport avec ses petits camarades. Après une carrière universitaire au cours de laquelle il impressionna par ses talents littéraires et ses qualités de chef un petit cercle de professeurs et d'amis, il se retira à la campagne pour cultiver la terre, pêcher et écrire.

Lorsque la guerre éclata, Martin, qui avait déjà été profondément touché par la menace croissante qui pesait sur tous ceux qu'il aimait, se hâta d'offrir ses services à son pays. Il se retrouva derrière un bureau et, même si son travail était important et en parfaite adéquation avec ses talents, les efforts déterminés, si ce n'est peu orthodoxes, qu'il déploya pour s'échapper et se préparer à un travail plus actif et dangereux, finirent par être couronnés de succès.

Comme pour d'autres au tempérament imaginatif et artistique, les expériences de Martin avec les Commandos avaient donné un nouveau sens à sa vie, une impulsion immense pour une activité créative. Il avait refusé, tant que la guerre n'était pas terminée, de publier son travail. Nous allons donc devoir patienter avant qu'un plus vaste public ne puisse apprécier son rare talent. »

La fausse nécrologie ne fut jamais publiée, mais elle donne une vision fascinante du niveau d'implication émotionnelle du maître-espion.

Les deux couples ne manquèrent pas d'attirer les regards lorsqu'ils firent leur entrée dans le théâtre du Prince de Galles, les hommes portant l'uniforme, les femmes ayant revêtu leur plus belle robe et portant des chaussures à hauts talons. Montagu tendit les tickets à une ouvreuse. « Nous étions terriblement agités lorsqu'elle déchira les billets, dit Jean. Allait-elle remarquer qu'il en manquait deux ? » Elle n'y manqua pas et fit venir le responsable qui accepta que les contremarques centrales aient été déchirées « pour faire une blague ».

Les lumières s'éteignirent alors qu'ils prenaient place dans les sièges capitonnés pour regarder Sid Field dans son nouveau spectacle. Artiste chevronné, Field avait fait la tournée des music-halls de province pendant trente ans, chantant, dansant et jouant des sketches comiques. Il avait récemment réussi à percer et jouait le rôle de « Slasher Green », un filou. C'est avec *Strike a New Note* qu'il fit sa première apparition dans le West End, avec un groupe de jeunes espoirs du théâtre « issus de tout le pays », formant une troupe qui s'appelait « George Black et la génération montante ». Black, impresario de théâtre, est aujourd'hui aussi obscur que Sid Field, mais certains membres de la génération montante sont montés très haut. Parmi eux, il y avait deux acteurs inconnus, Eric Morecambe et Ernie Wise, respectivement âgés de seize et dix-sept ans.

La première de *Strike a New Note* avait fait l'objet de critiques dithyrambiques un mois plus tôt : le *Times* salua Field comme « une vraie "trouvaille" » ; le *Daily Mail* applaudit « les rires les plus forts que nous ayons entendus depuis des années » ; le *Daily Telegraph* était satisfait de ce que « toutes ses blagues sont anodines ». En avril, le spectacle faisait salle comble. Sid dansait, racontait des blagues, jouait des sketches et chantait :

I'm going to get pickled when they light up Piccadilly,
I'm going to get pickled like I've never been before.

En fait, Sid était déjà bien « bourré » (*pickled*), car il ne montait jamais sur scène sans « une bonne dose de gin ». *Strike a New Note* était un excellent divertissement pour les amateurs de théâtre qui voulaient échapper quelques instants à la dure réalité. Dans le public, on trouvait beaucoup de GIs américains, et les satires des relations anglo-américaines déclenchaient les rires les plus bruyants. La guerre semblait bien loin, voire hors de propos. Au dos du programme, il était écrit : « Le public sera prévenu en cas d'alerte aérienne pendant la représentation. Ceux qui souhaiteront quitter le théâtre pourront le faire, mais la représentation ne sera pas interrompue. » Le spectacle se terminait sur le tube de Sid :

When you feel unhappy
And if you're looking blue
We recommend
Sid Field to you.

Les acteurs eux-mêmes semblaient perplexes face à l'accueil enthousiaste du public. Jerry Desmonde, le comparse et faire-valoir de Sid Field, écrivit : « Les rires éclataient comme les vagues d'une mer déchaînée qui déferlent sur une plage de galets. Et quand ils éclataient, ils duraient, ils duraient. Ils duraient très longtemps. »

À trois cents miles de là, en pleine mer, le lieutenant Scott se tenait sur le pont du *Seraph* et écoutait les vagues se briser, regardant dans l'obscurité vers les côtes du Portugal. « Il faisait chaud, enfin, et c'était un vrai plaisir d'être de quart sur le pont, la nuit, sous un ciel sans nuage. »

Les sous-mariniers développent un sixième sens pour l'étrange. Les longues périodes passées en immersion, la promiscuité, l'ennui, quand le plus petit bruit ou la moindre erreur peut signifier la mort, rendaient les équipages extrêmement sensibles à tout ce qui sortait de l'ordinaire. Bill Jewell était persuadé qu'il était le seul à bord à être au courant de la présence du passager clandestin, mais quelques hommes au moins soupçonnaient que l'étrange coffre tubulaire qui se trouvait dans la salle des torpilles ne contenait pas d'instruments optiques ou météorologiques. Sa longueur en disait long et il pesait étrangement lourd. Quand le sous-marin tanguait, un léger ballottement se produisait à l'intérieur. Les équipiers commencèrent à blaguer à propos du « corps de John Brown » qui pourrissait dans le tube à torpille et de « notre pote Charlie, le monsieur météo en balade ». Jewell lui-même ne connaissait pas l'identité du corps, réelle ou fausse. Lui aussi avait commencé à surnommer son passager « Charlie ».

Jean Leslie quitta le théâtre au bras de Montagu, très enthousiaste, les oreilles raisonnant encore des applaudissements. La fête d'adieu de Bill Martin continua à la *Gargouille*, un club sur un toit au-dessus de Meard Street, à Soho. Fondée en 1925, la *Gargoyle* était un repère d'artistes, d'écrivains et d'acteurs, le haut lieu du glamour décadent. On pouvait uniquement y accéder par un minuscule ascenseur branlant, dont les dimensions « étaient telles que les étrangers qui y entraient en sortaient amis intimes ». L'intérieur était décoré en style mauresque, les murs étaient ornés d'éclats de miroir datant du XVIIIe siècle, inspirés par Henri Matisse, qui était membre du club, tout comme Noël Coward, Augustus John et Tallulah Bankhead. Des espions, dont Guy Burgess et Donald Maclean, en appréciaient les recoins sombres et l'air de rendez-vous secret. La *Gargouille* était mal éclairée, avant-garde et légèrement louche. Le producteur de films Michael Luke décrivit l'atmosphère qui régnait dans cet antre comme « imprégnée de mystère et d'érotisme ». Jean Leslie n'était jamais allée dans un endroit pareil. Sa mère aurait été scandalisée.

C'était une « soirée très gaie », se souvient Montagu. Il y régnait aussi une nette atmosphère de séduction.

Les deux couples furent placés à une table d'angle, flanquée d'une banquette et de deux chaises. Montagu suggéra que les femmes s'assoient sur la banquette. Se mettant dans l'ambiance, Avril Gordon remarqua gentiment : « Si l'on considère que Bill et Pam sont fiancés, ils forment le couple le moins affectueux que je connaisse. Ils ne veulent même pas s'asseoir côte à côte lors de la dernière soirée de Bill avant qu'il ne quitte le pays. » Un couple américain qui écoutait leur conversation à la table voisine se retourna brusquement vers eux. Commençant à jouer son rôle et sentant qu'ils étaient écoutés, Montagu répondit qu'il ne connaissait Pam que depuis quelques jours avant qu'ils ne se fiancent. « Ce serait différent si Pam et moi nous nous connaissions mieux, dit-il d'une voix forte. Mon chef a écrit dans une lettre que bien que je sois calme et timide de prime abord, je sais ce que je fais » – une référence à la fausse lettre de Mountbatten à l'amiral Cunningham, dans laquelle il décrivait le major Martin en ces termes. Sa déclaration avait aussi un double sens délibéré.

Le couple fusilla du regard cet officier de marine qui s'était fiancé à une jeune femme alors qu'ils venaient de se rencontrer et qui plaisantait maintenant à propos de ses prouesses romantiques. Il ne faisait aucun doute que cet homme était un goujat. Prenant mentalement note de la forte désapprobation, ils se levèrent pour danser. Quoi qu'il en soit, s'ils n'aimaient pas ce genre de conversation suggestive, alors ils n'auraient pas dû venir au club de la *Gargouille*. Les deux couples passèrent la soirée à boire et à danser. Cholmondeley proposa un toast « à Bill » et ils trinquèrent. Les hommes étaient détendus et, visiblement, ils s'amusaient, mais

Jean ressentit une tension sous-jacente. « Ils regardaient constamment leur montre et disaient des choses comme : “Je me demande s’il a été mis à l’eau.” » Elle remarqua qu’Ewen Montagu semblait anxieux, comme si sa vie allait bientôt changer.

Le lendemain matin, comme d’habitude, Montagu écrivit à Iris, sur un ton d’indifférence forcée : « J’ai dû amener officiellement quelqu’un au théâtre. Nous avons vu un nouveau comédien qui s’est beaucoup produit dans le nord mais qui n’est encore jamais passé à Londres. Il s’appelle Sid Field et il est vraiment très drôle. J’ai passé une excellente soirée ! »

Dans quelques jours, les fiançailles de Pam et Bill prendraient fin prématurément, ainsi que l’étrange lien mené en parallèle entre un officier de la Navy et sa secrétaire. Montagu, qui avait été si « éperdu d’amour » aux premiers jours, ne fut jamais plus aussi séducteur après le dîner d’adieu. Le rapport de lady Swaythling à la femme de Montagu à propos de la photographie dédicacée suspecte qui était posée sur sa commode avait produit l’effet escompté. La lettre d’Iris exigeant une explication n’est pas arrivée jusqu’à nous, mais il n’est pas difficile d’en deviner le contenu. Montagu demanda à un collègue, qui justement allait à New York, de passer voir sa femme pour tout lui expliquer de sa part. Iris sembla avoir accepté ses explications. « Je suis heureux que Verel t’ait parlé de mes faits et gestes, écrivit-il. J’étais plus inquiet à propos de ce que tu aurais pu penser de la photo et de son inscription compromettante que de ce que Mère pouvait penser !!! » « Pam » et « la fille des Elms » disparurent de la vie de Montagu. Mais près d’un demi-siècle plus tard, il lui écrivait encore en l'appelant « Pam » et en signant lui-même « Bill ».

Alors que le *Seraph* approchait du point de largage, le niveau d'anxiété augmentait progressivement dans la salle 13. « Nous étions tous très excités, mais aussi très inquiets, et nous ne pouvions parler à quiconque de ce qui se passait », se souvient Pat Trehearne. Cela aurait pu mal tourner et les enjeux étaient extrêmement élevés.

L'opération Barclay allait être, selon les termes employés par Clarke, « le summum des efforts d'intoxication en Méditerranée ». Même s'il n'a jamais été intégré formellement dans l'opération Barclay, le plan Mincemeat était un élément décisif dans l'opération lancée pour faire croire aux Allemands que la prochaine offensive se déroulerait simultanément en Sardaigne et en Grèce et qu'elle serait le prélude à une campagne majeure dans les Balkans. Pour garder autant de troupes allemandes que possible loin de la Sicile et du cœur de la Méditerranée, les plans conçus par Johnnie Bevan, à Londres, et Dudley Clarke, de la Force « A », englobaient désormais des agents doubles, des partisans grecs, de fausses rumeurs et la 12e armée britannique imaginaire, qui était sur le point d'envahir les Balkans.

L'armée qui se réunit à Cyrène, en Libye, à portée des avions de reconnaissance allemands, se composait de fausses barges de débarquement, de faux planeurs et de faux tanks, ainsi que de vraies batteries antiaériennes et de vrais avions de chasse qui seraient en alerte au premier signe d'avion ennemi, pour rendre le mensonge plus crédible. Une authentique opération de sabotage fut prévue pour concentrer l'attention allemande sur la Grèce. Des allusions à un débarquement imminent en Grèce furent faites lors de dîners diplomatiques dans des pays neutres, dans l'espoir qu'il en soit fait écho en Allemagne. Les troupes grecques subirent des entraînements amphibies en Égypte, des appels furent lancés pour des gens qui parlaient le grec et des drachmes grecques furent achetées au Caire. « Un Grec patriote parvint à rester auprès d'une unité britannique et fut certainement surpris de débarquer en Sicile et pas dans son pays natal. » Des brochures furent distribuées sur « l'hygiène dans les Balkans ». Des efforts similaires, bien que moins intenses, furent déployés pour indiquer un débarquement imminent en Sardaigne à l'autre bout de la Méditerranée : des pêcheurs d'Algérie furent interrogés sur leurs connaissances des eaux sardes.

Au même moment, les préparatifs en vue du véritable débarquement en Sicile progressaient à grands pas et les troupes se rassemblaient dans les ports d'Afrique du Nord. Si Mincemeat et Barclay produisaient les résultats attendus, les Allemands verraient ces préparatifs comme des éléments de Brimstone, le faux plan de débarquement en Sardaigne et les prétendues offensives sur la Grèce. Les aérodromes de Sicile seraient bombardés, car, comme l'écrit Montagu, « aucune opération majeure ne pouvait être lancée, maintenue ou approvisionnée tant que les terrains d'aviation ennemis et d'autres bases en Sicile n'avaient pas été neutralisés ». Si le plan réussissait, le bombardement serait considéré comme une action de soutien aux offensives qui allaient se dérouler dans l'est et l'ouest de la Méditerranée, et non comme un prélude à ce qu'elles étaient : un assaut de grande envergure sur la Sicile. Des dates furent annoncées pour le débarquement imminent, avant d'être « reportées ». Ces fausses dates étaient choisies de façon à coïncider avec des périodes sans lune. Ainsi, on espérait que l'ennemi en déduirait qu'une attaque était surtout à craindre pendant les nuits les plus noires et qu'il relâche la garde quand la lune était haute.

L'opération Mincemeat n'était qu'un rouage dans la machine de désinformation, mais il était crucial. S'il échouait, tous les autres éléments de l'intoxication seraient dévoilés comme autant d'éléments d'une gigantesque fraude. Les Allemands enverraient alors des renforts en Sicile et verraient les préparatifs en vue du débarquement en Grèce comme une imposture. Comme Montagu l'avait signalé dès le départ, « s'ils soupçonnent que les papiers sont des "faux", cela aura des répercussions à une très vaste échelle ». La responsabilité pesait lourd sur les épaules de Montagu. « Je devrai porter le chapeau (et j'aurai l'échec sur la conscience) si quoi que ce soit arrive au *Seraph.* »

Il n'y aurait pas de seconde chance. John Godfrey, l'ancien directeur des services de renseignement de la Navy, avait toujours insisté sur le fait que la désinformation était un plat qu'il valait mieux servir très chaud : « Le renseignement, comme la nourriture, devient vite rassis, fétide, froid, ramolli et indigeste. Quand il a tourné, il fait plus de mal que de bien. Si vous constatez une quelconque carence, n'essayez pas de remettre le plat au fourneau. Retirez le mauvais morceau et recommencez. » Si Mincemeat tournait mal, il faudrait abandonner le plan. Jewell ne se faisait pas d'illusions : au moindre accroc, l'opération serait annulée, le corps serait amené à Gibraltar et les documents remis à l'officier d'état-major (des services secrets) « avec des instructions pour en brûler le contenu sans l'ouvrir ». Des plans de secours furent aussi établis au cas où les choses tourneraient mal après le largage du corps.

Le 22 avril, un message codé fut envoyé à l'officier supérieur des services de renseignement à Gibraltar : « Opération nommée Mincemeat répétez Mincemeat a été lancée… Si un corps est envoyé à Gibraltar avec des documents dans une mallette avertir immédiatement Robertson au MI5 et indiquer si les documents ont été manipulés ou non. Si ces documents arrivent entre vos mains, renvoyez-les avec leurs sceaux intacts par sac aéropostal direct adressé au colonel Robertson MI5. »

Le soir du 28 avril, le *Seraph* vira au cap Saint-Vincent et se dirigea vers Huelva. Jewell convoqua ses officiers dans le carré. Les lieutenants Dickie Sutton, John Davis et Ralph Norris étaient assis autour de la table, aux côtés de Jewell et de son second, David Scott. Prenant une grande enveloppe dans le coffre-fort, Jewell décrivit l'opération Mincemeat dans ses grandes lignes. Comme Scott le fit remarquer, il fut choqué en apprenant le contenu du cylindre. Ce qui sembla le perturber le plus était la pensée que les « marins avaient dormi à côté, en s'en servant peut-être même comme d'un oreiller ». Les officiers hochèrent la tête et ne posèrent pas de questions. Après avoir déposé un général américain génial dans une partie de la Méditerranée, récupéré un Français grincheux dans une autre, fait sauter une baleine et être devenus, brièvement, un sous-marin américain, ils ne trouvaient pas cette nouvelle mission différente du reste. Jewell insista sur « le besoin vital d'un secret absolu ». Les sous-mariniers sont notoirement superstitieux. Lorsque Jewell fut hors de portée de voix, l'un des officiers remarqua : « Cela ne porte-t-il pas malheur de promener des cadavres ? »

Le lendemain, à l'aube, au large de Punta Umbria, Jewell donna l'ordre de plonger. Pendant les heures suivantes, Scott et lui effectuèrent « une reconnaissance rapprochée de la plage, s'assurant d'en connaître tous les éléments caractéristiques ». L'endroit semblait quasiment désert, avec une poignée seulement de huttes de pêche et quelques bateaux remontés sur le sable. Cette mission, songea Scott, à tort, serait « facile, voire plaisante ». Le seul obstacle était un fort vent de terre. Les ordres étaient clairs : « L'opération devait être exécutée aussi près que possible de la marée basse » avec « un vent de mer ou pas de vent du tout ». Jewell décida d'attendre.

« Le jour suivant se révéla idéal, écrivit Scott. Une légère brise de sud s'était levée et le ciel était couvert. » Le *Seraph* s'éloigna à douze miles de la côte pour recharger ses batteries et attendit la marée basse et l'obscurité complète. À Londres, l'Amirauté demanda au ministère de l'Air de « prévoir des restrictions de bombardement totales » sur la zone. Les services de renseignement de la Navy ne rapportèrent « aucun risque défensif connu » près de Huelva.

À 1 heure, le 30 avril, le sous-marin immergé s'approcha furtivement de la côte une fois de plus. Deux heures plus tard, le *Seraph* avait atteint le point prévu, à 148 degrés de Portil Pilar et à quelque huit encablures, soit un peu moins d'un mile, de la plage. « Nous étions sur le point de faire surface, décrivit Jewell, quand les bateaux qui partaient à la pêche à la sardine passèrent au-dessus de nous. » Attendant que la flottille soit passée, le *Seraph* fit surface et Jewell scruta la zone à la jumelle. « De nombreux petits bateaux travaillaient dans la baie. Le plus proche se trouvait à un mile de nous » – trop loin, calcula-t-il, pour pouvoir repérer le sous-marin. Le ciel était couvert avec des nuages bas, la visibilité était réduite et le vent forcissait.

Il avait été dit à l'équipage que les officiers devaient « débarquer des instruments pseudo-secrets sur la plage pour essayer de piéger un agent allemand qui opérait dans les parages de Huelva et on espérait réunir suffisamment de preuves contre lui pour obtenir son expulsion de l'Espagne neutre ». Trois matelots hissèrent le cylindre à travers le sas du compartiment des torpilles qui, habituellement, n'était ouvert qu'au port. Le tube métallique fut posé sur le pont avant et les matelots reçurent l'ordre de redescendre. Scott répartit les hommes sur le pont, pendant que le lieutenant Norris faisait le guet. Les lieutenants Sutton et Davis commencèrent à déboulonner le couvercle du cylindre. Le sondeur, relevé par Scot, donnait une profondeur de près de deux brasses d'eau sous la quille. « Nous nous rapprochâmes encore un peu de la plage. »

Le major Martin fut sorti du tube métallique à 4 heures 15. Le corps dégageait « une légère puanteur », comme Jewell le signala avec sa réserve habituelle.

La décomposition avait accéléré depuis le départ d'Écosse, sans doute à cause de l'oxygène qui était resté prisonnier dans l'uniforme et la couverture du mort. Quelques officiers eurent un mouvement de recul. Ils avaient vécu les pires combats sous-marins, mais, comme Jewell l'observa, « je me demande si l'un d'entre eux avait déjà vu un mort ». Quant à Jewell, il était imperturbable. « J'avais déjà vu des cadavres. Mon père était chirurgien. Mes frères étaient médecins. Cela ne me faisait rien. » Le rapport officiel de Jewell décrit l'étendue de la putréfaction : « La couverture fut ouverte pour examiner le corps. La mallette était toujours correctement attachée. Le visage était très bronzé et toute sa moitié inférieure à partir des yeux était couverte de moisissure. La peau qui recouvrait le nez et les pommettes commençait à se détacher. Le corps était très faisandé. »

Sans perdre de temps, Jewell gonfla le Mae West, transféra les documents de l'enveloppe dans l'attaché-case, le verrouilla et mit les clés dans la poche du cadavre. Ensuite, il choisit la carte d'identité munie de la photo de Ronnie Reed et la mit aussi dans la poche. Sur le pont, le lieutenant Scott devenait de plus en plus inquiet. Il était 4 heures 30 et la lueur de l'aube commençait à se répandre sur l'eau. Encore plus inquiétant, le vent qui forcissait faisait dériver le sous-marin vers la côte. « Nous étions presque sur la plage. » Le *Seraph* avait un tirant d'eau de 6,4 mètres. À marée basse, la hauteur d'eau à la position actuelle n'était que de 4,5 mètres. La marée avait presque fini de descendre et le sous-marin était presque échoué.

Bill Jewell se redressa, retira son chapeau d'officier et, inclinant la tête, récita rapidement « les paroles qu'il avait retenues à un service funéraire » – un extrait du psaume 39. Le choix était étrangement approprié au secret absolu de la mission : « Je veillerai sur mes voies, de peur de pécher par la langue ; je mettrai un frein à ma bouche, tant que le méchant sera devant moi. Et je suis resté muet, dans le silence ; je me suis tu, quoique privé de tout bien[1]. »

Ensuite, les trois hommes portèrent le corps et le firent lentement glisser à la mer. Jewell se tourna vers Scott et leva le pouce dans sa direction. « Non sans un certain soulagement », Scott fit marche avant toute. « Les remous provoqués par l'hélice poussèrent le major Martin. » Tandis que le sous-marin mettait le cap sur la haute mer, Scott parvenait tout juste à distinguer la forme grise qui dérivait vers la côte. Dans le rapport officiel de l'opération, Jewell fut félicité pour avoir rapproché le sous-marin si près de la côte, malgré le risque d'échouage : « Il a quasiment assuré le succès en approchant aussi près de la côte qu'il l'a fait. »

À un demi-mile au sud, le canot pneumatique partiellement gonflé et la rame furent lancés par-dessus bord, pendant que les officiers remettaient les couvertures, le ruban adhésif et l'emballage du canot à l'intérieur du cylindre. Scott dirigea le sous-marin, toujours à la surface et propulsé par le moteur électrique silencieux, vers les eaux profondes. À vingt miles au large, le *Seraph* fit un dernier arrêt et le tube métallique fut lancé par-dessus bord à son tour. À cet endroit, le fond était à 200 brasses. Le cylindre ne serait jamais retrouvé, à condition de couler. Charles

1. http://bible.catholique.org/ps/8717-psaume-39, traduction en français du chanoine Crampon, édition numérique par Jesusmarie.com.

Fraser-Smith avait trop bien conçu la capsule du major Martin. « L'enveloppe qui avait été conçue pour empêcher la glace de fondre était entourée de poches d'air. » La double cloison faisait office de caisson de flottaison.

Une mitrailleuse Vickers fut montée depuis la soute et le cylindre fut « criblé de balles ». Le tube ne voulait toujours pas couler et, pire encore, il dérivait vers la côte. Jewell tendit alors à Scott un revolver réglementaire calibre .455 et lui ordonna de se tenir sur le plan avant, pendant qu'il manœuvrait le sous-marin de façon à ce que le cylindre soit juste au-dessous de lui. « Il le fit avec son adresse habituelle et je tirai les six coups sur le haut de la capsule. » Le tube métallique flottait toujours à la surface. Ce fut « un sale moment », remarqua Jewell, et le temps commençait à manquer. « L'aube était proche et nous pouvions voir des bateaux de pêche non loin de là. » Jewell opta pour une solution radicale. Le tube métallique, qui ressemblait maintenant à une grande passoire percée de deux cent trous de balles, fut remonté sur le sous-marin et bourré d'explosif, à l'intérieur comme à l'extérieur. La mèche fut allumée, le cylindre fut descendu par-dessus bord et le sous-marin s'éloigna en toute hâte. L'explosion fut exceptionnellement forte. Selon l'épitaphe laconique de Jewell : « Alors il disparut, enfin. » Jewell fut soulagé, mais il savait qu'il avait pris des risques. Il avait reçu l'ordre de couler le cylindre en un seul morceau, pas de le réduire en miettes en le faisant exploser. Des fragments de la capsule, ou même des bouts de couverture et de ruban adhésif, risquaient maintenant de dériver vers la côte. On supposerait peut-être, mais pas nécessairement, qu'il s'agissait de débris de l'avion qui s'était écrasé. En outre, même si les pêcheurs espagnols de la baie n'avaient pas repéré le sous-marin déclenchant l'explosion, ils avaient certainement vu l'éclat lumineux et entendu le vacarme retentissant dans le silence de l'aube. Dans son rapport final, Jewell ne mentionna pas l'explosion du cylindre et observa simplement qu'après avoir été percé de nombreux trous de balles, « on le vit couler ». En effet, ce n'est pas avant 1991, quand il était âgé de soixante-dix-sept ans, qu'il révéla qu'il avait fait exploser le cylindre.

« Nous plongeâmes et fîmes cap sur Gibraltar, écrivit Scott. Le petit déjeuner fut excellent, tout comme le profond sommeil dans lequel je sombrai immédiatement après. »

À 7 heures 15, le lieutenant Bill Jewell du HMS *Seraph* envoya un message à l'Amirauté, à Londres : « Mincemeat terminé. » De retour sur la terre ferme, à Gibraltar, Jewell griffonna une carte postale adressée à Montagu : « Le colis a bien été livré. »

15

Dulce et decorum

Toute la matinée, le corps resta dans les dunes, couché sous les pins, là où le pécheur José Antonio Rey María l'avait déposé. Le soleil qui montait dans le ciel réchauffait le sable et accentuait la puanteur. Un cortège de visiteurs importants vinrent jeter un œil au cadavre.

L'officier qui commandait la 1re compagnie du 2e bataillon du 72e régiment d'infanterie (chargé des défenses côtières autour de Huelva) et qui faisait faire des exercices à ses hommes sur la plage avant que le corps ne s'échoue, avertit la police de Punta Umbria. La police informa les autorités portuaires à Huelva qu'un soldat noyé s'était échoué sur la plage de La Bota. Par conséquent, l'affaire était sous la juridiction militaire du port. À la fin de la matinée, la silhouette rebondie du lieutenant de marine Mariano Pascual del Pobil Bensusan, commandant en second du port et juge militaire par intérim, approcha de la plage à bord d'un canoë, propulsé par deux matelots espagnols. Le lieutenant Pascual del Pobil transpirait abondamment. Il avait très chaud et craignait d'être en retard pour son déjeuner. Avec un certain dégoût, il examina rapidement le corps, remarqua l'uniforme militaire, ainsi que l'attaché-case arborant les armoiries « G VI R surmontées de la couronne royale » qui était attaché au mort par une chaîne « qui s'était incrustée dans les muscles du cou à cause de leur gonflement ». Il sortit le portefeuille et releva le nom du major Martin sur sa carte d'identité. Ensuite, Pascual del Pobil libéra la mallette verrouillée de sa chaîne, ordonna que le corps fût transporté à Huelva, réembarqua dans son bateau et emporta l'attaché-case avec lui. Il ne pensa pas à chercher la clé dans les poches du mort. Le prochain visiteur, qui arriva à pied, était le médecin local, José Pablo Vázquez Pérez, venu certifier que le mort était bien mort. La puanteur qui s'élevait de sous les pins suggérait que cette confirmation n'était pas strictement nécessaire.

Seule une piste sablonneuse serpentait sur huit kilomètres à travers les dunes avant d'arriver au port de Punta Umbria. Le corps fut chargé sur le dos d'un âne conduit par un enfant dans le doux parfum de romarin et de jacaranda qui embaumait l'après-midi. Deux fantassins le suivirent. En fin d'après-midi, la sinistre procession arriva trop tard au quartier général de l'infanterie, près du port, pour faire traverser l'estuaire au corps. Le cadavre fut mis à l'abri dans un appentis, prêt à faire la traversée pour Huelva dès le lendemain.

Entre-temps, le lieutenant Pascual del Pobil avait informé le consulat britannique qu'un soldat britannique mort, trouvé sur la plage de La Bota, arriverait par vedette au port de Huelva, le lendemain matin. Francis Haselden ressentit un profond soulagement.

Pendant les quarante-huit heures précédentes, le vice-consul britannique avait attendu dans l'angoisse, ignorant que la livraison du corps avait été retardée par la météo.

Gómez-Beare avait laissé des instructions très précises à Haselden : dès qu'il apprenait que le corps s'était échoué, le vice-consul « devait lui téléphoner à Madrid pour l'informer de la découverte du corps, son signalement, etc. ». Ensuite, Gómez-Beare demanderait oralement à Haselden d'organiser l'inhumation tandis qu'il avisait Londres. Quelques jours plus tard, « laissant le temps à un message venu de Londres de lui parvenir », Gómez-Beare téléphonerait à nouveau pour lui demander si des objets s'étaient échoués avec le corps. L'assistant de l'attaché naval « dirait qu'il ne pouvait pas en parler au téléphone » mais qu'il irait à Huelva. C'est bien ce qu'il avait prévu de faire et il en profiterait pour enquêter discrètement pour savoir si un sac ou des papiers s'étaient échoués. » Gómez-Beare savait que les téléphones de l'ambassade à Madrid étaient sur écoute. Il était également probable qu'Adolf Clauss avait des espions à l'intérieur du consulat et que toute parole qui y était prononcée au téléphone serait rapportée aux Allemands. Au même moment, Alan Hillgarth à Madrid enverrait des câbles à Huelva pour étayer l'histoire, sachant pertinemment que ceux-ci seraient interceptés à la source et relayés à Karl-Erich Kuhlenthal et à ses collègues du quartier général de l'Abwehr à Madrid. Toute cette mise en scène était faite au profit des Allemands : Londres et l'ambassade à Madrid devaient paraître de plus en plus agités à propos de la perte de documents top secret. Parallèlement à ces messages destinés à être interceptés, Hillgarth en enverrait « une série distincte, avec son cryptage personnel, pour tenir Londres informé de ce qui se passait ».

Haselden devait jouer le rôle d'un fonctionnaire épuisé, subissant les pressions croissantes de ses chefs pour retrouver la mallette égarée. Ce rôle exigeait de la subtilité. Haselden allait devoir enquêter, avec une insistance croissante, pour retrouver les papiers perdus, mais il ne devait pas procéder de manière trop « énergique », car cela risquerait de faire renvoyer les documents avant qu'ils n'atteignent les Allemands. Dans ce cas, l'opération Mincemeat aurait échoué.

On en arrivait ainsi à une autre considération cruciale. Les Britanniques *voulaient* récupérer les documents, intacts, quand les Allemands auraient eu le temps de les examiner. D'après la réglementation internationale, en tant que pays neutre, l'Espagne était obligée de restituer tous les biens appartenant à un citoyen britannique décédé en Espagne. Le précédent du lieutenant Turner suggérait que la mallette finirait par être renvoyée par les Espagnols. Mais dans les faits, si des plans top secret étaient bel et bien tombés entre les mains de l'ennemi et que la « pénétration par effraction » était avérée, ces plans risquaient d'être abandonnés, ou au moins, être substantiellement altérés. Il fallait que les Allemands pensent avoir eu accès aux documents en toute impunité ; il fallait leur faire croire que les Anglais pensaient que les Espagnols leur avaient rendu les documents sans qu'ils aient été ouverts ni lus. L'opération Mincemeat fonctionnerait uniquement s'il était possible de faire croire aux Allemands que les Britanniques avaient été dupes. Tout cela allait exiger une minutieuse mise en scène.

Francis Haselden n'était pas acteur. Il n'était pas non plus espion, ni romancier et encore moins pêcheur à la mouche. Il ne voulait pas spécialement être vice-consul, mais il avait hérité du poste après la mort brutale de son prédécesseur en 1940. C'était un ingénieur des Mines, un homme d'affaires doux et cultivé, âgé de soixante-deux ans, qui s'était installé à Huelva deux décennies plus tôt et qui s'attendait à passer la fin de sa vie à jouer au golf et à diriger sa société de fournitures pour l'industrie minière. C'était un pilier de la communauté de ce petit avant-poste britannique ensoleillé. La guerre avait profondément marqué Haselden : il dirigeait désormais un réseau souterrain qui aidait les prisonniers de guerre évadés, qui cachait les pilotes alliés rescapés, qui surveillait les agissements d'Adolf Clauss et de ses agents, et qui faisait tout ce qui était en son pouvoir pour aider les services secrets alliés. Dans la majeure partie de l'Espagne, Franco se contentait de surveiller les affrontements entre les espions allemands et britanniques, et il les laissait faire. Mais à Huelva, le gouverneur civil, Joaquín Miranda González, était un membre assidu de la Phalange fasciste, fermement pro-allemand et prompt à aider son ami Clauss à éradiquer les espions anglais. Pour le plus grand agacement de Haselden, trois membres de la communauté britannique de Huelva avaient déjà été expulsés pour des suspicions d'espionnage, dont Montagu Brown, qui était à la tête de la société de chemin de fer locale, et William Cluett, qui dirigeait une compagnie d'électricité détenue par les Britanniques. Haselden allait enfin avoir l'occasion de rendre la pareille à Clauss et à ses alliés espagnols, en jouant – mais sans surjouer – le rôle d'un fonctionnaire émérite veillant sur les intérêts d'un soldat britannique qui avait perdu la vie. Il se montra parfaitement à la hauteur.

Emilio Morales Candela, l'entrepreneur de pompes funèbres de Huelva, attendait sur la jetée quand le ferry de Punta Umbria fit son arrivée le lendemain matin, transportant une poignée de passagers et un cadavre. À côté de lui se trouvait Francis Haselden, qui avait demandé à Candela de transporter le corps jusqu'au cimetière. Conformément à ses instructions, le vice-consul avait aussi passé un premier coup de téléphone à Gómez-Beare à Madrid, l'informant qu'un soldat britannique avait été retrouvé mort sur la plage. Le corps fut placé dans un cercueil en bois et porté dans une charrette à cheval, fournie par les services funéraires « La Magdalena » de Huelva (il faudrait attendre dix ans de plus pour que la ville ait son corbillard motorisé). Tiré par une vieille carne et conduit par Candela, l'attelage funéraire qui n'était qu'un plateau de bois, localement surnommé « La Sopera » (la soupière), commença à grimper la colline, tandis que Haselden suivait dans sa voiture. La route qui menait au cimetière de Nuestra Señora de la Soledad passait par le quartier de Huelva qui se nommait Concepción et qui n'était guère plus qu'un amas de huttes de pêche entourant l'ancienne Torre de Vigilancia, l'une des tours de garde circulaires construites au XVIe siècle pour guetter l'arrivée des pirates.

Les nouvelles se répandent vite dans une petite ville et celle de la découverte du corps d'un soldat britannique à La Bota circula bien plus vite que le lent cortège. Un petit noyau de personnes se réunit devant l'église de Nuestra Señora de Lourdes pour le regarder passer. Quelques personnes firent le signe de croix. Le prêtre, Père José Manuel Romero Bernal, murmura une prière. La charrette continua sa traversée du centre-ville en passant devant le Teatro Mora, où passait *Pygmalion* avec Leslie Howard. Le soleil était brûlant.

Le cimetière de Nuestra Señora de la Soledad est perché au sommet d'une petite colline, juste à la sortie de Huelva. Une enceinte faite de hauts murs le séparait des champs de tournesols. À ses côtés se trouvait le petit cimetière britannique, dans lequel étaient également inhumés les membres de la communauté allemande protestante, dans une étrange alliance religieuse qui défiait la politique. Le cheval transpirait quand la pesante charrette funéraire arriva au cimetière. À l'entrée attendait le lieutenant Pascual del Pobil, juge de la marine, qui portait l'attaché-case sous son bras. À côté de lui se tenait le Dr. Eduardo Fernández del Torno, et son fils, le Dr. Eduardo Fernández Contioso, qui, ensemble, allaient procéder à l'autopsie. Enfin, le dernier membre du comité de réception était un jeune pilote américain qui se nommait Willie Watkins.

Trois jours avant que le corps ne s'échoue sur la plage, un P-39 Airacobra américain avait atterri dans un champ de Punta Umbria. Son pilote était Watkins, alors âgé de vingt-six ans et originaire de Corpus Christi, au Texas. Il arrivait d'Afrique du Nord et se rendait au Portugal quand son avion s'était trouvé à court de carburant. Incapable d'ouvrir la verrière, Watkins s'était écrasé avec son avion et s'en était heureusement sorti avec de simples égratignures. Il avait été arrêté par le détachement d'infanterie qui gardait la côte et provisoirement logé à l'hôtel *La Granadina*, à Huelva, avant d'être transféré dans la maison de Francis Haselden, qui était le refuge de tous les soldats alliés puisqu'il n'y avait pas de consulat américain à Huelva. Le lieutenant Pascual del Pobil avait demandé à ce que le pilote américain soit amené au cimetière au cas où le mort et l'aviateur seraient liés d'une manière ou d'une autre, et où Watkins pourrait identifier le corps.

Le cercueil fut transporté jusqu'au petit bâtiment qui servait de morgue, sur le côté du cimetière. Le corps de Glyndwr Michael fut soulevé et placé sur la dalle de marbre surélevée. Méthodiquement, l'assistant funéraire fouilla les poches, en sortit le contenu et le déposa sur la table : de l'argent, des cigarettes mouillées, des allumettes, des clés, des reçus, une carte d'identité, un portefeuille, des timbres et des contremarques de places de théâtre. Pascual del Pobil y jeta à peine un œil. Son déjeuner était en train de refroidir. Haselden fit de son mieux pour ne pas paraître intéressé. L'officier espagnol tourna ensuite son attention vers la mallette, qu'il déverrouilla à l'aide de l'une des clés du mort. Son contenu était trempé, mais l'écriture sur les enveloppes était toujours parfaitement lisible. Pascual del Pobil « examina les noms inscrits sur les enveloppes », et invita Haselden à venir les examiner. Haselden ne connaissait que les grandes lignes de l'opération Mincemeat. Mais d'après les sceaux rouges et les enveloppes gaufrées, il ne faisait aucun doute qu'il s'agissait de courrier militaire confidentiel. Pascual del Pobil semblait aussi s'être rendu compte de leur importance, car il fit exactement ce que Montagu et Cholmondeley avaient espéré qu'il ne se passerait pas. Il montra la mallette et demanda à Haselden s'il voulait la prendre. Comme ces éléments devraient être renvoyés aux Britanniques, le vice-consul voulait-il en prendre possession maintenant ? Pascual del Pobil aimait bien le vice-consul britannique ; il pensait faire plaisir à Haselden ; et il voulait déjeuner, puis faire la sieste.

Haselden savait qu'il lui faudrait « réagir sur-le-champ ». Il s'était même préparé mentalement à la possibilité que Pascual del Pobil cherche à simplifier les choses et qu'il lui remette l'attaché-case sans autre forme de procès. Aussi nonchalamment que possible, il déclara : « Ton supérieur n'appréciera sans doute pas. Peut-être ferais-tu mieux de la lui remettre, puis tu me la rapporteras, comme le veut la procédure officielle. » Pascual del Pobil haussa les épaules et referma la mallette.

Willie Watkins avait observé l'échange. Même s'il parlait mal l'espagnol, il avait bien compris ce qui se passait. « L'attitude de Haselden qui refusa de prendre la mallette lui parut bizarre. » Pascual del Pobil fit alors signe au pilote américain et lui demanda s'il pouvait identifier le mort. Inutile de dire qu'il n'en était pas capable et il le fit savoir. Il fit remarquer que le gilet de sauvetage du mort « était un modèle anglais, alors que lui qui volait à bord d'un avion américain portait un gilet de sauvetage totalement différent ». Pascual del Pobil énonça l'évidence : « Les deux accidents n'ont aucun rapport. »

Remballant la mallette, le portefeuille et les autres possessions du mort, le juge expliqua que ces objets seraient remis à son chef, le commandant de marine du port de Huelva. L'officier rondouillard partit en emportant la mallette et le reste. Haselden annonça nonchalamment qu'il resterait pour regarder l'autopsie. S'il avait semblé étrange à Watkins que le vice-consul britannique décline l'offre de récupérer la mallette, il l'était encore plus que ce dernier choisisse de rester plus longtemps dans une baraque surchauffée au toit en tôle pendant que deux médecins espagnols découpaient un cadavre à moitié pourri. Le pilote américain n'était que trop heureux de s'échapper de la pièce fétide qui sentait la mort pour aller fumer une cigarette à l'ombre du saule.

L'autopsie aurait dû être réalisée par un légiste militaire, mais comme il était en déplacement, cette tâche incomba au Dr. Fernández, le médecin légiste civil, et à son fils Eduardo, jeune diplômé de médecine. Contrairement à la remarque méprisante de Spilsbury à propos de la médiocrité de l'expertise espagnole, Fernández était un médecin légiste expérimenté. Originaire de Séville, il avait étudié la médecine à l'université de sa ville natale et avait passé de nombreuses années comme médecin d'une grande compagnie minière. Depuis 1921, il était médecin légiste en chef de la région de Huelva. Même si Fernández ne pratiquait pas dans la même catégorie que Spilsbury, il avait une excellente connaissance pratique de la mort, en général, et étant donné sa situation côtière, des victimes de noyade, en particulier.

Haselden décrivit plus tard l'autopsie. « Lorsque la première incision fut faite, il y eut une petite explosion, car même si, extérieurement, le corps était en bon état de conservation, l'intérieur s'était beaucoup détérioré. » Les poumons étaient remplis de liquide, mais étant donné l'état de décomposition et sans pratiquer des analyses plus poussées, le Dr. Fernández était bien incapable de dire si c'était de l'eau de mer. Il examina les oreilles et les cheveux du cadavre, ainsi que sa peau étrangement décolorée. Haselden ne savait rien des circonstances réelles qui entouraient le corps, mais il en savait suffisamment sur le complot pour se rendre compte que plus l'autopsie serait détaillée, plus il y avait de chances que le médecin légiste trouve d'indices de la véritable cause du décès. Le vice-consul était en bons termes avec le médecin espagnol. La puanteur de la putréfaction qui remplissait la pièce devenait presque insupportable. Avec ce qui fut plus tard décrit comme « une présence d'esprit remarquable », il décida d'intervenir. « Comme il est évident que la chaleur a fait son œuvre », dit-il, il n'était pas nécessaire de procéder à une autopsie détaillée. « En recevant l'assurance du VC qu'il était satisfait, le médecin, non sans soulagement, peut-être, fut d'accord pour en rester là et rédigea le certificat. »

Le verdict *post mortem* était sans appel : « Le jeune officier britannique est tombé à l'eau, alors qu'il était encore vivant, il ne présente aucune trace de coups et se noya par asphyxie provoquée par l'immersion. Le corps était resté dans l'eau pendant huit à dix jours. »

Le corps fut remis dans son cercueil en bois et officiellement transféré aux bons soins du vice-consul britannique.

Fernández était passé à côté de la décoloration révélatrice de la peau qui indiquait un empoisonnement au phosphore. Il ne fit qu'un examen succinct des poumons, sans en prélever d'échantillons, ni d'ailleurs du foie ou des reins. Pourtant, d'autres aspects de l'affaire le troublaient. Au fil des ans, le médecin avait examiné des centaines de pêcheurs noyés. Dans chaque cas, il y avait des traces de « grignotages et de morsures par des poissons et des crabes sur les lobes des oreilles et d'autres parties charnues ». Les oreilles de l'officier anglais étaient intactes. Les cheveux des corps qui ont passé plus d'une semaine dans l'eau de mer deviennent ternes et cassants. « La brillance des cheveux ne correspondait pas au temps qu'il était censé avoir passé dans l'eau », et dans l'esprit de Fernández, il y avait des « doutes quant à la nature du liquide dans les poumons de l'homme ». En privé, Fernández nota aussi quelque chose de curieux à propos de la tenue vestimentaire. L'uniforme était trempé, mais il n'avait pas atteint le stade difforme et dégoulinant des vêtements qui sont restés dans l'eau de mer pendant une semaine. « Il paraissait très bien habillé pour quelqu'un qui avait passé tant de jours dans l'eau », songea le médecin. Les deux praticiens comparèrent également la photographie de la carte d'identité avec le mort, mais ils conclurent qu'il s'agissait de la même personne. Pourtant, même là, le doute était possible, car le père et le fils notèrent « que la calvitie des tempes était plus prononcée que sur la photographie ». Le William Martin de la photographie avait les cheveux épais, tandis que celui qui était allongé sur la dalle mortuaire commençait à se dégarnir. Fernández en conclut que « soit la photographie avait été prise il y avait deux ou trois ans, soit la calvitie des tempes était due au séjour dans l'eau de mer ». Cette conclusion était étrange : l'eau de mer produit de nombreux effets sur le corps humain, mais la calvitie masculine n'en fait pas partie.

Il est impossible de vérifier si les doutes de Fernández transparaissaient dans le rapport final : le compte rendu fut remis aux autorités portuaires et classé dans les archives par Pascual del Pobil, mais il fut détruit par un incendie en 1976.

Il y avait une autre incohérence, beaucoup plus flagrante, que Fernández remarqua bien qu'il n'en comprît pas la signification. Le degré de décomposition, d'après Fernández, indiquait que le corps avait passé au moins huit jours en mer. D'après les preuves trouvées dans les poches du major Martin, celui-ci avait quitté Londres le 24 avril en fin de journée ; et le corps avait été trouvé dans les premières heures du 30 avril. L'état du mort n'était pas cohérent avec l'hypothèse d'un séjour d'à peine plus de cinq jours dans de l'eau de mer froide. Fernández n'était évidemment pas au courant de la chronologie supposée de la mort du major Martin. Les preuves se trouvaient dans le portefeuille qui était alors en possession du capitaine Francisco Elvira Alvárez, commandant du port de Huelva et meilleur ami de Ludwig Clauss, le vieux consul allemand à Huelva.

À 20 h 30 ce soir-là, Francis Haselden envoya un câble à l'assistant de l'attaché naval Don Gómez-Beare à Madrid : « En référence à mon message téléphonique de ce jour, le corps a été identifié comme étant celui du major W. Martin R. M. carte d'identité 148228 datée du 2 fév. 1943, à Cardiff. Le juge de la marine a pris possession de tous les papiers. Mort par noyade, probablement 8 à 10 jours en mer. L'inhumation aura lieu dimanche midi. »

Normalement, dans de telles circonstances, l'attaché naval aurait dû envoyer un message à l'Amirauté à Londres, en mentionnant le nom et le grade du mort. Comme cet officier des Royal Marines n'existait pas, si le câble était acheminé par les voies habituelles, quelqu'un à Londres aurait pu se rendre compte de l'anomalie. Hillgarth avait prévu qu'immédiatement avant d'envoyer le télégramme signalant le décès du major Martin, il enverrait un autre message codé, à l'attention de « C » au MI6, « pour prendre des mesures pour le supprimer ». Le plan n'a pas fonctionné. Le message envoyé à « C » arriva comme prévu, mais le temps que le MI6 réagisse, le télégramme de Hillgarth avait déjà commencé à être distribué dans divers services de l'Amirauté : l'un d'eux aurait très bien pu conserver les noms des officiers des Royal Marines et commencer à mener des enquêtes embarrassantes. Un déluge de coups de téléphone fut passé aux chefs de service qui avaient reçu le message, ordonnant « la suppression du télégramme, arguant que l'individu en question n'était pas un officier de la Navy, mais que, par autorité du First Sea Lord, il avait reçu ce titre chez les Royal Marines au moment de partir à l'étranger pour une mission secrète et très spéciale… Pour assurer le secret de la mission, il fallait que le télégramme soit détruit et qu'aucune action ne soit entreprise ». D'une certaine façon, l'excuse était vraie.

Le message de Haselden était adressé à « Sadok », nom donné à Gómez-Beare dans les télégrammes, mais son vrai destinataire était Adolf Clauss, l'officier de l'Abwehr à Huelva et l'homme identifié par Montagu comme étant « l'agent super-super-efficace », celui qui était le plus susceptible d'intercepter les documents. Clauss était à la hauteur de sa réputation car il savait déjà parfaitement que le corps d'un officier britannique transportant des lettres s'était échoué dans une zone sous sa juridiction. Il est possible que ce soit le lieutenant Pascual del Pobil lui-même qui avait parlé à l'agent allemand du corps et de sa mallette, ou bien, c'était le chef du port, ou l'assistant mortuaire, ou encore le Dr. Fernández, qui avait réalisé l'autopsie. Qui que ce soit, au moment où le vice-consul britannique informa Madrid que les papiers étaient arrivés, Clauss avait déjà mobilisé son vaste réseau d'espions pour les intercepter.

Cela s'avéra assez difficile car, tant pour les Britanniques que pour les Allemands, l'attaché-case et son contenu étaient tombés entre les mauvaises mains. Si la mallette avait tout simplement été remise à la police de Huelva, comme le voulaient les Britanniques, il n'aurait fallu que quelques heures à Clauss pour l'obtenir. Il en serait allé de même si les documents s'étaient retrouvés en possession du gouverneur civil de Huelva, du chef du port ou des autorités militaires, car tous ceux-là étaient à la solde de Clauss. Mais c'était la marine espagnole qui les avait, ce qui représentait un obstacle plus difficile à surmonter pour l'espion allemand. Montagu admit lui-même plus tard que le fait que les documents se soient retrouvés « aux bons soins de la marine » avait bien failli faire dérailler toute l'opération. De nombreux officiers de marine espagnols étaient pro-britanniques et il y avait une tradition de respect mutuel entre les marines britannique et espagnole. Le ministre de la Marine, l'amiral Moreno, était un ami personnel d'Alan Hillgarth, qui s'était efforcé de cultiver de bonnes relations avec les officiers de marine : « La marine espagnole n'est pas aux mains des Allemands », écrivit-il.

La première approche de Clauss fut la plus directe : il demanda à son père, le consul, Ludwig Clauss, de demander à son ami et partenaire de golf, le capitaine Francisco Elvira Alvárez, de lui remettre les documents. Le capitaine Elvira refusa. Poliment, il expliqua que ces documents étaient enfermés dans son coffre-fort à l'Office de la marine, au 17 Avenida de Italia, et qu'ils y resteraient jusqu'à ce qu'il reçoive des ordres de Cadix sur ce qu'il devait en faire. Elvira était un homme enjoué, loquace et sociable. Il aimait bien Clauss, était heureux de participer aux dîners organisés par le consul allemand et de profiter de son hospitalité au club de golf de Huelva. Mais il n'y avait pas de preuve qu'il était à la solde de Clauss. Elvira était aussi très à cheval sur le règlement, il était « très strict en matière de discipline » et c'était un fervent défenseur de la hiérarchie. Il attendrait les instructions de ses supérieurs hiérarchiques.

Le 2 mai 1943, à midi, un groupe d'endeuillés, officiels et officieux, publics et secrets, se réunirent pour les funérailles et l'enterrement du major William Martin. C'était une journée d'une « chaleur suffocante », d'après le journal local. Pourtant beaucoup de gens étaient venus assister à la cérémonie. L'Angleterre était représentée par Francis Haselden, le vice-consul, et Lancelot Shutte, un dirigeant d'une compagnie minière britannique qui avait déjà été expulsé une première fois d'Espagne par le gouverneur Miranda sur des soupçons d'espionnage. Il y avait aussi le Français Pierre Desbrest, un gaulliste et ami de Haselden. Officiellement, Desbrest était le représentant en Espagne d'une société française d'extraction de pyrites. Moins officiellement, il organisait une voie souterraine d'acheminement des membres des Forces françaises libres de la France occupée vers l'Afrique du Nord en passant par l'Espagne et il conspirait avec Haselden contre les Allemands. Le commandant du port, Elvira, et le juge naval, Pascual del Pobil, assistaient en uniforme d'apparat de la marine. Le gouverneur militaire de Huelva était à Séville, pour rencontrer le général Franco, mais il envoya un lieutenant de l'armée pour représenter les forces armées espagnoles.

Glyndwr Michael était mort sans personne pour le pleurer. Ses funérailles, sous une autre identité, se déroulèrent avec les honneurs militaires, et toute la cérémonie et la solennité que Huelva pouvait rallier. En plus des huiles officielles et militaires, une petite foule de civils s'était rassemblée au cimetière de Nuestra Señora de la Soledad : les curieux, les pieux et les clandestins. Haselden ne sembla pas avoir repéré la haute et cadavérique silhouette d'Adolf Clauss dans la foule. Clauss affirmerait plus tard qu'il s'était uniquement rendu aux funérailles en qualité de vice-consul allemand, « comme marque de respect envers le soldat tombé au combat ». Mais en vérité, il était là pour observer, pour voir s'il n'y avait pas d'informations utiles à récupérer à propos du mort et de son intrigante mallette.

Le certificat de décès, rempli par le directeur funéraire Candela, marquait officiellement le passage de la vie au trépas de « W. Martin, ayant entre trente-cinq et quarante ans, originaire de Cardiff (Angleterre) [sic], officier de marine britannique, découvert sur la plage dite de « La Bota » à neuf heures et demie, le 30 avril 1943. Mort par noyade. » Après un bref service funéraire dans la chapelle du cimetière, le cercueil fut transporté sur l'allée pavée et une belle avenue bordée de cyprès, jusqu'à la section du cimetière qui se nommait San Marco. Des hirondelles volaient et viraient entre les palmiers, et le lourd parfum du jasmin montait dans la chaleur de la mi-journée. La procession funéraire passa devant les grands et imposants mausolées des riches familles espagnoles de Huelva, tombes de marbre entourées de grilles. C'est là que se trouvait la tombe du plus célèbre enfant de Huelva, Miguel Biez, « El Litri », un toréador tué d'un coup de corne en 1929. La gigantesque et ostentatoire pierre tombale de Litri représente le matador portant « l'habit de lumière ».

Plus la procession approchait de l'angle nord-ouest du cimetière, plus les tombes devenaient petites et humbles. Les pauvres et les indigents de Huelva étaient enterrés dans la section San Marco. Haselden avait demandé un enterrement de « cinquième classe », le moins cher possible : son coût total, cercueil compris, s'élevait tout juste à 250 pesetas.

Le consulat britannique s'engagea à payer les frais de location et d'entretien de la tombe à perpétuité. Le major Martin n'était pas le premier locataire de la tombe numéro 46, dans la quatorzième avenue de la section San Marco, adossée au mur du cimetière. En 1938, une fillette de dix ans, nommée Rosario Vilches, avait été enterrée là, mais ses parents avaient été incapables de continuer à payer la concession. Deux mois plus tôt, le corps avait été retiré et enterré ailleurs.

À midi et demi, le cercueil fut descendu dans la tombe. Parmi les officiels présents, seul Francis Haselden savait que l'homme n'était pas mort en mer, et lui-même ignorait tout de l'étendue de l'imposture :

un baptiste gallois enterré dans un cimetière catholique espagnol, un clochard qui n'avait jamais porté l'uniforme à qui on accordait les honneurs d'un rang qui n'avait jamais été le sien, un homme sans famille (ou qui ne se souciait pas de lui) investi d'un parent qui le pleurait et enterré avec toute la pompe militaire par une patrie reconnaissante. Glyndwr Michael s'était probablement tué sur un coup de tête, par folie ou par accident. La dose fatale de poison l'avait entraîné à huit cents kilomètres, dans un autre pays et une autre personnalité. L'inscription gravée sur sa pierre tombale serait « *Dulce et decorum est pro patria mori* », expression tirée d'une strophe des *Odes* d'Horace : « Il est doux et glorieux de mourir pour sa patrie. » Rien, de près comme de loin, n'était glorieux ou patriotique dans la façon dont Glyndwr Michael était mort. Pourtant, d'une certaine façon, l'épitaphe était appropriée : Michael avait bel et bien donné sa mort, à défaut de sa vie, pour son pays, même si on ne lui en avait pas laissé le choix.

Les officiels montèrent dans leur voiture chauffée par le soleil, les fossoyeurs commencèrent à combler l'excavation et les endeuillés redescendirent de la colline vers la ville. Adolf Clauss les regarda partir, puis il se dirigea à pied vers le consulat allemand. Il ne signa pas le livre de deuil et il ne parla à personne, mais sa présence ne passa pas inaperçue. Parmi les présents se trouvait un homme d'âge moyen et à l'air inoffensif qui portait un costume passe-partout. Les Espagnols avaient supposé qu'il faisait partie de la délégation officielle. Les officiels supposèrent que c'était un Espagnol local. Depuis l'ombre d'un cyprès, Don Gómez-Beare regarda Adolf Clauss quitter le cimetière, puis il descendit la colline derrière lui.

16

Jeu de piste

Clauss avait de quoi s'occuper l'esprit. Jusqu'à présent, toutes les tentatives qu'il avait faites pour obtenir l'attaché-case s'étaient soldées par un échec. Les autorités navales espagnoles s'étaient avérées vigoureusement récalcitrantes. Peut-être seraient-elles mieux disposées à l'encontre d'un compatriote ? Frustré, l'espion allemand résolut d'essayer une approche moins directe. Le lieutenant-colonel Santiago Garrigos, qui commandait la Guardia Civil, la police paramilitaire espagnole, dans le district de Huelva, était un récipiendaire enthousiaste des largesses allemandes. Clauss demanda à Garrigos de « faire tout le nécessaire pour obtenir des copies des documents qui se trouvaient dans la mallette ». Garrigos avait beau être un collaborateur empressé, c'était aussi un lâche. Il savait que s'il demandait à Elvira ou à Pascual del Pobil de lui montrer les documents, ils en concluraient qu'il était à la solde des Allemands et ils l'enverraient promener. « Malgré son vif désir de servir les Allemands, ce lieutenant-colonel n'avait apparemment pas le courage de s'adresser au juge naval » et d'exiger tout simplement qu'il ouvre les lettres.

Toutefois, Garrigos parvint à persuader une personne du bureau de la marine de lui dire ce qu'il y avait dans la mallette. Il envoya la liste à Clauss :

a) Trois bulletins d'opérations britanniques

b) Deux plans

c) Trente-trois photographies

d) Trois enveloppes adressées à Cunningham, au général Eisenhower et au général Alexander

Obligeamment, mais inutilement, Garrigos ajouta : « Ces trois personnes occupent des postes de commandement des troupes alliées en Afrique du Nord. »

Clauss savait que le contenu de la mallette devait être extrêmement intéressant, quel qu'il soit. La grosse artillerie fut mobilisée. Le consul allemand, Ludwig Clauss, fut à nouveau mis à contribution et son fils lui demanda de se mettre en contact avec son « ami intime » Joaquín Miranda González, le gouverneur civil de Huelva, également à la tête de la Phalange de la province. Fasciste fervent, Miranda « nourrissait une profonde antipathie envers les Anglais, sentiment partagé par la plupart des fonctionnaires, et entretenait d'excellentes relations avec le consulat d'Allemagne… Il traitait les Allemands avec favoritisme et avait la main lourde avec les Britanniques ». Miranda était désireux d'aider et se renseigna discrètement auprès du bureau de la marine, mais il interrompit aussi ses démarches avant de demander à voir le contenu des lettres. « Ce gentleman, rapporta l'un des agents de Hillgarth, n'osa pas demander des copies des documents au juge naval. » Clauss reçut cette nouvelle rebuffade avec une frustration grandissante et une curiosité aiguisée. Il avait dépensé une petite fortune pour corrompre les fonctionnaires locaux. « À Huelva, Don Adolfo peut ouvrir toutes les portes », disait-on. Pourtant, la porte du capitaine Elvira restait bien fermée. Une mallette pleine de documents secrets britanniques se trouvait à Huelva depuis trois jours, et, jusque-là, ils n'avaient ni été « copiés ni photographiés [et] étaient uniquement visibles dans le bureau du juge naval ». Les trois enveloppes, que Clauss savait devoir contenir les informations les plus importantes, étaient scellées.

À Londres, Cholmondeley et Montagu, de leur côté, ressentaient de la frustration en sachant que les informations avaient atteint leur cible, simplement pour se retrouver entre les mains fâcheusement honnêtes de la marine espagnole. Ils décidèrent qu'il était temps d'intervenir.

Alan Hillgarth envoya un câble non crypté à Londres, indiquant que le major Martin des Royal Marines avait été inhumé avec les honneurs qu'il se devait : « Je dois dire que les autorités navales et militaires étaient bien représentées et extrêmement sympathiques. » Deux jours après les funérailles – délai estimé suffisant pour que la nouvelle de la mort du major Martin filtre à travers la bureaucratie militaire britannique – les services de renseignement de la Navy, à Londres, envoyèrent un câble, rédigé sur un ton désinvolte, à Hillgarth à Madrid, numéroté « 04132 ». Il était marqué « Top Secret » mais destiné à être lu par les Allemands, et laissait transparaître une certaine anxiété. « Des papiers que le major Martin avait en sa possession sont de la plus haute importance et confidentialité. Faites une demande officielle pour tous les papiers et avertissez-moi immédiatement par message personnel des destinataires des lettres officielles récupérées. Ces lettres doivent être retournées et adressées au *commodore* Rushbrooke, Personnel, par la voie la plus rapide et la plus sûre. Elles ne doivent être ni recopiées, ni ouvertes, ni manipulées d'aucune manière. Si la correspondance officielle n'est pas récupérée, effectuez des recherches discrètes à Huelva et à Madrid pour savoir si les lettres se sont échouées et, si oui, ce qu'elles sont devenues. »

Au même moment, Montagu envoya un message à Hillgarth, en utilisant le code secret personnel qui était la seule méthode sûre de communication avec l'ambassade qui grouillait d'espions à Madrid. « Exécutez les instructions de mon câble naval, car c'est nécessaire, mais un échec est souhaitable. » Le message confirma simplement ce que Hillgarth savait déjà. Le romancier et attaché naval allait créer une fiction spécialement pour Kuhlenthal et ses informateurs mais, une fois encore, une extrême subtilité était de mise. Les méthodes diplomatiques britanniques étaient devenues familières aux Allemands : si un sac plein de secrets s'était réellement perdu, les Anglais n'allaient pas se précipiter et exiger sa restitution, car cela mettrait la puce à l'oreille des Espagnols. Hillgarth devait commencer par une enquête de routine, puis donner progressivement l'impression d'une urgence croissante. C'était un véritable numéro d'équilibriste, car l'enquête devait « faire en sorte (théoriquement) de ne pas éveiller les soupçons des Espagnols quant au fait que nous étions réellement effrayés que quelqu'un s'empare de ces documents, tout en rendant évident à leurs yeux que nous étions bel et bien effrayés ».

Hillgarth fit passer le message reçu de Londres à Haselden, à Huelva, lui demandant de mener une enquête « discrète » sur l'endroit où se trouvaient ces papiers si importants et si secrets. Il en profita aussi pour lancer la première rumeur qui allait mettre en branle le grand moulin à paroles madrilène. Dans l'Espagne en guerre, la seule denrée, ou presque, disponible en abondance était le commérage : les espions en faisaient le commerce, le gouvernement en était saturé et tout le monde, Franco en tête, en était friand. Le ragot était une monnaie d'échange. Le persiflage était une arme. « Il était extrêmement facile de répandre des rumeurs en Espagne, écrivit Hillgarth. Le pays se nourrit du bouche-à-oreille. Il suffit d'un mot prononcé dans un club ou un café. » Pour lancer une rumeur, il lui fallait « choisir parmi ses connaissances les bavards les plus invétérés, en tenant compte de leurs relations, pour les exploiter comme il se doit », expliqua-t-il. Hillgarth répandit la rumeur que les Anglais recherchaient des documents importants à Huelva : il savait que, comme dans le jeu du téléphone arabe, l'histoire serait déformée et amplifiée et, avec un peu de chance, elle arriverait bientôt aux oreilles des Allemands qui réagiraient en conséquence.

L'attaché naval britannique approcha discrètement l'amiral Moreno, le ministre de la Marine. Hillgarth appréciait Moreno, croyant qu'il était « sincèrement contre la guerre ». Les deux hommes étaient amis, et parfaitement heureux de se servir de leur amitié dans un but de manipulation mutuelle. Dans une précédente occasion, se souvint Hillgarth, « j'ai réussi à tant me faire plaindre par le ministre de la Marine parce qu'il ne pouvait pas faire ce que je voulais, qu'il finit par le faire quand même, en courant un risque énorme, simplement parce qu'il avait l'impression de laisser tomber un ami s'il ne le faisait pas ». Par l'intermédiaire d'un contact dans la marine espagnole, Hillgarth envoya un mot à l'amiral, lui demandant son aide pour assurer la restitution de l'attaché-case. Hillgarth fit en sorte de faire la demande verbalement, et non par écrit. Moreno était une source fiable et bien informée, et presque certainement l'un des premiers bénéficiaires de l'or britannique. Mais Hillgarth savait aussi que le ministre espagnol de la Marine, tout en confessant son attachement au Royaume-Uni, et à Hillgarth personnellement, était en étroit contact avec l'ambassade d'Allemagne et parlait souvent à l'ambassadeur, Hans-Heinrich Dieckhoff. Moreno était le vecteur idéal : c'était le ministre à la tête de la marine qui, tôt ou tard, était susceptible de voir les documents ; il redoublerait d'efforts pour les récupérer et les rendre aux Anglais ; mais on pouvait aussi lui faire confiance pour transmettre les informations aux Allemands ou, au moins, leur donner accès aux documents, pour rester dans les bonnes grâces de tout le monde.

Quatre jours après les funérailles du major Martin, Hillgarth rapporta secrètement à Londres « que le ministre de la Marine, qui ne savait rien sur les papiers ou les effets personnels, attendait un premier rapport » des autorités navales dans le sud et qu'il s'était engagé à le tenir au courant des développements. Hillgarth ne donna pas d'indication à Moreno sur le contenu de la mallette et il prit garde d'éviter toute impression d'inquiétude indue.

Enfin, Hillgarth mobilisa son informateur le plus fidèle, l'officier supérieur de la marine espagnole qui portait le nom de code « agent Andros ». Il lui demanda de surveiller la mallette et son contenu. À en croire les résultats obtenus, Andros était idéalement placé pour cette surveillance, ce qui porte davantage encore à croire qu'il pouvait bien être le chef des services de renseignement de la marine espagnole. Le rapport qu'il envoya ensuite à Hillgarth et au MI6 était étonnamment détaillé en décrivant quasi quotidiennement les aléas de l'attaché-case du major Martin.

La rumeur lancée par Hillgarth porta rapidement ses fruits. Le 5 mai, le capitaine Elvira, l'officier supérieur de la marine, à Huelva, informa le vice-consul Haselden qu'il avait reçu l'ordre de remettre les effets du mort, sous bonne garde, à son officier supérieur à San Fernando, Cadix, qui se chargerait de leur transfert au ministère de la Marine à Madrid. Il partagea aussi cette information avec le vice-consul d'Allemagne, Adolf Clauss. Haselden transmit l'information à Hillgarth, qui envoya un télégramme à Londres par les canaux perméables habituels :

Le vice-consul de Huelva a vu le corps. Autopsie réalisée. Verdict de noyade plusieurs jours auparavant. Officiers militaires et navals présents aux funérailles.

1. Portefeuille contenant des lettres privées
2. Plaques d'identité
3. Papiers d'identité
4. Médaille et crucifix
5. Porte-documents en cuir noir, verrouillé et attaché à une chaîne. Après ouverture, enveloppe visible

à l'intérieur. Possibilité que ce soit l'objet de votre [télégramme] 041321

Le vice-consul a été informé que tous les effets doivent être envoyés au C en C, à Cadix (qui est malheureusement pro-allemand). Tôt ou tard, ils devraient arriver au ministère de la Marine et m'être remis. Le vice-consul n'a pas eu (répéter pas eu) l'occasion d'entrer en possession de la mallette. Fais tout mon possible, mais crains que trop de manifestations d'intérêt ne fassent qu'accroître la curiosité officielle, qui est déjà en éveil.

Montagu et Cholmondeley renvoyèrent un message de même nature, subtilement empreint de signes de panique grandissante : « Papiers secrets probablement dans la mallette noire. Information urgente demandée sur sa découverte sur la plage. Si elle a été trouvée, il faut la récupérer immédiatement. Si elle s'échoue ultérieurement, il faut s'assurer qu'elle ne tombe pas entre de mauvaises mains. »

Au même moment, ils envoyèrent un autre message, par « voie spéciale très secrète », pressant Hillgarth de continuer à prendre l'apparence d'un officiel harcelé à qui l'on demande de faire l'impossible. « Normalement, vous devriez recevoir des messages désespérés vous demandant de vous procurer immédiatement les documents secrets et de harceler les Espagnols. Vous devez faire en sorte de parvenir aux résultats attendus tout en préservant les apparences. » Hillgarth n'avait pas besoin de plus d'instructions : « Compris et rôle joué sans relâche », répondit-il.

Alors que Hillgarth jouait le rôle d'un espion sous pression, Adolf Clauss, quant à lui, ne faisait pas semblant d'exercer des pressions. L'espion allemand avait averti le quartier général de l'Abwehr, à Madrid, dès que le corps avait été découvert. Quand il apprit qu'une mallette contenant des documents s'était aussi échouée, il informa Madrid, pensant qu'il lui suffirait de quelques jours pour en copier le contenu. Les messages échangés entre Londres et Madrid avaient, comme prévu, été interceptés par les oreilles indiscrètes, et les chefs de l'Abwehr à Madrid étaient maintenant en alerte maximale et connaissaient l'existence de documents secrets que les Anglais étaient pressés de récupérer. Ce qui, au départ, avait semblé être une occasion en or se transformait en cauchemar pour l'homme de l'Abwehr à Huelva. Clauss avait « promis d'obtenir des copies des documents, mais il était incapable de tenir sa promesse ». Gómez-Beare se trouvait aussi à Huelva, menant « une enquête discrète pour savoir si un sac ou des papiers s'étaient échoués sur la côte ». Clauss fut certainement informé de la présence de l'homme de Gibraltar, ce qui a dû faire monter la pression d'un cran.

L'agent Andros rapporta : « Alors que les Allemands locaux ne parvenaient pas à obtenir des copies de ces documents auxquels ils attachaient la plus haute importance, l'affaire fut portée jusqu'à Madrid soit par Leissner personnellement, soit par Kuhlenthal. » L'ambitieux Karl-Erich Kuhlenthal y vit l'occasion d'ajouter une autre plume à son chapeau d'espion.

La réputation de Clauss était en jeu, et pour empirer encore les choses, ses collègues et ses chefs s'immiscèrent dans l'affaire. Grâce à ses propres informateurs, l'Abwehr au Portugal avait eu vent de ce qui se tramait et proposa son aide. Clauss fut « convoqué à Villarreal de San Antonio [à Ayamonte] pour une conférence » sur la conduite à tenir dans cette situation. Les services secrets allemands implantés dans la péninsule ibérique concentraient désormais tous leurs efforts sur l'obtention des documents que les Anglais s'efforçaient de récupérer avec la même détermination.

Clauss insistait sur le fait qu'il pouvait toujours se procurer les documents par l'intermédiaire de ses contacts espagnols. Il ordonna au colonel Santiago Garrigos de se rendre immédiatement à Séville et de prendre contact avec un collègue de la Guardia Civil, le major Luis Canis, un homme que l'agent Andros décrivait comme « très pro-allemand et à la solde des Allemands ». Canis était probablement le contact le plus important de Clauss. « Cet individu, rapporta l'espion de Hillgarth, qui est totalement contrôlé par les Allemands, est chargé des services du contre-espionnage au quartier général du capitaine général à Séville et donc de toute l'Andalousie. » En théorie, Canis était chargé de repérer les activités d'espionnage visant l'Espagne ; mais, en réalité, c'était un employé de l'Abwehr. Garrigos lui exposa la situation et l'informa, de la part de Clauss, « de faire tout son possible pour obtenir des copies des documents, en profitant de sa position officielle ». Le dirigeant du contre-espionnage de la région pourrait raisonnablement faire valoir son intérêt sur tout ce qui viendrait à s'échouer sur la côte et qui aurait valeur de renseignement. Canis choisit l'un de ses officiers subalternes de l'unité de contre-espionnage et lui dit de se rendre à San Fernando, où les effets du major Martin étaient actuellement entre les mains des autorités navales de Cadix. « L'incitant à faire preuve de la plus grande discrétion », Canis demanda à son officier de fureter au quartier général de la marine, d'y parler avec le commandant et d'obtenir, par quelque moyen que ce soit, « des informations précises sur le contenu des documents ».

Il y parvint presque. Une personne du quartier général de Cadix accepta de photographier le contenu de la mallette : les lettres, les photographies et les épreuves du livre de Hilary Saunders sur les commandos. Toutefois, cette personne refusa platement d'ouvrir les lettres, « soit parce qu'ils avaient peur de briser les sceaux de crainte que le ministre de la Marine désapprouve leur initiative, soit, plus probablement, parce qu'ils ne savaient pas comment les ouvrir sans laisser de trace ». L'amiral Moreno était connu pour sa sympathie envers les Anglais ; s'il découvrait que les lettres officielles avaient été ouvertes sans son autorisation, le ministre piquerait une crise. Il apparut que le commandant de la marine à Cadix n'était pas aussi pro-allemand que les Anglais le pensaient.

Il refusa de remettre les lettres et l'officier de Canis fut envoyé promener, non sans une poignée de photographies sans la moindre valeur. « Peut-être à cause du rang subalterne de son émissaire, parce que cette personne avait agi avec une discrétion excessive ou encore parce que c'est la procédure habituelle dans la marine, qui sait ? De retour à Séville, il avoua qu'il n'avait pas été capable d'obtenir d'informations. Il déclara que les autorités navales lui avaient dit que si le capitaine général de Séville voulait des informations sur les documents, il devait s'adresser au ministère de la Guerre à Madrid. »

Furieux et embarrassé, Canis se prépara à se rendre à Cadix et à se confronter en personne aux autorités navales. Mais c'était déjà trop tard.

L'amiral Moreno, le ministre de la Marine, avait envoyé des ordres clairs afin que la mallette et son contenu soient « transmis, sans avoir été ouverts, à l'Amirauté, à Madrid » et ils étaient en route, sous la garde d'un fonctionnaire du bureau du commandant de la marine, à Cadix. Adolf Clauss n'était pas parvenu à intercepter les documents à Huelva ; son agent Luis Canis n'était pas parvenu à les obtenir à Cadix ; c'était maintenant au tour de Karl-Erich Kuhlenthal d'essayer de les intercepter à Madrid, et vite. Les objets appartenant au major Martin étaient entre les mains des Espagnols depuis plus d'une semaine. Les Britanniques faisaient apparemment tout leur possible pour les récupérer et, tôt ou tard, les autorités espagnoles devraient obtempérer pour éviter une querelle diplomatique, même si c'était bien la dernière chose que les Anglais voulaient.

À Londres, Johnnie Bevan envoya un rapport d'avancement aux chefs d'état-major. Il signala qu'il ne disposait jusqu'à présent « que d'informations parcellaires ». « Les Espagnols avaient trouvé Mincemeat échoué sur la côte, à Huelva, le 1er mai… Il semblerait que certains documents aient été récupérés par les Espagnols et qu'ils aient été transmis aux autorités espagnoles à Madrid. »

Pour Montagu et Cholmondeley, la lenteur des progrès était préoccupante et l'incertitude angoissante. Le rapport de l'agent Andros décrivant les efforts déployés par les Allemands pour obtenir les papiers n'allait pas parvenir à Londres avant plusieurs semaines.

Tout ce dont ils étaient sûrs, c'était que les effets du major Martin avaient été remis à la marine, qui était le corps d'armée espagnol le moins pro-allemand. Hillgarth avait laissé une piste évidente pour que les Allemands la suivent, mais l'avaient-ils seulement flairée ? Les cryptanalystes de Bletchley Park scrutèrent tous les messages qui circulaient entre les postes de l'Abwehr de Huelva, de Madrid et de Berlin, mais ils ne trouvèrent pas le moindre indice prouvant que les Allemands avaient connaissance ne serait-ce que de l'existence des documents », et encore moins de leur contenu. Il semblerait que Mincemeat allait simplement se frayer un chemin à travers la bureaucratie militaire espagnole, avant de retourner à son envoyeur, sans passer par l'Allemagne.

Les organisateurs de l'opération réagissaient à la tension de différentes manières. Cholmondeley partait faire de longues promenades autour de St. James, grande silhouette dégingandée plongée dans ses pensées. Il passait des heures dans son garage à Queen's Gate Mews, bricolant la Bentley qu'il restaurait. La première réaction de Montagu à la tension était l'irritation. Le refus entêté dont faisait preuve la réalité pour se conformer à ses attentes le rendait grognon. Alors que la supercherie était apparemment au point mort, il se plaignait sans cesse, surtout de petites choses. « Nous suons tous les onze dans une pièce bien trop petite, remplie d'un air vicié et du bruit des cinq machines à écrire qui fonctionnent souvent à l'unisson, épuisés et migraineux à cause de ces conditions de travail. En renonçant à une grande partie de mes jours de congés, en revenant travailler après dîner, je parviens à faire l'essentiel de mon travail, même si, le soir, je suis trop fatigué pour faire quoi que ce soit et je vais me coucher tout de suite après le dîner. Personne ne connaît, ou ne prend en considération, la pression qui pèse sur nous. »

Après le départ de Bill Martin, son alter ego, Montagu semblait s'être replié sur lui-même, coincé derrière son bureau, se demandant si la ruse complexe qu'il avait mise sur pied allait se transformer en échec abject et potentiellement calamiteux. La tension le rendait sarcastique. Amèrement, il se dit que les chefs de l'Abwehr appréciaient davantage son travail que ses propres chefs, car les Allemands, au moins, envoyaient de l'argent et des louanges aux agents doubles, réels et fictifs, qu'il contribuait à gérer. Il écrivit une lettre de démission mi-figue mi-raisin : « Je demande à ce que l'on veuille bien m'accorder la permission de démissionner de la RNVR pour avoir toute liberté de m'engager dans la marine allemande. Cette demande est motivée par le fait que l'amiral Canaris apprécie davantage mes services que ne semblent le faire leurs seigneuries. Le susnommé vient de me verser une prime exceptionnelle et a accepté de m'accorder une augmentation de salaire. Signé, E. S. Montagu Commandant RNVR raté. » Il n'envoya jamais la lettre. Montagu savait qu'il paraissait mesquin – « J'ai toujours été un sale égoïste » –, mais il ne pouvait rien y faire. Cholmondeley était un homme de convictions, qui se contentait de voir ses inspirations suivre leur cours, littéralement ici, jusqu'à la destinée que le sort leur réservait. Mais Montagu était un perfectionniste et un bourreau de travail : « Je n'ai jamais su faire un travail à moitié, écrivit-il, même si mes efforts mènent à une impasse. »

Montagu ne pouvait s'ôter de l'esprit les milliers de soldats alliés qui se rassemblaient sur les côtes d'Afrique du Nord et dont l'avenir dépendait d'une ruse qui était née comme une farce pour devenir une affaire de vie ou de mort à grande échelle. « Si j'avais commis une gaffe lors de la préparation et de la conception de Mincemeat, songea Montagu, j'aurais pu faire rater Husky. »

Son inquiétude aurait été en partie au moins soulagée s'il avait pu voir les scènes de désespoir qui se jouaient au quartier général de l'Abwehr à Madrid, où Leissner, Kuhlenthal et les autres espions allemands n'avaient qu'une seule idée en tête : accéder au contenu de la mallette du major Martin. Une semaine après l'enterrement, les documents étaient arrivés à l'Amirauté, à Madrid, et avaient immédiatement été remis à l'amiral Moreno en personne. Ensuite, ils semblaient avoir disparu dans le labyrinthe de la marine espagnole. Les Allemands étaient désespérés ; les Britanniques étaient toujours aussi déterminés à récupérer les documents ; le seul obstacle était la bureaucratie espagnole, aussi inefficace, suffisante et oisive que possible. « Les procédures officielles sont toujours très lentes », avait averti Hillgarth. Là, les rouages semblaient s'être complètement grippés.

Le major Kuhlenthal se plia en quatre pour essayer de découvrir où se trouvaient les papiers et pour savoir qui soudoyer pour les récupérer. Il semblait que l'amiral Moreno avait réceptionné personnellement l'attaché-case, puis qu'il avait tout remis à l'Alto Estado Mayor, le chef d'état-major. Kuhlenthal disposait de plusieurs contacts haut placés dans l'état-major, mais après enquête, l'Abwehr reçut pour toute réponse qu'« ils n'avaient pas reçu les documents ou leurs copies et, d'ailleurs, qu'ils ne savaient pas de quoi il était question ». L'étape suivante était le ministère de la Guerre, mais la réponse fut la même. L'Abwehr se tourna vers la Gestapo, qui possédait un bureau permanent en Espagne. Le chef de la Gestapo en Espagne reçut l'ordre de contacter ses informateurs à la *Dirección General de Seguridad*, ou DGS, l'appareil sécuritaire de l'État, pour les mettre sur l'affaire. « À nouveau ils échouèrent, car personne n'était au courant de l'affaire. » La dernière personne connue à avoir eu la mallette était l'amiral Moreno, qui l'avait reçue d'« un fonctionnaire du bureau du commandant de la marine [de Cadix] » ; mais personne ne semblait savoir à qui il l'avait remise et les Allemands « n'osaient pas approcher le ministère de la Marine » car Moreno avertirait certainement les Britanniques de la chasse en cours.

Les Allemands se tournèrent alors vers l'un des espions en qui ils avaient le plus confiance, un officier de l'aviation espagnole, le capitaine Groizar, « un valeureux ouvrier pour les Allemands », d'après les dires de l'agent Andros, doté de contacts militaires étendus. Groizar rapporta « qu'il avait entendu parler du corps et des documents qui s'étaient échoués sur la côte et il promit de contacter le chef d'état-major ». Groizar semblerait avoir travaillé, à un titre indéterminé, pour les services de renseignement espagnols, profitant « de nombreux privilèges et avantages pour enquêter sur tout ce qui pouvait l'intéresser ». Le capitaine espagnol se rendit d'abord chez le chef d'état-major, sans succès ; il frappa ensuite à la porte de la DGS, mais fut « incapable de recevoir des informations fraîches » ; il contacta alors « certains hauts fonctionnaires de la police », toujours en pure perte. Les enquêtes de Groizar ne produisirent aucun résultat, mais en furetant dans tous les coins et recoins de la hiérarchie militaire espagnole, les Allemands déclenchèrent une vague de spéculations autour de la mallette disparue. « Les documents suscitèrent un grand intérêt, raconta Andros par la suite. Groizar était si persévérant dans ses recherches que le lieutenant-colonel Barrón, secrétaire général de la Direction générale de la Sécurité, finit par s'intéresser personnellement à l'affaire. »

Cela marqua un tournant. Le colonel José López Barrón Cerruti était le plus haut gradé de la police secrète, un fervent fasciste et un vrai dur à cuire. Il avait combattu dans la Division Bleue, une unité de volontaires espagnols, qui fut envoyée sur le front russe pour se battre aux côtés des troupes de Hitler, et dirigeait maintenant avec cruauté et fourberie les services de sécurité de Franco. La Division Bleue, qui a été formée en 1941 et qui doit son nom à la couleur de la chemise des Phalangistes, représentait le paroxysme de la collaboration des militaires espagnols avec l'Allemagne nazie. Si la Légion Condor, dans laquelle avaient servi Clauss et Kuhlenthal, était le cadeau de l'Allemagne à Franco, la Division Bleue était le cadeau de l'Espagne à Hitler. Aucun autre pays non belligérant n'avait levé une division entière pour participer aux combats. Quelque 45 000 Espagnols se portèrent volontaires pour se battre pour le fascisme et Barrón compta parmi les premiers. Comme tous les membres de la division, il avait prêté serment à Hitler. Pendant plus de deux ans, la Division Bleue s'était battue vaillamment sur le front de l'Est, dans des conditions effroyables qui allaient faire quelque 5 000 morts. « Il est difficile d'imaginer des hommes plus braves », déclara le général SS Sepp Dietrich. Hitler avait été si impressionné qu'il commanda une médaille spéciale pour les membres de la division.

L'unité fut officiellement démantelée en 1943. José Barrón devint chef de la sécurité de Franco. Hillgarth avait ses propres espions au sein de l'appareil de sécurité d'État, mais la DGS était fortement pro-allemande. Sous la direction de Barrón, l'unité œuvrait activement pour réunir des informations pour les Allemands et demandait aux gouverneurs des provinces de tenir des fichiers sur tous les Juifs d'Espagne. Le colonel Barrón était un vétéran endurci du fascisme, un germanophile déclaré qui présidait une police secrète grouillante d'espions et de sympathisants allemands. Une fois que le colonel Barrón eut flairé la piste, ce n'était plus qu'une question de temps avant que les documents ne soient localisés et mis à la disposition des Allemands.

Karl-Erich Kuhlenthal, ambitieux et paranoïaque, commençait à perdre espoir. Il se trouvait dans la même position inconfortable que celle dans laquelle il avait placé Adolf Clauss, sous la pression croissante de ses supérieurs pour produire des documents qu'il avait promis mais qu'il ne pouvait pas livrer. Les échelons supérieurs à Berlin, et surtout Wilhelm Canaris, le directeur de l'Abwehr, avaient eu vent de l'insaisissable attaché-case. Canaris entretenait des liens étroits avec le gouvernement espagnol. Ces liens remontaient à la Première Guerre mondiale, quand il travaillait comme agent secret sous couverture en Espagne, collectant des renseignements sur la marine.

En 1925, Canaris avait établi un réseau de renseignement allemand en Espagne. Il parlait couramment espagnol et était proche des nationalistes, dont le général Franco lui-même, et Martínez Campos, son chef des renseignements. C'est presque certainement Kuhlenthal, le protégé du chef de l'Abwehr, qui informa Canaris de la chasse vaine, jusque-là, « dans l'espoir qu'il vienne en Espagne où ils pensaient qu'il pourrait obtenir des copies grâce à sa grande amitié avec de nombreux hauts gradés, et plus particulièrement le général Vigón, le ministre de l'Air, et le général Asensio, le ministre de la Guerre.

Juan Vigón, ancien chef de l'état-major suprême, avait personnellement négocié avec Hitler, au nom de Franco, au début de la guerre. Carlos Asensio était ardemment pro-allemand et avait longtemps prôné l'entrée en guerre de l'Espagne aux côtés de Hitler. D'après un rapport des services de renseignement britanniques, « les Allemands firent des avances » aux deux hommes, mais, pour finir, l'aide de ces deux puissants généraux et l'intercession de Canaris se révélèrent superflues.

Neuf jours après leur arrivée en Espagne, les lettres tombèrent entre les mains des Allemands.

17

Le coup d'éclat de Kuhlenthal

Les services de renseignement britanniques allaient devoir attendre deux ans pour découvrir le nom de l'homme qui avait donné les documents aux Allemands. En avril 1945, alors que les nazis battaient en retraite, un groupe de commandos des services de renseignement de la Navy, une unité créée par Ian Fleming, s'empara de l'ensemble des archives de l'Amirauté allemande au château de Tambach, près de Cobourg. Fleming se rendit en Allemagne pour superviser l'unité qu'il surnommait ses « Indiens rouges » et veiller au bon déroulement du transport des dossiers en Angleterre.

Parmi ces documents, plusieurs se rapportaient à l'opération Mincemeat, et l'un d'eux révélait l'identité de l'officier d'état-major espagnol qui remit les documents à l'Abwehr : c'était un certain lieutenant-colonel Ramón Pardo Suávez, décrit par les Allemands comme « un officier d'état-major espagnol qui avait d'excellentes relations » et un informateur « avec qui nous sommes en contact depuis de nombreuses années ». Des années plus tard, Wilhelm Leissner cachait toujours l'identité de Pardo, le décrivant simplement comme « mon agent espagnol à l'état-major ». Le frère de Pardo, José, était gouverneur civil de Saragosse et Madrid, et c'était une personnalité bien placée dans le régime de Franco. Ramón Pardo allait devenir général, gouverneur du Sahara espagnol et, enfin, directeur général du département de la Santé publique.

Ramón Pardo n'agissait pas seul : les documents allemands indiquaient clairement qu'il recevait ses ordres d'une autorité supérieure et qu'il aurait bien pu être nommé officier de liaison entre l'état-major et les Allemands. Toutefois, l'agent Andros indiquait, mais pas de façon explicite, que ce sont les pressions exercées par le chef de la sécurité, le colonel Barrón, qui aboutirent à la décision de transmettre les documents aux Allemands. Il est même possible que ce soit des agents des services de sécurité de Barrón qui parvinrent à extraire les lettres des enveloppes, puis à les remettre en place, en laissant si peu de traces.

Les Anglais finirent par découvrir exactement de quelle manière les Espagnols s'étaient affranchis de cette tâche délicate. Les lettres avaient été fermées par de la gomme adhésive, puis par des sceaux ovales en cire. « Ces sceaux tenaient les enveloppes fermées car toute la gomme avait été éliminée par l'eau. » Lorsque l'on recourbait le haut et le bas de l'enveloppe, le rabat inférieur, qui était plus grand que le rabat supérieur, s'ouvrait. En insérant une fine pince métallique à deux dents à l'aide d'un simple crochet métallique dans l'ouverture, les espions espagnols parvinrent à accrocher le bord inférieur de la lettre, ils enroulèrent le papier toujours humide en rouleau serré autour de la sonde, puis ils la firent sortir par l'ouverture dans la moitié inférieure. Même les Britanniques, généralement si méprisants face aux efforts déployés par les autres nations en matière d'espionnage, furent impressionnés par l'ingéniosité des Espagnols : « Il fut possible d'extraire toutes les lettres des enveloppes en les enroulant [pour laisser] les sceaux intacts. »

Ensuite, les lettres furent soigneusement séchées à l'aide d'une lampe à chaleur. Inutile de préciser que personne ne vit le microscopique cil qui tomba de la feuille de papier dépliée. Les lettres furent alors très probablement copiées par les fonctionnaires espagnols, même si aucune copie ne réapparut jamais. « Très intelligemment, les Espagnols ne prirent pas la peine de fournir des photographies de la lettre à Eisenhower, à qui l'on remit uniquement la brochure sur les Opérations combinées, qui n'était que du remplissage. » Pourtant, les deux autres lettres étaient bien plus significatives.

Ces lettres furent apportées par le lieutenant Pardo de l'état-major à l'ambassade d'Allemagne et remises, en personne, à Leissner, le chef de l'Abwehr en Espagne, qui fut informé qu'il les avait à sa disposition pendant une heure. Leissner comprenait l'anglais, tandis que Kuhlenthal parlait et lisait la langue couramment. Les Allemands se rendirent immédiatement compte qu'ils avaient mis le doigt sur de la dynamite, une impression indubitablement aggravée par les difficultés qu'ils avaient rencontrées pour obtenir les documents. « Ils semblaient être de la plus haute importance », se souvint plus tard Leissner. Non seulement les lettres indiquaient un débarquement imminent des Alliés en Grèce, et probablement aussi en Sardaigne, mais elles identifiaient spécifiquement la Sicile comme une cible de diversion.

« Petit homme aux cheveux blancs avec les yeux vifs comme ceux d'un oiseau », Leissner « ressemblait plus à un diplomate qu'à un officier du renseignement ». En 1943, il avait quasiment été supplanté par l'énergique Kuhlenthal, mais ce n'était pas un idiot. Même à la première lecture, les documents lui parurent quelque peu étranges : « Ces lettres mentionnaient le nom de l'opération "Husky". Cela resta gravé dans ma mémoire, parce qu'il me paraissait dangereux de citer à la fois le nom de code et les destinations possibles dans un même document. » Par mesure de prudence, il évita de tirer des conclusions hâtives à partir d'une seule lettre et, d'après lui, « les considérations stratégiques n'étaient pas assez précises pour suggérer que la destination était déjà fixée dans le nord de la Méditerranée… Le dernier mot semblait revenir au général Alexander ». Kuhlenthal, en revanche, avec le mélange d'impatience et de crédulité qui le caractérisait, ne laissa aucune place au doute. Tout comme il avait géré le réseau Garbo pendant des années sans en remettre en cause la véracité, il crut instantanément et aveuglément aux lettres Mincemeat.

Les espions allemands firent vite, sachant que les lettres devaient être restituées dans l'heure. « Je les ai emportées au sous-sol de l'ambassade d'Allemagne, raconta Leissner, et je les y ai fait photocopier par mon photographe. Je regardais même par-dessus son épaule quand il travaillait pour l'empêcher de lire les documents. » Leissner informa Dieckhoff, l'ambassadeur d'Allemagne en Espagne, de sa découverte et lui décrivit le contenu des lettres.

Les originaux furent restitués au lieutenant Pardo, qui les rapporta aux bureaux de l'état-major, accompagné de Kuhlenthal. L'espion allemand observa les techniciens espagnols tandis qu'ils réinséraient les lettres dans les enveloppes, employant l'inverse de la méthode utilisée pour les extraire. Il est difficile de sortir une lettre humide d'une enveloppe de cette manière, mais il l'est encore plus de l'y remettre en place sans froisser le papier, sans laisser de traces révélatrices ni briser les sceaux. L'espion espagnol chargé de l'opération devait être très adroit car, à l'œil nu, « il n'y avait aucune trace » révélant que les lettres avaient été sorties de leurs enveloppes. Ensuite, les lettres furent mises à tremper dans de l'eau salée pendant vingt-quatre heures, pour les humidifier à nouveau. Enfin, les enveloppes et les épreuves du livre furent replacées dans l'attaché-case, qui fut verrouillé, puis rendu au ministère de la Marine, en même temps que le portefeuille et les effets personnels du major Martin. Toute l'opération – l'ouverture des lettres, leur transfert aux Allemands, leur copie, leur remise en place et leur restitution – fut exécutée en moins de deux jours. Mais, avant même que les documents ne retournent entre les mains des Espagnols, les copies s'étaient envolées vers Berlin.

Les lettres avaient été remises à Leissner, en tant que dirigeant de l'Abwehr en Espagne, mais c'est Karl-Erich Kuhlenthal qui les rapporta triomphalement en Allemagne. Les documents copiés étaient bien trop secrets et importants pour être envoyés par radio ou par télégramme. Comme Leissner le fit remarquer plus tard, la décision d'envoyer Kuhlenthal en personne était à la mesure de « l'importance qui leur était attachée ». Il semblerait que Berlin avait déjà été informé de l'interception des documents et que l'enfant prodige du poste de Madrid avait été convoqué pour les emporter en personne. Lui seul devait présenter ce nouveau coup des services de renseignement au haut commandement et, comme cela venait de Kuhlenthal, il avait plus de chances d'être crédible. Pour les Anglais, c'était idéal. La crédibilité d'un renseignement dépend souvent moins de sa valeur intrinsèque que de la personne qui le découvre et qui le transmet. La présentation est critique et, du point de vue des Anglais, les documents du major Martin étaient maintenant entre les mains du coursier idéal. Le lieutenant Pardo de l'état-major espagnol fut interrogé une nouvelle fois, afin d'obtenir plus de détails sur la façon dont le corps et ses secrets avaient été découverts. Ces informations, plus tard portées sur le papier, figuraient dans un long rapport intitulé « Messager anglais noyé récupéré à Huelva » :

« Le 10 mai 1943, une nouvelle conversation avec l'officier de liaison clarifia les questions suivantes :

1. Le messager transportait, serrée dans la main, une mallette ordinaire qui contenait les documents suivants :

a) Un papier blanc ordinaire, qui enveloppait les lettres adressées au général Alexander et à l'amiral Cunningham. Ce papier blanc ne portait aucune adresse.

Les lettres étaient chacune protégée par sa propre enveloppe, munie de l'inscription habituelle et personnellement adressée à son destinataire, et apparemment scellée par le sceau privé de l'expéditeur (chevalière). Les sceaux étaient intacts. Les lettres elles-mêmes, que j'ai déjà fait replacer dans leur enveloppe d'origine, sont en bon état. Avant d'être reproduites, elles furent séchées à la chaleur artificielle par les Espagnols, avant d'être à nouveau placées dans de l'eau salée pendant 24 heures. Sans cette dernière étape, leur condition aurait indubitablement été altérée.

b) Le portefeuille, qui contenait aussi les épreuves de la brochure sur les fonctions du Commandement des Opérations combinées, à laquelle Mountbatten faisait référence dans sa lettre du 22 avril 1943, ainsi que les photographies mentionnées dans la lettre. Les épreuves étaient en excellent état, mais les photographies sont très abîmées.

2. De plus, le messager transportait dans sa poche de poitrine un portefeuille contenant des papiers personnels, dont ses papiers militaires avec des photographies. (Ces papiers peuvent être reliés à la référence au major Martin faite par Mountbatten dans sa lettre du 22 avril.) Il y avait aussi une lettre au major Martin de la part de sa fiancée et une autre de son père, ainsi qu'une facture pour un night-club londonien, datée du 27 avril.

Par conséquent, le major Martin quitta Londres dans la matinée du 28 avril et, durant l'après-midi du même jour, son avion eut un accident aux environs de Huelva.

3. Le consul britannique était présent lors de la découverte et sait tout. Au prétexte que tout ce qui était trouvé sur le corps, y compris tous les documents, devait être mis à la disposition des autorités espagnoles compétentes, nous avons anticipé des réclamations que le consul britannique aurait probablement faites pour la délivrance immédiate des documents. Après leur

reproduction, tous les documents furent replacés dans leur condition originale de façon à donner indubitablement l'impression qu'ils n'avaient pas été ouverts, et même moi, j'aurais été convaincu. Dans les prochains jours, ils seront rendus aux Britanniques par le ministère des Affaires étrangères espagnoles. »

Des enquêtes relatives aux restes du pilote de l'avion, vraisemblablement blessé pendant l'accident, et sur le sort des autres passagers éventuels, ont déjà été mises entre les mains de l'état-major espagnol.

Le rapport n'était pas signé, mais la phrase « même moi, j'aurais été convaincu » était caractéristique de la vantardise de Kuhlenthal, tout comme les erreurs et les exagérations, qui étaient son talon d'Achille. Il sous-entendait qu'un pilote avait été trouvé et était interrogé ; il affirmait avoir supervisé la remise en place des lettres, alors qu'il n'avait été qu'un simple observateur ; il décrivait les sceaux comme provenant de chevalières personnelles, alors que c'était des sceaux militaires standard ; il ne mentionnait pas la chaîne attachant la mallette au corps, mais ajoutait le détail mélodramatique (et inexact) que le corps avait été trouvé serrant la mallette. Décrire les places de théâtre comme des reçus de night-club était une erreur pardonnable, mais confondre les dates ne l'était pas. La date qui y était inscrite était le 22 avril, et pas le 27 avril. Le corps fut découvert le 30 avril. D'après le rapport de Kuhlenthal, le corps était immergé depuis moins de trois jours lorsqu'il fut récupéré, une chronologie catégoriquement contredite par l'état de décomposition et par l'autopsie, qui estimait que la mort remontait à huit jours ou plus.

Bletchley Park intercepta un message indiquant que Kuhlenthal « quitta Madrid en toute hâte pour Berlin afin de consulter à la demande de celui-ci et avec l'*Oberleutnant* von Dewitz, l'évaluateur de KO [Abwehr], les rapports transmis d'Espagne au *Luftwaffenfuehrungstab* ». Kuhlenthal avait une chambre réservée à l'hôtel Adlon, à Berlin, mais, apparemment, il se rendit directement au quartier général de l'Abwehr, dans le sud de la ville. Le 9 mai, il présenta à ses chefs ravis la plus grande prouesse de renseignement de sa carrière.

Étrangement, les implications de l'empressement de Kuhlenthal à se rendre à Berlin ne semblent pas avoir été relevées à l'époque. Le message intercepté peut avoir été accidentellement antidaté, ou décodé trop tard pour être exploitable, et les dates figurant dans le dossier du MI5 sur Kuhlenthal étaient contradictoires. Montagu et Cholmondeley ne surent pas que Kuhlenthal s'était empressé de prendre un avion pour l'Allemagne : pour ce qu'ils en savaient, les documents étaient toujours empêtrés dans le carcan de la bureaucratie espagnole.

Le 11 mai, l'amiral Alfonso Arriago Adam, le chef d'état-major de la marine espagnole, arriva à l'ambassade britannique, transportant une mallette noire, et une enveloppe administrative, et demanda à voir l'attaché naval, Alan Hillgarth. L'officier espagnol expliqua que le ministre espagnol de la Marine, le contre-amiral Moreno, se trouvait actuellement à Valence, mais lui avait donné des instructions pour remettre à Hillgarth en personne « tous les effets et papiers » trouvés sur le corps de l'officier britannique. « Tout est là », dit l'amiral Arriago, avec un regard entendu. La clé, qui avait été retirée du porte-clés du major Martin, se trouvait dans le verrou de la mallette et celle-ci était déverrouillée. « D'après son comportement, il était évident que le chef d'état-major de la marine était au courant [du contenu], écrivit Hillgarth. Tout en exprimant ma gratitude, je montrais à la fois du soulagement et de l'inquiétude. Ni [le] secrétaire ni moi-même ne montrions de volonté de discuter davantage [de l'affaire]. » Après avoir remis l'enveloppe contenant le portefeuille et les autres objets, l'amiral espagnol salua brusquement et prit congé.

Verrouillant sa porte de bureau, Hillgarth ouvrit délicatement la mallette et jeta un œil à l'intérieur. C'était la première fois qu'il voyait les preuves qu'il s'était donné tant de mal pour faire passer aux Allemands. Il avait reçu pour stricte instruction de ne pas ouvrir les lettres ni déplacer le contenu car tout allait être étudié au microscope à Londres. Les Espagnols ne cachaient pas que la mallette avait été ouverte. « Il est évident [que le] contenu de la valise avait été examiné même si certains documents semblaient collés ensemble par l'eau de mer », rapporta Hillgarth à Londres. Il enveloppa la mallette et les autres effets dans du papier, adressa le paquet à Ewen Montagu, aux services de renseignement de la Navy, à Whitehall et envoya un télégramme expliquant que le colis serait placé dans une valise diplomatique scellée sur le premier vol pour Londres, qui quittait Madrid le 14 mai. Hillgarth était convaincu que le chef d'état-major de la marine espagnole connaissait le contenu de la mallette, mais il ajouta : « Même si je ne pense pas qu'il divulguera ses connaissances à l'ennemi, il est évident que d'autres gens sont dans le secret. Il est donc plus que probable que tout sera communiqué à l'ennemi. Des notes ont certainement été prises et des copies effectuées. » Hillgarth sollicita aussi la permission de demander au chef de poste des SIS d'essayer de découvrir entre quelles mains les documents étaient passés. « Si vous êtes d'accord, je demanderai à 23000 de découvrir par ses propres moyens si les Allemands les ont, comme il peut le faire s'ils arrivent à l'état-major combiné (ce qu'ils feront très probablement). » D'ailleurs, les lettres sont revenues aux autorités de la marine *depuis* l'état-major.

Le télégramme de Hillgarth était la première vraie bonne nouvelle depuis que le corps s'était échoué. Pourtant, il n'y avait toujours pas de preuve tangible que les Allemands avaient obtenu les documents, et encore moins qu'ils croyaient à leur contenu.

Quand les lettres furent de retour entre les mains des Anglais, les Allemands les étudiaient déjà depuis au moins quarante-huit heures à l'insu de tous du côté britannique. Le 9 mai, l'Abwehr transmit les lettres au haut commandement allemand, avec un message d'accompagnement indiquant que « l'authenticité du rapport est tenue comme probable », même si cette note de prudence allait s'évaporer rapidement. La tâche d'authentification des lettres reviendrait à la branche du renseignement au haut commandement de l'armée allemande, le *Fremde Heere West* ou FHW, le pilier du renseignement militaire allemand.

À son quartier général, un bunker à deux étages, à Zossen, au sud de Berlin, le FHW recevait et évaluait tous les renseignements liés à l'effort de guerre allié. L'unité était dirigée par des officiers professionnels de l'état-major, mais elle comptait aussi dans ses rangs des réservistes, des journalistes, des hommes d'affaires et des banquiers qui étaient capables de réfléchir au-delà des opinions militaires établies. Au FHW, la moindre bribe de renseignement était scrutée minutieusement et analysée, qu'il s'agisse de rapports de l'Abwehr, de communiqués interceptés, d'interrogatoires de prisonniers, de rapports de reconnaissance et de documents saisis. Le FHW diffusait des prévisions à long terme des plans de l'ennemi et, toutes les deux semaines, une étude détaillée des armées alliées, assortie de leurs dispositions et de l'ordre de bataille. Ces documents top secret étaient distribués non seulement à Hitler et au commandement suprême des forces armées, l'*Oberkommando der Wehrmacht* (OKW), qui avait à sa tête le maréchal Wilhelm Keitel, mais aussi aux commandants allemands sur le terrain. Les rapports de situation quotidiens qui évaluaient les forces et les intentions alliées étaient envoyés directement au Führer en personne, en même temps que des informations sur les mouvements des troupes, les activités ennemies et tous les renseignements récemment découverts. Les rapports du FHW étaient la crème des renseignements allemands et la voie d'accès la plus directe à Hitler.

Le Führer était en manque de bonnes nouvelles. En quatre mois, Hitler avait perdu un huitième de ses combattants sur les champs de bataille d'Afrique du Nord et sur le front de l'Est. Des flottes de bombardiers réduisaient les villes et l'industrie allemandes en cendres. L'Allemagne était en train de perdre la guerre sous-marine : quarante-sept sous-marins avaient coulé en mai, et trois fois plus en mars, grâce aux déchiffreurs qui localisaient les « meutes ». Hitler blâmait ses chefs militaires. « Il en a plus qu'assez de ses généraux », écrivit Josef Goebbels dans son journal. « Tous les généraux mentent. Tous les généraux sont déloyaux. » Hitler avait besoin qu'on lui donne des nouvelles auxquelles il pouvait croire, pour contrer les mensonges de ses généraux, pour redorer le mythe de sa propre invincibilité. Les services de renseignement allemands allaient lui faire cette fleur.

Le FHW était dirigée par le lieutenant-colonel Alexis Baron von Roenne, un aristocrate de petite taille, portant des lunettes et dont la famille régnait autrefois sur quelques lopins de terre sur la côte balte. Von Roenne était un ancien banquier et il en avait toujours l'air : il était soigneux, pédant, snob, profondément croyant et brillamment intelligent. « Derrière ses verres à la monture invisible et ses lèvres serrées travaillait un cerveau aussi transparent que le verre. » Von Roenne s'était porté volontaire pour se battre sur le front de l'Est, il avait été gravement blessé, puis transféré aux services de renseignement militaires, où il connut une ascension fulgurante, développant sa propre technique de renseignement qui impliquait de se forger une image de l'ennemi, une *Feinbild*, à partir de minuscules fragments d'information. Il bénéficiait d'une réputation quasi mystique de divination et de prédiction des intentions des Alliés. Le mythe de l'infaillibilité de von Roenne était largement immérité mais, surtout, Hitler y croyait et il tenait von Roenne en très haute estime : lorsque le commandement du FHW fut vacant au printemps 1943, le Führer ordonna personnellement la nomination de l'aristocrate lituanien. Von Roenne dirigeait la branche des renseignements occidentaux de l'armée allemande depuis deux mois lorsque les lettres Mincemeat atterrirent sur son bureau à Zossen.

Montagu avait raison lorsqu'il prédit que les Allemands étudieraient cette mine d'informations avec une profonde suspicion et une extrême prudence. Les Espagnols avaient remis les deux lettres cruciales, mais les Allemands avaient obtenu un inventaire complet et une description de tout ce qui se trouvait dans la mallette, le portefeuille et les poches du mort : « Les Allemands étudièrent chaque phrase des lettres avec une grande attention et ils étaient aussi parfaitement informés à propos de la construction de la personnalité du major Martin. »

La première évaluation complète des documents par les services de renseignement allemands fut écrite le 11 mai et signée par le baron von Roenne. Elle était adressée au commandement supérieur de la Wehrmacht, OKW ou *Wehrmachtführungstab*, dirigé par le général Alfred Jodl, et intitulée, pompeusement, « Découverte du message anglais ». Elle commençait ainsi : « Sur le cadavre d'un messager anglais qui fut découvert sur la côte espagnole se trouvaient trois lettres de hauts gradés britanniques à des hauts gradés alliés en Afrique du Nord… Elles donnent des informations concernant les décisions prises le 23 avril 1943, et relatives à la stratégie anglo-américaine pour la conduite de la guerre en Méditerranée après la conclusion de la campagne de Tunisie. » Le major Martin est décrit comme « un spécialiste expérimenté en opérations amphibies ».

Von Roenne continue en exposant, point par point, la désinformation préparée par Cholmondeley et Montagu. « Des opérations amphibies à grande échelle sont prévues à la fois dans l'ouest et dans l'est de la Méditerranée. L'opération prévue dans l'est de la Méditerranée, sous le commandement du général Wilson, se fera sur la côte près de Kalamata et au sud du cap Araxos. Le nom de code du débarquement dans le Péloponnèse est "Husky"... L'opération qui doit être conduite dans l'ouest de la Méditerranée par le général Alexander a été mentionnée, mais sans citer son objectif. » Toutefois, von Roenne avait relevé la référence aux sardines. « Dans cette lettre, une remarque badine fait référence à la Sardaigne, écrit-il. Le nom de code de cette opération est "Brimstone". » L'offensive sur la Sardaigne, conjecture-t-il, sera « une attaque mineure de type "commando" » car Mountbatten a demandé que le major Martin lui soit rendu après l'opération. « Cela laisse supposer qu'il s'agit d'un débarquement sur une île et non d'une offensive majeure... C'est un autre point en faveur de la Sardaigne. »

De surcroît, von Roenne souligna que la Sicile n'était pas une véritable cible pour les Alliés, mais seulement une diversion : « L'opération de diversion pour "Brimstone" porte sur la Sicile. » Ce mensonge restera immuablement ancré au cœur de la réflexion stratégique allemande pendant les mois suivants : les offensives se feront à l'est, en Grèce, et à l'ouest, très probablement en Sardaigne ; les signes d'un quelconque débarquement en Sicile peuvent être réfutés en toute quiétude comme étant des canulars. La seule incertitude, avertit von Roenne, était celle de la date. Si les deux divisions identifiées dans la lettre de Nye – la 56e division d'infanterie qui attaquerait Kalamata et la 5e division d'infanterie qui avait pour cible le cap Araxos – n'étaient pas déployées avec leur puissance maximale, alors l'« opération pouvait être montée immédiatement » et l'offensive pouvait démarrer à tout moment. Toutefois, von Roenne remarqua que deux brigades de la 56e division étaient « toujours en action » à Enfidaville. Si toute la division devait être utilisée dans l'assaut, ces troupes « devaient d'abord se reposer avant d'être embarquées. Cette possibilité, qui nécessite un certain délai avant le lancement de l'opération, est la plus probable, à en juger par la forme des lettres. » D'après les mûres réflexions de von Roenne, l'Allemagne disposait encore d'« au moins deux ou trois semaines » pour envoyer des renforts sur la côte grecque avant l'attaque.

Ce délai suffisait aux Anglais pour changer leurs plans, ce qu'ils ne manqueraient pas de faire s'ils savaient que les informations étaient arrivées jusqu'aux Allemands. Von Roenne eut alors cette importante considération : « L'état-major britannique sait que les dépêches du messager au [sic] major Martin sont tombées entre les mains des Espagnols, écrivit-il, [mais] l'état-major britannique ne sait peut-être pas que nous avons eu connaissance de ces lettres, car un consul britannique était présent lors de l'examen des lettres par les fonctionnaires espagnols. » Les lettres avaient été replacées dans leurs enveloppes et rendues aux Britanniques, et un haut gradé du poste de l'Abwehr à Madrid avait personnellement inspecté les enveloppes rescellées avant qu'elles ne soient rendues à Alan Hillgarth. Les Britanniques peuvent soupçonner, sans en avoir la preuve, que les lettres ont été lues, voire transmises aux Allemands et copiées. « Il ne reste donc plus qu'à espérer que l'état-major britannique maintienne ces opérations projetées, ce qui permettrait un succès retentissant de l'Abwehr. » Pour convaincre les Britanniques que leurs secrets étaient toujours bien gardés, von Roenne suggéra que les Allemands montent leur propre désinformation : ils ne devaient pas laisser entendre qu'ils craignaient des offensives simultanées dans l'est et dans l'ouest de la Méditerranée et, à la place, ils devaient « initier un plan de diversion qui tromperait l'ennemi en dépeignant un intérêt croissant de l'Axe pour la Sicile ». Les Allemands devaient prétendre envoyer des renforts en Sicile, tout en n'en faisant rien.

Von Roenne concluait par un avertissement concernant la sécurité. « La nouvelle de cette découverte sera traitée dans le plus grand secret et sa connaissance doit être divulguée le moins possible. » L'évaluation du baron était remarquable par bien des aspects : elle rassemblait tous les aspects de la désinformation et lançait même un plan similaire pour la renforcer. Mais le plus étonnant était surtout le soutien retentissant qui accompagnait l'analyse : « Les circonstances de la découverte, ainsi que la forme et le contenu des dépêches, sont des preuves absolument convaincantes de la fiabilité des lettres. » Dès le départ, le plus grand analyste des renseignements de l'armée réfutait toute possibilité d'un coup monté.

C'était pour le moins étrange. Les analystes du FHW se méfiaient généralement des informations non corroborées qui émanaient directement de l'Abwehr, conscients de l'inefficacité et de la corruption de cette organisation, et ils avaient tendance à se montrer sceptiques face aux révélations de l'Abwehr « à moins que celles-ci ne soient clairement corroborées par une preuve tangible ». Le scepticisme naturel de von Roenne semblait l'avoir quitté. Il savait uniquement que le poste de l'Abwehr de Madrid lui avait signalé la découverte d'un corps, ce qui était une information de seconde main provenant d'Adolf Clauss. Le rapport détaillant les résultats de la seconde rencontre avec Pardo le 10 mai n'était pas encore parvenu à Berlin. Aucune vérification supplémentaire n'avait été faite, le corps n'avait pas été examiné, et les documents originaux étaient restés entre les mains des Allemands pendant seulement une heure, ce qui est bien trop court pour une expertise médico-légale. Et pourtant, il choisit de décrire les documents comme étant incontestablement authentiques.

La tromperie est une forme de séduction. En amour comme à la guerre, dans l'adultère comme dans l'espionnage, la duperie est uniquement possible si la partie dupée veut bien, d'une certaine façon, être dupée. L'amoureux trahi ne voit que les signes d'amour et se voile les yeux devant les preuves d'infidélité, aussi criantes soient-elles. La volonté inconsciente de voir le mensonge comme une vérité – l'amiral Godfrey emploie le mot « *wishfulness* » (idéalisme) – peut prendre différentes formes : Adolf Clauss à Huelva voulait croire aux faux documents parce que sa réputation en dépendait ; pour Karl-Erich Kuhlenthal, toute découverte de renseignements pouvant être portée à son crédit, quelle qu'en soit la crédibilité, contribuait à le protéger, lui, le Juif au milieu de tueurs antisémites. Toutefois, von Roenne a peut-être choisi de croire aux faux documents pour une tout autre raison : parce qu'il détestait Hitler, parce qu'il voulait nuire à l'effort de guerre nazie et parce qu'il avait l'intention de transmettre de fausses informations au haut commandement en sachant pertinemment qu'elles étaient totalement fausses et extrêmement dommageables.

Il est parfaitement possible que le lieutenant-colonel Alexis baron von Roenne n'ait pas cru un instant à la désinformation Mincemeat.

18

Mincemeat digéré

Alexis baron von Roenne avait l'allure du parfait officier de renseignement nazi : ancien combattant de la Première Guerre mondiale, blessé de guerre, récompensé par la croix de fer, loyal à son serment et analyste préféré du Führer. « Hitler accordait une foi inébranlable à von Roenne et à son habileté de raisonnement, et semblait l'avoir apprécié personnellement. » L'ancien banquier aristocrate avait combattu dans le fameux régiment de Potsdam, il était allé à l'académie militaire et avait démontré sa supériorité intellectuelle dès le début de la guerre. En 1939, on lui avait confié la tâche de déterminer si le Royaume-Uni et la France voleraient au secours de la Pologne, en cas d'invasion allemande. Il avait envoyé un rapport spécial à Hitler, prédisant que « les alliés occidentaux protesteraient contre une attaque allemande, mais qu'il n'y aurait pas d'action militaire ». La prédiction de von Roenne était « exactement ce que Hitler voulait entendre » ; il était aussi exceptionnellement sensible à ce que le Führer voulait entendre. « Hitler était très impressionné par l'intuition de von Roenne, ainsi que par la précision de son évaluation. »

En 1940, von Roenne prédit que la Ligne Maginot, censée protéger la frontière orientale de la France, pouvait être contournée, ce qui assura la réussite de la percée allemande. Il avait encore raison. En mai 1943, von Roenne était l'interprète des runes du renseignement auquel Hitler faisait le plus confiance – c'était une responsabilité effrayante. « Il était de son ressort de produire les renseignements définitifs dont le haut commandement avait besoin... C'est sur son bureau qu'atterrissaient toutes les responsabilités. »

Ses collègues décrivent von Roenne comme quelqu'un de froid, « un intellectuel distant, impossible de se lier d'amitié avec lui ». Le comportement inaccessible de von Roenne n'était peut-être pas surprenant, car le fonctionnaire fasciste pincé avait un autre visage, inconnu de ses collègues nazis – et, surtout, de Hitler. Von Roenne était un opposant secret, mais engagé, du nazisme, qui avait une double vie. Il détestait Hitler et les malfrats grossiers qui l'entouraient. Il avait une tournure d'esprit vieillotte, monarchiste, militaire, imprégnée de tradition féodale et de la croyance que certaines personnes (comme lui), « à cause de leurs origines, étaient en droit d'être de rang supérieur ». Sa conscience chrétienne avait été outrée par la terreur SS épouvantable qui s'était déchaînée en Pologne. En silence, mais avec une conviction absolue, il s'était tourné contre le régime nazi.

À partir de 1943, il gonflait délibérément et systématiquement l'ordre de bataille allié, exagérant la force des armées britanniques et américaines dans l'espoir de tromper Hitler et ses généraux. Même s'il y parvint, sa motivation demeure incertaine. Von Roenne a peut-être simplement compensé la tendance qu'avaient ses supérieurs à diminuer les chiffres. Il essayait peut-être d'impressionner ses chefs. C'était un opposant fanatique du bolchevisme qui menaçait de détruire le système de classes dont il était l'héritier et, avec d'autres anti-communistes allemands, il avait peut-être fait le calcul que « si l'Allemagne devait céder face à des forces supérieures à l'ouest, les Alliés étaient les mieux placés pour contenir les Soviétiques, et une force alliée grossie était l'un des moyens de parvenir à cette fin ». Comme d'autres conspirateurs allemands antinazis, il voulait peut-être simplement que l'Allemagne perde la guerre aussi vite que possible, pour éviter d'autres bains de sang, et pour se débarrasser de Hitler et de son cercle odieux au pouvoir. Quelles que soient ses raisons, et malgré sa réputation de gourou du renseignement, en 1943, von Roenne faisait délibérément passer des informations, qu'il savait fausses, directement sur le bureau de Hitler.

L'heure de gloire de von Roenne viendrait lors du débarquement en Normandie en 1944. Lors des préparatifs en vue du Jour J, il transmit fidèlement toutes les ruses de désinformation dont il avait eu connaissance, il valida l'existence de toutes les unités fantômes et porta les quarante-quatre divisions stationnées en Grande-Bretagne à quatre-vingt-neuf. Sans la connivence consentante de von Roenne, la complexe toile de désinformation tissée pour le Jour J aurait pu être dénouée. Un historien affirme que « sa méthode pour lutter contre la machine de guerre nazie consistait à gonfler les estimations des forces alliées en Angleterre et à convaincre Hitler et l'OKW que l'offensive principale se ferait sur Calais », alors qu'il savait probablement que la véritable offensive visait la Normandie. Sa détermination à se laisser tromper joua un rôle déterminant dans le dernier chapitre de la guerre.

Von Roenne n'était pas directement impliqué dans le complot raté, mené par Claus von Stauffenberg, pour assassiner Hitler en juillet 1944. Mais c'était un ami proche de Stauffenberg et des autres conspirateurs de l'opération Walkyrie et ses liens avec la rébellion étaient suffisants pour lui valoir un destin tragique dans les terribles représailles menées par la Gestapo. La revanche de Hitler fut d'une brutalité stupéfiante. Un mois après le complot de juillet, von Roenne fut arrêté, jugé et condamné à mort après un procès exemplaire devant le « tribunal du peuple ». Pour sa défense, von Roenne déclara simplement que la politique raciale nazie était en contradiction avec les valeurs chrétiennes. Le 11 octobre 1944, avec d'autres conspirateurs présumés, il fut, pieds et mains liés, dans la prison de Berlin-Plötzensee, accroché par la gorge à un crochet de boucher pour en mourir d'une mort lente. Dans un excès de barbarie, Hitler ordonna que certaines exécutions soient filmées pour son bon plaisir. À la veille de sa mort, von Roenne écrivit une épitaphe à sa femme : « Bientôt, je retournerai à la maison de Notre Seigneur dans le calme et dans la certitude du salut. » Von Roenne aida indubitablement les Alliés à gagner la guerre, mais ses motivations exactes restent un mystère. Si Kuhlenthal allait perdre la guerre du renseignement par accident, von Roenne la perdit par dessein.

En mai 1943, l'allégation que le colonel von Roenne était un conspirateur antinazi, cherchant à saper Hitler, aurait été inimaginable, voire elle aurait constitué une trahison. Le petit baron était toujours l'analyste préféré de Hitler et s'il déclarait qu'il y avait « des preuves absolument convaincantes de la fiabilité » de cette « réussite fracassante de l'Abwehr », alors c'était ce que Hitler allait très probablement croire.

Pendant les deux semaines que dura l'attente de nouvelles en provenance d'Espagne, l'atmosphère dans la salle 13 était « malodorante, irritable et irascible ». Les grommellements de Montagu s'étaient amplifiés ; il se plaignait qu'« il devait se baisser à chaque fois qu'il passait sous le tuyau d'aération, ce qui le faisait arriver dans la salle 13 le dos courbé ». Étant donné la pression, marmonnait-il, il est « surprenant que nous n'ayons que cinq dépressions parmi le personnel féminin ».

Le 12 mai, le jour même où Hillgarth signala le retour de la mallette, Juliette Ponsonby, la secrétaire de la section 17M, partit chercher les dernières dépêches de Bletchley Park dans la salle des téléscripteurs de l'Amirauté. Montagu commença à feuilleter les imprimés. Soudain, il poussa un grand cri et frappa si fort sur la table que sa tasse à café tomba de son bureau. Ce matin-là, les intercepteurs avaient reçu un télégramme envoyé par le général Alfred Jodl, chef de l'état-major de la Wehrmacht dans l'OKW et responsable de toute la planification des opérations militaires, indiquant qu'« un débarquement ennemi à grande échelle est projeté dans un proche avenir à la fois dans l'est et dans l'ouest de la Méditerranée ». L'information, envoyée au haut commandement allemand au sud-est et au sud, avec des copies à la division de l'état-major opérationnel de la marine et à l'état-major opérationnel de l'aviation, était décrite par Jodl comme provenant d'« une source qui pourrait être considérée comme absolument fiable ». Le message fournissait ensuite tous les détails de l'offensive prévue en Grèce, exactement telle que décrite dans la lettre de Nye. Jodl approuva lui-même les documents : « Il est très rare qu'un rapport de renseignement soit transmis à l'état-major opérationnel ou par un [si] haut gradé avec une recommandation de fiabilité si élevée », écrivit Montagu, qui avait étudié des milliers de télégrammes. « Pour autant que je me souvienne, ce n'est jamais arrivé. »

L'humeur changea du tout au tout dans le sous-sol de l'Amirauté avec l'arrivée du message de source très secrète 2571. « Tout le monde sautait en l'air. Nous étions si excités », se souvient Pat Trehearne. Les femmes se serraient dans les bras. Les hommes se serraient la main. La mouche avait été happée et la tension semblait être retombée.

Aucun message relatif au faux débarquement dans l'ouest de la Sardaigne ne fut intercepté, mais les Anglais en conclurent qu'il était « presque certain » que le commandement allemand sur le front occidental avait reçu par téléscripteurs « des détails similaires provenant de la lettre qui concernait cette zone ». Le message de Jodl n'était que le hors-d'œuvre. Dès lors, les preuves commencèrent à s'accumuler. Elles montraient que « les Allemands envoyaient des renforts dans les zones de débarquement imaginaires en Grèce… et répartissaient, au même moment, leurs forces disponibles en Sardaigne ». Ce furent « des jours merveilleux », dans l'univers de Montagu.

Winston Churchill était à Washington pour la conférence portant le nom de code « Trident », réfléchissant avec Roosevelt sur le débarquement en Italie, le bombardement de l'Allemagne et la guerre du Pacifique. Un télégramme fut immédiatement envoyé au Premier ministre, indiquant en termes sibyllins que « Mincemeat » avait atteint « les bonnes personnes et que, de source sûre, elles réagissaient en conséquence ».

Cholmondeley jubilait intérieurement. Montagu griffonna un mot de célébration sur une carte postale et l'envoya à Bill Jewell du HMS *Seraph* : « Vous serez heureux d'apprendre que le major est très bien installé. » Il écrivit aussi à Iris à New York : « Vendredi, c'était presque trop beau pour être vrai. J'ai eu d'excellentes nouvelles de la réussite d'un travail en cours (c'était même si beau que je me suis dit qu'il devait y avoir un os quelque part). » Montagu était profondément soulagé, mais il restait prudent, sachant que la désinformation en était encore à ses débuts. L'Abwehr à Madrid avait mordu à l'hameçon, tout comme, semblait-il, les analystes du service de renseignement à Berlin. Les premiers messages, écrivit Montagu, « prouvaient que nous les avions convaincus. Parviendront-ils maintenant à convaincre l'état-major suprême ? ».

Il n'avait pas de raison de s'en faire car, en Allemagne, le mensonge Mincemeat était en train de se propager. Le jour où le câble de Jodl fut envoyé aux commandements allemands en Méditerranée, Hans-Heinrich Dieckhoff, l'ambassadeur d'Allemagne à Madrid, envoya un télégramme au ministère des Affaires étrangères à Berlin : « D'après les informations que nous venons de recevoir d'une source parfaitement fiable, les Anglais et les Américains lanceront leur grande offensive sur l'Europe méridionale au cours de la prochaine quinzaine. Le plan, comme notre informateur a pu l'établir à partir de documents secrets anglais, consiste à lancer deux attaques fictives sur la Sicile et le Dodécanèse, pendant que la véritable offensive serait dirigée en deux poussées majeures sur la Crète et le Péloponnèse. »

Il était évident que Dieckhoff avait écrit son message sans avoir profité de l'analyse de von Roenne, car il passa à côté de la référence à la Sardaigne. Une heure plus tard, Dieckhoff envoya un autre message dans lequel il racontait que Francisco Gómez Jordana y Souza, le ministre espagnol des Affaires étrangères, lui avait dit « en toute confidentialité » qu'il fallait s'attendre à des offensives alliées en Grèce et en Méditerranée occidentale. Le secret transpirait maintenant depuis les échelons supérieurs du gouvernement espagnol et arrivait jusqu'aux oreilles des Allemands. « Jordana me supplia de ne pas mentionner son nom, commenta Dieckhoff, surtout parce qu'il voulait continuer à échanger des informations avec moi à l'avenir. Il considérait l'information comme parfaitement fiable et pensait qu'il était de son devoir de la communiquer. »

Finalement, les lettres Mincemeat allaient atteindre leur cible ultime. Au bout de trois semaines et après avoir parcouru 3 000 miles depuis le début de leur voyage, les contrefaçons arrivèrent enfin sur le bureau de l'homme auquel elles étaient destinées, la seule personne dont l'opinion importait.

Hitler exprima tout d'abord son scepticisme. Se tournant vers le général Ekhardt Christian de la Luftwaffe, il remarqua : « Christian, ne pourrait-il s'agir d'un cadavre qu'ils auraient délibérément mis entre nos mains ? » La réponse du général Christian n'a pas été notée, mais le 12 mai, le lendemain du rapport enthousiaste de von Roenne, tous les doutes s'étaient évaporés dans l'esprit de Hitler. Ce jour-là, le Führer émit une directive militaire générale : « Il faut s'attendre à ce que les Anglo-Américains essayent d'enchaîner les opérations en Méditerranée. Les zones suivantes sont les plus menacées : en Méditerranée occidentale, la Sardaigne, la Corse et la Sicile ; en Méditerranée orientale, le Péloponnèse et le Dodécanèse… La Sardaigne et le Péloponnèse sont prioritaires. » Ces ordres reflètent un virage complet car, comme Montagu le fit remarquer, « l'appréciation initiale des Allemands était qu'un débarquement avait plus de chances d'avoir lieu en Sicile qu'en Sardaigne ». Dans l'opinion allemande, la Sicile semblait maintenant être l'île la moins vulnérable de Méditerranée, tous les regards se portant sur la Grèce et la Sardaigne. Hitler ordonna « à tous les commandements allemands en Méditerranée de consacrer toutes leurs forces et leurs équipements pour renforcer autant que possible les défenses de ces zones particulièrement en danger pendant la courte période qu'il nous reste probablement ».

À Washington DC, Roosevelt et Churchill négociaient âprement la prochaine étape de la guerre, après l'opération Husky. « Où irons-nous après la Sicile ? » demanda le Président. Les Américains penchaient plutôt en faveur du rassemblement d'une puissante armée en Angleterre pour traverser la Manche le plus tôt possible. Churchill et ses conseillers préféraient débarquer directement sur la péninsule italienne pour frapper dans le bas-ventre mou. « La principale tâche qui nous attend », répondirent les Britanniques, est « d'amener l'Italie à se retirer de la guerre » – cela contraindrait Hitler à répartir ses effectifs, en sapant les forces allemandes, à la fois sur les fronts de l'Est et de l'Ouest. Au bout de trois jours passés dans la retraite présidentielle, dans les montagnes du Maryland, plus tard nommée Camp David, Churchill prononça un discours à l'occasion d'une session jointe du Congrès : « La guerre est pleine de mystères et de surprises, dit-il. Par la persévérance, par la constance, par la ténacité et l'endurance – comme nous en avons montré jusqu'ici – nous pourrons nous acquitter de notre devoir envers le monde futur et la destinée de l'homme. » Lors de la conférence anglo-américaine, il fut décidé qu'Eisenhower continuerait à se battre au sud de l'Europe, pendant qu'une grande offensive transmanche se préparerait pour le mois de mai suivant. Mais d'abord, la Sicile.

Lors de la conférence de presse de conclusion de la conférence Trident, un journaliste demanda à Churchill : « Que pensez-vous que Hitler ait en tête ? » Il y eut des rires, puis Churchill répondit : « Appétit débridé. Ambition démesurée – le monde entier ! » Mais secrètement, Churchill savait désormais que dans un coin de l'esprit de Hitler, une autre conviction s'était ancrée : les armées alliées d'Afrique du Nord se dirigeaient vers la Grèce, à l'est, et la Sardaigne, à l'ouest, en épargnant la Sicile.

L'apparition des effets de l'opération Mincemeat dans les messages allemands interceptés soulevait une question de sécurité. Si quiconque n'était pas dans la confidence tombait sur des rapports faisant référence

« à un document saisi sur un cadavre », il en résulterait un grand battage et des questions seraient inévitablement posées sur la raison pour laquelle des documents top secret avaient été transportés ainsi à l'étranger, en totale contradiction avec la réglementation en vigueur en temps de guerre. Bletchley Park avait reçu l'ordre de veiller à ce que tous les messages mentionnant les documents Mincemeat interceptés soient uniquement envoyés à « C », le directeur du MI6, et à Montagu en personne. « Des dispositions pourraient ensuite être prises pour avertir les destinataires ou pour en limiter la diffusion. »

Von Roenne avait choisi de prendre les documents comme argent comptant, et son analyse remontait maintenant la hiérarchie allemande. Mais tout le monde n'était pas aussi convaincu. Le major Percy Ernst Schramm, qui tenait le journal de guerre de l'OKW, se souvient des intenses discussions parmi les hauts gradés pour déterminer si les lettres étaient des contrefaçons : « Nous débattions sérieusement sur la question : "Vrai ou faux ? Vrai, peut-être ? La Corse, la Sardaigne, la Sicile, le Péloponnèse ?" » Le 13 mai, un officier sceptique du FHW, à Zossen, identifié par le nom de code « Erizo », envoya un message à l'Abwehr de Madrid, demandant plus d'informations sur la découverte des documents. « Le bureau d'évaluation attache une importance particulière à un exposé plus détaillé des circonstances dans lesquelles les documents ont été trouvés. Les aspects plus particulièrement intéressants sont : quand le corps s'est-il échoué, quand et où l'avion est-il supposé s'être écrasé ? L'avion et d'autres corps ont-ils été observés, ainsi que d'autres détails ? Réponse urgente par télégramme si nécessaire. »

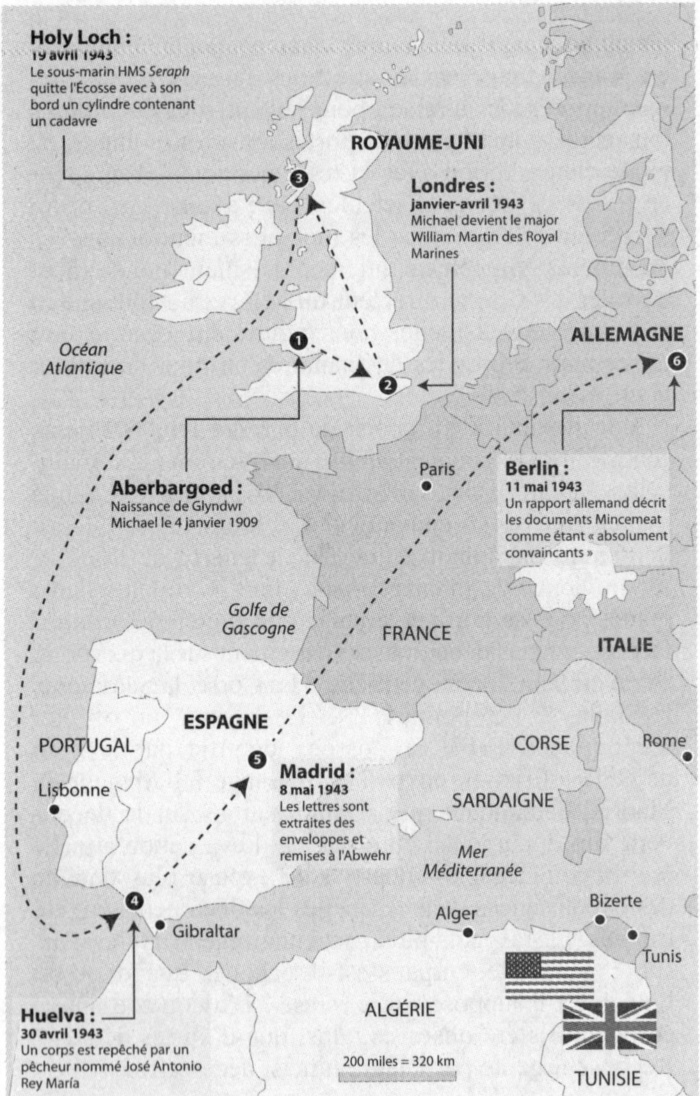

Holy Loch :
19 avril 1943
Le sous-marin HMS *Seraph* quitte l'Écosse avec à son bord un cylindre contenant un cadavre
ROYAUME-UNI
Londres :
janvier-avril 1943
Michael devient le major William Martin des Royal Marines
Océan Atlantique
ALLEMAGNE
Paris
Aberbargoed :
Naissance de Glyndwr Michael le 4 janvier 1909
Berlin :
11 mai 1943
Un rapport allemand décrit les documents Mincemeat comme étant « absolument convaincants »
Golfe de Gascogne
FRANCE
ITALIE
ESPAGNE
PORTUGAL
CORSE
Rome
Madrid :
8 mai 1943
Les lettres sont extraites des enveloppes et remises à l'Abwehr
Lisbonne
SARDAIGNE
Mer Méditerranée
Bizerte
Alger
Gibraltar
Tunis
ALGÉRIE
Huelva :
30 avril 1943
Un corps est repêché par un pêcheur nommé José Antonio Rey María
200 miles = 320 km
TUNISIE

Les analystes allemands étudient depuis plusieurs jours déjà les lettres et les rapports qui les accompagnent. La demande de plus amples détails sur la découverte suggère que l'incohérence entre l'autopsie, indiquant au moins huit jours de décomposition, et la chronologie de Kuhlenthal mentionnant juste trois jours entre la catastrophe aérienne et la découverte, n'était pas passée inaperçue. Le FHW semble aussi s'être interrogé sur le fait qu'un cadavre en décomposition, dérivant depuis plus d'une semaine, tenait encore une mallette lorsqu'il s'échoua. Et si un avion s'était écrasé en Méditerranée, où était l'épave ? Le câble fut suivi d'un coup de téléphone du FHW, toujours pour demander plus de détails.

Le bureau de l'Abwehr de Madrid répondit d'assez mauvaise grâce qu'un rapport détaillé sur la découverte avait déjà été demandé à l'état-major espagnol : « Ce dernier dépêcha un officier sur-le-champ. Les conclusions de l'officier différèrent par certains points des faits de l'affaire tels qu'ils furent d'abord exposés par l'état-major. Le rapport détaillé arrivera à Tempelhof [l'aéroport de Berlin] dans la soirée du 15/5. Allez le chercher. »

Kuhlenthal avait certainement remarqué le ton sceptique de Berlin, et, comme il le faisait toujours quand il était sous pression, il couvrit ses arrières et rejeta la faute sur les autres : « Le 10 mai, le lieutenant-colonel Pardo affirmait catégoriquement que les réponses qu'il nous a données étaient le récit complet de toute l'affaire, sans réserve, mais il semblerait que ce n'était pas le cas. » L'officier espagnol envoyé par l'état-major à Huelva pour en découvrir davantage sur le corps, et les papiers, était rentré à Madrid. « Les résultats de ses investigations nous ont été communiqués ce matin en la présence du commandant du lieutenant-colonel Pardo. »

L'officier d'état-major espagnol avait bien fait son travail. Il avait interrogé la plupart des protagonistes de l'histoire, y compris les pêcheurs, les autorités navales et le médecin légiste : son rapport oral ajouta de nombreux détails concordants et en corrigea d'autres. « Par rapport à la première déclaration du lieutenant-colonel Pardo, qui affirmait que le cadavre serrait la mallette dans sa main, il semblerait que ladite mallette ait été attachée au cadavre par une sorte de ceinture à la taille. L'attaché-case était lié à cette ceinture par un crochet. »

Le nouveau rapport, envoyé depuis le bureau de l'Abwehr en Espagne au colonel von Roenne au FHW, ainsi qu'aux chefs de l'Abwehr, décrivait précisément la manière dont les papiers et la mallette avaient remonté la chaîne de commandement espagnol, de Huelva à Cadix, puis à Madrid, avant d'être montrés à l'amiral Moreno en personne. « Il (le ministre de la Marine) remit l'ensemble – la mallette du messager, ainsi que tous les papiers trouvés dans sa poche de poitrine – à l'AEM [*Alto Estado Mayor*, l'état-major espagnol] qui entreprit de les ouvrir, de les reproduire et de les sceller, puis de les lui rendre. Il remit ensuite le tout à l'attaché naval britannique à Madrid. » L'avion anglais qui transportait le messager semble avoir disparu en mer sans laisser de traces, en tout cas aucune qu'Adolf Clauss et ses agents à Huelva aient pu trouver. « Les recherches menées pour retrouver les restes de l'avion du major Martin et les corps des autres passagers de l'avion n'ont pas abouti. »

Mais, comme toujours, Kuhlenthal avait une excuse : « Les pêcheurs déclarent que dans la zone dans laquelle le cadavre a été trouvé, les courants sont si violents que d'autres corps et des parties de l'avion pourraient être retrouvés ailleurs plus tard. »

Le stade de décomposition aussi avancé du corps en un temps aussi court était plus difficile à expliquer. Mais Kuhlenthal n'était jamais à court d'idées :

« Un examen médical du cadavre a montré qu'il n'y avait pas de blessures ou de marques apparentes qui auraient résulté d'un coup avec un objet contondant ou un couteau. D'après les preuves médicales, la mort est due à une noyade (litt. : l'absorption d'eau de mer). Le cadavre portait un gilet de sauvetage de modèle anglais et était dans un état de décomposition avancé. De l'avis médical, il est resté dans l'eau pendant une durée de cinq à huit jours. Cela contredit la preuve fournie par la découverte sur le corps d'une facture de night-club datée du 27 avril et la découverte du corps à 9 heures 30 dans la matinée du 30 avril. Toutefois, il est possible que les effets des rayons du soleil sur le corps flottant à la surface accélèrent la décomposition. Les médecins ont aussi déclaré que le corps était identique aux photographies de ses papiers militaires, à l'exception d'une calvitie plus prononcée sur les tempes. Soit la photographie du major a été prise il y a deux ou trois ans, soit la calvitie des tempes est due à l'action de l'eau de mer. »

C'était un cas typique de crédulité, mêlée d'aveuglement et de manipulation flagrante. Dans le rapport précédent, il y avait une erreur sur la date des places de théâtre, mais au lieu de la corriger, ce rapport élude le problème. Les légistes espagnols avaient conclu que la mort avait eu lieu au moins huit jours plus tôt, avant le 30 avril, mais pour que cela concorde avec sa propre chronologie (erronée), Kuhlenthal préféra dire que la mort remontait à entre cinq et huit jours. Deux explications scientifiques spécieuses mais semblant plausibles furent fournies pour expliquer pourquoi le corps pourrissait et pourquoi le major Martin paraissait beaucoup plus vieux que sur sa photographie. L'Abwehr avait décidé, dès le départ, que la découverte était authentique et l'organisation biaisait les preuves, malgré des lacunes évidentes, pour servir sa conviction. Kuhlenthal s'en tenait à son coup d'éclat. Il n'avait pas d'autre choix car l'information avait maintenant atteint les hautes sphères de la machine de guerre nazie.

Dans le sous-sol fétide de l'Amirauté, Montagu et Cholmondeley suaient sang et eau sur un développement totalement imprévu qui aurait pu être drôle s'il n'avait pas été si alarmant : la mallette du major Martin avait encore disparu. Hillgarth avait accusé réception de l'attaché-case et d'autres effets personnels le 11 mai et avait promis de les envoyer à Londres par la valise diplomatique le 14 mai. Mais le 18 mai, le paquet n'était toujours pas arrivé à la salle 13 et l'équipe Mincemeat commençait à paniquer. Ce soir-là, Hillgarth reçut un télégramme crypté : « Mallette toujours pas arrivée. Urgent recevoir lettres le plus tôt possible. Mallette envoyée par air ou par mer ? » Hillgarth répondit immédiatement que les objets, emballés dans « une petite valise scellée », avaient quitté Madrid pour Lisbonne, comme prévu, et auraient dû arriver par avion, personnellement adressés à Ewen Montagu. Ils avaient travaillé pendant des mois pour que la mallette tombe entre les mauvaises mains, comme par accident. Et là, il semblait bien qu'elle soit tombée entre les mauvaises mains, par accident.

Dans le même télégramme, Montagu demandait si le canot pneumatique envoyé à la dérive par le *Seraph* s'était échoué. Il l'informa aussi que les premiers signes semblaient indiquer que Mincemeat portait ses fruits : « Preuves réussite opération mais vital ne pas éveiller soupçons. » Hillgarth répondit qu'il n'y avait pas de trace du canot et que les pêcheurs de Punta Umbria se l'étaient probablement approprié.

D'après ses propres investigations discrètes, Hillgarth savait déjà que la désinformation prenait une forme satisfaisante. L'agent Andros avait « signalé qu'il y avait beaucoup d'agitation à propos de documents officiels trouvés sur le corps d'un officier britannique à Huelva ». Le moulin à rumeurs travaillait sans relâche : « Je lui ai naturellement demandé d'en apprendre le plus possible. » Quelques jours plus tard, Hillgarth tomba sur l'amiral Moreno lors d'une réception donnée pour des diplomates étrangers. Le ministre de la Marine aborda de son plein gré la question des documents, et « dit que dès qu'il apprenait qu'ils avaient atteint Madrid (il était à Valence), il ordonnerait au chef [d'] état-major de la marine de me les remettre immédiatement ». C'était un mensonge éhonté. Des documents allemands montrent que Moreno accusa personnellement réception des papiers, puis les remit, sans les ouvrir, à l'état-major.

Il s'ensuivit alors une conversation révélatrice entre Hillgarth et son ami espagnol :

« Pourquoi t'es-tu donné tant de mal ? » demanda Hillgarth nonchalamment.

« Je voulais m'assurer que personne ne puisse les voir sans y être autorisé, répondit Moreno. Ce qui aurait pu être grave. »

Moreno se piégea lui-même. Hillgarth avait demandé que la mallette lui soit restituée par un tiers, mais il n'avait jamais indiqué que ce n'était pas une affaire de routine, et encore moins que le contenu était secret et devait être tenu à l'abri des regards indiscrets. « Il ne connaissait visiblement pas les termes exacts de la demande, qui était verbale et qui ne l'aurait jamais conduit à dire ce qu'il a dit, rapporta Hillgarth à Londres. On peut être certain que le gouvernement espagnol connaît la teneur des documents. Je ne suis pas aussi sûr qu'ils soient arrivés jusqu'à l'ennemi, bien qu'ils aient passé plus d'une semaine à Huelva et à Cadix. »

L'amiral espagnol jouait un double jeu dangereux. Le 19 mai, l'ambassadeur d'Allemagne, Dieckhoff, envoya un autre message à Berlin, décrivant une rencontre avec Moreno : « Il m'a dit que les informations dont il disposait indiquaient que des forces importantes se rassemblaient en préparation d'une offensive sur la Grèce et l'Italie… Le ministre de la Marine considère qu'une attaque sur la Grèce est fort probable. » Tout en assurant aux Anglais que leurs secrets étaient bien gardés, Moreno faisait simultanément passer ces secrets aux Allemands. L'amiral malhonnête ferait un parfait outil pour renforcer la désinformation. « L'opération a donné des preuves concluantes de jusqu'où les Espagnols pouvaient aller pour aider l'Axe. »

Le 21 mai, à l'immense soulagement de l'équipe Mincemeat, le paquet contenant la mallette du major Martin et d'autres effets arrivèrent enfin à Londres. Aucune explication satisfaisante ne fut proposée pour son inquiétante disparition qui avait duré une semaine. La bureaucratie espagnole n'était pas la seule à faire des mystères. Les lettres furent immédiatement envoyées aux scrutateurs spéciaux (la censure) pour un examen au microscope. Ils commencèrent par inspecter les sceaux en cire et découvrirent que malgré tout ce qu'ils avaient subi au cours des semaines précédentes, ils étaient parfaitement intacts. « Les sceaux furent photographiés et marqués avant le départ des lettres et ils ont été photographiés à leur retour. Ils n'ont été altérés d'aucune manière. »

Mais ce n'était qu'une partie de l'histoire. « Même si l'on peut affirmer que les sceaux n'ont pas été abîmés, [il est] tout à fait possible que les lettres aient été roulées et extraites par les rabats inférieurs… car le rabat inférieur est beaucoup plus profond que le rabat supérieur, il y a largement la place de faire sortir le contenu. » Le cil manquait dans chaque enveloppe, mais les examinateurs avaient posé un autre piège, un peu plus scientifique. Avant d'être placée dans la mallette, en avril, chaque lettre avait été pliée en trois, symétriquement, une seule fois. Une lettre qui a été pliée quand elle est sèche présente un pli « plus net qu'un pli fait dans du papier trempé et mou, qui ressemble plus à un pli dans du tissu ». Au microscope, on constatait qu'au moins une des lettres avait été pliée deux fois, « une fois symétriquement et une seconde fois irrégulièrement… quand la lettre était mouillée ». Les examinateurs en déduisirent donc que lorsque les

Espagnols replièrent la lettre, « ils ne le firent pas en reprenant exactement les mêmes plis et, hormis les nouveaux plis, des fibres de papier avaient été endommagées ».

Un autre test fut pratiqué. Pour extraire les lettres, le papier avait été enroulé serré autour d'une pince métallique. Les lettres avaient été à nouveau mouillées avant d'être replacées dans les enveloppes, et malgré le retour retardé d'Espagne, elles étaient toujours légèrement humides. Un morceau de papier qui était roulé alors qu'il était humide avait tendance à s'enrouler une fois sec. Les censeurs sortirent les lettres puis vérifièrent si le papier reposait à plat ou non. Comme prévu, « alors que les lettres commençaient à sécher naturellement, hors de l'enveloppe, les bords commencèrent à s'incurver vers le haut, comme si la lettre avait été roulée pour être sortie au dos de l'enveloppe ». En outre, la lettre a dû être roulée alors qu'elle était pliée en trois, car les examinateurs remarquèrent que « lorsque la lettre est pliée, elle s'incurve de la même façon ». C'était la preuve tangible et irréfutable que les lettres avaient été ouvertes, ce qui corroborait la preuve donnée par les messages interceptés.

Les Allemands devaient s'attendre à ce que les Anglais examinent attentivement les lettres à leur retour pour vérifier si elles avaient été manipulées. La désinformation ne serait que plus forte si l'on parvenait à faire croire aux Allemands que l'examen avait été effectué et que les scientifiques anglais avaient été satisfaits de constater que les lettres n'avaient pas été ouvertes. La meilleure personne pour faire passer le message serait l'inconstant amiral Moreno.

Un message fut envoyé au capitaine Hillgarth, en faisant référence à sa conversation précédente avec l'amiral. « Informer ministre de la Marine dès que possible que les enveloppes scellées ont été testées par les experts et qu'il n'y avait aucune trace d'ouverture ou d'altération avant qu'elles n'arrivent entre les mains de la marine espagnole et que l'on vous a demandé d'exprimer notre profonde gratitude pour l'efficacité et la promptitude avec lesquelles la marine espagnole a pris en charge tous les documents avant qu'une personne mal intentionnée ne mette la main dessus. Vous devez dire que vous pouvez affirmer en toute confiance que l'une des lettres était de la plus haute importance et confidentialité et que l'appréciation exprimée comme preuve d'amitié est des plus sincères. » Ce message ne fut pas chiffré avant d'être envoyé, mais fut transmis par câble naval. Un second câble secret informa Hillgarth que les « lettres ont bien été ouvertes », mais qu'il devait transmettre le message à tous ceux qui étaient « susceptibles de le faire passer » que les Anglais étaient certains que les lettres n'avaient pas été lues en Espagne. « Il est important qu'il n'y ait ni répétition ni suspicion que nous pensions que les lettres aient été lues pour ne pas mettre en péril la réussite actuelle. »

Malgré les craintes de certains au FHW et les explications fanfaronnes de Kuhlenthal pour les lacunes et les contradictions de son récit, le mensonge était maintenant fermement ancré dans la pensée stratégique allemande, et il avait commencé à métastaser en se répandant à travers les veines des services de renseignement de l'Axe. Les informations sensationnelles, qu'elles soient vraies ou fausses, se propagent inexorablement.

Loin d'être remis en cause, les assauts prévus sur la Grèce et la Sardaigne étaient en voie de devenir une croyance acceptée par tous.

19

Hitler perd le sommeil

Quatre jours après la première analyse de von Roenne, un certain capitaine Ullrich, officier à l'état-major allemand, proposa une nouvelle interprétation du renseignement. Ce rapport, daté du 14 mai, « consistait en commentaires à l'intention de l'amiral Doenitz ». Ullrich montrait encore plus d'enthousiasme que von Roenne à propos des informations Mincemeat, si c'était possible.

« Il ne subsiste aucun doute concernant la fiabilité des documents saisis. L'examen visant à déterminer s'ils ont été intentionnellement mis entre nos mains montre que c'est plus qu'improbable. » Nul ne sait précisément quel examen a été pratiqué pour lever « les derniers doutes ». Aucune nouvelle preuve n'a été trouvée et aucune investigation formelle n'a été entreprise. Toutefois, l'élan d'idéalisme était irrépressible.

En outre, le capitaine Ullrich s'interrogeait pour « savoir si l'ennemi était conscient que nous avions intercepté ces documents ou s'il était uniquement au courant de la disparition d'un avion en mer. L'analyste était persuadé que l'Allemagne avait maintenant l'avantage. « Il est possible que l'ennemi ne soit pas au courant de la saisie de ces documents, mais il est certain qu'il saura qu'ils ne sont pas arrivés à destination. Nul ne sait si l'ennemi a l'intention de revoir les opérations prévues ou d'accélérer leur déroulement, mais c'est peu probable. » La lettre de Nye à Alexander étant « urgente » ; Alexander devait y « répondre immédiatement car "l'affaire ne peut pas être repoussée davantage" ». Toutefois, le délai permettait l'envoi de la lettre par avion, plutôt que par télégramme, et l'attente de la réponse. « L'état-major est d'avis que le délai est suffisant pour modifier le calendrier des opérations dans l'est et l'ouest de la Méditerranée. »

Avec une précision germanique, Ullrich exposa ses conclusions : les offensives à l'est et à l'ouest seraient simultanées « car ce n'est qu'à cette condition que la Sicile ne conviendrait pas comme diversion » ; les troupes attaquant la Grèce partiraient probablement de Tobrouk, dans le nord-est de la Libye ; Alexandrie ne servirait pas de point d'embarquement, car il serait « absurde » de prétendre que ces forces pouvaient atteindre la Sicile, conformément au plan de diversion. (« Cela montre à quel point un état-major peut se tromper, car le débarquement en Sicile se fit depuis Alexandrie », fit remarquer Montagu, quand le rapport du capitaine Ullrich finit par être récupéré.) Il était possible, pensait Ullrich, que les 5e et 56e divisions « représentent l'ensemble des forces d'assaut » dans le Péloponnèse. Comme pour l'attaque de diversion sur la Sicile, il pourrait s'agir d'un assaut rapide de type commando suivi d'une retraite immédiate, mais qui pourrait aussi « être poursuivi après le lancement de la véritable opération ». Le rapport se terminait en soulignant que la stratégie défensive de l'Allemagne devait fortement se décaler sur la Grèce. « Il faut insister sur le fait que ce document mentionnait d'importants préparatifs dans l'est de la Méditerranée. C'est d'autant plus important qu'à partir de cette zone, en raison de sa situation géographique, il y a eu jusqu'à maintenant beaucoup moins de nouvelles sur des préparatifs que depuis la région d'Alger. » Il y avait évidemment une autre excellente raison pour laquelle les Allemands avaient moins de preuves d'une offensive à l'est : les Alliés n'avaient nullement l'intention d'en lancer une. Une fois encore, quand la réalité ne leur convenait pas, les Allemands déformaient consciemment les faits en faveur de la désinformation.

Le grand amiral Karl Doenitz, qui avait été nommé commandant en chef de la marine allemande trois mois plus tôt, avait certainement lu l'analyse du capitaine Ullrich car il écrivit à son propos. Parmi les documents saisis à Tambach, en 1945, se trouvait le rapport original d'Ullrich : dans la marge, le « gribouillis personnel » de Doenitz est bien visible, les initiales indiquant qu'il avait lu et assimilé son contenu. Doenitz était l'un des plus fidèles décisionnaires de Hitler, qui en deviendrait l'héritier : son influence était déterminante.

Benito Mussolini avait longtemps cru que la prochaine offensive alliée serait dirigée contre la Sicile, un point stratégique clé pour un assaut de grande envergure sur l'Italie. Ses alliés allemands entreprirent donc de le convaincre du contraire. Doenitz rentra de Rome et envoya un compte rendu de sa réunion avec

Mussolini à Hitler. Dans son journal de guerre officiel, au 14 mai, l'Allemand avait noté : « Le Führer n'est pas d'accord avec le Duce sur le fait que le lieu le plus probable pour le débarquement est la Sicile. De plus, il affirme que l'ordre de mission anglo-saxon qui a été découvert confirme la supposition que l'attaque prévue sera principalement dirigée contre la Sardaigne et le Péloponnèse. » Quelques jours plus tard, Hitler écrivit à Mussolini : « D'après les documents trouvés, il est clair qu'ils ont l'intention de débarquer au Péloponnèse et qu'ils le feront… S'il fallait empêcher les Anglais d'agir, comme il le faut à tout prix, cela peut uniquement être fait par une division allemande. » La confiance de Hitler envers ses alliés italiens s'amenuisait à vue d'œil et le Führer ne pouvait pas se fier aux troupes italiennes. « Pendant les prochains jours ou les prochaines semaines, un grand nombre de divisions allemandes doivent être envoyées sans tarder au Péloponnèse. » Concernant la menace qui pesait sur les Balkans, la lettre de Nye n'avait pas fait changer Hitler d'avis ; elle n'avait fait que renforcer ce qu'il croyait déjà à tort. Comme l'écrivit un historien du renseignement dans son analyse de l'opération Mincemeat : « Il est très rare et très difficile pour une opération de désinformation d'introduire de nouvelles idées chez l'ennemi. Il est bien plus facile et efficace de renforcer celles qui existent déjà[1]. » Des rumeurs allant en ce sens arrivaient de toutes parts, tandis que la désinformation se répandait parmi les têtes pensantes allemandes, officielles et officieuses. Ernst Kaltenbrunner, chef du RSHA, ou *Reichssicherheitshauptamt*, une organisation

1. Extrait de *War Strategy and Intelligence*, par Michael I. Handel.

formée par Himmler et qui combinait les services de sécurité et la Gestapo, dit au ministre des Affaires étrangères, Joachim von Ribbentrop, que les espions qu'il avait infiltrés dans les ambassades britannique et américaine à Madrid confirmaient que les « cibles des opérations ennemies [étaient] l'Italie et ses îles, ainsi que la Grèce ». Les ambassades de Turquie à Londres et à Washington apprirent la nouvelle et signalèrent à l'Allemagne que « les Alliés voulaient avancer dans les Balkans *via* la Grèce ». Le général Jodl fut entendu dire au téléphone au commandement allemand à Rome : « Vous pouvez oublier la Sicile, nous savons que c'est la Grèce. »

Des interceptions Ultra montrèrent que le poste de l'Abwehr à Rhodes signala, en citant le haut commandement italien comme source, « que l'attaque alliée serait dirigée contre le cap Araxos et Kalamata », et ajouta une petite fioriture de son invention : « Les sous-marins alliés ont reçu l'ordre de se retrouver à un point de rencontre inconnu pour des opérations groupées. » L'alerte fut transmise d'Athènes au commandement allemand dans la mer Égée et la Crète, au commandant de l'armée dans le sud de la Grèce et à l'Abwehr en Thessalonique, qui la « transmit à Belgrade et à Sofia ». La désinformation continuerait à monter en puissance, pour la plus grande joie de Londres : « Les rapports venant de zones diverses semblaient se confirmer mutuellement et ont été acceptés comme vrais, pour l'instant du moins. »

Les informations avaient la même origine, mais comme elles s'étaient propagées par le biais de commérages et de rumeurs, passant de source en source, elles filtrèrent à nouveau en Allemagne, résonnant tel un écho amplifié.

Le 19 mai, Hitler tint une conférence militaire lors de laquelle il mentionna l'offensive prévue sur la Grèce et la poussée à travers les Balkans. L'« obsession congénitale [du Führer] à l'égard des Balkans », attisée par les lettres Mincemeat, l'empêchait de dormir. « Au cours des derniers jours, et surtout la nuit dernière, j'ai à nouveau beaucoup réfléchi aux conséquences qu'impliquerait la perte des Balkans, et il ne fait aucun doute que les répercussions seront très graves. » La machine de guerre allemande, très vorace, ne pouvait pas survivre sans matières premières provenant des Balkans et de Roumanie, d'où elle tirait la moitié de son carburant, tout son chrome et les trois cinquièmes de sa bauxite. Le commandement allemand avait insisté sur la menace que représentait une offensive alliée en Grèce depuis l'hiver dernier, et les discussions entre les alliés de l'Axe en février avaient conclu à la vulnérabilité de la Grèce. Les documents avaient cristallisé les angoisses pré-existentielles de Hitler : « le danger est qu'ils s'établissent au Péloponnèse » ; il proposa « par précaution, de prendre une nouvelle mesure préventive contre une attaque éventuelle sur le Péloponnèse ». L'activité partisane était montée en puissance dans les Balkans allemands, et du point de vue de Hitler, la région semblait être la cible « naturelle ». La Grèce était l'extrémité la plus fine d'un coin bien aiguisé : « Si un débarquement a lieu dans les Balkans, au Péloponnèse mettons, à court terme, la Crète sera perdue, dit-il à ses généraux lors de la conférence du 19 mai. J'ai donc décidé, quoi qu'il arrive, de transférer une division armée au Péloponnèse. »

Tandis que la fausse lettre du général Nye attirait l'attention de Hitler sur la Grèce, la blague de Neville à propos des sardines concentrait les regards sur la Sardaigne. « La Sardaigne est particulièrement menacée, observa le général Walter Warlimont, chef adjoint de l'état-major de la Wehrmacht. En cas de perte de la Sardaigne, la menace pèsera lourdement sur l'Italie du Nord. C'est le point clé pour toute l'Italie. » Les craintes de l'Allemagne concernant la vulnérabilité de la Grèce et des Balkans se reflétaient dans les inquiétudes de Hitler concernant la Sardaigne : « Il prévoyait que, depuis la Sardaigne, l'ennemi pouvait menacer Rome et ses principaux ports de Gênes et de Livourne, et frapper simultanément le sud de la France, via le nord de l'Italie, pour s'en prendre au cœur de la forteresse Europe. »

Un espion anglais introduit dans les cercles du gouvernement italien rapporta entre-temps que la désinformation Mincemeat avait atteint Rome, « par l'intermédiaire des Espagnols et pas directement par les Allemands », confirmant que l'état-major espagnol avait fait ses propres copies des documents et qu'il les avait transmises aux Italiens. « Le haut commandement italien connaît les détails de la lettre et les considère comme authentiques. » L'ambassadeur d'Italie à Madrid dit aux Allemands qu'il avait obtenu « l'information d'une source absolument irréprochable que l'ennemi avait l'intention de débarquer en Grèce dans un futur très proche ». L'ambassadeur d'Allemagne à Rome transmit l'information, qui n'était plus nouvelle, à Berlin. Le fait que les Italiens communiquent cette information de haute importance aux Allemands, mais que les Allemands qui la connaissaient depuis beaucoup plus longtemps, ne se sentaient nullement obligés de partager le renseignement avec leur allié italien, en dit long sur l'état de l'alliance de l'Axe.

Des bribes d'information concordantes s'échangeaient dans le monde diplomatique. Les services de renseignement britanniques découvrirent que l'ambassadeur d'Allemagne à Ankara avait informé le ministre turc à Budapest que l'armée allemande allait renforcer sa présence militaire en Grèce, mais qu'elle n'avait pas d'intention hostile envers la Turquie neutre : « Il y aura des mouvements de troupes et de transport vers le sud qui affecteront la Grèce, mais le gouvernement turc ne doit pas s'inquiéter car ils ne sont pas dirigés contre la Turquie. » Comme toujours avec le téléphone arabe, l'information avait tendance à s'embrouiller. Depuis Madrid, Hillgarth commenta ironiquement : « Dans les cercles allemands, il se raconte qu'ils ont été avertis de nos plans grâce à des papiers trouvés sur un officier britannique à Tunis. »

Peu après, Hillgarth reçut un rapport de l'agent Andros décrivant dans les moindres détails comment les documents étaient arrivés entre les mains des Allemands. « Le degré de complicité espagnole » y est dévoilé : « Cet échange d'informations avec les Allemands eut en fait lieu au plus haut niveau à Madrid. » Andros confirma que Leissner et Kuhlenthal, les deux officiers les plus hauts gradés de l'Abwehr, avaient été directement impliqués dans l'obtention des documents de la part des Espagnols, et tout l'épisode, comme Montagu l'écrivit à « C », « ne faisait qu'étayer nos connaissances des intrigues des Allemands en Espagne ».

Des mois plus tard, des fragments du faux renseignement continuaient à faire des ricochets d'une source à une autre, en se disloquant toujours plus. Un espion à Stockholm raconta que les Allemands sur place détenaient des informations provenant d'un avion britannique qui avait été abattu en Méditerranée, avec des ordres de combat révélant « des débarquements simultanés en Sardaigne et au Péloponnèse », et une attaque secondaire sur la Sicile. Presque toutes les informations qui étaient données dans le rapport étaient inexactes, mais il était évident, comme il était dit dans le rapport, qu'elles provenaient de « notre ami réfrigéré ».

Un par un, les principaux conseillers de Hitler tombaient dans le panneau, soit parce qu'ils eurent eux-mêmes accès aux documents, soit par le biais d'une « confirmation » indépendante, car le même renseignement passait par différents intermédiaires : Canaris, Jodl, Kaltenbrunner, Warlimont, von Roenne. Le 20 mai, Mussolini « s'était rallié à la même opinion ». La crédulité collective semble avoir gagné les hautes sphères de la machine de guerre nazie, mue par la croyance de Hitler. Il faut être bien brave pour s'opposer à son chef dans de telles circonstances. Les hommes de l'entourage de Hitler n'étaient pas faits de cette étoffe.

La confiance nazie avait cruellement besoin d'être renforcée : les puissances de l'Axe avaient été vaincues en Afrique du Nord, saignées à blanc sur le front de l'Est, confrontées à un ennemi allié qui gagnait en assurance. Avant l'arrivée des lettres Mincemeat, toute la côte méridionale de l'Europe avait paru vulnérable. Désormais, au lieu d'attendre que les armées alliées attaquent, quelque part, n'importe où, les Allemands et leurs alliés italiens pouvaient se tenir en attente à Kalamata, au cap Araxos et en Sardaigne, pour repousser les Britanniques et les Américains à la mer. Les papiers qui s'étaient échoués en Espagne représentaient plus qu'un coup d'éclat des renseignements : ils offraient une vraie chance de contre-attaque. La marée de la guerre était en train de tourner, mais ici, flottant dans les vagues, se trouvait une occasion de renverser le courant. Le destin souriait à l'Allemagne. Pas étonnant que le haut commandement ait choisi d'y croire.

Un homme dans le cercle de Hitler restait sceptique : Josef Goebbels était le seul parmi l'élite nazie à se demander si les lettres qui étaient si commodément arrivées entre les mains des Allemands au moment opportun n'étaient pas rien de plus qu'un « camouflage », un effort compliqué des Anglais pour mettre l'Allemagne sur une fausse piste. Le ministre de la Propagande nazie savait mieux que quiconque que la réalité, en temps de guerre, est une substance malléable et changeante. « La vérité, c'est tout ce qui peut mener à la victoire », écrivit-il. Goebbels ne faisait aucune confiance à l'Abwehr, qui réclamait des choses si extravagantes pour ses réseaux d'espions, mais qui produisait si peu de choses vraiment utiles. « Malgré toutes les affirmations, il y a quelque chose de pourri dans nos renseignements politiques et militaires », se plaignait-il. Ayant gâché par son incompétence quatre années de guerre, l'Abwehr se vantait maintenant d'un succès « retentissant », avec un jeu de lettres qui révélait les plans alliés à la virgule près. Goebbels pensait connaître les Anglais. Il se faisait traduire le *Times* tous les jours, et se plaignait du journal comme s'il était un général en retraite vivant près de Londres, et non le maître de la propagande nazie. « Le *Times* est encore une fois tombé bien bas : il a publié un article presque pro-bolchevik », grommelait-il. « Il fait l'éloge de la révolution bolchevik en employant des mots à faire rougir de honte. » Le docteur Goebbels avait beau être l'une des créatures les plus rebutantes du bestiaire du nazisme, il savait flairer les mensonges et les lettres ne sentaient pas bon. Pour utiliser une expression favorite de l'amiral Cunningham, l'un des destinataires, les lettres étaient trop bien léchées.

« Je me suis entretenu avec l'amiral Canaris à propos des données disponibles pour prévoir les intentions des Anglais, écrivit Goebbels dans son journal à la date du 25 mai 1943. Canaris est entré en possession d'une lettre écrite par l'état-major anglais au général Alexander. Cette lettre est extrêmement instructive et révèle les plans anglais en mettant presque les points sur les "i". Je ne sais pas si la lettre n'est qu'un camouflage – Canaris le nie énergiquement – ou si cela correspond aux faits. » Contrairement à la plupart des conseillers de Hitler, et au Führer lui-même, Goebbels essaya de comparer la réalité telle qu'elle était présentée dans les lettres avec ce qu'il savait de la pensée stratégique anglaise. « Les grandes lignes des plans anglais pour cet été, tels qu'ils sont révélés, semblent globalement concorder. On y apprend que les Anglais et les Américains prévoient de feindre plusieurs attaques au cours des prochains mois : l'une à l'ouest, en Sicile, et l'autre sur les îles du Dodécanèse. Ces attaques sont destinées à immobiliser nos troupes qui sont stationnées à ces endroits, en permettant aux forces britanniques d'entreprendre d'autres opérations plus sérieuses. Ces opérations concerneront la Sardaigne et le Péloponnèse. Globalement, cette ligne de raisonnement semble justifiée. Donc, si l'on en croit la lettre au général Alexander, nous devons nous préparer à repousser plusieurs attaques qui sont en partie réelles et en partie factices. » Aucun autre nazi de haut rang ne s'interrogeait sur la véracité de la lettre. Goebbels garda ses doutes pour lui et pour son journal.

L'aspect le plus compliqué du mensonge est de s'y tenir. Il est facile de dire une contre-vérité, mais persévérer et entretenir un mensonge est bien plus difficile. L'homme est naturellement enclin à déployer un autre mensonge pour appuyer sa fausseté initiale. La tromperie – dans la salle de crise, la salle de réunion ou la chambre à coucher – est généralement révélée parce que le tricheur baisse la garde et commet la simple erreur de dire, ou de révéler, la vérité.

Le débarquement en Sicile était prévu pour le 10 juillet. Cela laissait deux mois pendant lesquels l'invention élaborée devait être protégée, étayée et fortifiée. Pendant des semaines, les organisateurs de la désinformation alliée avaient élaboré la « 12e armée » fictive au Caire, la force factice qui était apparemment prête à fondre sur le Péloponnèse, en répandant des mythes grecs modernes : ils avaient recruté des pêcheurs grecs qui connaissaient bien la côte, ils avaient distribué des cartes de Grèce aux troupes alliées et embauché des interprètes grecs.

Le 7 juin, Karl-Erich Kuhlenthal envoya un message à Juan Pujol, pour demander à son meilleur espion de découvrir si les Anglais recrutaient des soldats grecs en vue de l'offensive. La 1re division canadienne s'entraînait déjà en Écosse et se préparait à embarquer pour la Sicile. Kuhlenthal supposa qu'elle se dirigeait vers la Grèce. « Essayez de savoir si des troupes grecques sont stationnées près de la 1re armée canadienne ou ailleurs dans le sud de l'Angleterre, et si c'est le cas, de quelles troupes grecques s'agit-il ? écrivit Kuhlenthal. Il est de la plus haute importance de découvrir quelle sera la teneur de la prochaine opération. » Garbo dit à son officier traitant que l'agent n° 5, un riche étudiant vénézuélien, se rendrait immédiatement en Écosse « pour enquêter sur la présence de troupes grecques ». Les troupes grecques n'existaient pas, évidemment ; ni l'agent n° 5.

Les Allemands avaient clairement mordu à l'hameçon, mais ils allaient aussi examiner de près les moindres preuves confirmant ou infirmant leur croyance. Dudley Clarke envoya un message indiquant que « le seul danger grave » qui risquait de démasquer la désinformation était une « exhumation légale ou illégale en vue d'une autopsie plus approfondie » du corps enterré dans le cimetière de Huelva. Montagu organisa une autre réunion avec le *coroner* de St. Pancras, Bentley Purchase, qui le rassura sur le fait qu'une autopsie à ce stade avancé serait probablement peu concluante. « D'après le *coroner*, à partir du moment où il avait été enterré pendant une courte période, les organes internes étaient dans un état très mitigé [et] les poumons se sont probablement liquéfiés », rendant encore plus difficile d'établir une mort par noyade. Montagu envoya un message à Bevan : « Même si personne ne peut être sûr de rien, il ne semble pas que la crainte que les Allemands apprennent quoi que ce soit par une exhumation suivie d'une autopsie soit fondée. »

Cependant, une grande dalle en marbre gravé devrait aider à décourager les pilleurs de tombes, tout en donnant à William Martin la pierre tombale qu'il méritait. Le 21 mai, Alan Hillgarth reçut un message chiffré de Londres : « Suggère, à moins que cela ne soit pas l'usage, qu'une pierre tombale de prix moyen soit posée sur la tombe avec l'inscription je cite William Martin, né le 29 mars 1907 mort le 24 je répète 24 avril 1943 fils bien-aimé de John Glyndwr je répète Glyndwr Martin et la défunte Antonia Martin de Cardiff, pays de Galles. *Dulce et Decorum Est Pro Patria Mori*. Repose en paix. Fin de citation. »

Montagu fit une faute dans le prénom de Glyndwr Michael dans son télégramme : l'erreur fut dûment reproduite sur la pierre tombale. Pendant un instant, les espions changèrent d'avis. Est-ce qu'une grande pierre tombale n'allait pas paraître suspecte ? « Ceci doit être fait, à moins que des restrictions de paiement d'Angleterre à l'Espagne ou d'autres difficultés dues à la guerre rendent difficile pour un père de s'affranchir de cette tâche dans des circonstances normales. » Hillgarth répondit immédiatement : « Merci de m'envoyer un message chiffré ordinaire disant que la famille aimerait que la pierre soit posée et j'y procéderai immédiatement. »

On pouvait faire confiance aux espions allemands à l'ambassade britannique pour intercepter le télégramme et le transmettre à l'Abwehr par les voies habituelles. Mettant la touche finale à la mise en scène, l'équipe Mincemeat écrivit : « Suggère que le consul dépose une couronne avec une carte sur laquelle est écrit je cite De la part de Père et de Pam fin de la citation. » Mario Toscana, le tailleur de dalles funéraires de Huelva, reçut l'instruction de préparer la pierre « le plus vite possible ». Francis Haselden envoya la couronne, ainsi que plusieurs bouquets de fleurs cueillies dans le jardin de Casa Colón, le quartier général de la compagnie du Rio Tinto. « L'objectif était non seulement de faire ce qui aurait probablement eu lieu dans la vraie vie, mais aussi de faire en sorte que la tombe soit suffisamment fréquentée pour décourager toute exhumation secrète et illicite pour une plus ample autopsie. » Albert Shutte, l'acolyte de Haselden, rendait une visite quotidienne à la tombe, ostensiblement en tant qu'endeuillé officiel, mais en réalité pour voir si les fleurs avaient été déplacées et la tombe dérangée.

Hillgarth composa et dicta une lettre, adressée à « John G. Martin ESQ » mais à l'intention de Kuhlenthal et de ses espions :

Monsieur,

Conformément aux instructions de l'Amirauté, j'ai pris mes dispositions pour faire poser une pierre tombale pour la sépulture de votre fils. Ce sera une simple dalle en marbre blanc portant l'inscription que vous m'avez envoyée par le biais de l'Amirauté et il en coûtera 900 pesetas.

La tombe elle-même coûte 500 pesetas, et, comme vous devez le savoir, elle se trouve dans le cimetière catholique.

Une couronne accompagnée d'une carte avec le message que vous avez demandé a été posée sur la tombe. Les fleurs provenaient du jardin d'une compagnie minière anglaise à Huelva.

J'ai pris la liberté de remercier le Vice-Consul, à Huelva, de votre part pour tout ce qu'il a fait.

Permettez-moi de vous adresser, ainsi qu'à la fiancée de votre fils, l'expression de ma profonde sympathie dans votre grande peine.

Votre fidèle serviteur,
Alan Hillgarth

Au même moment, Montagu envoya un message à Hillgarth, visant le même public : « Le père, la fiancée et les amis du major Martin m'ont demandé de vous remercier pour le mal que le vice-consul et vous-même vous êtes donné pour ses funérailles et vous dire combien ils apprécient la promptitude avec laquelle vous avez renvoyé ses effets personnels. Malgré leur petit nombre, le major Martin étant fils unique et récemment fiancé, ils seront gardés précieusement. » C'était la confirmation pour les Allemands que tout l'attirail de Martin était bien revenu en Angleterre. « Pourriez-vous lui faire envoyer une photographie de la tombe après la pose de la pierre tombale ? » Hillgarth s'y plia obligeamment.

Pour ce qu'en savaient les Allemands, les autorités britanniques étaient profondément soulagées que leurs précieux documents leur aient été retournés intacts. Une autre menue dépense de la part de Hillgarth renforcerait cette impression par le biais de commérages : « Une récompense de 25 livres serait accordée à toute personne qui rapporterait les papiers aux autorités navales. À vous de juger si la restitution doit être effectuée par vous-même par l'intermédiaire des autorités navales ou directement par le consul à Huelva. » La somme de 25 livres était une petite fortune pendant la guerre : la sortie en mer de José Rey serait la plus lucrative de sa vie.

Pendant que « Pam » et « Père » pleuraient Bill en privé, la nouvelle de la mort du major William Martin devait maintenant être relayée à un public plus vaste. Les Allemands avaient accès aux listes de victimes britanniques et si le nom de Martin n'y figurait pas, cela éveillerait les soupçons. Il en irait de même dans les rangs des officiers des Royal Marines si l'un d'entre eux était soudain déclaré mort sans préavis. Une lettre, marquée « Secret et Personnel », fut envoyée aux commandants des trois divisions des Royal Marines, ainsi qu'au colonel qui publiait le *Globe and Laurel*, la lettre d'information officielle des Marines :

« Aucune action ne doit être entreprise en relation avec la notification du décès du major William Martin. Cet officier a été détaché en service spécial et aucune mention ne sera portée dans les ordres généraux. » Le bureau des victimes reçut un ordre laconique : « Insérez l'entrée suivante dans la prochaine liste de victimes adaptée "Capitaine temporaire, (major) William Martin, R.M.". Cette ligne doit paraître le plus tôt possible. » Mais il n'est pas si simple de glisser un faux décès au nez et à la barbe des autorités. Le service du directeur médical général demanda si le major Martin était mort au champ d'honneur et, si oui, comment. Le service juridique de la Navy voulut savoir si le vaillant major avait laissé un testament, « et, si oui, où était-il ? » On répondit poliment mais fermement aux deux services de s'occuper de leurs affaires.

L'annonce du décès du major William Martin en service actif fut publiée dans le *Times* le vendredi 4 juin 1943. Par le plus grand hasard, les noms de deux autres vrais officiers de marine, dont la mort dans un accident d'avion avait précédemment été annoncée dans le journal, parurent dans la même liste. Montagu spécula que les Allemands pourraient faire le lien entre la mort de Martin et cet accident. La mort de Leslie Howard, « éminent acteur de cinéma et de théâtre », fut rapportée dans un article publié à côté du tableau d'honneur sur lequel figurait W. Martin. L'avion civil à bord duquel se trouvait l'acteur avait été abattu par un avion de chasse allemand au-dessus du golfe de Gascogne. Un informateur de l'Abwehr aurait confondu Howard avec Winston Churchill, qui s'était récemment rendu à Alger et à Tunis. On peut supposer que l'attention publique s'est davantage intéressée à « cette grande perte pour le théâtre et le cinéma britannique » qu'à la mort d'un obscur soldat dont personne, hormis quelques espions, avait jamais entendu parler.

Tous les gens importants voulaient être vus dans le *Times* après leur mort, et on ne saurait être plus mort que dans les avis de décès du journal le plus respecté du Royaume-Uni. Cela dit, plusieurs personnes avaient été déclarées mortes dans la presse, alors qu'elles étaient bien vivantes, dont Robert Graves, Ernest Hemingway, Mark Twain (deux fois) et Samuel Taylor Coleridge. En juillet 1900, George Morrison, le correspondant à Pékin du *Times*, a lu dans son propre journal qu'il était mort pendant la révolte des Boxers (la nécrologie le décrivait comme un journaliste dévoué et téméraire). Un ami remarqua : « Il ne leur reste plus qu'à doubler ton salaire. » Ils n'en firent rien. Cette fois, c'était la première fois, dans l'histoire de la presse, qu'une personne fût officiellement déclarée morte sans avoir jamais vécu.

À la fin du mois de mai, le directeur des services de renseignement de la Navy écrivit dans son journal que « la première division blindée allemande (forte de 18 000 hommes environ) était transférée de France en Thessalonique ». L'information fut notée « A1 ». C'était le premier signe d'un mouvement de troupe majeur en réaction aux documents Mincemeat. Un message intercepté ajouta plus de détails sur les « dispositions prises pour le passage à travers la Grèce jusqu'à Tripolis, dans le Péloponnèse, de la 1re division blindée allemande ». Le mouvement paraissait directement lié aux informations figurant dans la lettre de Nye, car Tripoli, nota Montagu, était « une position stratégique parfaite pour offrir une résistance face à notre débarquement à Kalamata et au cap Araxos ». La 1re division blindée, avec ses quatre-vingt-trois chars, avait essuyé de terribles combats en Russie, mais était maintenant « complètement rééquipée ». D'abord localisés par les services de renseignement britanniques en Bretagne, les formidables panzers roulaient maintenant d'une extrémité de l'Europe à une autre, pour contrer une illusion.

Le 8 juin, Montagu écrivit un rapport par intérim sur la progression de l'opération Mincemeat. « Nous en sommes à peu près à mi-chemin entre le moment où les documents de MINCEMEAT sont parvenus jusqu'aux Allemands et le Jour J de l'opération HUSKY, et j'ai donc sondé l'état d'esprit des Allemands, dans la limite des preuves dont nous disposions. » Montagu résuma les messages interceptés, les mouvements de troupe connus, les commérages diplomatiques et les commentaires des agents doubles, allant tous dans le sens d'un progrès « gratifiant ». « La situation actuelle est résumée dans le message [du 7 juin] adressé à Garbo qui, à mon avis, indique que les Allemands continuent à croire à la probabilité d'une attaque en Grèce et recherchent toujours la cible présumée en Méditerranée occidentale. » Quels que soient les soupçons éveillés du côté allemand, ils semblent s'être dissipés : « Ils soulevèrent (mais n'étudièrent pas) la question de savoir si c'était un complot. »

« Mincemeat a déjà résulté en une certaine dispersion des efforts et des forces de l'ennemi. Il ne reste plus qu'à espérer, maintenant que se multiplient les signes visibles dans l'est de la Méditerranée, que l'histoire que nous avons mise sur pied soit "confirmée" et qu'elle amène l'ennemi à détourner davantage encore les yeux de la Sicile, même s'ils ne peuvent évidemment pas totalement négliger le renforcement [sic] d'un point si vulnérable et si menacé. Elle semble déjà produire l'effet voulu sur l'ennemi et (tandis que les préparatifs pour Husky prennent de l'ampleur) ses effets pourraient se cumuler. »

Mincemeat pouvait encore échouer lamentablement, mais jusqu'ici, la mission secrète du major Martin se portait pour le mieux. Dans son rapport par intérim, Montagu déclarait : « Je pense qu'à mi-chemin, on peut encore considérer que Mincemeat tend vers l'objectif que nous avions tous espéré. »

20

Seraph et Husky

Tandis que le vent qui mugissait fouettait la tourelle du *Seraph*, Bill Jewell mit le cap sur la silhouette dentelée de la côte. Il était 10 heures passées et d'épaisses nappes de brouillard drapaient une mer agitée qui était l'arrière-garde d'une méchante tempête estivale. Jewell frissonna malgré son suroît. Le temps était « assez abominable », songea-t-il, mais la visibilité réduite était à son avantage.

Une fois encore, le *Seraph* se glissait dans l'obscurité vers la côte méridionale de l'Europe pour y larguer un objet important. Une fois encore, on lui avait confié une mission hautement confidentielle et extrêmement dangereuse. La vie de milliers de personnes dépendait de son succès. À la différence de la mission qui avait été couronnée de succès trois mois plus tôt, le tube qui se trouvait en soute contenait vraiment des instruments scientifiques. Il s'agissait d'une balise qui allait guider la plus grande troupe de débarquement jamais rassemblée jusqu'aux côtes de Sicile. Comme il avait déjà joué un rôle dans les préparatifs secrets de l'opération

Husky, le *Seraph* avait été choisi pour mener lui-même le débarquement.

Une semaine plus tôt, Jewell avait été convoqué à la base des sous-marins d'Alger, où il avait été briefé par son commandant, le capitaine Barney Fawkes : « Vous servirez de guide et de sous-marin phare pour le débarquement de l'armée en Sicile. » La mission du *Seraph* consistait à larguer un nouveau type de bouée contenant une radiobalise, à 900 mètres de la plage de Gela, sur la côte sud de l'île, quelques heures avant le Jour J, le 10 juillet, à 4 heures. Les destroyers qui précédaient les flottilles de barges de débarquement transportant les soldats de la 45e division d'infanterie des États-Unis verrouilleraient leur radar sur la balise de guidage et les troupes débarqueraient aux premières heures du jour. Le *Seraph* resterait en position et servirait de repère visuel « pour les premières vagues de débarquement », et il se retirerait une fois l'offensive engagée. Le sous-marin serait le fer de lance d'une puissante armée, une armada aux proportions homériques, composée de plus de 3 000 navires de charge, frégates, pétroliers, navires de transport de troupes, démineurs et barges de débarquement, transportant 1 800 mitrailleuses lourdes, 400 chars et une force de débarquement de 160 000 soldats alliés de la 7e armée des États-Unis, sous le commandement du général George Patton, et de la 8e armée britannique de Montgomery.

La Sicile est probablement l'endroit au monde le plus envahi. À partir du VIIIe siècle avant Jésus-Christ, l'île a été attaquée, occupée, pillée et disputée par des vagues successives d'envahisseurs grecs, romains, vandales, phéniciens, carthaginois, ostrogoths, byzantins, sarrasins, normands, espagnols et britanniques.

Mais jamais la Sicile n'avait connu d'invasion à si vaste échelle. Si l'opération Mincemeat avait porté ses fruits, les troupes alliées ne rencontreraient qu'une résistance limitée. Tandis que Jewell recevait ses nouveaux ordres, il se demandait si le cadavre « avait livré ses fausses informations aux Allemands et si, par conséquent, les milliers de soldats qui se préparaient à débarquer sur l'île allaient rencontrer moins de résistance ». Si la ruse avait échoué et si elle avait renseigné les puissances de l'Axe sur la véritable cible de l'opération Husky, alors le *Seraph* mènerait la vaste armée flottante tout droit à la catastrophe.

Après avoir reçu ses ordres, Jewell s'était rendu au quartier général de la 7e armée pour un briefing du général Patton en personne. Fanfaron, mal embouché et charismatique, Patton était un leader né et un personnage très controversé. Jewell le détesta immédiatement. Un revolver à crosse de nacre sur chaque hanche, le général arpentait la salle de réunion, aboyant ses ordres à Jewell et aux deux autres commandants de sous-marins britanniques qui guideraient les forces terrestres américaines. « Son armée devait débarquer en trois parties, chacune sur une plage différente ; il demandait une reconnaissance préalable et des sous-marins répartis sur chaque plage pour maintenir leur position au-dessus des bouées de guidage afin de s'assurer que les bonnes troupes débarquaient sur les bonnes plages. » Le briefing dura dix minutes en tout et pour tout. « Il fut vraiment brusque envers nous, plutôt suffisant et s'exprimait sans détour », se souvint Jewell.

À la sortie de la salle de conférence, Jewell entendit une forte voix à l'accent américain qui l'interpellait. Il se retourna et découvrit le colonel Bill Darby des US Rangers. Ils étaient restés amis depuis la reconnaissance de La Galite. Darby lui expliqua qu'il ferait débarquer ses troupes à terre, dans le sillage du *Seraph*, et qu'il dirigerait la Force X, composée de deux bataillons d'élite. « Fais-nous un aussi bon travail qu'à La Galite, lui dit Darby, et nous t'en serons très reconnaissants. » Jewell promit de faire de son mieux. Pourtant, même si le sous-marinier n'en laissait rien paraître, il était inquiet. Si l'ennemi repérait le *Seraph* au moment où ce dernier larguerait la balise, il se rendrait immédiatement compte qu'un débarquement était imminent, et des renforts seraient envoyés en toute hâte vers cette partie de la côte. « Si nous étions découverts, songeait Jewell, tout le plan Husky serait menacé. » Eisenhower avait lui-même averti que si les Allemands étaient informés, l'offensive sur la Sicile échouerait. Le général américain dit à Churchill : « Si de substantielles troupes au sol étaient placées dans la zone avant l'attaque, les chances de réussite deviendraient quasi nulles et le projet devrait être abandonné. » Même une alerte reçue quelques heures avant se payerait par un bain de sang. La surprise était essentielle ; son absence était potentiellement suicidaire. La remarque de conclusion de Patton restait gravée dans la tête de Jewell, ce qui l'irritait et l'alarmait à la fois : « Les sous-marins seront à moins d'un mile de l'ennemi. Mais ils doivent y rester vaille que vaille, jusqu'à l'arrivée de la Task Force avec l'armée. » Le *Seraph*, qui portait le nom de code « Cent », resterait à la surface après le lever du soleil, isolé et sans défense, cible facile pour les canons italiens alignés le long de la côte. C'était certainement la mission la plus dangereuse de Jewell, et il y avait de fortes chances pour que ce soit aussi la dernière.

Jewell ne faisait aucun cas de sa propre sécurité. Il avait affronté moult dangers et périls au cours de cette guerre effroyable. À chaque fois, il avait prouvé qu'il était prêt à mourir. Mais là, il avait trouvé une nouvelle raison de vivre : Bill Jewell était amoureux.

Après avoir joué son rôle dans l'opération Mincemeat, Jewell était retourné à Alger pour une permission à terre bien méritée. Parmi les nouvelles recrues du quartier général allié, il y avait Rosemary Galloway, officier des Wrens, la branche féminine de la Royal Navy. Rosemary était affectée au chiffre : elle codait et décodait les messages qui entraient et sortaient du quartier général allié, et elle était donc au courant d'informations secrètes et sensibles. Elle était vive, intelligente et extrêmement séduisante. Jewell et Rosemary s'étaient déjà rencontrés en Angleterre et, dans la chaleur étouffante d'Alger, leur amitié se transforma rapidement en histoire d'amour. Lorsque Bill Jewell eut repéré Rosemary dans son périscope émotionnel, il n'eut de cesse de la poursuivre de ses avances avec une détermination sans faille. Elle se révéla être une proie parfaitement consentante. Les occasions de faire la cour étaient limitées à Alger pendant la guerre, et Jewell les saisit toutes.

À Sidi Barouk, juste à la sortie de la ville, les Américains avaient établi un camp de repos, qui était ce qui ressemblait le plus à un *country club* américain en Algérie, avec son bar, son restaurant, son court de tennis et sa piscine. Jewell s'en souvient : « Le haut commandement américain avait pris possession d'un bout de plage et d'un champ d'oliviers et les avait transformés en rêve des Mille et Une Nuits – sans les houris, bien sûr ! » (En fait, il y en avait aussi à disposition.) Une soirée à Sidi Barouk était, selon Jewell, « une plongée dans le luxe ». Les relations amicales que Jewell entretenait avec de hauts gradés américains lui donnaient accès à ce « lieu très fermé » et lui permettaient même de faire appel aux services d'un chauffeur américain, le soldat Bocciccio, originaire de Brooklyn, qui conduisait en laissant toujours pendre une de ses jambes à l'extérieur de la jeep. Quand Bocciccio n'était pas disponible, Jewell promenait Rosemary en ville dans une vieille Hillman dont la 8e flottille avait fait l'acquisition et qui était surnommée « le piège à Wren », moins pour son attrait romantique, qui était nul, que pour un potentiel d'un autre genre : « Aucune des portières ne s'ouvrait de l'intérieur et, quelle que soit l'urgence de leur besoin de prendre l'air, les Wrens qui prenaient le risque d'y monter devaient s'en remettre à la galanterie de leur compagnon pour les libérer. » Bocciccio, qui avait appris quelques expressions d'argot anglais, ne manquait pas de critiquer le piège à Wren, et ce qu'il s'y passait : « Ce tas de boue n'a plus de ressorts. »

L'hôtel *Saint-George* était le meilleur d'Alger et c'était aussi le quartier général d'Eisenhower. Édifié sur le site d'un ancien palais maure, il était entouré de jardins où poussaient hibiscus, roses et cactées fleuries ; par temps de guerre et de paix, les visiteurs y sirotaient des cocktails, à l'ombre de grands parasols plantés parmi les palmiers et les bananiers, servis par des Algériens en uniforme amidonné à épaulettes. D'après Jewell,

« malgré les pénuries, le cuisinier de l'hôtel était capable de préparer un repas dans la parfaite tradition de la cuisine française ». Rudyard Kipling, André Gide, Simone de Beauvoir et le roi George V avaient séjourné au *Saint-George*. Le 7 juin 1943, l'hôtel accueillait la conférence cruciale au cours de laquelle Churchill et Eisenhower finalisèrent les plans du débarquement allié en Sicile. Ce même mois, il servit de cadre au point d'orgue de la campagne entamée par Jewell pour gagner les faveurs de Rosemary Galloway. Pendant deux heureuses semaines, il lui avait fait la cour avec toutes les armes qu'il avait à sa disposition : cuisine française, piscine américaine et voiture anglaise munie de portières qui refusaient de s'ouvrir. Rosemary n'avait pas le cœur à résister, et à la fin de ce siège sans relâche, elle s'abandonna, sans regimber, entre les bras du lieutenant.

C'est donc avec une vigilance supérieure à la normale que Jewell scrutait le brouillard qui s'accrochait à la côte sicilienne, à minuit, le 9 juillet : il avait capturé le cœur de Rosemary Galloway et il n'avait pas l'intention de le perdre en se faisant tuer. Si Mincemeat avait échoué – ou pire, si l'opération s'était retournée contre les Alliés –, Jewell, son équipage et les milliers de soldats britanniques et américains qui se préparaient au combat ne survivraient pas aux prochaines heures. Si le plan avait produit le résultat escompté et s'il survivait, alors il reverrait sa dulcinée. Jewell, qui n'avait jamais fait grand cas de son caractère mortel, fut surpris de l'importance qu'il accordait aujourd'hui à sa survie.

L'équipage du *Seraph* avait déjà semé une traînée de petites bouées de repérage, chacune munie d'un fusible qui déclencherait des éclairages clignotants simultanément dans exactement quatre heures, pour diriger la flottille jusqu'à la côte. La lourde radiobalise fut portée sur le pont et le sous-marin approcha lentement du point de largage. Jewell était sur le point de donner l'ordre de mettre la bouée à l'eau, quand le chuchotement de la vigie résonna dans l'obscurité. « E-boat par bâbord, *sir.* »

Le *Schnellboot* allemand, surnommé E-boat par les Alliés, était une vedette-torpilleur équipée de trois moteurs Daimler Benz de 3 300 cv, qui transportait quatre torpilles, deux canons de 20 mm et six mitrailleuses. Il était mieux armé, et trois fois plus rapide, que le *Seraph.* Il se tenait immobile à 350 mètres environ, « silhouette clairement visible qui se découpait en noir sur le bleu marine du ciel nocturne ». L'E-boat avait aussi repéré le sous-marin britannique, et essayait de déterminer s'il était ami ou ennemi. « C'était un moment délicat, écrivit Jewell. Je savais que ce nazi était plus rapide que nous et bien mieux armé. Je savais que ses canonniers étaient à leur poste, chargeant leurs armes et attendant l'ordre de tirer. » Pendant quelques secondes, qui parurent des minutes, Jewell « attendit, les nerfs tendus, que l'E-boat fasse le premier pas ». Obéissant à un ordre murmuré, les canonniers et les torpilleurs du sous-marin se rendirent à leur poste. Si les Allemands attaquaient, le *Seraph* devrait essayer de lui régler son compte. Même s'il remportait ce duel, l'attention des gardes-côtes serait attirée vers ce qui se profilait à l'horizon.

Le sous-marin britannique était bas sur l'eau ; l'épais brouillard rendait l'identification encore plus difficile. Le capitaine allemand était franchement

« hésitant à propos de son identité, ne s'attendant qu'à trouver des sous-marins amis aussi près de la côte ». Soudain, il alluma ses feux de navigation. « Je savais que cela devait être une sorte de signal de reconnaissance auquel j'étais censé répondre immédiatement. » Le défi posé par le capitaine allemand donna à Jewell les quelques secondes dont il avait besoin. Le pont fut vidé, la bouée redescendue, l'écoutille fermée et Jewell aboya l'ordre de plonger. « Il descendit en quelques secondes. L'ennemi a dû avoir l'impression qu'il disparaissait littéralement. » Avec un peu de chance, se disait Jewell, la mésaventure ne révélerait pas le pot aux roses : « Le capitaine de l'E-boat était simplement victime de son indécision [et] comme il n'avait pas pu déterminer avec certitude si nous étions amis ou ennemis, il était peu probable qu'il donnerait l'alarme. » Mais le temps allait bientôt manquer. La bouée devait être mise en place dans l'heure qui suivait, car la puissante armée de débarquement alliée n'était plus qu'à quelques heures de là, juste au-delà l'horizon, vers le sud.

Le vaste plan du débarquement en Sicile avait été approuvé à Casablanca, en janvier, mais le processus de négociation des détails précis de l'opération Husky s'était transformé en lutte acharnée, marquée par de profonds désaccords entre les commandants et des tensions croissantes entre les alliés britanniques et américains. Patton trouvait Montgomery « admirablement vaniteux » et notait qu'Alexander, qui commandait les forces terrestres alliées, avait « une tête exceptionnellement petite ». Ces remarques provenaient d'un homme à la grosse tête légendaire. Montgomery dit à Eisenhower : « Ses connaissances sur la manière de faire la guerre, ou de mener des batailles, sont définitivement nulles. » Le général britannique refusa platement d'accepter les plans de bataille initiaux d'Eisenhower qui exigeait un débarquement américain dans l'ouest de la Sicile, visant Palerme, pendant que les Britanniques prenaient Augusta et Syracuse, sur la côte sud-est. Monty n'était pas de cet avis, et il le fit savoir. Il prédit un « désastre militaire » si le plan était entériné. Montgomery était un adepte des manœuvres tactiques : il finit par rallier tout le monde à sa cause après avoir coincé le major général Walter Bedell Smith, le chef d'état-major d'Eisenhower, dans les toilettes du QG des forces alliées à Alger. D'abord devant l'urinoir, puis en dessinant une carte de Sicile sur le miroir couvert de buée au-dessus du lave-mains, Montgomery exposa son plan alternatif : une offensive conjointe des deux armées au sud-est.

Un accord fut conclu. Le 10 juillet, avant l'aube, la 7e armée de Patton débarquerait sur la côte, dans le golfe de Gela, pendant que la 8e armée de Montgomery passerait à l'offensive plus à l'est, dans le golfe de Noto et Cassibile. Le débarquement se ferait sur vingt-six plages au total le long des cent cinquante kilomètres de côtes du sud de la Sicile, par des troupes assemblées dans les ports d'Algérie, de Tunisie, de Libye et d'Égypte. L'opération serait précédée par le bombardement intensif des aérodromes de Sicile. Immédiatement avant l'offensive, des parachutistes seraient largués derrière les lignes ennemies pour couper les moyens de communication, prévenir les contre-attaques, s'emparer des carrefours vitaux et semer la confusion chez l'ennemi. Les chefs d'état-major combinés approuvèrent le plan de l'opération

Husky, le 12 mai, le jour même où Londres interceptait le premier message indiquant que Hitler avait vu les documents qui se trouvaient dans la mallette du major Martin et qu'il y avait cru.

La logistique de l'opération dépassait l'entendement : à lui seul, le contingent américain commanda 6,6 millions de rations, 5 000 aéroplanes, 5 000 pigeons voyageurs, et des colombophiles, et une quantité somme toute assez modeste de 144 000 préservatifs, soit moins de deux par personne. La tâche de réunir cette profusion de kits fut rendue encore plus complexe par la nécessité du secret absolu. Les débarquements amphibies sont difficiles, comme l'ont prouvé Gallipoli et Dieppe. Ils sont quasiment impossibles si l'ennemi est prêt et qu'il attend. Eisenhower insistait sur l'importance décisive de l'effet de surprise, prédisant que l'opération échouerait si plus de deux divisions attendaient, et si les défenseurs offraient une forte résistance. Les Allemands ne pouvaient pas manquer de repérer 160 000 soldats et 3 000 navires réunis sur la côte nord de l'Afrique : il était essentiel qu'ils continuent à essayer de deviner l'endroit où l'attaque aurait lieu.

Lorsque l'offensive aurait commencé, un plan de désinformation secondaire, l'opération Derrick, tenterait de convaincre l'ennemi que le débarquement dans le sud était une diversion et que la véritable attaque allait encore se produire dans l'ouest de la Sicile, éloignant davantage de troupes de la zone de combat. Des cartes de Sicile étaient gardées sous clé. Les soldats de la force de débarquement ne sauraient pas où ils allaient avant d'avoir pris la mer. Les lettres seraient censurées pour s'assurer que la cible restait secrète. Les officiers ne plaisantaient qu'à moitié lorsqu'ils informaient leurs hommes qui écrivaient à leur famille : « Vous ne pouvez pas, vous ne devez pas, être intéressants. »

Pourtant, il finit par y avoir des fuites sur les quais d'Afrique du Nord. *Le Guide du soldat en Sicile* (*The Soldier's Guide to Sicily*) fut distribué trop tôt. Un officier britannique au Caire envoya son uniforme chez le teinturier avec les plans de bataille de Husky dans la poche. Les papiers furent récupérés, mais pas avant que plusieurs pages aient servi pour y écrire les factures de quelques clients : quelque part au Caire, une personne avait des vêtements propres et les plans les plus secrets des Alliés. Encore plus inquiétant, le colonel Knox de la 1re division britannique aéroportée oublia un télégramme top secret à la terrasse de l'hôtel *Shepheard* au Caire. Non seulement le document donnait la date et l'heure du débarquement en Sicile, mais aussi les horaires de largage des parachutistes et même « la disponibilité des avions et des planeurs pour ces opérations ». Le papier fut perdu pendant au moins deux jours avant que le directeur de l'hôtel ne le restitue aux autorités militaires. Toutefois, Dudley Clarke était confiant que s'il était tombé entre des mains ennemies, une si « grossière infraction aux règles de sécurité » serait probablement considérée comme un faux désignant la Sicile comme cible de diversion comme dans Mincemeat. Il conclut qu'« au lieu de nous nuire, le colonel Knox pourrait très bien nous avoir aidés ».

L'opération Barclay, le plan d'intoxication global conçu pour déguiser les intentions alliées et pour éloigner autant que possible de la Sicile les forces de l'Axe, atteignit son point culminant dans les journées qui précédèrent le 10 juillet. Les sous-marins avaient largué des hommes sur les côtes de Sardaigne et dans l'île grecque de Zante, pour y laisser des signes de reconnaissance que les Allemands ne manqueraient pas de trouver, comme en prévision d'une offensive majeure. L'« opération Waterfall » (cascade), faisant croire au ralliement d'une armée en Méditerranée orientale, comme pour une offensive dans les Balkans, réunit un nombre considérable de faux tanks et avions. Le SOE organisa une véritable opération de sabotage menée par les résistants grecs et portant le nom de code « Animaux », pour suggérer une activité partisane accrue dans la zone cible en Grèce.

Des agents doubles furent utilisés pour étayer la désinformation, dont le plus connu était André Latham, un aristocrate français qui menait la grande vie. C'était un officier de carrière, qui haïssait le communisme et qui avait été recruté par l'Abwehr, à Paris, en 1942. Latham fut présenté au reste de son équipe d'espions dans l'institut de beauté Elizabeth Arden, dans le faubourg Saint-Honoré. Son équipe se composait d'un play-boy nommé Dutey-Marisse (ou peut-être Duthey Harispe), d'un ancien officier de la marine française nommé Blondeau, ainsi que d'un maquereau et saboteur qui se nommait Duteil et qui, à l'insu de Latham, avait reçu pour instruction des Allemands de le tuer au moindre signe de trahison. L'équipe fut envoyée à Tunis, avec l'ordre de collecter des informations pour l'Abwehr. Le 8 mai, tandis que les préparatifs du débarquement en Sicile commençaient à s'accélérer, Latham – « sportif, d'âge moyen, de taille moyenne, avec des cheveux blancs et une moustache militaire » – se présenta à la direction des renseignements français en Afrique du Nord et se déclara prêt à espionner contre les Allemands. Il reçut pour nom de code « Gilbert » et fut employé à envoyer de fausses informations à ses officiers traitants qui le considéraient comme « un agent de très grande classe ». Gilbert rapporta qu'une grande force de débarquement se réunissait dans le port tunisien de Bizerte, alors qu'elle était en fait composée de fausses barges de débarquement, pour détourner l'attention des véritables préparatifs.

Le réseau Garbo fut mis à contribution pour brouiller davantage les pistes : l'agent n° 6 de l'écurie de Garbo était Dick, un Sud-Africain anti-communiste recruté en 1942 par Pujol, « qui lui avait promis un poste important dans la nouvelle organisation mondiale d'après-guerre » s'il voulait bien espionner pour le compte de l'Allemagne. Dick avait été repris par le War Office « pour son don pour les langues » et envoyé au quartier général allié à Alger. Pujol lui fournit de l'encre secrète et le Sud-Africain ne tarda pas à transmettre les informations de Garbo à Kuhlenthal en Espagne, en prévision du débarquement imminent. Les Allemands étaient « ravis de leur nouvelle recrue ». Pour détourner l'attention de la Sicile et pour disperser davantage les forces allemandes qui y étaient présentes, l'agent n° 6 « spéculait que d'après certains documents dont il avait eu connaissance lorsqu'il travaillait dans le service des renseignements au quartier général, le débarquement aurait probablement lieu à Nice et en Corse ». Peu après, Dick parvint à « voler des documents relatifs au débarquement imminent » et promit de les transmettre à Pujol cachés dans un colis de fruits.

Mais le 5 juillet, Garbo transmit de tristes nouvelles à Kuhlenthal : la « femme hors mariage » de Dick, Dorothy, l'avait informé que l'agent n° 6 avait été tué dans un accident d'avion en Afrique du Nord. Les Allemands avaient perdu un espion clé juste au moment où il trouvait son rythme. Évidemment, cette petite tragédie était purement fictive. Dick et Dorothy n'existaient pas. L'espion imaginaire avait été éliminé à cause d'une mort bien réelle : celle de l'« officier qui servait de scribe pour l'agent n° 6, qui fut victime d'un accident aérien alors qu'il rentrait de permission en Écosse ». Dick avait une écriture très particulière. Le MI5 se demandait s'il fallait « prétendre que l'agent s'était fait mal à la main droite et était donc obligé d'écrire de la gauche, ou essayer d'imiter son écriture ». Comme aucune des deux options ne paraissait sûre, Dick, l'espion sud-africain qui n'avait jamais existé, fut sommairement exécuté.

Malgré l'étroit dispositif de sécurité qui entourait la campagne de Sicile, et les gros nuages de désinformation diffusés par l'opération Barclay et les agents doubles, les services de renseignement allemands et italiens finiraient inévitablement par remarquer les signes de l'invasion imminente : les navires-hôpitaux rassemblés à Gibraltar ; les 8 millions de brochures larguées sur la Sicile avertissant que Hitler était un allié inconstant : « L'Allemagne se battra jusqu'au dernier Italien. » Encore plus significatif, l'île fortifiée de Pantelleria, à cent kilomètres au sud-ouest de la Sicile, se rendit le 11 juin au bout de trois semaines de bombardements au cours desquels 6400 bombes furent larguées. L'offensive sur Pantelleria, nommée « opération Corkscrew » (tire-bouchon), était le prélude évident à un débarquement à grande échelle en Sicile, puisque sa capture fournirait aux Alliés une base aérienne à portée de la grande île. À Londres, on craignait que la prise de l'île « ne révèle le pot aux roses ». L'agent double Gilbert dit à ses officiers traitants de « ne pas s'alarmer car l'attaque sur Pantelleria n'était qu'une feinte » et la véritable attaque se produirait ailleurs.

Pourtant, du côté allemand, on anticipait correctement ce qui allait se produire et les messages déchiffrés à Bletchley Park suggéraient que les Allemands étaient de plus en plus inquiets concernant la Sicile. Même Karl-Erich Kuhlenthal, qui observait cela depuis l'Espagne, commençait à se demander si les plans décrits dans les lettres interceptées avaient changé. Après la prise de Pantelleria, Kuhlenthal « reçut de plus en plus de rapports signalant que la Sicile serait la prochaine cible d'un débarquement. De nombreux rapports en ce sens furent envoyés à Berlin, mais la validité de telles informations était réfutée. » Six semaines avant le Jour J, le maréchal Albert Kesselring, le malin commandant allemand en Méditerranée, pensait que le point le plus probable de l'attaque serait la Sicile. Cependant, la majeure partie du haut commandement allemand semblait s'obstiner à croire que les principales offensives se produiraient en Méditerranée orientale et occidentale, et que l'offensive sur la Sicile n'était qu'une feinte.

L'image mensongère de la force alliée peinte par Mincemeat et les autres opérations de désinformation avaient incité l'Allemagne à tenter de construire des défenses le long d'un front bien trop vaste. L'« opération Cascade » réussit à convaincre les Allemands que les Alliés disposaient de quarante divisions pour participer à l'offensive – près du double du chiffre réel – et qu'ils pouvaient donc facilement mener deux attaques de front ou davantage. En réalité, les Alliés n'auraient jamais assez de barges de débarquement pour plusieurs opérations. De la même manière, les stratèges alliés refusaient de lancer une offensive amphibie sans couverture aérienne adéquate : cela excluait donc la Sardaigne et la Grèce comme objectifs de débarquements majeurs. Les deux cibles identifiées par Mincemeat n'étaient tout simplement pas à l'ordre du jour des Alliés. Les Allemands ne le comprirent jamais.

Les services de renseignement allemands étaient incapables de dire au haut commandement où et quand la principale offensive aurait lieu. La confusion et l'hésitation régnaient, tandis que les Allemands s'efforçaient de voir au-delà de l'épais brouillard de la désinformation et de leurs propres sources de renseignement viciées et limitées. La liste des sites de débarquement possibles incluait non seulement la Sardaigne et la Grèce, mais aussi la Corse, le sud de la France, et même l'Espagne, tandis que la peur que nourrissait Hitler envers les Balkans imprégnait ses réflexions stratégiques. En Sardaigne, qui d'après le chargé d'affaires japonais à Rome « était toujours considérée comme la cible préférée », les effectifs militaires furent doublés pour dépasser le chiffre de 10 000 hommes à la fin du mois de juin et reçurent le renfort d'avions de combat supplémentaires. En juillet, au moment critique de la bataille de chars à Koursk, sur le front de l'Est, deux autres divisions blindées furent mises en alerte pour se rendre aux Balkans.

Les torpilleurs allemands furent répartis de la Sicile à la mer Égée ; des batteries côtières furent installées en Grèce et trois nouveaux champs de mines furent semés au large de son littoral. Entre mars et juillet 1943, le nombre de divisions allemandes dans les Balkans passa de huit à dix-huit, tandis que les forces défendant la Grèce passèrent d'une à huit divisions.

Malgré les avertissements des services de renseignement italiens signalant qu'une attaque était imminente en Sicile et les appels urgents pour des renforts allemands, « rien ne fut entrepris pour envoyer des renforts sur l'île ». Comme l'évaluation officielle de l'opération Mincemeat le mentionna par la suite, « il ne fut jamais possible pour les Allemands de cesser tout renfort et fortification en Sicile car cela aurait pu nous faire changer nos plans et l'île était une cible trop vulnérable ». Pourtant, les Allemands continuaient à croire que la Sicile, si elle était attaquée, ne serait pas confrontée à une offensive alliée majeure. À la fin du mois de mai, une interception Ultra de l'intendant de Kesselring révéla à quel point les forces allemandes étaient chroniquement sous-préparées : elles disposaient de rations pour seulement trois mois et de moins de 9 000 tonnes de carburant. La confiance dans le fait que Mincemeat avait rempli son rôle ne cessait de croître. « Comparée aux forces employées en Tunisie, c'était une minuscule garnison. » Quatre jours avant le débarquement, Kesselring signala que ses troupes en Sicile « n'avaient que la moitié de l'approvisionnement nécessaire ». Les craintes émises par Eisenhower d'affronter des « forces allemandes armées jusqu'aux dents et très organisées » sur les côtes siciliennes n'étaient pas fondées. L'Allemagne ne savait ni ce qui l'attendait ni où cela aurait lieu. Quand il devint clair que la Sicile était bien la véritable cible, il était trop tard.

Au contraire, les Alliés avaient une vision précise des défenses siciliennes et de l'absence de renforts de l'Axe. Les troupes britanniques et américaines allaient se retrouver face à quelque 300 000 soldats ennemis qui défendaient presque 1 000 kilomètres de côte. Plus des deux tiers des défenseurs étaient des Italiens, mal équipés et sous-entraînés. Nombre d'entre eux étaient des appelés, des hommes qui n'avaient pas le goût de se battre, qui étaient vieux, en mauvaise santé, sans enthousiasme et, parfois, armés de fusils qui dataient de la guerre précédente. D'après un rapport des services de renseignement alliés, les soldats qui défendaient la côte italienne souffraient « d'un sens moral, d'un niveau d'entraînement et de discipline extrêmement bas ». Les forces allemandes, qui étaient composées de 40 000 hommes répartis dans deux divisions, étaient plus motivées. La division blindée récemment reconstituée de Hermann Goering, composée de trois bataillons d'infanterie, avait traversé de rudes combats en Tunisie et avait été transférée en Sicile par Kesselring après la prise de Pantelleria. La 15e division blindée de grenadiers était une unité estropiée, mais endurcie, qui comptait 160 chars et 140 batteries d'artillerie mobiles. Il était à prévoir que les Italiens n'offriraient probablement que peu de résistance, mais les Allemands seraient « de la moutarde forte ».

« Ce sera un combat rude et sanglant, prédit sombrement Montgomery. Nous devons nous attendre à de lourdes pertes. » Bill Darby s'attendait aussi au pire et avait plutôt hâte d'y être : « Un nombre de victimes élevé ne reflétera pas votre domination, dit le commandant des Rangers à ses officiers. Que Dieu soit avec vous. »

21

Une bonne tasse de thé

Les prévisions météorologiques étaient effroyables et le temps se détériorait quand la grande force de débarquement appareilla. À Malte, l'amiral sir Andrew Cunningham, commandant de la Navy en Méditerranée et destinataire de la seconde lettre Mincemeat, fut informé que la flottille avait largué les amarres avec plus de résignation que d'espoir. L'amiral avait enregistré un message à l'intention des troupes, qui devait être diffusé par les haut-parleurs pendant la traversée : « Nous sommes sur le point d'embarquer pour l'entreprise la plus capitale de la guerre, frappant pour la première fois l'ennemi sur son propre terrain. » Le ton optimiste contrastait avec le pessimisme de Cunningham alors que la flottille qui prenait la mer allait devoir affronter « tous les vents des cieux », avec de fortes chances que la totalité de la force périsse en mer. « Les dés étaient jetés. Nous étions engagés dans l'offensive. Il n'y avait rien d'autre à faire pour le moment. » Pendant le dîner au quartier général à Malte, l'amiral Lord Louis Mountbatten, le signataire de deux lettres Mincemeat, était encore plus pessimiste : « Ça ne s'engage pas très bien. »

La météo continuait à se détériorer et le vent commença à souffler en tempête de force 7. Les navires de transport de troupes tanguaient et enfournaient sous l'effet « des brisants et des déferlantes que le vent soulevait en gerbes d'écume ». Des barques de débarquement se libérèrent de leurs bossoirs et s'écrasèrent sur les ponts. Des câbles cassèrent net. Le vent violent – que certains appelèrent le « vent de Mussolini » – hurlait de plus en plus fort. Quelques soldats priaient ou juraient, mais la plupart « étaient couchés dans leur hamac, verts et gémissants », entourés de la puanteur du vomi et de la peur.

Alors que tous ceux qui l'entouraient avaient le mal de mer, le major Derrick Leverton du 12e régiment anti-aérien léger de l'artillerie royale, l'héritier jovial d'une longue lignée d'entrepreneurs de pompes funèbres britanniques, se servit une autre main de bridge dans le mess des officiers, en engloutissant joyeusement les nouvelles rations : « On nous donne des barres fourrées Cadbury, raconta-t-il à sa mère. J'ai goûté à la barre à la crème de menthe et à celle au caramel. C'était délicieux. » Derrick, que tout le monde appelait « Drick », appréciait pleinement « le spectacle », comme il désignait le débarquement. Il aurait été encore plus heureux s'il avait su que son frère Ivor y avait joué un petit rôle, qui avait eu son importance dans la préparation de l'offensive, en transportant un cadavre à la morgue de Hackney en pleine nuit. Comme Ivor, Drick avait un don inextinguible pour voir le bon côté des choses, qui était la conséquence d'avoir été élevé par une famille vouée à s'occuper des morts. « Ce fut une excellente croisière, écrivit-il lorsqu'il décrivit le voyage infernal jusqu'en Sicile. Lorsque nous ne vîmes plus la terre, on nous raconta les détails du plan : la date, l'heure et tout le reste. Nous avions des cartes, des plans, des modèles, un exemplaire du *Guide du soldat en Sicile* et une copie du message de Monty. » Drick fut particulièrement impressionné par l'officier de la Navy qui briefa les troupes sur l'importance stratégique de la Sicile. « Il était excellent. Il ressemblait à une version masculine de Noël Coward. » Le rôle du major Leverton consistait à placer sa batterie de campagne sur la plage et à abattre tous les avions ennemis qui attaqueraient les forces de débarquement.

Leverton ne dormait pas. « Je suis monté sur le pont juste avant le coucher de soleil et je pouvais voir assez clairement les montagnes de Sicile au loin. » Le vent commençait à tomber. « La mer avait été très mauvaise tout l'après-midi, mais elle s'était calmée. Je suis persuadé que c'était un miracle. » Les soldats s'étaient déjà mis au travail en griffonnant à la craie divers messages humoristiques sur les barges de débarquement : « Aller-retour sur la journée vers le Continent » et « Voir Naples et mourir ». Peu avant minuit, Leverton observa les bombardiers qui passaient au-dessus de sa tête, tractant des planeurs remplis de parachutistes prêts à passer à l'attaque. « J'étais tout seul sur le pont à ce moment-là. Je m'étais souvent demandé ce que je penserais quand la fête allait commencer. Je fus déçu de constater que je ne ressentais absolument rien. Même si j'étais parfaitement conscient que beaucoup de gens que je connaissais se feraient tuer et que j'étais peut-être moi-même sur le point de casser ma pipe, cela ne m'inquiétait pas. Je ne me sentais ni excité ni héroïque ni quoi que ce soit de cet ordre. J'avais l'impression de regarder une pièce de théâtre. »

Drick redescendit gaillardement pour une dernière main de bridge (« un joli petit chelem ») et un autre Caramello.

Au même moment, à quelques miles de là, dans l'obscurité, Bill Jewell préparait la scène du dernier acte de la pièce. Immergé, l'équipage avait entendu s'estomper le bruit des hélices de l'E-boat tandis que le torpilleur s'éloignait. Après avoir patienté encore vingt minutes, le *Seraph* refit prudemment surface. Le navire allemand avait disparu. Peut-être se tenait-il en embuscade. Dans ce cas, il faudrait se battre. Il restait maintenant moins d'une heure. « Il n'était plus temps de plonger – cette foi, il fallait poser la bouée. » Le vent était tombé, mais la mer était toujours agitée, rendant le largage de la bouée de guidage « trois fois plus difficile qu'il n'aurait dû l'être ». Juste après minuit, la bouée fut remontée sur le pont pour la deuxième fois et larguée précisément au point indiqué, à 900 mètres de la côte. Jewell entendit alors pour la première fois le bourdonnement sourd dans le ciel au-dessus de lui. Jusque-là, le vrombissement avait été masqué par le vent. « Des avions invisibles rugissaient par centaines dans les cieux obscurs. C'était l'avant-garde du débarquement. "Débarquement" ! Quel mot électrisant ! »

Pour la première fois, Jewell se demanda si la victoire était finalement en vue : « Le débarquement en Sicile serait un grand pas en direction de l'Europe, et un petit pas sur la route de Berlin », remarqua-t-il. S'il réussissait. Les mêmes pensées se faisaient écho parmi les troupes. Un journaliste américain qui faisait la traversée avec la 5e division écrivit : « Beaucoup d'hommes sur ce bateau pensent que l'opération sera déterminante pour l'issue de la guerre, qu'elle s'enlise dans une impasse ou qu'elle marque un tournant décisif. »

Jewell entendit plusieurs fortes explosions et, se tournant vers la terre, il vit « de grands incendies se déclarant dans toutes les directions ». Les parachutistes qui avaient survécu au vol et à l'atterrissage étaient à l'œuvre. Au même moment, par-delà le bruit des détonations et du vrombissement des avions, Jewell distingua un autre bruit. Le vent était complètement tombé, comme à son habitude en Méditerranée, et il pouvait maintenant entendre « les légers battements des moteurs qui approchaient ». Les radars côtiers italiens avaient aussi détecté la forme de la flotte en marche. Quelques secondes plus tard, une batterie de projecteurs illumina la nuit comme en plein jour et le sous-marin britannique se retrouva dans la lumière. « Leurs faisceaux aveuglants balayèrent l'eau et se concentrèrent en une boule de lumière éblouissante sur le *Seraph*. » En temps normal, cela aurait été le signe qu'il fallait plonger, mais Jewell avait reçu l'ordre de ne pas bouger jusqu'à l'arrivée de la flottille. Pendant dix minutes – une éternité très éprouvante nerveusement – le *Seraph* se tint immobile, tandis que les feux de l'enfer se déchaînaient autour de lui. Le cuisinier, accroupi derrière une mitrailleuse, jurait tant qu'il pouvait. Chaque obus projetait une gerbe d'eau et les vigies se serraient contre la tourelle, « autant pour éviter les éclaboussures que pour s'abriter des shrapnels ». Entre les explosions, les « battements lancinants » devinrent de plus en plus forts.

Puis, à travers l'obscurité, apparut « un éclat de lumière venant du destroyer qui avançait en tête de la puissante flotte de débarquement ». Quelques instants plus tard, le contour des navires commença à se dessiner, autant de « formes sombres [qui] émergèrent lentement de l'obscurité ». Oubliant les obus qui pleuvaient autour de lui, Jewell se dit qu'il n'avait jamais rien vu d'aussi beau. « La langue anglaise a besoin d'un nouveau nom pour remplacer le banal *armada*, écrivit-il. Aussi loin que mes lunettes nocturnes me permettaient de voir, je distinguais des centaines de navires qui progressaient de manière ordonnée. » Les projecteurs du destroyer repérèrent les emplacements des canons à terre, « comme une rampe de spots sur scène ». Le navire de guerre ouvrit le feu. « Les obus fusaient en sifflant au-dessus de nos têtes. » Les avions ennemis nous survolaient en lâchant des fusées éclairantes pour aider les artilleurs à terre.

En mer, Derrick Leverton admira les tirs des batteries anti-aériennes qui se déversaient dans le ciel « avec des traînées de différentes couleurs », et la lueur dans le ciel des champs de blé qui brûlaient derrière les plages. C'était horriblement beau. « Avec les fusées éclairantes, les projecteurs et les incendies, associés aux effets chromatiques des bombes qui éclataient et des obus qui explosaient, toute la Sicile, aussi loin que l'œil pouvait voir, ressemblait à un gigantesque spectacle pyrotechnique. » Le premier destroyer dépassa le *Seraph*, son équipage américain « acclama l'opiniâtre petit sous-marin ». Quelques instants plus tard, une petite barge de débarquement américaine approcha, son capitaine se tenant à la poupe. Couvrant le vacarme, il cria : « Hé ho, *Seraph* ! L'amiral m'a envoyé vous remercier pour votre bon boulot. » Jewell fit « un salut légèrement étonné », comme il l'admit plus tard. Mais le capitaine n'avait pas fini ses pérorai-sons. « Vous savez que ces gars qui débarquent vont se souvenir longtemps de la façon dont vous les avez guidés jusqu'ici… »

Il était temps pour le *Seraph* de « retourner prudemment dans l'obscurité protectrice ». Jewell jeta un dernier regard en arrière vers la terre, où « de minuscules éclairs marquaient la progression de la force d'assaut, tandis que les mitraillettes se frayaient un chemin à travers les lignes de défense ». Les US Rangers de Bill Darby avaient mis pied à terre sur la plage de Gela. Jewell « espérait que le sympathique colonel blagueur ne ferait pas d'imprudence ».

Menant de l'avant, puisqu'il ne connaissait aucun autre endroit pour mener, Bill Darby remonta la plage comme s'il était possédé, ce qui était bien le cas, à travers les défenses et droit sur la ville de Gela, qui avait déjà été beaucoup détruite par les tirs venant de la mer. Les troupes italiennes de la division de Livourne tentèrent de prendre position dans la cathédrale, mais elles en furent vite délogées par les Rangers. Armé d'une mitrailleuse de calibre .30 montée sur une jeep, Darby repoussa à lui seul une contre-attaque italienne menée par des chars légers Renault. Réalisant qu'il n'avait besoin de rien de plus, il se précipita vers la plage où il se procura un canon antichar de 37 mm, ouvrit sa caisse de munitions avec une hache, puis, avec l'aide d'un capitaine, il s'en servit pour faire sauter un autre char italien qui défendait son poste de commandement. Pour faire bonne mesure, il lança une grenade sur l'écoutille du char. Son équipage italien terrifié se rendit immédiatement.

Douze heures après le débarquement, Darby sortit un drapeau américain de son sac à dos et le cloua sur la porte du quartier général du parti fasciste sur la grande place de Gela. À la suite de la bataille de Gela, Patton décerna à Darby la croix pour Service distingué (*Distinguished Service Cross*) et le promut colonel. Il accepta la médaille, mais refusa encore la promotion. « Darby est vraiment un grand soldat », s'émerveilla Patton.

À l'est, le major Derrick Leverton abordait le débarquement à un rythme plus paisible. Ayant « souhaité bonne chance à ses copains, parfaitement dans son élément et pragmatique », le fossoyeur attendit sur le pont d'être appelé dans une barge de débarquement. « Comme j'avais encore du temps devant moi, je m'endormis. » Leverton a le mérite d'être le seul à s'être assoupi au milieu de la plus grande offensive amphibie qui avait jamais eu lieu. Il y avait « pas mal de bruit de fond », mais Derrick n'eut aucun mal à s'endormir. Si l'on considère les actes héroïques, celui-là vaut presque les exploits du colonel Darby.

« C'était bientôt l'aube et les montagnes commençaient à se dessiner au loin » quand Leverton grimpa dans la barque de débarquement. En quelques minutes, il fut à terre, après avoir pataugé parmi les épaves des planeurs qui avaient fait « des atterrissages légèrement prématurés ». Deux parachutistes morts gisaient sur la plage. Leverton était bien le dernier que la vue d'un cadavre pouvait troubler (« La première chose dont je pris conscience était le délicieux parfum du thym piétiné »). Ses hommes et lui se dirigèrent vers le lieu choisi pour y placer le canon, tout droit à travers un champ de mines. « Quelques mines explosèrent en faisant un boucan d'enfer et en dégageant une abondante fumée noire. »

Pendant que ses canons étaient déchargés, Leverton décida qu'il était temps de se faire une tasse de thé. Il fut enchanté de découvrir que ses rations contenaient de la « poudre de thé-sucre-lait » à laquelle il suffisait d'ajouter de l'eau chaude. « Nourrissant, appétissant et intelligent », pensa Drick. Ensuite, il fut bombardé en piqué.

Cela « pimenta la fête, raconta-t-il à sa mère dans une lettre. Alors qu'il pleuvait des bombes, je me suis jeté contre un mur en pierre. Beaucoup de poussière et de débris volaient et, quand je me suis relevé, j'ai découvert qu'une pierre grosse comme un ballon de football avait été soufflée par une explosion non loin de ma tête ». Seul un incurable optimiste comme Leverton pouvait voir le bon côté d'un bombardement. « Une autre bombe tomba dans la mer et nous aspergea de bonne eau fraîche. » En prévision de nouvelles attaques, l'entrepreneur de pompes funèbres dit à ses hommes de creuser de « petites tombes d'un mètre de profondeur qui étaient très confortables ». Comme les canons n'avaient toujours pas été déchargés, Leverton se terra dans son terrier et se rendormit. Contrairement à sa sieste réparatrice sur le bateau, son sommeil fut moins calme. « J'ai fait un rêve assez horrible de bombardement en piqué et ainsi de suite, et je me suis réveillé avec l'agréable impression que ce n'était qu'un rêve, lorsque je me suis rendu compte que ce n'en était pas un et que les andouilles piquaient juste au-dessus de moi. » Les bombes ne provoquèrent que des dégâts mineurs, même si, comme il l'écrivit à ses parents, « la commotion ébranla un peu ma tombe ».

À la nuit tombée, les canons étaient assemblés et en ordre de marche. À la grande satisfaction de Leverton, un bombardier fut abattu le premier jour. Au cours des six semaines suivantes, onze autres seraient abattus, « et un certain nombre fut mis hors d'état de nuire ». Leverton était content. « Nos gars sont très fiers de savoir que nous sommes la première batterie à être entrée en action en Europe depuis Dunkerque. »

Il faisait chaud sur la plage et manœuvrer les canons en treillis longs faisait beaucoup transpirer. « Je n'avais pas l'impression d'être habillé de manière adéquate, écrivit le major Leverton. J'ai donc conçu une tenue spéciale pour un débarquement, composée d'une fine chemise, de mon short de bain bleu Jantzen, d'une paire de chaussons de gymnastique bleus et d'un casque. C'est un excellent costume que je recommande vivement. »

Alors qu'il pleuvait des bombes, cet héroïque fossoyeur anglais était assis dans sa propre tombe, portant un maillot de bain et un casque et buvant une bonne tasse de thé. Il était à la fois ridicule et sacrément magnifique.

Mussolini fut réveillé par un colonel à 6 heures du matin qui lui apprit que le débarquement en Sicile avait commencé. *Il Duce* était confiant : « Renvoyez-les à la mer. Sinon, clouez-les sur la côte. » Il avait raison depuis le début : la Sicile était la cible évidente. « Je suis certain que nos hommes vont résister.

D'ailleurs, les Allemands envoient des renforts, dit-il. Nous devons avoir confiance. »

Jamais confiance n'a été aussi mal placée. À la fin de la journée, plus de 100 000 soldats alliés et 10 000 véhicules avaient débarqué. Les Italiens se rendirent en nombre, se contentant souvent de se débarrasser de leur uniforme et de s'en aller, parfois en courant. Les Alliés furent souvent accueillis par des acclamations et non par des balles. La 8e armée britannique avait estimé subir quelque 10 000 victimes au cours de la première semaine ; un septième seulement de ce chiffre fut tué ou blessé. La Navy avait anticipé la perte de 300 navires au cours des deux premiers jours ; à peine une douzaine coula.

À 23 heures, la veille, André Latham, l'agent Gilbert, avait envoyé un télégramme à ses officiers traitants allemands : « Très important. Ai appris d'une source fiable qu'une vaste force est en route pour la Sicile. Le débarquement est imminent. » Il ne faisait que confirmer ce que les Allemands savaient déjà, car la première grosse alerte avait atteint les unités côtières italiennes plusieurs heures avant que Jewell ne largue sa bouée de guidage. Il était alors bien trop tard pour prendre des mesures adéquates et le bombardement du réseau téléphonique sicilien empêcha de nombreuses unités d'être informées avant que l'attaque n'ait été déjà bien entamée. Certains allèrent se coucher en supposant que l'ennemi ne serait pas aussi irréfléchi pour attaquer au beau milieu d'une tempête. Le commandant italien en Sicile s'attendait à une attaque. D'ailleurs, les services de renseignement italiens ne crurent pas autant à l'intoxication que leurs homologues allemands. Pourtant, en partie à cause de l'opération Derrick, la désinformation secondaire, ils s'attendaient à une offensive à l'ouest, et non au sud.

Comme prévu, la réaction des divisions allemandes stationnées sur l'île fut plus vigoureuse. Mais quand les Allemands contre-attaquèrent le dimanche 11 juillet, ils avaient déjà perdu trop de temps et la tête de pont alliée était déjà fermement ancrée. Des Spitfire attaquèrent le quartier général sicilien de la Luftwaffe, désorientant ce qu'il restait des défenses aériennes allemandes au moment crucial. Le maréchal Kesselring avait envoyé la 15e division blindée pour intercepter le débarquement attendu dans l'ouest de l'île, laissant les Panzers de Hermann Goering absorber le plus fort de l'assaut. Les Allemands ne tentèrent même pas de cacher leur dégoût tandis que les troupes italiennes s'évanouissaient dans la nature et que les défenses côtières s'effondraient comme des châteaux de sable dans la tempête. Un message envoyé à Berlin au lendemain du débarquement rapporta « l'échec complet des défenses côtières » et nota amèrement qu'« une grande partie de la police locale et des autorités civiles prit la fuite face à la progression de l'ennemi. À Syracuse, le débarquement provoqua des pillages et des émeutes de la population qui traita le débarquement avec indifférence. » Tant d'Italiens se rendirent au cours des deux premiers jours que les longues files de prisonniers ralentissaient les troupes en marche. Kesselring se plaignit que « des soldats italiens à moitié vêtus battaient la campagne dans des camions volés ».

À 17 h 15, l'après-midi du Jour J, Kesselring ordonna à la division Hermann Goering d'« attaquer et de détruire immédiatement tout ce qui s'opposait à la division. Le Führer a ordonné que toutes les forces soient immédiatement opérationnelles pour empêcher l'ennemi de prendre pied ». Les chars allemands ne parvinrent pas à faire de percée. Quarante-trois furent détruits dans un combat amer et sanglant. Le commandant de la division Goering le concéda : « La contre-attaque contre les débarquements hostiles a échoué. » Les tanks allemands se dirigèrent vers le nord pour continuer à se battre sur le continent. Le général Patton, paradant sur le champ de bataille dans sa jeep, surnomma l'invasion « la plus courte Blitzkrieg de l'histoire ». Montgomery fut d'accord avec lui sur ce point au moins. « L'Allemand en Sicile est condamné. Définitivement condamné. Il ne s'en tirera pas. »

La conquête de l'île ne faisait que commencer, d'autres combats plus féroces allaient venir, mais le Jour J était terminé et gagné en Sicile.

22

Hameçon, ligne et plomb

Une acclamation s'éleva dans la salle 13 quand arriva la nouvelle du succès du débarquement en Sicile. Cholmondeley exécuta un pas de danse et un étrange hululement. « Tante » Joan Saunders s'essuya les yeux.

La tension de l'attente avait été presque insupportable. Quand le succès de l'opération Mincemeat devint irréfutable, Montagu commença à craindre en privé que le rôle qu'il jouait dans la guerre ne prenne fin. « Même si j'ai été à l'origine de quelque chose de très important et qui en valait la peine… je n'aurai plus jamais l'occasion de refaire ce genre de chose. » La pression avait creusé les traits des organisateurs qui, selon Montagu, « étaient trop tendus pour lire un livre ou pour trouver le sommeil ».

Avec le recul, Montagu se souvient du grand soulagement ressenti tandis que les Alliés déferlaient sur la Sicile. « Il est impossible de décrire la joie et la satisfaction ressenties en apprenant que l'équipe avait sauvé la vie de centaines de soldats alliés lors du débarquement. Ce sentiment se mêle au plaisir d'avoir réussi à faire ce que nous avons fait alors que tant de nos supérieurs avaient affirmé que nous en étions incapables – et j'ai toujours pensé que Churchill pensait que ça valait uniquement la peine d'être tenté en dernier recours. » Montagu a aussi été particulièrement content d'apprendre que Hitler lui-même s'était laissé avoir par les faux documents : « Joie suprême pour tout le monde et plus particulièrement pour un Juif, satisfaction de savoir qu'ils avaient directement et spécifiquement trompé ce monstre. »

La désinformation avait réussi au-delà de toute attente et Montagu jubilait : « Nous avons trompé les Espagnols qui aidaient les Allemands, nous avons trompé les services de renseignement allemands à la fois en Espagne et à Berlin, nous avons trompé l'état-major et le commandement suprême allemand, nous avons trompé Keitel et, enfin, nous avons trompé Hitler en personne et il est resté dupe jusqu'à la fin du mois de juillet. » L'opération était aussi gratifiante économiquement : « Un tube métallique fabriqué sur mesure, un uniforme militaire, de la glace sèche, le temps de quelques officiers, un trajet en fourgon jusqu'en Écosse et son retour, une centaine de kilomètres ajoutés à la traversée du HMS *Seraph* et quelques dépenses diverses : environ 200 livres au maximum. » Il n'y eut pas de grande fête donnée pour le succès de l'opération Mincemeat, pas de soirée au club de la *Gargouille* avec Montagu et Jean Leslie jouant le rôle de Bill Martin et de sa tendre Pam. La femme de Montagu, Iris, peut-être motivée par les allusions de sa belle-mère, avait annoncé qu'elle rentrait d'Amérique avec leurs enfants. Montagu savait que Hitler prévoyait toujours de lancer des bombes volantes sans pilote sur Londres et que la capitale restait très peu sûre. Mais comme les informations étaient de source Ultra, il ne pouvait pas en parler à Iris. « Je ne pouvais que faire allusion à la dernière folie de Hitler. Mais cela ne lui fit aucun effet. » Ce n'était probablement pas la folie de Hitler qui l'inquiétait. Iris et les enfants rentrèrent à Londres pendant le débarquement en Sicile. Les retrouvailles furent joyeuses. La photographie de Pam en maillot de bain, avec sa dédicace amoureuse, fut retirée à la hâte de la commode de Montagu. Montagu ne pouvait pas encore raconter de quoi il s'agissait, ce qui n'était d'ailleurs peut-être pas plus mal.

Des messages secrets de félicitations arrivèrent en masse de la part de ceux qui avaient touché ou qui avaient été touchés par l'opération Mincemeat. Dudley Clarke, le non-conformiste travesti derrière la Force « A », écrivit : « Je vous félicite chaleureusement pour le succès de votre opération "M". Ce fut remarquable. C'est un bel exemple d'organisation et, quelle qu'en soit l'évolution, vous êtes parvenu à une réussite totale. » Le général Nye applaudit également les organisateurs : « C'est une histoire très intéressante et il semblerait qu'elle ait été avalée. » Frank Foley, le célèbre officier du MI6, qui avait aidé des milliers de Juifs à quitter l'Allemagne avant la guerre, dit à Montagu que l'opération avait été « la plus grande réussite à avoir jamais eu lieu dans le domaine de la désinformation ». Dans son journal, Guy Liddell écrivit : « Mincemeat a été une grande réussite. »

On parlait déjà de médailles pour les planificateurs de l'opération Mincemeat. Johnnie Bevan et Ewen Montagu avaient été à couteaux tirés pendant des mois, mais au crédit de Bevan, il insista sur le fait que Montagu et Cholmondeley méritaient une reconnaissance officielle, même si elle devait rester secrète. « D'après les preuves aujourd'hui disponibles, il semblerait qu'une certaine opération de désinformation s'avéra un immense succès en parvenant à influencer les dispositions allemandes en produisant des résultats stratégiques et opérationnels de la plus grande importance. Le fait qu'elle ait produit d'aussi bons résultats doit être attribué dans une large mesure à l'ingéniosité et à l'énergie inépuisable de ces deux officiers. » Montagu avait imposé l'opération par la force de sa personnalité, tandis que Cholmondeley « était à l'origine de son plan ingénieux et était responsable, avec un certain officier de la Navy, des détails de l'exécution de l'opération ». Bevan recommanda que les deux hommes « reçoivent la même décoration puisqu'ils avaient chacun joué des rôles aussi importants l'un que l'autre dans le complot ».

Montagu était si content du succès de Mincemeat qu'il proposa une suite. Un avion transportant le Premier ministre polonais en exil, Władysław Sikorski, s'était écrasé au décollage à Gibraltar le 4 juillet. Six jours plus tard, soit le Jour J du débarquement en Sicile, Montagu envoya une note à Bevan pour indiquer que des « papiers provenant de l'avion de Sikorski étaient toujours emportés par les courants et qu'ils risquaient de s'échouer sur la côte espagnole » et pour suggérer que cela pouvait être l'occasion d'ajouter quelques faux documents parmi les débris. Ils auraient pour objet de « montrer que Mincemeat était authentique et que nous allons attaquer la Grèce, etc., et que nous avons simplement différé l'offensive en privilégiant la Sicile plutôt que Brimstone [la Sardaigne] car nous soupçonnions les Espagnols d'avoir montré les papiers de Mincemeat aux Allemands ». Le *commodore* Rushbrooke, directeur des services secrets de la Navy, mit son veto à Mincemeat Mark II parce qu'il ne fallait pas s'attendre à ce que les Allemands se fassent avoir deux fois par la même ruse. « Cela ne vaut pas la peine d'essayer. Les Espagnols sauront que tout ce qui est important a été récupéré et "l'échouage" d'un secret de valeur ne serait pas plausible. »

Le succès du débarquement en Sicile ne pouvait évidemment pas être attribué à la seule opération Mincemeat. À un certain degré, le plan de désinformation confirma ce que les Allemands croyaient déjà. Chaque élément de l'opération Barclay – dont Mincemeat n'était qu'une facette – allait dans le sens de cette perception erronée. En outre, la relative faiblesse des forces allemandes en Sicile ne faisait que refléter les doutes que Hitler nourrissait à propos de l'engagement de l'Italie dans la guerre. La Sicile se trouvait à un emplacement stratégique, mais c'était aussi une île, physiquement séparée du reste des forces de l'Axe. Si un grand nombre de troupes allemandes étaient occupées à sa défense et que l'Italie se désengageait de la guerre, elles se retrouveraient isolées et la Sicile deviendrait, comme le disait Kesselring, un « piège à souris pour toutes les forces allemandes et italiennes qui y combattaient ».

Pourtant, jusqu'au débarquement en Sicile, et même après, les effets de Mincemeat persistèrent dans la tactique allemande, détournant l'attention vers l'est et l'ouest. La nuit précédant l'attaque, Keitel avait proposé une première analyse des intentions alliées, prédisant un débarquement allié majeur en Grèce et une attaque conjointe sur la Sardaigne et la Sicile : « Les forces d'assaut occidentales semblent être prêtes pour une attaque immédiate, tandis que les forces orientales semblent être encore en train de se rassembler, écrivit-il. Un débarquement ultérieur sur la péninsule italienne est moins probable qu'un débarquement en Grèce. » La moitié des troupes alliées disponibles en Afrique du Nord », prédit Keitel, serviront « à venir en renfort de la tête de pont qui… sera établie en Grèce ».

Les interceptions Ultra montrent que quatre heures après le débarquement, vingt et un avions d'attaque au sol décollèrent de Sicile, qui essuyait déjà des attaques, en direction de la Sardaigne, qui n'en subissait aucune. Le même jour, l'Abwehr à Berlin envoya un message à son bureau espagnol « pour indiquer que le haut commandement à Berlin était particulièrement anxieux sur le fait de rester aux aguets pour surveiller d'éventuels convois passant par le détroit de Gibraltar pour attaquer la Sardaigne. Ces ordres s'expliquent par le fait que le haut commandement estimait qu'il était possible que l'attaque en Sicile ne soit qu'une feinte et que l'attaque principale se ferait ailleurs. » Les services de renseignement de la Navy notèrent avec satisfaction que cette analyse était « parfaitement cohérente avec l'histoire Mincemeat ».

Les mêmes effets étaient visibles à l'autre bout de la Méditerranée où l'attaque fictive sur la Grèce sapait directement la capacité de l'Allemagne à repousser de véritables attaques sur la Sicile. Les « R-boats » ou *Räumboote*, étaient des démineurs de 150 tonnes, composants clés de la force navale allemande qui, en plus de désamorcer les bombes, servaient aussi à l'escorte des convois, à la patrouille côtière, à la pose de mines et au sauvetage d'équipages d'avions abattus. Le 12 juillet, Jour J+2 du débarquement en Sicile, le commandant des forces navales allemandes en Italie envoya un câble au quartier général « se plaignant que le départ du premier groupe de R-boats, envoyé en mer Égée pour défendre la Grèce, avait été préjudiciable pour la défense de la Sicile, car les barrages de Gela n'étaient plus efficaces, la pénurie de vaisseaux d'escorte était "chronique" et le départ de davantage de bateaux, comme ordonné, aurait de graves répercussions. » Pourtant, la conviction d'une attaque imminente en Grèce restait profondément ancrée dans les esprits : à la fin du mois de juillet, Rommel fut envoyé par Hitler en Salonique pour prendre le commandement de la défense de Grèce si et quand les alliés attaqueraient. L'Abwehr élabora des plans compliqués en prévision de l'offensive attendue sur la Grèce, comprenant notamment des équipes d'agents secrets et de saboteurs qui resteraient en arrière si les Allemands étaient forcés de se retirer.

Les récriminations du côté de l'Axe commencèrent presque immédiatement après le débarquement. Lorsqu'il entendit que la défense côtière italienne n'était pas parvenue à repousser l'attaque, Goebbels fustigea les « mangeurs de macaroni » mais s'abstint de souligner qu'il n'avait jamais vraiment cru au grand coup du renseignement de l'Abwehr. Hitler n'admit jamais qu'il avait été dupe, mais sa réaction militaire face au débarquement prouvait suffisamment qu'il savait qu'il avait commis une erreur stratégique majeure en s'abstenant d'envoyer des renforts en Sicile. « La réaction de Hitler fut immédiate. Il ordonna à deux autres formations allemandes, la 1re division de parachutistes et la 29e division blindée de grenadiers, de se rendre dans les plus brefs délais en Sicile pour renvoyer les envahisseurs à la mer. » Mais c'était trop tard.

Dans la hiérarchie allemande, d'autres se rendirent compte qu'on leur avait vendu un mensonge fantastique et extrêmement dommageable et cela les mit dans une colère noire. Joachim von Ribbentrop, le ministre des Affaires étrangères nazies, exigea une explication détaillée sur les raisons pour lesquelles les documents du major Martin indiquant que l'attaque en Sicile était un leurre avaient été si allègrement reconnus comme étant authentiques : « Il a été prouvé que ce rapport était faux, car l'opération dirigée par les Anglais et les Américains contre la Sicile, loin d'être une attaque fictive, était évidemment l'une de leurs offensives majeures prévues en Méditerranée… L'ennemi a délibérément autorisé que le rapport provenant d'une “source parfaitement fiable” tombe entre les mains des Espagnols pour nous tromper. » Von Ribbentrop soupçonnait les Espagnols d'être dans le coup depuis le début et ordonna à son ambassadeur à Madrid, Dieckhoff, de mener une chasse aux sorcières à grande échelle : « Entreprenez une minutieuse réévaluation de toute l'affaire en tenant compte du fait que les personnes dont les informations émanaient étaient directement à la solde de l'ennemi ou qu'elles nous étaient hostiles pour d'autres raisons. » Dieckhoff fulmina et essaya de se tenir à l'écart : « Les documents ont été trouvés sur le corps d'un officier anglais abattu et les originaux ont été remis ici à notre service de contre-espionnage par l'état-major espagnol. Les documents ont été examinés par l'Abwehr et je n'ai pas entendu dire que leurs enquêtes aient soulevé un quelconque doute sur leur authenticité. » Assez faiblement, Dieckhoff ajouta que l'ennemi devait avoir changé ses plans après avoir perdu les documents. « Les Anglais et les Américains avaient parfaitement l'intention d'agir de la façon exposée dans les documents. Ce n'est que plus tard qu'ils changèrent d'avis, considérant peut-être que les plans avaient été compromis par la mort de leur porteur anglais. »

Von Ribbentrop ne voulut rien savoir. « Les services secrets britanniques sont parfaitement capables de faire en sorte que de faux documents parviennent aux Espagnols », insista-t-il. La désinformation avait pour but de persuader l'Allemagne « que nous ne devions pas adopter de mesures défensives… ou que nous devions uniquement en adopter d'inappropriées ». Maintenant que les Alliés envahissaient la Sicile, il voulait des noms et il voulait que les têtes tombent. « Il est presque certain que les Anglais fabriquèrent intentionnellement ces documents trompeurs et firent en sorte qu'ils tombent entre les mains des Espagnols de façon à ce qu'ils nous parviennent par un chemin détourné. Il ne reste plus qu'à savoir si les Espagnols virent clair dans ce jeu ou s'ils s'y firent prendre eux-mêmes. » Les soupçons pesaient sur l'amiral Moreno, le ministre de la Marine qui jouait double jeu, et sur Adolf Clauss et ses espions espagnols. Plus haut dans la chaîne de commandement, cela jetait le doute sur l'Abwehr en Espagne et sur les analystes du renseignement à Berlin qui avaient vérifié les faux. « Qui a initialement fait circuler l'information ? demanda Von Ribbentrop. Sont-ils directement à la solde de nos ennemis ? »

Karl-Erich Kuhlenthal était aussi dans le collimateur. « Après le débarquement en Italie, Berlin réprimanda [le bureau de l'Abwehr en] Espagne pour avoir manqué de soumettre des données adéquates. » Kuhlenthal, aussi apte à échapper au blâme qu'il était habile à recueillir les félicitations, garda la tête basse jusqu'à ce que la tempête passe. Il devait savoir que les documents transmis à Berlin en mai s'étaient révélés trompeurs, mais il n'en dit rien. Kuhlenthal suivit le débarquement en Sicile avec une consternation croissante, mais l'un de ses collègues experts du renseignement, qui avait joué un rôle au moins aussi important dans la mise en œuvre de la fraude, a pu être le témoin du dénouement des événements avec une satisfaction secrète. Ce n'est pas avant le 26 juillet, plus de deux semaines après le débarquement en Sicile, qu'Alexis von Roenne, à la tête des Armées étrangères occidentales (FHW) et conspirateur antinazi, émit un rapport dans lequel il annonçait : « À présent et de toute façon, l'attaque prévue contre le Péloponnèse a été abandonnée. » Von Roenne était trop malin pour reconnaître que les lettres étaient des faux ; il affirma simplement, comme Dieckhoff, que les plans avaient changé. Dans le monde de Hitler, il n'y avait pas de place pour ceux qui reconnaissaient leurs erreurs.

La plus notable victime des retombées, du côté de l'Axe, fut Mussolini lui-même. À partir du moment où le premier allié avait posé le pied en Sicile, *Il Duce* était condamné, même s'il refusait de l'admettre.

Goebbels nota : « La seule chose certaine dans cette guerre est que l'Italie va la perdre. » Le pacte d'Acier commençait à se lézarder. Le 18 juillet, le front allié était remonté à mi-chemin de la Sicile. Ce jour-là, Mussolini envoya un télégramme presque provocateur à Hitler : « Le sacrifice de mon pays ne peut pas avoir comme principal objectif de retarder une attaque directe sur l'Allemagne. » Le Führer le convoqua à une réunion urgente. *Il Duce* n'appréciait pas d'être convoqué où que ce soit, mais il s'y rendit humblement.

Les deux leaders fascistes se rencontrèrent à Feltre, à une petite centaine de kilomètres de Venise. Hitler se lança dans une longue diatribe, vilipendant les troupes italiennes « ineptes et poltronnes » en Sicile et insistant sur le fait que « ce qui s'est passé en Sicile ne devait plus se reproduire ». Au beau milieu de la tirade, un aide de camp l'interrompit pour informer Mussolini que Rome subissait une attaque aérienne massive, la première visant la capitale. Mussolini resta apathique pendant le monologue qui dura deux heures. Le Duce semblait saigné à blanc, diminué et distant. En conclusion de cette réunion accablante, il dit simplement : « Nous nous battons pour une cause commune, Führer. » Cette remarque sonnait davantage comme une épitaphe que comme une déclaration de solidarité.

Le 22 juillet, Palerme tomba aux mains des troupes américaines de Patton. Trois jours plus tard, Mussolini fut destitué de ses charges par le Grand Conseil du fascisme, convoqué par le roi Victor Emmanuel III à une audience privée et renversé. « Cela ne peut plus continuer », dit le roi : Mussolini dut démissionner immédiatement pour être remplacé par le maréchal Pietro Badoglio, l'ancien chef des forces armées.

Le dictateur italien déchu quitta la Villa Savoia caché dans une ambulance et le nouveau gouvernement de Rome entama la tâche secrète de sortir l'Italie de la guerre et de l'étreinte empoisonnée de Hitler. Badoglio déclara : « Le fascisme est tombé, comme il se doit pour une poire pourrie. » Le lendemain, Rommel fut rappelé de Grèce pour défendre l'Italie du Nord. Serait-elle tombée si vite, ou aurait-elle pourri si rapidement, sans l'opération Mincemeat ? Le débarquement en Sicile était une opération militaire loin d'être parfaite, contrariée par une mauvaise organisation et par des rivalités personnelles entre des hommes égoïstes et puissants. Les atterrissages aéroportés furent horriblement coûteux : sur 147 planeurs britanniques, seuls 12 atteignirent leur cible et 67 s'abîmèrent en mer. Un contingent relativement réduit de troupes allemandes parvint à contenir la progression d'un hôte allié sept fois plus gros, puis évacua l'île pour continuer à se battre sur la péninsule italienne. La bataille de Sicile fut dure et amère. Mais qu'aurait-elle été si le haut commandement nazi s'y était préparé ? Et si au lieu d'être détachée en Grèce pour attendre une invasion imaginaire, la 1re division de panzers avait été déployée le long de la côte de Gela ?

Il est impossible de calculer combien de vies, des deux côtés du conflit, furent épargnées par l'opération Mincemeat, ni dans quelle mesure elle contribua à accélérer la fin de la guerre et la défaite de Hitler. Les Alliés avaient prévu que la conquête de la Sicile prendrait quatre-vingt-dix jours. L'occupation fut achevée le 17 août, trente-huit jours après le début de l'invasion. Il ne fait aucun doute pour le professeur Percy

Ernst Schramm, chroniqueur dans le journal de guerre de l'OKW, que les faux documents avaient joué un rôle crucial : « Il est bien connu que sous l'influence des lettres, Hitler déplaça des troupes en Sardaigne et dans le sud de la Grèce, ce qui les empêcha de prendre part à la défense contre [Husky]. » En septembre, l'Italie capitula officiellement, même si la guerre n'y prit pas fin avant mai 1945.

L'impact du débarquement en Sicile fut ressenti à 2 500 kilomètres de là, dans le bain de sang du front de l'Est, et surtout, autour de la ville russe de Koursk. Le 4 juillet, Hitler avait lancé l'opération Citadelle, offensive massive et tant attendue contre l'armée Rouge, en représailles de la défaite allemande à Stalingrad. La bataille de Koursk allait être la plus grande bataille de chars de l'histoire, la plus coûteuse guerre aérienne jamais menée à ce jour et la dernière offensive stratégique majeure de l'Allemagne à l'est. Avec 900 000 soldats et 3 000 chars, le maréchal Erich von Manstein avait prévu d'éliminer le saillant de Koursk, d'encercler les Soviétiques, puis de se diriger vers le sud pour reconquérir le territoire perdu. Des retards répétés, et d'excellents renseignements soviétiques, firent que l'armée Rouge savait parfaitement ce qui se passait. Comme la Sicile, Koursk était une cible évidente ; contrairement à la Sicile, au moment où l'attaque se fit, le saillant était massivement fortifié, protégé par plusieurs lignes de défense successives, un million de mines, 5 000 kilomètres de tranchées et une armée de 1,3 million d'hommes, avec des réserves stratégiquement placées pour contre-attaquer lorsque les troupes allemandes étaient épuisées. Au bout de cinq jours de combat acharné, l'issue était encore incertaine. La Blitzkrieg allemande, dans la partie nord du front, était arrivée au point mort, avec des pertes terribles dans les deux camps. Mais au sud, les forces allemandes, même si elles étaient fortement dégarnies, continuaient leur avancée. Le 12 juillet, les forces allemandes avaient traversé les deux premières lignes de défense soviétiques et pensaient que la percée finale était à leur portée.

Mais entre-temps, les événements en Méditerranée avaient changé la donne stratégique et la tournure d'esprit de Hitler. Trois jours après le débarquement en Sicile, le Führer convoqua von Manstein à la Tanière du Loup, son quartier général en Prusse orientale, et annonça qu'il suspendait l'opération Citadelle. Le maréchal insista en affirmant que l'armée Rouge chancelait et que l'offensive allemande en était à un stade critique : « En aucun cas, nous ne devons lâcher la pression sur l'ennemi tant que les réserves mobiles que nous avions engagées ne connaissent pas de défaite décisive. » Mais Hitler en avait décidé ainsi. « Confronté au dilemme inéluctable du choix de la région où faire peser son plus gros effort, il préféra la Méditerranée à la Russie. » Une semaine après le débarquement des troupes alliées sur la côte sicilienne, Hitler annula l'offensive sur le front de l'Est et ordonna le transfert des *SS Panzer Korps* en Italie. La décision prise par Hitler de décommander l'attaque, en partie pour détourner des forces vers l'Italie menacée et à cause de la menace qui persistait sur les Balkans, marqua un tournant dans la guerre. Pour la première fois, une attaque éclair échouait avant de parvenir à percer les lignes ennemies. L'armée Rouge lança une contre-attaque dévastatrice, libérant d'abord Belgorod et Orel puis, le 11 août, la ville de Kharkov. En novembre, Kiev serait aussi libéré. Le IIIe Reich ne se remit jamais de l'échec de l'opération Citadelle et, jusqu'à la fin de la guerre, les armées allemandes à l'est étaient sur la défensive, tandis que l'armée Rouge roulait inexorablement vers Berlin. « Avec l'échec de *Zitadelle*, nous avons subi une défaite décisive », écrivit le général Heinz Guderian, grand théoricien allemand du combat de chars. À partir de là, l'ennemi était en possession non disputée de l'initiative. »

Tous ceux qui étaient impliqués dans la préparation et l'exécution de Mincemeat étaient unanimes dans leur autocongratulation. Une évaluation « top secret » de l'opération, écrite peu avant la fin de la guerre, la décrivait comme « un petit classique de la désinformation, brillamment élaborée dans ses moindres détails, complètement réussie dans sa mise en œuvre… Les Allemands menèrent de nombreuses actions, qui leur furent préjudiciables, à la suite de Mincemeat. » L'intoxication avait au moins encouragé Hitler à faire ce qu'il voulait déjà faire et ce qui était exactement ce que les Alliés voulaient qu'il fasse. Les défenses allemandes du sud de l'Europe étaient réparties « de façon aussi large et clairsemée que possible », pour répondre aux craintes d'offensives multiples au lieu d'une seule attaque massive dans le sud de la Sicile. « Il ne fait aucun doute que Mincemeat a réussi à produire l'effet voulu [et] provoqua la dispersion de l'effort allemand à un moment crucial… L'opération a été largement responsable du fait que la partie de la Sicile où nous avons débarqué était bien moins défendue, tant par des troupes que par des fortifications. » Encore plus gratifiant, la progression du mensonge avait été suivie à chaque stade : « Des renseignements spéciaux nous permirent de savoir que l'ennemi s'y trompa. » Dans l'un de ses derniers messages privés à Churchill depuis Madrid, Alan Hillgarth décrivit la manière dont la réussite de la campagne de Sicile avait transformé l'opinion publique et officielle en Espagne : « La Sicile a impressionné tout le monde et ravi beaucoup. La démission de Mussolini, et ce que cela présage, a étonné les opposants. » La crainte que Franco puisse se ranger aux côtés de l'Axe s'était évanouie et le rôle de Hillgarth en Espagne prenait fin.

Pendant les années qui suivirent, Bill Jewell se demanda souvent dans quelle mesure l'opération Mincemeat « affecta réellement l'issue du débarquement en Sicile ». On lui avait répondu que c'était « impossible à estimer ». La désinformation ne peut pas se mesurer en mètres gagnés sur le champ de bataille ou en soldats perdus, mais elle peut être évaluée d'autres façons : dans le renversement de Mussolini et le renforcement de l'obsession de Hitler pour les Balkans ; dans les défenses clairsemées de la côte sicilienne qui permirent au débarquement allié de se faire sans bain de sang ; dans les troupes de l'Axe clouées en Sardaigne et dans le Péloponnèse, et dans la grande retraite à Koursk ; dans les panzers, attendant une attaque qui n'est jamais venue sur les côtes grecques ; dans Derrick Leverton, assis indemne dans son trou tandis que la contre-attaque allemande s'épuisait.

Par la suite, les historiens furent aussi convaincus que l'intoxication non seulement avait fonctionné, mais qu'elle avait exercé un profond impact. Hugh Trevor-Roper décrivit l'opération Mincemeat comme

« l'épisode le plus spectaculaire de l'histoire de la désinformation ». Dans l'histoire officielle de la désinformation pendant la Seconde Guerre mondiale, elle est définie comme « la désinformation probablement la plus réussie de toute la guerre ». Ce fut aussi la plus chanceuse. Certes, elle dépendait de l'aptitude, du choix du moment et du bon jugement, mais elle n'aurait jamais porté ses fruits si elle n'avait pas bénéficié d'une chance extraordinaire.

Les guerres sont gagnées par des hommes comme Bill Darby, remontant la plage en tirant à tout-va, et par des hommes comme Leverton, sirotant leur thé pendant qu'il pleut des bombes. Elles sont gagnées par des planificateurs, qui calculent correctement le nombre de rations et de contraceptifs nécessaires à une force de débarquement ; par des tacticiens qui élaborent de grandes stratégies ; par des généraux qui inspirent les hommes qu'ils commandent ; par des politiciens qui galvanisent la volonté de se battre ; et par des écrivains qui mettent la guerre en mots. Elles sont gagnées par des actes de force, de bravoure et de ruse. Mais elles sont aussi gagnées par des prouesses de l'imagination. Des amateurs, des romanciers non publiés, qui furent les têtes pensantes de l'opération Mincemeat, imaginèrent la concaténation d'événements les plus improbables, les rendirent plausibles et les envoyèrent au combat, transformant la réalité grâce à la pensée latérale et prouvant qu'il est possible de gagner une bataille menée par l'esprit, derrière un bureau et au-delà de la tombe. L'opération Mincemeat n'était faite que de faux-semblants et ce qu'elle fit croire à Hitler changea le cours de l'histoire.

Cette étrange histoire fut conçue dans l'esprit d'un écrivain et fut mise en œuvre par un pêcheur qui lança sa mouche sur l'eau, sans certitude de succès, mais avec l'optimisme et la ruse naturelle du pêcheur. L'hommage le plus mérité, et le plus juste, qui fut rendu à l'opération était contenu dans un télégramme envoyé à Winston Churchill le jour où les Allemands mordirent à l'hameçon : « Mincemeat a avalé la canne, la ligne et le plomb. »

23

Mincemeat dévoilé

Ewen Montagu commença à faire du lobbying auprès du gouvernement britannique pour obtenir l'autorisation de dévoiler l'opération Mincemeat avant la fin de la guerre. En 1945, on lui proposa la « somme considérable » de 750 livres pour révéler l'histoire, mais on ne sait pas bien qui fit l'offre et comment ils eurent vent de l'opération Mincemeat. Montagu écrivit au ministère de la Guerre pour demander la permission de publier sa version des faits. « Je suis partial, mais je suis certain que ça ne fera aucun mal et que ça pourrait même faire du bien », écrivit-il, ajoutant qu'il y avait déjà eu « de grosses fuites ». Anticipant l'objection que l'opération révélerait que l'Angleterre n'avait pas toujours fait preuve d'une grande honnêteté pour parvenir à la victoire, il ajouta : « Cela nous servirait de montrer Mincemeat comme une opération *ad hoc* spécialisée, tout en détournant l'attention du fait que la désinformation était routinière. »

La requête de Montagu fut déclinée. Guy Liddell du MI5 lui répondit : « Le ministère des Affaires étrangères n'autoriserait jamais la publication sous quelque forme que ce soit en raison de l'effet inévitable sur nos relations avec l'Espagne. » Pourtant, il commençait bel et bien à y avoir des fuites. D'ailleurs, une copie du rapport sur l'opération Mincemeat, qui était l'une des trois copies réalisées, avait été égarée en mars 1945. Une autre resta entre les mains de Montagu, apparemment avec la bénédiction de Guy Liddell, « au cas où l'embargo finirait par être levé ».

Deux mois après le débarquement en Normandie, un journaliste radio anglais, nommé Sydney Moseley, fut mis au courant par un contact dans les services de renseignement britanniques. Moseley avait travaillé pour le *Daily Express* et le *New York Times* ; c'était aussi le directeur commercial de John Logie Baird et le promoteur infatigable de la nouvelle technologie de la télévision. Et il savait reconnaître une bonne histoire quand il en entendait une. En août 1944, Moseley diffusa un sujet sur le réseau radio du Mutual Broadcasting System, aux États-Unis : « Nos services de renseignement ont obtenu, en Angleterre, le corps d'un patient décédé et l'ont revêtu d'un uniforme d'officier. Le moment venu, le cadavre… traversait la Manche jusqu'à la côte occupée où, comme on l'espérait, il fut ramassé. Suite à un ensemble de faux documents, d'ordres de mission et de plans, les nazis concentrèrent leurs forces ailleurs et, tandis que nous faisions notre grande avancée en Normandie, ils croyaient toujours que c'était une feinte. » Moseley concluait son rapport ainsi : « Je pense que cette histoire est la meilleure de la guerre. » Le journaliste avait confondu le lieu et la date du débarquement, mais son récit était suffisamment proche de la vérité pour faire souffler un vent de tempête sur les services secrets.

« Tar » Robertson écrivit à Bevan, soulignant que bien que la Loi sur les secrets d'État pût réduire au silence les curieux en Grande-Bretagne, elle était impuissante aux États-Unis : « À moins que des mesures soient prises assez vite, étant donné que le sujet est très attrayant, il se produira tôt ou tard un raz-de-marée médiatique aux États-Unis, certaines histoires seront vraies, d'autres seront inventées. » Par ailleurs, si le journaliste était approché et sommé de garder le silence, cela montrerait qu'« il y avait une part de vérité derrière les propos de Moseley ». Mieux valait ignorer l'histoire et « laisser les autorités américaines et Moseley dans l'ignorance sur toute cette question ». Malgré tout, ce n'était qu'une question de temps avant que d'autres ne se mettent en chasse. Les maîtres-espions anglais étaient catégoriques : « Nous devons faire tout ce qui est en notre pouvoir pour éviter que la vérité ne soit révélée au grand jour. »

Quand l'histoire fut enfin dévoilée, cela ne vint pas d'un journaliste indiscret, mais de Winston Churchill en personne. En octobre 1949, Alfred Duff Cooper, futur vicomte Norwich, ministre de l'Information pendant la guerre, commença à travailler sur un roman basé sur l'histoire de l'opération Mincemeat. *Operation Heartbreak* raconte l'histoire de « William Maryngton », un homme incapable de servir son pays de son vivant, mais qui, après sa mort, servit d'une façon qui ne laissait pas la moindre ambiguïté. Dans le dernier chapitre, on pouvait lire :

« L'aube ne s'était pas encore levée, mais cela n'allait pas tarder, quand le sous-marin fit surface. L'équipage était soulagé de pouvoir respirer l'air frais et il l'était encore plus de pouvoir se débarrasser de sa cargaison. L'emballage fut retiré et le lieutenant se mit au garde-à-vous et salua tandis que le corps de l'officier en uniforme était déposé aussi délicatement que possible à la surface de l'eau. Une douce brise soufflait vers la côte et la marée montait. Willie partit enfin en guerre, l'insigne de son grade sur ses épaulettes et une lettre de sa fiancée contre son cœur silencieux. »

Operation Heartbreak est une charmante fiction et il était évident qu'elle était basée sur des faits réels.

Duff Cooper avait eu connaissance de l'affaire en mars 1943, alors qu'il était au gouvernement, mais il a probablement eu accès au dossier Mincemeat à la fin de la guerre. Montagu pensait que « Duff Cooper avait entendu Churchill parler de Mincemeat lorsque ce dernier était d'humeur expansive après le dîner. Ensuite (j'en suis sûr, mais je n'en ai pas la preuve formelle) une personne que je ne nommerai pas lui a donné accès à un exemplaire du rapport. » Il est fort possible que Montagu ait lui-même montré le dossier à Duff Cooper pour mettre la pression sur le gouvernement afin d'être autorisé à raconter la version non fictive. On peut supposer que Churchill voulait que l'histoire sorte. Quand l'autre opération Mincemeat – une simple opération de pose de mines – fut révélée dans les années 1950, Alan Brooke, ancien chef de l'état-major général impérial, confondit apparemment toutes ces Chairs à pâté et écrivit : « Sir W a toujours voulu que cette histoire soit racontée. »

Pourtant, en 1950, les autorités ne voulaient surtout pas que l'histoire soit racontée et, quand Whitehall eut vent du contenu d'*Opération Heartbreak*, Duff Cooper fut soumis à une forte pression – probablement de la part du Premier ministre, Clement Attlee, en personne – pour que le livre ne soit pas publié. L'histoire risquait de nuire aux relations anglo-espagnoles et les services de renseignement britanniques pourraient avoir besoin d'employer la même ruse à l'avenir. Duff Cooper « considérait que les objections étaient ridicules ». D'après Charles Cholmondeley, Cooper menaçait de dire qu'il avait appris l'histoire « directement de Churchill s'il était poursuivi en justice ». *Opération Heartbreak* fut publié le 10 novembre 1950, déclenchant une vague de critiques et de « consternation dans les services de sécurité ». Il se vendit à 40 000 exemplaires.

Le loup était sorti du bois, au moins dans sa forme fictive, et Montagu renouvela sa demande pour être autorisé à publier son histoire « car il ne pouvait pas y avoir une loi pour un ministre au gouvernement et une autre pour les gars qui font le boulot ». Il écrivit à Emanuel « Manny » Shinwell, le secrétaire de la Défense, exigeant de savoir si Cooper pouvait être poursuivi pour violation de la Loi sur les secrets d'État et, dans le cas contraire, s'il y avait une quelconque raison qui expliquait pourquoi il ne pouvait pas publier son propre récit non fictif.

Une fois encore, les autorités résistèrent. La publication des faits serait « totalement contraire à l'intérêt public », écrivit sir Harold Parker, secrétaire permanent du ministre de la Défense. « Un récit véridique devrait exposer de quelle manière la loi fut manipulée pour entrer en possession d'un cadavre, la contrefaçon des documents de sociétés connues (avec ou sans leur accord) et l'utilisation faite de la croyance des catholiques » comme composante du complot. Sir Harold ordonna aussi à Montagu de restituer les dossiers Mincemeat, car « il n'y a plus aucune raison que vous conserviez une copie du déroulement de l'opération ».

Montagu répondit immédiatement : « Il est difficile de croire que même le plus ardent catholique soit offensé parce qu'un homme aux croyances religieuses inconnues fut enterré comme un catholique pour sauver des milliers de vies et pour assurer le succès du débarquement en Sicile. » Les dossiers Mincemeat restèrent en sa possession jusqu'à ce que le ministre revienne à la raison : « Je ne vois pas pourquoi je devrais rendre ma copie. »

Après des mois de luttes, les autorités cédèrent partiellement. Dans une lettre adressée à John Godfrey, Montagu écrivit : « J'ai forcé Shinwell à accepter que s'ils ne poursuivent pas Duff Cooper, ils doivent m'autoriser à publier… Shinwell me donna son accord. »

Le marché fut conclu mais assorti de quelques conditions : Montagu doit écrire les grandes lignes de son récit, soumettre le manuscrit terminé pour contrôle et « considérer avec bienveillance les suggestions de modification ». Il se mit immédiatement à l'écriture. Dans un premier temps, il envisagea un long article de magazine et contacta l'éditeur de *Life*, qui était enthousiaste. En avril 1951, il termina sa première ébauche de plan. Mais il hésitait, se demandant s'il serait « malvenu de publier ».

Entre-temps, un journaliste entreprenant, nommé Ian Colvin, qui avait travaillé à Berlin avant la guerre et qui allait devenir rédacteur adjoint au *Daily Telegraph*, avait entendu des rumeurs selon lesquelles l'*Opération*

Heartbreak n'était pas purement fictive et il avait commencé à enquêter. En 1952, le journal d'Erwin Rommel fut publié. Le maréchal y racontait qu'il avait été envoyé en Grèce peu après le débarquement en Sicile pour résister à une attaque attendue. Une note de bas de page, écrite par Basil Liddell Hart, faisait allusion au lien avec l'histoire racontée dans *Opération Heartbreak.* D'après Montagu, Ian Colvin « partit en Espagne sur-le-champ » et se mit à poser des questions. Quand l'ambassadeur de Grande-Bretagne en Espagne apprit les intentions du journaliste, il « envoya un télégramme furieux », craignant une rupture dans les relations anglo-espagnoles. « Le principal souci des Affaires étrangères était que Colvin avait appris de notre ancien vice-consul à Huelva qu'il avait été au courant et avait pris part à l'intoxication du gouvernement espagnol. » Le ministère des Affaires étrangères ne voyait pas d'un bon œil que l'on « se serve de diplomates pour mentir et pour tromper le gouvernement qui les accueille ».

Le ministère des Affaires étrangères n'était pas la seule branche du gouvernement britannique qui craignait ce que Colvin risquait de trouver et qui pressait le Comité conjoint du renseignement pour qu'il intervienne. « Davantage de pression fut exercée par le ministère de l'Intérieur de crainte que l'on n'apprenne qu'un *coroner* avait donné un cadavre sans autorisation. »

Le Comité conjoint du renseignement opta pour une attaque préventive. Colvin avait déjà été convoqué par le *Sunday Express* et il n'était pas loin de découvrir la vérité en Espagne. Une opération de sape fut lancée. Montagu fut informé qu'il pouvait écrire son récit tant qu'il ne révélait pas d'informations sur les « véritables moyens par lesquels le cadavre avait été obtenu, ainsi que tous les détails à partir desquels la véritable identité de l'homme pouvait être déduite ». Il devrait aller vite. Il fut « envoyé d'urgence au *Sunday Express* qui avait un premier droit de regard sur le travail de Colvin, où on lui dit qu'on examinerait l'histoire si elle était écrite d'ici lundi, pour pouvoir prendre une décision avant d'avoir le récit de Colvin ». C'était un coup bas. Colvin avait travaillé dur pendant deux ans. Et aujourd'hui, le gouvernement et le journal qui l'avait accrédité étaient de connivence pour lui voler la primeur.

Plus tard, Montagu écrivit, hypocritement, que l'autorisation du gouvernement d'écrire son récit avait été « complètement inattendue » et que la permission de le faire n'avait pas été sollicitée. « La demande de ne pas publier, à laquelle je m'étais pliée, fut modifiée en demande d'écrire la véritable histoire et de la publier dès que possible de façon à tuer dans l'œuf ces dangereuses contre-vérités. » Le motif donné pour cette volte-face était que le récit de Colvin risquait d'être « si inexact qu'il en serait dangereux ». L'inverse était vrai : le danger du récit de Colvin était sa probable exactitude, et plus particulièrement la crainte qu'il ne révèle la façon dont les diplomates britanniques avaient trompé le gouvernement espagnol et comment Bentley Purchase avait produit un cadavre sur simple demande. Les gardiens du secret officiel savaient qu'ils pouvaient corriger et modeler ce que Montagu allait écrire. Ce serait une « version contrôlée, dans laquelle des points délicats pouvaient être modifiés », tandis que, d'après Montagu, Colvin n'était « sous le contrôle ou l'influence de personne ». Si l'histoire de l'opération Mincemeat devait être racontée, elle le serait d'une façon qui ne contrarierait pas les Espagnols et qui ne révélerait pas la manière dont le corps avait été obtenu.

Lorsqu'il écrivit à John Godfrey, Montagu fut assez explicite à propos des termes de son contrat avec les censeurs des services de renseignement : il ne révélerait pas d'informations secrètes, et surtout pas d'interceptions Ultra, et il n'écrirait rien qui risquait d'embarrasser les ministères des Affaires étrangères ou de l'Intérieur. « Le retour qu'en eut le pays était donc non seulement la protection de "nos sources", mais aussi les deux autres points assez importants », à savoir taire le rôle de Haselden et de Hillgarth en Espagne et celui de Purchase à Londres. Le journal pouvait corriger la publication en feuilleton, mais la version finale devrait être approuvée par les services secrets avant publication : « L'*Express* devra soumettre pour approbation tout ce qui peut être ajouté et toutes les corrections apportées. » L'histoire de l'opération Mincemeat serait une publication officielle à tous points de vue, sauf dans son titre.

Montagu affirma avoir écrit sa version pendant le week-end, en l'espace de quarante-huit heures, « avec beaucoup de café noir et sans sommeil » pour l'apporter au journal le lundi 24 janvier. En fait, un brouillon avait déjà été écrit, approuvé par les autorités et envoyé au *Sunday Express*, trois semaines au moins avant la date butoir imposée par le journal. Le 8 janvier, Montagu écrivit à Jean Gerard Leigh (« ou était-ce "Pam" ? »), l'avertissant que son livre allait être publié : « Il a été décidé qu'un récit précis de ma main et “sous contrôle” serait moins dangereux qu’un récit imprécis dont les répercussions étaient imprévisibles. » Montagu demanda à Jean son autorisation d’utiliser sa photographie pour « Pam » : « Nous ne voulons pas modifier ce genre de choses, car nous voulons pouvoir affirmer que c’est la vérité. » Montagu l’assura qu’elle serait uniquement identifiée comme « une fille travaillant dans ma section ». Au même moment, Montagu envoya une lettre à Bill Jewell pour l’informer que « Mincemeat allait bientôt être publié » et que son ébauche avait été approuvée par Whitehall. « Ma version a été examinée et approuvée, écrivit-il. Je pensais qu’il était préférable que tu ne sois pas surpris. »

Jewell n’émit aucune objection, mais Jean était inquiète : « J’ai été très intéressée d’apprendre que des parties de ton passé douteux et celui de Bill sont sur le point d’être révélés à un public sans défiance, écrivit-elle. Mais que dois-je répondre si quelqu’un voit à travers les ravages du temps et m’identifie à Pam !?… Peut-être devrais-tu venir boire un verre un soir pour me “tenir au courant” si ce n’est pas trop tard. » Montagu suggéra que si quelqu’un faisait le lien et posait des questions sur ce qu’elle avait fait pendant la guerre, « tu répondras simplement que tu travaillais dans une branche du ministère de la Guerre ».

Charles Cholmondeley ne voulait rien savoir du projet. En tant qu’officier du MI5, il refusait d’être nommé, mais sa réticence naturelle empêchait sa participation. Deux ans plus tôt, au moment de la sortie d’*Opération Heartbreak*, Montagu avait émis l’idée qu’ils écrivent un livre ensemble. Maintenant, il proposait à son ancien partenaire 25 % des bénéfices tirés « du livre, des droits cinématographiques ou des utilisations faites de l'histoire ». La réponse de Cholmondeley fut polie, mais ferme. « Comme tu peux t'en souvenir, lorsque tu abordas le sujet en 1951, je pensais ne pas pouvoir y prendre part en raison de la position que j'occupais. » Entre-temps, Cholmondeley avait quitté le MI5. « Même si la situation générale a considérablement changé, écrivit-il, je ne pense pas que ma position assez particulière ait subi le même revirement et, par conséquent, je dois réaffirmer ma décision de ne pas prendre part à cette publication et de n'en tirer aucun bénéfice. Je suis certain que tu sauras apprécier cette différence dans nos positions, mais il n'a pas été facile de prendre cette décision et, crois-moi, je n'en apprécie pas moins ton offre très généreuse. »

Le premier épisode de l'histoire, proclamant « Le secret le plus fantastique de la guerre révélé pour la première fois », parut dans le *Sunday Express* le 1er février, sous le titre *The Man Who Never Was* (L'homme qui n'a jamais existé) – le titre est le fruit de l'inspiration du rédacteur en chef, Jack Garbutt. Deux autres épisodes suivirent. Naturellement, Ian Colvin était furieux d'être exclu de l'histoire, mais pour l'amadouer, il fut autorisé à écrire une introduction et une analyse. Son propre livre – forcément incomplet, mais qui montre néanmoins une investigation remarquable – parut plus tard cette année-là sous le titre *The Unknown Courier* (*Le Messager inconnu*).

Le livre de Montagu, *The Man Who Never Was* (*L'Homme qui n'a jamais existé*), fut publié quelques mois plus tard par Evans Brothers, avec, en couverture, l'image d'un Marine sans visage (portant malencontreusement un uniforme de service). Il connut un succès immédiat et se vendit à plus de 3 millions d'exemplaires. Il n'a jamais été épuisé.

L'opinion des anciens collègues de Montagu dans le monde du renseignement était très divisée sur la décision de dévoiler l'opération Mincemeat. Charles Cholmondeley ne fit aucun commentaire sur le contenu, mais il fit preuve de générosité, comme toujours : « Je me réjouis d'avance de pouvoir bientôt voir cette saga captivante et palpitante sur les écrans. » Mountbatten donna son soutien éclairé : « Même si je désapprouvais sincèrement *Operation Heartbreak*, et je l'ai dit à l'auteur quand je l'ai rencontré, une fois que la mèche a été vendue, il me semble préférable de raconter l'histoire telle qu'elle s'est déroulée. » Pourtant, Archie Nye, l'auteur de la pièce maîtresse du complot, était très critique et a dit à Montagu qu'il aurait besoin « d'une bonne dose de persuasion pour croire que les mérites de la publication dépassaient les inconvénients ». John Masterman y était aussi opposé. « Toi et moi, nous ne sommes pas d'accord sur la sagesse de publier Mincemeat sous cette forme, écrivit-il. J'ai toujours cru qu'il y avait des avantages à ce qu'une bonne partie soit publiée, mais je pense aussi que la publication doit être anonyme et sanctionnée officiellement. » (Ces scrupules ne durèrent pas. En 1972, Masterman publierait sa propre version du Système Double Cross, sous son propre nom et malgré une forte opposition officielle.) La critique la plus acerbe vint de l'amiral John Godfrey. « Oncle John me descendit en flammes au téléphone comme autrefois », raconta Montagu à un autre ex-collègue de la salle 13.

Le vieil amiral souligna avec irritation que le livre prétendait ne pas être de la fiction, tout en taisant des vérités clés : « Votre admirable *Homme qui n'a jamais existé* dissimule le véritable secret final – comment savions-nous que les Allemands avaient eu accès aux dépêches ? »

L'Homme qui n'a jamais existé demeure un classique de la littérature d'après-guerre. Avec la précision d'un juriste, Montagu exposa le complot par étapes minutieuses pour révéler « un exploit plus incroyable que n'importe quelle fiction de guerre ». Plus d'un demi-siècle plus tard, son récit est toujours aussi captivant. C'est un véritable tour de force de reconstruction historique.

Pourtant, le livre est partial – et n'a jamais prétendu le contraire – dans les deux sens du terme. Par certaines façons, il répond à la demande de la propagande d'après-guerre. D'après Montagu, les planificateurs anglais ne commirent pas d'erreurs et les Allemands furent dupes et n'eurent pas le moindre doute. On peut pardonner à Montagu de s'être présenté sous les traits du héros de son propre drame – beaucoup de ceux qui furent impliqués ne pouvaient pas ou ne voulaient pas être identifiés –, mais ce faisant, l'opération Mincemeat semble être un *one-man show*. Cholmondeley apparaît de manière fugace dans le livre, sous le pseudonyme de George. Les autres protagonistes, qui ont joué un petit ou un grand rôle – Alan Hillgarth, Gómez-Beare, Johnnie Bevan, Charles Fraser-Smith, Juan Pujol, Jean Leslie et bien d'autres –, ne furent pas nommés et furent parfois tout bonnement exclus de l'histoire. Les secrets Ultra ne seraient pas révélés avant les années 1970, donc Montagu ne pouvait pas décrire de quelle manière le succès de l'opération avait pu être vérifié. Le livre fut minutieusement caviardé et ne contenait rien qui puisse embarrasser le gouvernement : la coopération des diplomates britanniques dans la désinformation des Espagnols fut dissimulée, tout comme le niveau de collaboration des Espagnols avec les Allemands ; la façon dont le corps avait été obtenu fut transformée pour paraître parfaitement officielle et honnête. Pour l'effet dramatique, pour se conformer aux exigences des gardiens des secrets d'État, mais aussi parce qu'il en était ainsi, Montagu « parvint à donner l'impression qu'il était le seul responsable de la totalité du plan de désinformation », écrivit l'un de ses détracteurs.

Quant à Glyndwr Michael, il fut gommé de l'histoire, de façon permanente, ou du moins c'est ce que pensait Montagu. Dans une première ébauche de *L'Homme qui n'a jamais existé*, il concocta une histoire dans laquelle « il est fait allusion à la véritable identité du mort comme un fils unique, officier de l'une des armes, issu d'une lignée de militaires ». Il écrivit : « Ses parents étaient vivants à ce moment-là et nous avons décidé de prendre le risque de leur exposer le plan pour qu'ils l'approuvent. Nous ne pouvions pas leur raconter toute l'histoire, mais nous pensions que nous ne pouvions pas les laisser complètement dans l'ignorance. Ils n'apprécièrent pas l'idée – peut-on leur en vouloir ? – mais ils acceptèrent à condition que la véritable identité de leur fils ou des signes particuliers ne soient jamais révélés. »

Toutefois, dans la version finale de son livre, il opta pour une explication encore plus vague, affirmant que l'autorisation d'utiliser le corps avait été demandée à des proches du mort « sans dire ce que nous voulions en faire et pourquoi » et que la « permission, pour laquelle nous avions une grande gratitude, fut obtenue à condition de ne jamais dévoiler à qui appartenait le corps ». Montagu formula son refus de divulguer le nom comme étant une question d'honneur, puisqu'il avait donné sa parole à la famille du défunt. En 1977, il affirma que tous ses proches étaient décédés : « J'ai fait la promesse solennelle de ne pas révéler à qui était le corps et, comme il n'y a plus aucun survivant auprès de qui demander la permission, je ne peux pas en dire plus. » La vérité était bien sûr que la famille de Michael n'avait jamais été contactée et qu'on ne lui avait encore moins demandé son autorisation d'utiliser la dépouille. C'était une couverture pour épargner au gouvernement britannique d'avoir à se justifier et à admettre que le corps avait été obtenu en falsifiant un certificat légal, en indiquant que l'inhumation avait lieu à l'étranger, et qu'il avait été utilisé sans permission.

Même si ce n'était pas exactement un pieux mensonge, cette contre-vérité était partiellement excusable. Au cœur d'une guerre féroce, Montagu et Cholmondeley avaient persuadé un *coroner* de contourner la loi dans l'intérêt de la nation. Bentley Purchase l'avait fait en sous-entendant qu'il n'aurait pas à rendre de comptes plus tard. Le Comité conjoint du renseignement n'aurait jamais autorisé Montagu à publier un livre révélant que le corps de Glyndwr Michael avait été saisi illégalement par des officiers du renseignement au service du gouvernement : cela aurait provoqué un scandale et aurait sapé le haut niveau de rectitude morale à la base de *L'Homme qui n'a jamais existé*. Si l'identité avait été révélée, la famille de

Glyndwr Michael aurait pu, à juste titre, faire un esclandre. Donc Montagu cacha la vérité sous une autre tromperie et la tint cachée jusqu'à la fin de sa vie.

Pendant la guerre, Montagu s'était plaint : « Mon travail fait que je ne pourrai jamais mentionner son importance et les gens diront simplement "Oh, il ne fit pas grand-chose de bien pendant la guerre". Je serai vu comme un raté. » La publication de *L'Homme qui n'a jamais existé* le rendit célèbre, presque du jour au lendemain. Il fit une tournée triomphale aux États-Unis, donna des conférences et fit une apparition à la télévision américaine aux côtés d'un chimpanzé nommé J. Fred Muggs. Hollywood ne tarda pas à se manifester, comme Cholmondeley l'avait prédit, et il s'ensuivit des enchères acharnées. Les droits du film furent finalement acquis par la 20th Century Fox. La duchesse de Kent assista à la première du film *The Man Who Never Was* (*L'Homme qui n'a jamais existé*), le 14 mars 1956. Filmé en Angleterre et à Huelva, le film réunit l'acteur américain Clifton Webb, dans le rôle de Montagu, et Gloria Grahame dans le rôle de « Lucy », la colocataire fictive de sa secrétaire. André Morell jouait le rôle de sir Bernard Spilsbury, tandis que William Squire était le commandant de sous-marin Bill Jewell. Le scénario, écrit par Nigel Balchin, montrait la vérité quand c'était nécessaire et inventait le reste, y compris un espion allemand imaginaire en Grande-Bretagne. Cela n'avait plus d'importance pour Montagu qui se déclara parfaitement heureux « des incidents palpitants qui auraient pu se produire, même s'ils n'eurent pas lieu ». Mountbatten eut la primeur du script et se plaignit qu'il y « paraissait réticent et plutôt “vieillot” ». « J’aimerais souligner que j’étais le supporteur le plus enthousiaste de cette idée dès le départ. » Il essaya même d’ajouter une réplique pour rendre son personnage plus sympathique : « Je ne verrais pas d’inconvénient à l’ajout d’une phrase du type “Mountbatten a été bien gentil d’engager un homme mort”. »

Parmi ceux qui se trouvaient sur le plateau de tournage, il y avait un homme grand et maladroit, avec une extravagante moustache de l’Air Force, qui fut décrit comme un « conseiller technique » et qui répondait au nom de « George ». Il ne figurait pas au générique. Même le réalisateur, Ronald Neame, ne sut jamais que George était Charles Cholmondeley, qui se contentait, comme toujours, d’organiser les choses anonymement, de manière détournée.

Montagu fait une apparition dans le film, où il joue le rôle d’un vice-maréchal de l’Air Force qui aurait des doutes sur la faisabilité du plan. À un certain moment, Montagu se penche vers Webb, le regarde dans les yeux et déclare : « Je suppose que vous vous rendez compte, Montagu, que si les Allemands voient clair dans notre jeu, la Sicile sera montrée du doigt. » C’était complètement surréaliste : le vrai Montagu s’adressant à son personnage fictif, dans une œuvre de fiction cinématographique, basée sur la réalité, qui avait son origine dans la fiction.

Le film connut un succès retentissant en salles et dans la critique, remportant le Bafta du meilleur scénario britannique. L’accolade ultime, le signe que l’opération Mincemeat avait véritablement fait son entrée dans la culture britannique, se produisit en 1956, quand *The Goon Show* consacra un épisode entier à l'histoire. Monty vit le film aux Pays-Bas et, n'ayant pas bien compris, il se plaignit de ce qu'Archie Nye parût différent. Adolf Clauss alla voir le film au Teatro Mora de Huelva. Il raconta à son fils : « Il n'y a rien de vrai. Ce n'était pas ça du tout. » Quelqu'un informa la presse de l'identité de « Pam ». Jean Gerard Leigh fut assiégée par les journalistes et elle nia tout.

Montagu avait espéré qu'en expliquant son refus d'identifier le corps comme une promesse qu'il ne trahirait jamais, cela mettrait fin à toutes les tentatives de lui donner un nom. Le titre même de son livre semble suggérer que le cadavre n'avait pas d'existence antérieure valant la peine d'être mentionnée. Mais un homme avait bien existé et le succès éclatant du livre et du film montre clairement que la spéculation sur son identité pourrait bien avoir commencé immédiatement. Le corps fut successivement identifié comme « un ivrogne trouvé sous les arches du pont de Charing Cross », un mercenaire et « le frère bon à rien d'un député ». Plusieurs candidats furent avancés, avec des preuves allant de plausibles à fantaisistes. La théorie du complot perdure à ce jour.

24

Retombées

Trois semaines après le débarquement en Sicile, le lieutenant Bill Jewell retrouva Rosemary Galloway à Alger : ils se fiancèrent sans tarder davantage. Tandis que Rosemary partait servir au quartier général allié en Italie, Jewell continua à attaquer des navires de commerce ennemis en Méditerranée, dans l'Atlantique du Nord-Est et dans la mer de Norvège. Pendant le débarquement en Normandie, en juin 1944, le *Seraph* guida une fois encore les troupes vers la côte. Le même mois, Bill Jewell et Rosemary se marièrent lors d'une cérémonie à Pinner. Ils restèrent mariés et « dévoués corps et âme l'un à l'autre » pour les cinquante-trois années suivantes. Jewell fut décoré de la croix pour Service distingué (DSC), devint membre de l'Ordre de l'Empire britannique (MBE) et de la Légion américaine du Mérite pour son rôle dans l'opération Husky, et reçut aussi la croix de guerre. Il fut promu au rang de capitaine commandant d'une flottille de sous-marins et mourut en 2004, à l'âge de quatre-vingts ans.

Le HMS *Seraph* resta aussi en service actif. En reconnaissance pour son rôle dans les phases préparatoires de l'offensive en Afrique du Nord, une plaque en cuivre fut clouée sur la porte des latrines du sous-marin : « Le général Mark Wayne Clark, commandant suprême adjoint en Afrique du Nord, s'est assis ici. » Il servit de navire école à Holy Loch, sur la Clyde, le port d'où il appareilla pour Huelva en 1943. Le sous-marin fut désarmé en 1963, vingt et un ans après son lancement, puis démantelé à Briton Ferry, dans le sud du pays de Galles, non loin du lieu de naissance de Glyndwr Michael. La tourelle du *Seraph*, la trappe à missile avant et le périscope ont été conservés et érigés à la Citadelle, l'université militaire américaine en Caroline du Sud, en mémoire de la coopération anglo-américaine pendant la Seconde Guerre mondiale. Les drapeaux américains et britanniques flottent ensemble sur le mémorial, seul endroit des États-Unis où le drapeau blanc est autorisé.

Le lieutenant David Scott du *Seraph* finit de lire *Guerre et Paix* peu avant la fin de la guerre. Il servit sur dix sous-marins, en temps de guerre et de paix, commanda cinq d'entre eux et fut promu contre-amiral en 1971.

Derrick Leverton fit la campagne d'Italie, fut mentionné pour son courage, prit le commandement de son régiment d'artillerie, puis rentra en Angleterre pour reprendre sa place, aux côtés de son frère Ivor, dans les affaires funéraires familiales. Ivor Leverton se vanterait d'avoir « joué un petit rôle dans la fin de la guerre » ; il aimait taquiner Drick en lui disant qu'il lui avait sauvé la vie sur la plage de Sicile en transportant un cadavre à Hackney au milieu de la nuit. En son for intérieur, il se sentait « racheté » par le rôle qu'il avait joué. Les fils d'Ivor ont repris l'affaire et, depuis, l'ont transmise à une huitième génération d'entrepreneurs de pompes funèbres.

Le colonel Bill Darby des US Rangers se fit tuer dans le nord de l'Italie, deux jours avant la capitulation allemande en Italie. Alors que Darby donnait des ordres pour couper la retraite allemande, un obus de 88 mm explosa à l'extérieur de son poste de commandement, le tuant sur le coup. Il avait trente-quatre ans. Darby fut incapable de refuser la promotion de brigadier général qui lui fut accordée de manière posthume. James Garner jouera le rôle du colonel dans le film de 1958, *Darby's Rangers* (*Les commandos passent à l'attaque*).

Avec le succès de l'opération Mincemeat et le contrôle allié sur la Méditerranée, Alan Hillgarth partit pour de nouveaux horizons. Fin 1943, il fut transféré à Ceylan en tant que chef du renseignement pour la Flotte orientale, pour devenir ensuite chef du renseignement de la Navy pour tout le théâtre oriental. Là, il « développa une organisation du renseignement [qui] aida matériellement l'effort de guerre allié en mer contre le Japon ». Une fois encore, son expertise du renseignement remonta directement jusqu'à Churchill.

Une fois la guerre gagnée, il prit sa retraite de la Navy et acheta une propriété en Irlande pour y planter une forêt. « Il marchait plusieurs kilomètres par jour, inspectant ses arbres. » Mais il continua aussi à cultiver des relations exotiques, notamment avec Juan March, le financier peu scrupuleux qui avait participé à la corruption des généraux espagnols, et avec Winston Churchill. À travers une série de manœuvres financières douteuses, la fortune et la notoriété de March grandirent en tandem : en 1952, il possédait la septième plus grosse fortune du monde. Hillgarth décrivit Juan March comme « l'homme le moins scrupuleux d'Espagne », mais ses propres scrupules ne l'empêchèrent pas de devenir directeur de la Helvetia Finance Company, la société de March, à Londres. Il a été suggéré que Hillgarth et le MI6 auraient aidé à étouffer les malversations de March en échange de son aide pour payer la cavalerie de saint George. March se tua dans un accident de voiture, près de Madrid, en 1962.

Tout en veillant sur les intérêts de March, Hillgarth continua à servir de conseiller non officiel du renseignement de Churchill. Entre la fin de la guerre et le retour de Churchill à Downing Street en 1951, Hillgarth rencontra régulièrement l'ancien et futur Premier ministre, à Chartwell, à son appartement de Hyde Park Gate et en Suisse. Puisant dans ses contacts au renseignement et dans les rangs de la diplomatie, Hillgarth informait Churchill des affaires espagnoles, des plans américains pour la course à l'armement atomique et, surtout, de la menace de l'espionnage soviétique en Grande-Bretagne, qu'il décrivit comme une « guerre silencieuse menée par des cerveaux au sang froid ». Les codes soviétiques se révéleraient beaucoup plus difficiles à craquer que l'Enigma allemande, avertit Hillgarth : « Les Russes sont plus forts que les Allemands. » La correspondance secrète de Hillgarth avec Churchill, quand il était dans l'opposition, caché sous le nom de code « Sturdee », dura six années et joua un rôle crucial dans le façonnage de la position de Churchill au début de la guerre froide.

Quelques années après la guerre, Hillgarth reçut une lettre d'Edgar Sanders, son partenaire dans la désastreuse expédition de Sacambaya, ajoutant un post-scriptum au fiasco : d'après Sanders, l'ingénieur américain, Julius Nolte, avait repéré une entrée de la grotte au trésor pendant que les autres creusaient le gigantesque trou, mais il s'était bien gardé de faire part de sa découverte. Nolte était retourné à Sacambaya en 1938 avec une équipe d'explorateurs américains et de l'équipement lourd d'excavation. Il avait extrait l'équivalent de 8 millions de dollars d'or, puis s'installa en Californie, où il se fit construire un château. « C'est ainsi que se termine l'histoire du trésor de Sacambaya », écrivit Sanders, qui avait rendu visite à Nolte pour tenter, sans succès, de lui soutirer de l'argent. « Ce fou de Nolte est riche, pendant que toi et moi, nous sommes pauvres ; en tout cas, moi, je le suis. Seigneur ! Buvons encore. »

Hillgarth ne savait pas s'il devait croire un mot de ce qu'écrivait Sanders. Il avait appris, il y avait longtemps, à ne pas croire ce qui était écrit dans les lettres. Alan Hillgarth resta un ami proche de Churchill, se convertit au catholicisme, ne souffla jamais mot de ses activités dans le renseignement pendant et après la guerre, et mourut en 1978, à Illannanagh, dans le comté de Tipperary, entouré de mystère et d'arbres.

Don Gómez-Beare fut nommé officier de l'Ordre de l'Empire britannique (OBE), même si l'on ne sut jamais vraiment pourquoi. Il prit sa retraite à Séville et Madrid, où il jouait au bridge et au golf. Lorsqu'un journaliste britannique lui demanda ce qu'il avait fait pendant la guerre, il répondit très poliment : « Je suis désolé, mais je n'ai pas toute liberté de discuter de certains sujets. »

Le 16 décembre 1947, sir Bernard Spilsbury, le grand spécialiste de la médecine légale, dîna seul au *Junior Carlton Club*, puis regagna ses appartements à University College London, verrouilla la porte, ouvrit le robinet d'un bec Bunsen et mourut gazé. Spilsbury était de plus en plus conscient que ses facultés mentales commençaient à l'abandonner ; il commettait des erreurs et sir Bernard ne tolérait pas les erreurs. Le scientifique, qui avait étudié, analysé et catalogué des milliers de façons de mourir, ne laissa pas de lettre pour expliquer la sienne. Son ami Bentley Purchase, le *coroner*, examina le corps de Spilsbury et prononça un verdict de suicide : « Son esprit n'était plus ce qu'il était. »

Le joyeux *coroner* fut nommé commandant de l'Ordre de l'Empire britannique (CBE) en 1949 et fut fait chevalier en 1958. Purchase prit sa retraite l'année suivante, pour s'occuper de ses cochons et écouter Gilbert et Sullivan. Il résista à l'envie d'écrire ses mémoires : « À chaque fois que je raconte une histoire, on dirait qu'un squelette sort d'une armoire. » Cela valait plus particulièrement pour son rôle dans l'opération Mincemeat. Sir Bentley Purchase mourut en 1961, après être tombé de son toit alors qu'il réparait l'antenne de télévision. Ayant exécuté quelque 20 000 enquêtes, sir Bentley laissa un petit mystère *post mortem* : le *coroner* qui étudia son cas ne sut pas dire s'il était mort de la crise cardiaque qui lui fut fatale avant ou après être tombé de son toit.

Adolf Clauss, l'espion de Huelva, refusa aussi de parler de son travail pendant la guerre, mais pour d'autres raisons. À la fin de la guerre, les châtiments des Allemands soupçonnés d'espionnage furent appliqués inéquitablement. Luis Clauss fut accusé d'espionnage parce que sa flotte de pêche avait servi à suivre les mouvements des navires alliés, et il passa deux terribles années en résidence surveillée, à son domicile, dans le petit village de Caldes de Malavella, dans le nord-est de l'Espagne. Don Adolfo, bien que plus haut gradé au sein de l'Abwehr, ne fut jamais inquiété. « Sa femme était la fille d'un puissant général espagnol et il était donc protégé. » Clauss retourna à sa collection de papillons et à sa construction de chaises qui continuaient à se casser lorsqu'on s'asseyait dessus. Des années plus tard, lorsque la vérité sur l'opération Mincemeat commença à sortir, tout super-espion qu'il était, Clauss inventa une nouvelle version de la réalité. Son fils persiste : « Il a toujours été soupçonneux car les papiers étaient arrivés trop facilement entre ses mains. Il se rendit immédiatement compte que c'était un piège et avertit ses supérieurs à Berlin et Madrid, mais ils refusèrent de le croire. Il pensait que les gens de Berlin étaient des incapables car ils ne se sont pas rendu compte qu'ils étaient dupes. » Gustav Leissner, alias Lenz, le chef de l'Abwehr à Madrid, était plus honnête dans la défaite. Il fut arrêté et interrogé par les Américains en 1946, puis il fut autorisé à regagner l'Espagne. Dix ans plus tard, lorsqu'on lui montra la preuve des agissements des services secrets britanniques, il « admit la possibilité avec un interminable "*Schön !* Ach, s'il en est ainsi, il faut que je les félicite... Je leur tire mon chapeau". »

Karl-Erich Kuhlenthal, le pilier de l'Abwehr en Espagne, était bien trop occupé à essayer de sauver sa peau pour s'inquiéter des apparences ou pour admettre ses erreurs.

Alors que le pouvoir nazi s'effondrait, Juan Pujol, l'agent Arabel de Kuhlenthal et l'agent Garbo de la Grande-Bretagne, continua à envoyer des messages teintés de chauvinisme nazi à son maître-espion allemand. En réponse à une lettre de Kuhlenthal déplorant « la mort héroïque de notre bien-aimé Führer », Garbo écrivit avec son emphase habituelle : « La nouvelle de la mort de notre cher chef a ébranlé notre foi profonde en la destinée qui attend notre pauvre Europe, mais ses actes et l'histoire de son sacrifice sauveront le monde… la noble lutte qu'il initia revivra pour nous sauver du chaos et de la barbarie. »

Kuhlenthal informa son meilleur espion qu'il avait l'intention de passer dans la clandestinité. Leurs rôles s'étaient inversés. « Si vous êtes en danger, dites-le-moi, écrivit Pujol. N'hésitez pas à me confier pleinement toutes vos difficultés. Je regrette de ne pas être à vos côtés pour pouvoir vous aider vraiment. Notre combat n'en restera pas là. Nous entrons dans une guerre civile mondiale qui aboutira à la désintégration de nos ennemis. » Cela faisait partie d'une ruse élaborée pour découvrir si des vestiges des services secrets allemands prévoyaient de rétablir une sorte de réseau nazi souterrain après la guerre. Dans le sillage de la défaite allemande, Kuhlenthal avait fui Madrid, après avoir systématiquement détruit les dossiers de l'Abwehr, et s'était réfugié, sous une fausse identité, à Ávila, à l'ouest de la capitale. Le MI5 envoya Pujol sur ses traces pour découvrir ce que préparait l'ancien enfant prodige de l'Abwehr.

Pujol retrouva Kuhlenthal à Ávila et frappa à sa porte. « Kuhlenthal était très ému lorsqu'il fit entrer Garbo dans son salon. » Les deux hommes parlèrent pendant trois heures, tandis que Pujol conservait son déguisement de fanatique nazi. « Kuhlenthal laissa clairement entendre, non seulement qu'il croyait toujours en l'authenticité de Garbo, mais qu'il le considérait comme un superhéros. »

Kuhlenthal expliqua que Pujol avait reçu la croix de fer en signe de reconnaissance pour son travail pour le IIIe Reich, et que Hitler avait « personnellement ordonné que la médaille lui soit accordée. Malheureusement, le certificat qui appuyait ces dires n'était pas arrivé jusqu'à Madrid avant la chute de l'Allemagne ». C'est l'intention qui compte. Quant à lui, Kuhlenthal expliqua qu'il était désespéré de fuir l'Espagne et qu'il n'envisageait pas de retourner en Allemagne, où il était certain d'être arrêté. Pujol dit à Kuhlenthal de « rester patiemment dans sa cachette jusqu'à ce que Garbo puisse élaborer un plan pour faciliter son évasion ». Pujol prit un air grave quand il expliqua à son ancien maître-espion qu'« il devait suivre les instructions à la lettre s'il voulait être sauvé… Kuhlenthal promit de le faire ». L'espion espagnol expliqua qu'il prévoyait d'aller en Amérique du Sud, *via* le Portugal, et s'engagea solennellement à travailler encore pour l'Allemagne, si l'Abwehr était un jour restaurée. Quand Kuhlenthal lui demanda comment il comptait quitter le pays, Pujol répondit, en toute sincérité, par un seul mot : « Clandestinement. »

Le MI5 en conclut que Karl-Erich Kuhlenthal ne représentait plus une menace pour le monde d'après-guerre. L'ex-chef de l'Abwehr attendait, paranoïaque mais patient, un signe de son ancien protégé, mais aucun message n'arriva. Comme Clauss, il donna un tout autre lustre à son passé. Il expliqua qu'il était resté en Espagne parce que le pays était « un creuset de nombreuses races dont émanait une atmosphère de tolérance et de compréhension de la nature humaine ». En vérité, il était trop terrifié pour bouger, attendant un message de l'espion qui l'avait doublé si spectaculairement. La femme de Kuhlenthal, Ellen, était l'héritière de la société de textile Dienz, en Allemagne. Avant 1939, Karl-Erich avait travaillé dans l'entreprise familiale, dont les locaux furent bombardés à la fin de la guerre. En 1950, le couple rentra discrètement en Allemagne, emménagea dans une maison à Coblence et prit les rênes de la société de textile. Kuhlenthal se révéla bien meilleur à l'achat et à la vente de vêtements qu'au négoce de secrets. La maison Dienz prospéra. En 1971, l'ancien espion fut élu président de l'Association fédérale allemande des détaillants de textile, qui représentait près de 95 % des vendeurs de textile allemands, soit un pouvoir d'achat d'environ 390 milliards de Deutsche Mark. Il inaugura la première galerie marchande de Coblence et donna de longs discours monotones au sujet de la réforme fiscale, de la promotion commerciale et du parking en centre-ville. Personne ne posa jamais de questions sur son passé. Difficile de trouver membre plus solide, valeureux, digne de confiance et prévisible, de l'*establishment* allemand. L'espion et magnat du textile mourut en 1975, se demandant encore si son passé allait ressurgir. La remarque la plus intéressante que son éloge funèbre trouva à faire était qu'« il essayait toujours de s'habiller élégamment, véritable exemple pour ses collègues ».

La vie de Kuhlenthal illustrait parfaitement ce que Juan Pujol, Alexis von Roenne et Glyndwr Michael avaient déjà démontré : deux personnes au moins peuvent se partager une même vie.

L'agent Garbo fut mis hors circulation. Avec la prime de 15 000 livres qu'il reçut du MI5 et sa décoration du MBE, il partit pour le Venezuela et s'évanouit dans la nature. Quand l'auteur de romans d'espionnage Rupert Allason (Nigel West) retrouva sa trace, il sortit brièvement de l'anonymat pour accepter la reconnaissance officielle de Buckingham Palace pour services rendus à son pays. Ensuite, il disparut à nouveau dans l'obscurité. Garbo voulait qu'on le laisse tranquille. Il mourut à Caracas en 1988.

La victoire fit sortir les résidents de la salle 13 au grand jour. Un poète anonyme de la section 17M célébra l'occasion dans une poésie intitulée « De Profundis ».

Dans les profondeurs des donjons qui sentent le renfermé
Dans les boyaux du NID
Où de folles conjectures ou de flagrants mensonges
Sont concoctés pour ceux qui ont pris la mer,
Les corbeilles d'arrivée sont toutes vides,
Le triste labeur est terminé,
Et avec l'air ahuri et le regard trouble
Les troglodytes voient le soleil.

L'année qui suivit la fin de la guerre, Jean Leslie épousa un soldat, officier dans les Life Guards, nommé William Gerard Leigh, un beau joueur de polo qui avait une réputation de bravoure. Lui aussi avait débarqué en Sicile, puis avait « combattu à travers l'Italie », bénéficiaire ignorant d'un complot dans lequel sa future femme avait joué un rôle crucial. Gerard Leigh, surnommé « G », était courageux, droit et foncièrement correct, ce qui n'était pas sans rappeler le vaillant et malheureux William Martin.

Jock Horsfall, le chauffeur lors de la virée nocturne vers l'Écosse, retourna à la course automobile après la guerre. Il gagna le Grand Prix de Belgique, puis arriva second dans le Trophée de l'Empire britannique, sur l'île de Man. En 1947, il devint pilote d'essai chez Aston Martin et, en 1949, il s'engagea dans les 24 Heures de Spa et finit quatrième sur trente-huit concurrents, parcourant 2 930 kilomètres à une vitesse moyenne de 117 km/h. Le 20 août 1949, il s'engagea dans l'International Trophy du *Daily Express*, à Silverstone : au treizième tour, dans le fameux virage de Stowe, sa voiture quitta la piste, heurta une rangée de bottes de paille et finit sur le toit. Horsfall se brisa la nuque et mourut sur le coup. Le St. John Horsfall Memorial Trophy, une course uniquement ouverte aux Aston Martin, se tient chaque année en sa mémoire à Silverstone.

Dans le *Who's Who*, Ivor Montagu énuméra ses activités comme étant « faire la vaisselle, bricoler, s'endormir devant la télévision ». Ce n'était pas tout à fait exact, car Ivor n'a jamais été du genre à « bricoler » : activité débordante pour de multiples causes, à la fois publiques et secrètes, serait plus proche de la vérité. En 1948, il coécrivit le film *Scott of the Antarctic* avec Walter Meade ; il traduisit des pièces de théâtre, des romans et des films d'une nouvelle génération d'écrivains et de réalisateurs soviétiques ; il sillonna l'Europe, la Chine et la Mongolie ; il écrivit des pamphlets polémiques fustigeant le capitalisme, ainsi qu'un livre sur Eisenstein ; il défendit le cricket, Southampton United et la Zoological Society, mais ses deux grandes passions demeurèrent le communisme et le tennis de table, une double obsession qui lui valut la suspicion permanente du MI5. L'Union soviétique lui décerna le prix Lénine pour la Paix en 1959.

Ivor Montagu ne fut jamais publiquement dénoncé pour avoir été l'agent Intelligentsia. Les transcriptions Venona cessant brusquement en 1942, on ne saura jamais si Montagu fut au courant de l'opération Mincemeat et s'il en informa Moscou, à moins que les dossiers des services secrets soviétiques deviennent accessibles au public.

En revanche, il est certain que Moscou était au courant de l'opération Mincemeat et, très probablement, ces informations y parvinrent avant le lancement de l'opération. Un rapport secret du NKVD, les services de renseignement de Staline, daté de mai 1944 et intitulé *Désinformation pendant la guerre actuelle*, fournit une vue d'ensemble étonnamment détaillée de l'opération, son nom de code, son organisation, son exécution et son succès. Le rapport soviétique décrivit le contenu exact des lettres, l'emplacement précis des armées fantoches en Grèce, et nota que l'opération avait été « assez compliquée du fait que les documents se retrouvèrent entre les mains de l'état-major [espagnol] ». L'auteur du rapport décrivit aussi le rôle d'Ewen Montagu au sein des services de renseignement britanniques, et sa position dans le Comité XX : « Le capitaine [sic]

Montagu est chargé de la dissémination de la désinformation par le biais des canaux du renseignement. Il s'est aussi engagé dans la recherche de sources spéciales de renseignement. » Les maîtres-espions de Moscou ne doutaient pas que l'opération Mincemeat avait porté ses fruits : « L'état-major allemand était apparemment convaincu que les documents étaient authentiques, conclut le rapport. Quand le [débarquement] débuta, il parut évident que les commandements allemand et italien furent pris par surprise et étaient mal préparés à repousser l'attaque. »

Une grande partie des informations relatives à l'opération Mincemeat fut fournie aux Soviétiques par Anthony Blunt, l'officier du MI5 qui supervisait l'opération illégale XXX (Triplex) chargée d'extraire des documents des valises diplomatiques de missions neutres à Londres. Blunt fut recruté par le NKVD en 1934, et entre 1940 et 1945, il transmit énormément d'informations secrètes à ses officiers traitants soviétiques. Deux membres du réseau d'espionnage des Cinq de Cambridge fournirent probablement des renseignements complémentaires sur l'opération de désinformation : John Cairncross, qui avait accès aux transcriptions Ultra à Bletchley Park, et Kim Philby, la plus célèbre taupe soviétique, qui dirigea la sous-section ibérique de la branche de contre-espionnage du MI6. Certains renseignements figurant dans les dossiers soviétiques sur l'opération Mincemeat proviennent probablement d'Ivor Montagu.

Le MI5 et le MI6 continuèrent à surveiller Ivor de près, tout comme Hell. Kim Philby était en partie responsable de la coordination des rapports sur le personnage chaotique d'Ivor Montagu, tandis qu'il errait dans Vienne, Bucarest et Budapest en 1946. Dans un rapport, Philby décrivit Montagu comme « un homme intelligent et sympathique, et un expert en ping-pong ». Philby en savait certainement plus sur Montagu que ce qu'il disait. L'officier traitant de Montagu, qui était le colonel Sklyarov, alias « Brion », l'attaché de l'Air soviétique à Londres, quitta la capitale britannique cette année-là. Ivor Montagu continuait-il à transmettre des renseignements à l'Union soviétique ? Le MI5 ne trouva pas de preuve tangible ; toutefois, en 1948, il fut signalé que « des informations de sources secrètes [montraient] que Montagu [avait] récemment été en contact avec l'ambassade soviétique ». Lorsque les transcriptions Venona furent décodées, au milieu des années 1960, et que le lien fut établi entre l'agent Intelligentsia et Ivor Montagu, on ne pouvait plus rien y faire. Le projet Venona était trop secret et trop précieux pour être révélé devant un tribunal, et les espions qu'il avait permis de démasquer ne pouvaient pas être poursuivis. Malgré les nombreuses années passées en vain à essayer de trouver le lien entre le tennis de table et l'espionnage soviétique, le MI5 avait eu raison sur toute la ligne. Montagu ne sut jamais qu'il avait été démasqué et emporta le secret de son rôle d'agent Intelligentsia dans la tombe, une autre double vie cachée. Ivor Montagu mourut à Watford, en 1984, laissant derrière lui un paquet de décorations soviétiques, sa correspondance avec Trotski et le second volume non publié de son autobiographie au titre trompeur *Like It Was* (*Tel que c'était*) dans lequel il évite de mentionner ses activités d'agent secret.

La seconde moitié de la vie de Charles Cholmondeley fut peut-être la plus mystérieuse. La dernière référence qui lui fut faite par Guy Liddell du MI5 remarqua qu'il était « quelque part au Moyen-Orient, à la chasse à la sauterelle ». C'était une description exacte, mais partielle, des agissements de Cholmondeley. En octobre 1945, il rejoignit l'Unité anti-sauterelle au Moyen-Orient en tant que premier officier des sauterelles, un travail qui consistait à chasser des nuées de sauterelles à travers les pays arabes et à leur donner du son imprégné d'insecticide. Un autre chasseur de sauterelles, George Walford, rencontra Cholmondeley dans le désert en 1948. Il décrivit un homme obnubilé : « Son objectif était la destruction, à n'importe quel prix, ou presque, de toutes les sauterelles d'Arabie. C'était une mission impossible. Seule une personne alliant patience, tact et détermination, qualités rarement associées, pouvait espérer y parvenir. » Les qualités qui avaient tant servi à Cholmondeley quand il était officier du renseignement pendant la guerre furent mises à profit dans la guerre contre la sauterelle. Pendant des mois, sans discontinuer, il disparaissait dans le désert, déguisé en Bédouin. Au Yémen, il visita des villages si éloignés que lorsqu'il y arrivait, les femmes l'accueillaient en lui proposant de la paille pour nourrir sa jeep. D'Arabie, il passa, en 1949, au Conseil international pour le contrôle de la sauterelle rouge en Rhodésie. Cholmondeley appréciait tout particulièrement de tuer des sauterelles (« ce sont des insectes détestables »). De même, il continuait à travailler pour les services secrets britanniques, se servant de sa couverture d'officier dans la guerre contre les sauterelles pour son travail plus clandestin, même si l'on n'en sait pas plus sur sa teneur.

Cholmondeley fut nommé MBE en 1948, et deux ans plus tard, il rempila auprès de la RAF pour une mission de cinq ans pour des « tâches dans le renseignement ». En décembre de la même année, il était en Malaisie, se servant de sa « vaste expérience de la désinformation » pour embobiner avec le MI5 et la Branche spéciale un ennemi assez différent : les guérilleros de l'Armée de libération nationale de Malaisie.

Charles Cholmondeley quitta le MI5 en 1952. Il s'installa dans le sud-ouest de l'Angleterre, se maria et ouvrit un commerce de machines horticoles. Il considéra le serment de secret qu'il avait prêté en entrant au MI5 comme sacré, et ne le brisa jamais. D'après sa femme, Alison, « il ne donnait pas d'informations à quiconque n'avait "pas besoin de savoir". J'ai été furieuse de constater que cela m'incluait ». Il aimait toujours tirer avec une arme de poing, même si sa mauvaise vue rendait l'exercice extrêmement périlleux, sauf pour les oiseaux. « Il prenait un revolver quand nous allions à la chasse à la perdrix, se souvient son ami John Otter. Je ne l'ai jamais vu en toucher une. » Personne dans la ville de Wells, dans le Somerset, n'imaginait que ce gentleman courtois, grand et myope, qui vendait des tondeuses à gazon, avait autrefois été l'officier des services secrets à qui l'on devait le plan de désinformation le plus audacieux de la guerre. Quand l'histoire de l'opération finit par sortir au grand jour, il refusa d'être identifié ou d'accepter une quelconque reconnaissance publique. Cholmondeley mourut en juin 1982. Il a toujours refusé d'être reconnu et encore moins célébré. Même sa pierre tombale est discrète, portant simplement les initiales « CCC ». Un éloge funèbre envoyé au *Times* par Ewen Montagu attira l'attention sur son « travail inestimable pendant la guerre… un travail qui, à cause des circonstances et de sa modestie naturelle, n'est pas reconnu à sa juste valeur ». Comme le fit remarquer Montagu : « Nombreux parmi ceux qui débarquèrent en Sicile doivent la vie à Charles Cholmondeley. »

Ewen Montagu fut nommé OBE pour son rôle dans l'opération Mincemeat. Il retourna au droit, comme il en avait toujours eu l'intention, et, en 1945, il fut nommé juge avocat de la flotte, responsable de l'administration du système de la cour martiale dans la Royal Navy. Il occupa ce poste pendant les dix-huit années suivantes, tout en étant juge dans le Hampshire et le Middlesex, et greffier, successivement, de Devizes et de Southampton. Montagu eut une double vie : à côté du juge et du pilier de la société anglo-juive, il y avait un autre Ewen Montagu : le brillant officier du renseignement qui avait toujours une histoire extraordinaire à raconter.

En tant que juge, Montagu se montra scrupuleusement juste, merveilleusement grossier et souvent mêlé à une controverse. La presse le surnomma « le turbulent juge ». En 1957, il fit remarquer au tribunal, pendant le jugement d'un marin de la marine marchande, que « la moitié de la racaille d'Angleterre s'engage dans la marine marchande pour échapper au service militaire ». Il présenta ses excuses. Quatre ans plus tard, il déclara face au public du Rotary : « Un jeune garnement se verrait baisser le pantalon et administrer une fessée par une femme policier armée d'une brosse à cheveux. » Il s'excusa de nouveau. Quand les plaidoiries lui déplaisaient ou l'ennuyaient, il grognait, soupirait, roulait les yeux et faisait des blagues déplacées. Les avocats se plaignaient souvent de son comportement grossier. Il s'excusait et continuait. Son humour acerbe était généralement mal interprété ; son esprit était si affûté et sarcastique qu'il pouvait humilier l'avocat le plus arrogant, et il ne s'en privait pas. En 1967, un maquereau fit appel de sa condamnation, arguant que Montagu avait été si grossier envers son avocat qu'il méritait un nouveau procès. L'appel fut rejeté au motif que « l'incivilité, voire l'incivilité caractérisée, envers un avocat, bien que regrettable, n'était pas une raison pour casser un jugement ».

Il donnait souvent une sentence clémente à un accusé, au prétexte que l'homme ou la femme avait réellement l'intention de s'amender. Il se trompait rarement. « Si un homme ne peut pas avoir un coup de chance au moins une fois dans sa vie, celle-ci n'en vaut pas la peine. » Mais il était sans pitié envers ceux qui paraissaient incorrigibles. Condamnant l'acteur Trevor Howard pour avoir bu au moins huit doubles whiskies avant de finir contre un réverbère, il déclara : « Le public doit être protégé contre vous, vous buvez beaucoup, tous les soirs, et vous faites si peu de cas de vos compatriotes que vous ne renoncez pas à conduire. »

Résumant la carrière de Montagu, un contemporain écrivit : « Peu de juges ont autant piétiné la dignité d'autant de gens que ce grand, spirituel et irritable ex-commandant de la Navy au visage expressif et à la langue bien pendue. Mais peu de juges ont été si prompts à s'excuser avec des airs de boxeur serrant la main à son adversaire à la fin d'un combat. » Montagu avait conscience de ses points faibles. « J'aurai peut-être dû être plus patient, dit-il une fois. Je pense qu'il est juste de dire que je ne tolère pas les imbéciles. » En vérité, il devint plus patient et tolérant avec l'âge. Il devint aussi plus pieux, se consacra à de nombreuses œuvres caritatives et devint président de la Synagogue unie.

La vie de Montagu avait été extraordinaire : il avait été successivement avocat, officier de renseignement et écrivain. Juge on ne peut plus sérieux, il conserva son côté gamin et son talent pour l'autodérision. Sans son « extrême prudence mêlée à son extrême audace », l'opération Mincemeat n'aurait jamais eu lieu. D'une certaine façon, le plan reflétait son sens du ridicule et son penchant pour le macabre, ainsi que son engagement. En 1980, une photographie de Jean Gerard Leigh parut dans le *Times* lorsque son mari fut nommé CBE. « Chère "Pam", écrivit Montagu, alors âgé de soixante-dix-neuf ans. J'ai cru voir un revenant en ouvrant mon journal aujourd'hui, et je ne peux m'empêcher de revêtir à mon tour l'habit du fantôme pour t'envoyer mes félicitations. À toi pour toujours, Ewen (alias major William Martin). »

Peu avant sa mort, Montagu reçut une lettre de la part d'un père de deux jeunes Canadiennes qui avaient lu ses exploits pendant la guerre et qui demandaient un souvenir. Il répondit immédiatement en joignant « l'un des boutons que je portais pendant l'opération Mincemeat », accompagné de quelques conseils : « Gardez un vrai sens de l'humour. Par vrai, je n'entends pas seulement être capable de reconnaître une blague, mais être capable de rire sincèrement de soi-même. »

Ewen Montagu mourut en 1985, à l'âge de quatre-vingt-quatre ans, croyant qu'il avait caché avec succès, pour toujours, l'identité du corps utilisé pour l'opération Mincemeat.

En 1980, Roger Morgan, urbaniste municipal à Londres et infatigable historien amateur, entama des recherches sur l'histoire de l'opération Mincemeat. Il écrivit à Montagu et le rencontra. Comme tous les prétendus détectives, il reçut une réponse aussi courtoise que peu coopérative. Comme presque tous les autres, Morgan en conclut que le secret de l'identité du major Martin était mort avec Montagu : l'homme qui n'avait jamais existé n'existerait jamais. Puis, en 1996, Morgan feuilletait un nouveau lot de dossiers gouvernementaux déclassifiés lorsqu'il tomba sur un rapport en trois volumes sur les activités d'Ewen Montagu pendant la guerre, dont un exemplaire du compte rendu officiel de l'opération Mincemeat, écrit juste avant la fin de la guerre. « Là, à la fin du dernier volume, juste sous ses yeux, se trouvait la réponse à ses nombreuses nuits d'insomnie. » Le censeur officiel, probablement inconscient des efforts extraordinaires déployés pendant le demi-siècle précédent, avait omis de supprimer un nom. « Le 28 janvier était mort un ouvrier, sans domicile fixe. Il s'appelait Glyndwr Michael et avait trente-quatre ans. »

Le cimetière de Nuestra Soñora de la Soledad est un lieu peuplé d'ombres, mais paisible, à la tombée du jour. Les hirondelles plongent en piqué sur les allées pavées le long desquelles les cyprès montent la garde. Au loin dans la baie, on peut voir les bateaux de pêche aux cales pleines de sardines. Tandis que le soleil plonge derrière l'horizon et que l'obscurité s'installe, les tombes semblent se fondre dans un long champ de marbre gravé, racontant l'histoire de longues et courtes vies, des vies bien remplies et d'autres vides. L'une des pierres tombales est différente. Elle raconte une double vie, l'une brève, triste et bien réelle, l'autre un peu plus longue, inventée de toutes pièces et étrangement héroïque. Le corps enterré dans cette tombe s'est échoué sur la côte portant un uniforme qui n'était pas le sien et les sous-vêtements d'un professeur d'Oxford décédé, avec une lettre d'amour d'une fille qu'il n'avait jamais connue pressée contre son cœur mort depuis longtemps. Aucun des personnages de cette histoire n'est vraiment ce qu'il paraît être. Les frères Montagu, Charles Cholmondeley, Jean Leslie, Alan Hillgarth, Karl-Erich Kuhlenthal et Juan Pujol – chacun était né dans une existence et s'imaginait dans une vie bien différente.

La concession de la tombe n° 1886 du cimetière de Huelva fut reprise par la Commission des tombes de guerre du Commonwealth, en 1977. Dans un petit armistice local, elle est désormais entretenue, pour le compte de la Grande-Bretagne, par le consulat allemand à Huelva. Chaque année, en avril, une Anglaise de la ville fleurit la tombe.

En 1997, un demi-siècle après l'opération Mincemeat, le gouvernement britannique ajouta un post-scriptum gravé sur la dalle en marbre :

Glyndwr Michael
servit en tant que
Major William Martin, RM

Post-scriptum

L'histoire de l'opération Mincemeat est loin d'être terminée. Les événements eux-mêmes se produisirent il y a soixante-six ans, et, à part une poignée, tous ceux qui furent impliqués dans l'organisation et l'exécution de l'opération nous ont quittés. Pourtant, l'histoire continue d'évoluer au fur et à mesure que de nouvelles informations, de nouveaux souvenirs et de nouveaux documents surgissent du passé.

Le *Lion noir*

Une semaine après la publication de ce livre, j'ai reçu le genre de coup de téléphone que les écrivains d'œuvres non fictives reçoivent régulièrement et craignent souvent. « Je crois que vous vous êtes trompé… » me dit une voix polie. Mon cœur fit un bond dans ma poitrine. La voix continua : « Au chapitre 7, vous écrivez : "L'intrigue n'aurait pas résisté à un examen minutieux si des espions allemands en Grande-Bretagne n'avaient fait ne serait-ce que des vérifications rapides.[…] Un coup d'œil au registre de l'hôtel du *Lion noir* aurait révélé qu'aucun M. J. G. Martin n'y avait passé la nuit du 13 avril." » Je me ressaisis. J'avais en effet laissé entendre qu'il était purement fortuit que la lettre, qui était censée avoir été écrite par le père de Bill Martin, ait pour cadre un certain hôtel, à une date bien précise. « Eh bien, j'ai l'ancien registre du *Lion noir* sous les yeux, et si l'on regarde à la page du mois d'avril 1943, on y lit très clairement le nom de J. G. Martin. »

Je fus estomaqué, et mon respect pour les organisateurs de l'opération Mincemeat grimpa encore d'un cran. Ils avaient pensé à tout et avaient même envoyé quelqu'un à Mold, dans le nord du pays de Galles, pour y passer la nuit dans l'hôtel à la place du père fictif d'un officier fictif, simplement pour s'assurer que le registre de l'hôtel corroborerait les faits énoncés si quelqu'un venait y fureter. C'était de l'espionnage de haut vol.

Lorsque mon interlocuteur téléphonique m'envoya une photocopie de la page du registre, je l'examinai attentivement. L'écriture était celle de Charles Cholmondeley, l'auteur et co-créateur de l'opération Mincemeat. La fausse adresse donnée pour « J. G. Martin » était Scotts House, Eynsham, dans l'Oxfordshire (aujourd'hui un hôpital de jour).

La fausse lettre placée dans la poche du major indiquait clairement que « Père » avait résidé dans cet hôtel un certain temps (« c'est la seule solution ; je ne voudrais pas m'imposer une fois encore à ta tante »). D'après le registre, il était arrivé à l'hôtel le 9 avril, et il en était reparti le 20 avril, à temps pour son faux déjeuner avec son fils à Londres. Jusque-là, cela paraît plausible.

Mais un examen plus minutieux révèle un fait très étrange. Le nom et la signature de J. G. Martin n'apparaissent pas dans l'ordre chronologique, mais ils ont été ajoutés dans la partie vierge en bas de la page. Ils ont donc clairement été ajoutés après coup, à une date ultérieure, et peut-être beaucoup plus tardive. Même l'enquêteur le moins chevronné aurait été alerté : loin de camoufler l'erreur, Cholmondeley la renforçait en attirant l'attention sur le fait qu'il n'y avait rien de fortuit à propos de John Martin et de son séjour au *Lion noir*.

On peut se demander ce qui a pu se produire. Alors que l'opération Mincemeat avait été lancée, les organisateurs ont commencé à se rendre compte qu'elle fonctionnait bien mieux que ce qu'ils avaient osé espérer. Ils commencèrent à s'inquiéter de défauts éventuels. Le *coroner*, Bentley Purchase, fut à nouveau contacté et interrogé : si les Allemands exhumaient le corps et exécutaient une autre autopsie, découvriraient-ils qu'il était mort d'empoisonnement et non de noyade ? (Le joyeux *coroner*, toujours optimiste, leur assura que ça ne serait pas le cas.) Je suppose qu'ils étudièrent à nouveau les lettres et envoyèrent Cholmondeley à Mold pour corriger le registre. Il n'en résultata pas un camouflage, mais une divulgation involontaire. Un registre qui ne portait pas le nom de J. G. Martin n'aurait fait que préserver le mystère ; un registre qui portait un nom qui avait été ajouté de manière si évidente révélait une tentative bâclée de tromper son monde.

Au final, cela n'eut pas d'importance. Il n'y a aucune preuve que les Allemands enquêtèrent jamais en Grande-Bretagne sur le passé de Bill Martin.

S'ils avaient tenté de le faire, ils auraient certainement été repérés par les services secrets, car tout le réseau d'espionnage allemand au Royaume-Uni était contrôlé par le MI5. Dès que le mensonge a été ancré dans la pensée stratégique allemande, aucun effort ne fut tenté pour l'en déloger.

Imaginez qu'un agent allemand se soit donné la peine de faire le voyage jusqu'à Mold pour examiner le registre du *Lion noir*. Il aurait certainement repéré l'ajout ultérieur de « J. G. Martin », il se serait rendu compte que c'était louche et aurait averti les Allemands avant le débarquement en Sicile, ce qui aurait eu de très fâcheuses conséquences. Cette simple entrée dans un registre aurait pu changer le cours de la Seconde Guerre mondiale.

Les organisateurs ont délibérément mis John Martin dans un hôtel pour s'assurer qu'il n'y avait pas d'adresse du domicile des Martin à laquelle un espion allemand aurait pu se rendre. Il est probable que Montagu se sentait coupable d'avoir dénigré le confort de l'hôtel dans la fausse lettre : « Je ne peux pas dire que cet hôtel soit aussi confortable qu'il l'était dans mon souvenir d'avant-guerre. » Pourtant, « Père » n'avait sans doute pas tort, car le *Lion noir* a fermé après la guerre. Aujourd'hui, à sa place on trouve la banque Halifax.

L'aide de la poste

Le courrier d'un lecteur attira mon attention sur une autre anomalie. La lettre censée avoir été écrite par le directeur de la banque à Bill Martin lui a été adressée au Club de l'Armée et de la Marine. Pourtant, tous les autres documents, y compris la note du club lui-même, montraient clairement qu'il avait séjourné au Club naval et militaire, un tout autre établissement. Cette erreur crevait les yeux. La personne qui dactylographia la lettre de la banque avait, semble-t-il, confondu les deux clubs des forces armées. Pourquoi Cholmondeley et Montagu, habituellement si méticuleux et entièrement absorbés dans le personnage fictif et ses habitudes dont ils étaient les auteurs, n'avaient-ils pas repéré l'erreur ? Pourquoi, d'ailleurs, les Allemands étaient-ils passés à côté de cette preuve criante que les documents n'étaient pas authentiques et qu'ils avaient été créés de toutes pièces ?

Quand je suis retourné aux archives, j'ai découvert que, loin d'être une erreur, la lettre mal adressée faisait partie du plan. L'enveloppe contenant la lettre de relance du directeur de la banque était bien adressée à Martin au Club de l'Armée et de la Marine, mais le nom du club avait été rayé et la mention « Inconnu à cette adresse » avait été griffonnée au-dessous. « Essayez le Club naval et militaire, 94 Piccadilly. » L'enveloppe avait été oblitérée deux fois : la première le 14 avril, et la seconde, lorsque la poste la fit suivre à la bonne adresse, le 18 avril – le jour même où Bill Martin est censé être arrivé au club.

Loin d'être une erreur, la lettre mal adressée était un autre moyen de renforcer l'apparente authenticité des documents. Si les Allemands repéraient cet autre petit tour subtil, ils en déduiraient uniquement que Bill Martin était une vraie personne, qui avait un directeur de banque qui avait commis une vraie erreur (même si elle était minime) lorsqu'il lui avait demandé de combler son découvert. Si Bill Martin était réel, ses documents officiels sembleraient aussi plus réels.

Je ne peux pas m'empêcher de croire que l'enveloppe mal adressée était aussi une blague, que seuls les officiers pouvaient apprécier, aux dépens d'Ernest Whitley Jones, le pompeux directeur général adjoint de la Lloyds Bank : les directeurs de banque ont beau être extrêmement efficaces, voire péremptoires, lorsqu'ils exigent que l'on comble un découvert bancaire, ils ne font pas la différence entre les clubs des différents corps d'armée.

Périmé

On me fit remarquer une autre bizarrerie dans les effets personnels de Bill Martin après la publication : le laissez-passer du major pour le quartier général des Opérations combinées était périmé, puisqu'il est clairement écrit « Non Valide après le 31 mars 1943 ». C'était un autre moyen de réaffirmer la personnalité désorganisée, rêveuse et peu attachée aux détails de Martin. Sa carte d'identité munie d'une photographie soulignait aussi cet aspect, puisqu'elle avait été émise « En remplacement de la carte numéro 09650 déclarée perdue ». Cela éveillerait aussi les soupçons de n'importe quel officier des renseignements allemands qui se demanderait pourquoi la carte d'identité paraissait si neuve (malgré les tentatives de Montagu pour lui donner la patine de l'usage). Le major Martin était simplement le genre de personne qui dépensait 53 livres pour une bague en diamant malgré un découvert bancaire, qui perdait sa carte d'identité et qui oubliait de renouveler son laissez-passer officiel. Mais le sésame périmé pose un petit mystère : si le major Martin fictif ne pouvait pas entrer au quartier général des Opérations combinées, comment a-t-il pu récupérer les lettres de Lord Mountbatten ? Nous ne le saurons jamais, évidemment, puisque cela ne s'est jamais produit.

Le nom de Martin fut notamment choisi parce qu'il y avait plusieurs Martin dans les Royal Marines, mais aussi parce que le vrai William Martin avait le bon âge, le bon rang et était suffisamment loin pour ne pas créer de problèmes. Le fils de William Hynd Norrie Martin, Peter Martin, m'écrivit pour m'expliquer qu'en 1943 son père était l'« assistant du superintendant du centre d'entraînement de l'aviation britannique à Quonset Point, dans le Rhode Island, et qu'il était chargé de l'entraînement et de la reconversion du personnel aérien britannique sur les avions de type Avenger et Vought Corsair ». Mais ce nom fut aussi choisi parce qu'il commençait par un « M ». Grâce aux interceptions Ultra transmises par Bletchley Park, Montagu savait que les Allemands n'avaient que le premier volume de la Liste de la Navy, allant des lettres A à L. S'ils voulaient vérifier son identité, il faudrait qu'ils se procurent le second volume, ou qu'ils fassent appel à des intermédiaires qui y avaient accès. Par conséquent, toute tentative de vérification apparaîtrait probablement dans les interceptions.

Dudley Clarke

Après la guerre, le colonel Clarke, qui était le chef de la désinformation en Méditerranée, ne tarissait pas d'éloges sur l'opération Mincemeat. « La préparation du corps avait causé bien des tracas et avait exigé une grande ingéniosité : aucun détail, aussi minime soit-il, n'avait été omis et il avait été paré à toutes les éventualités. C'était un chef-d'œuvre de l'organisation et de la mise en scène. »

Pourtant, le mystère des démêlés de Clarke travesti avec la police espagnole était un détail de l'histoire que de nombreux lecteurs semblent avoir trouvé particulièrement intrigant. Plusieurs d'entre eux cherchèrent à en apprendre plus sur les dessous de cette histoire.

Clarke fut arrêté le 18 octobre 1943, dans une rue de Madrid. Apparemment, il se trouvait en Espagne pour recruter des agents pour l'aider dans sa tâche de désinformation, même si les caractéristiques de sa mission demeurent étonnamment vagues. Nul ne sait s'il a été arrêté sur des soupçons d'espionnage, ou parce qu'il avait l'air d'un homme habillé en femme. Il avait commencé par déclarer à la police espagnole qu'il était romancier et « voulait étudier les réactions des hommes envers les femmes dans la rue ». Puis il changea son histoire et déclara qu'il « apportait les vêtements à une femme à Gibraltar » et qu'il avait envie de les « essayer pour s'amuser ».

L'ambassade britannique fut sceptique, remarquant, dans un télégramme qui avait du mal à contenir son hilarité, que les chaussures lui allaient parfaitement, alors qu'il avait « des pieds inhabituellement grands ». La police décida que Clarke devait être un « homosexualiste » ; la Gestapo en Espagne en conclut qu'il devait être un espion. Quant à ses collègues, ils ne parvinrent pas à déterminer ce qu'il était.

Lorsqu'il fut libéré de prison par Alan Hillgarth, Clarke minimisa l'incident avec un aplomb magnifique. Il affirma même effrontément que l'affaire avait été intentionnelle et qu'elle avait aidé à renforcer sa couverture en tant que correspondant pour le *Times* – étant moi-même un ancien correspondant étranger pour le *Times*, je ne suis pas particulièrement flatté par cet argument.

L'incident mérita même une petite note dans le plus célèbre scandale d'espionnage. Le 31 octobre 1941, Kim Philby, dans un message qui n'a pu que confirmer la croyance du KGB dans la décadence de l'Occident, rapporta à ces officiers traitants à Moscou : « Jusqu'à présent, Londres n'a toujours pas reçu d'explication sur la raison pour laquelle il a été trouvé habillé en femme. »

La participation de Franco

Je me suis toujours douté que le général Franco devait avoir été au courant des documents Mincemeat, mais la publication de *Deathly Deception* par Denis Smyth (Oxford University Press, 2010) en apporta la preuve. D'après Smyth, spécialiste de l'histoire espagnole, les documents furent traduits en espagnol et transmis au *Caudillo*. Franco doit donc avoir approuvé la désignation du colonel Pardo comme intermédiaire, puis il doit avoir personnellement autorisé la transmission des documents secrets en totale contradiction avec la neutralité supposée de l'Espagne.

Le professeur Smyth apporte aussi un nouvel éclairage sur le trajet emprunté par les informations jusqu'à Berlin. Le 8 mai, peu après que les documents ont été extraits de leurs enveloppes, mais avant leur remise aux Allemands, un officier espagnol (presque certainement Pardo) informa un officier de l'Abwehr (soit Leissner, soit Kuhlenthal) sur la teneur de la lettre de Nye. Cette information a été écrite dans une « lettre très secrète » et apportée en main propre à Berlin par Kurt von Rohrscheidt de la section de contre-espionnage de l'Abwehr à Madrid, qui n'avait pas la moindre idée de son contenu. D'après son emploi du temps, Alexis von Roenne, à la tête du FHW, approuva la validité des renseignements contenus dans cette lettre avant même d'avoir vu les photographies des documents originaux – nouvelle preuve encore de sa détermination à y croire, sans question ni investigation. Quelques jours plus tard, une fois l'appétit de Berlin bien aiguisé, Kuhlenthal apporta les copies des lettres.

Les caleçons de Fisher

L'utilisation des sous-vêtements de H. A. L. Fisher pour en habiller le mort suscita une correspondance remarquable dans le *Times*. Pendant la guerre, l'achat de sous-vêtements se faisait en échange de tickets de rationnement ; on ne pouvait pas les acheter tout simplement dans un magasin. Il est donc compréhensible qu'aucun des officiers n'ai été disposé à donner les siens.

Le 14 janvier 2010, le *Times* publia une lettre de Harry Judge, *fellow* au Brasenose College, à Oxford, et expert de la vie de Fisher, sous le titre « Inénarrables de la haute bourgeoisie – Un cadavre de la haute bourgeoisie ne serait pas crédible sans les sous-vêtements appropriés » : « Des vêtements qui avaient autrefois appartenu à Fisher furent donnés par sa veuve à son neveu, Courtenay, qui les remit aux officiers du renseignement (dans des circonstances qui ne sont pas claires), qui furent bien avisés d'en retirer les étiquettes nominatives. C'est [l'historien] Hugh Trevor-Roper qui fut le premier à me parler de ce détail improbable en 1978 et, peu convaincu, j'en ai obtenu confirmation auprès de la fille défunte de Fisher, qui était alors principal de St. Hilda's College. »

Courtenay Young, collègue de John Masterman dans les services de renseignement, semble avoir obtenu les sous-vêtements de sa tante Lettice, la veuve de Fisher, en réponse à une demande faite par Masterman. Lettice ne semble pas avoir été étonnée de la requête. Comme son neveu, Robin Ilbert, l'écrivit : « Elle mêlait remarquablement une intelligence vive avec un grand sens pratique. Elle avait besoin de passer une partie de la journée à jardiner et à être une vraie mère poule, ou à jouer du violon. Elle avait un sens inné de l'économie domestique, et des économies domestiques. Si on ajoute ce don et son habileté pour le "Faire avec et raccommoder" (*Make Do and Mend*) au rationnement des vêtements pendant la guerre, il est parfaitement concevable qu'après la mort de Herbert, Lettice ait envoyé les vêtements du défunt à Courtenay. Et que dire de la présence d'esprit de retirer les étiquettes nominatives ! » En fait, les organisateurs de l'opération Mincemeat avaient fait nettoyer les sous-vêtements pour s'assurer que les étiquettes de la blanchisserie étaient identiques à celles des autres vêtements de Bill Martin.

La lettre de M. Judge déclencha le genre d'échange qui ne pouvait avoir lieu que dans la rubrique du courrier des lecteurs du *Times*. Stanley Martin, auteur de *The Order of Merit*, dans lequel il relate la vie de Fisher, rappela que dans les années 1980, l'histoire des sous-vêtements faisait partie du folklore de New College. Alistair Cooke écrivit de Londres : « Monsieur, H. A. L. Fisher, *warden* de New College, Oxford, de 1925 à 1940, n'était pas le genre d'homme qui aurait voulu que ses sous-vêtements finissent sur un jeune vagabond mort pour contribuer à tromper les Allemands. Comme son parrain, le Prince Consort, il réservait son approbation à "tout ce qu'il trouvait exalté". Il n'avait pas de temps à perdre avec les ratés. En tant que ministre de l'Éducation de Lloyd George, son unique objectif était d'aider "les jeunes ambitions affamées de connaissances et privées d'opportunités". La destruction de l'Allemagne ne l'aurait pas non plus intéressé. Dans son dernier article publié, paru en février 1940, il exprime son espoir que l'on parvienne à "un *modus vivendi* avec les Allemands". Pour sa contribution à l'opération Mincemeat, il aurait mieux valu piocher dans la garde-robe du plus zélé partisan de la guerre à Oxford, à savoir A. L. Rowse, de All Souls. »

Voilà bien le genre de débat que John Masterman, *don* et espion, aurait savouré : quel universitaire d'Oxford aurait été le plus disposé à donner ses sous-vêtements pour confondre Hitler ?

« Animaux »

L'opération menée par le SOE pour renforcer la désinformation en Grèce portait le nom de code « Animals ». Elle joua un rôle crucial pour focaliser l'attention des Allemands sur la Méditerranée orientale, bien après qu'il fut devenu évident que la Sicile serait la cible des Alliés. Après leur parachutage dans le nord de la Grèce, le lieutenant-colonel Eddie Myers et le capitaine Monty Woodhouse reçurent l'ordre de lancer une campagne de sabotage, qui allait débuter à la fin du mois de juin 1943 et qui continuerait pendant toute l'offensive en Sicile. Les intentions étaient très précises, comme on peut le lire dans un mémo écrit par Woodhouse et qui se trouve aujourd'hui aux Archives nationales : « Semer le plus grand désordre dans les communications adverses à travers toute la Grèce afin de faire croire à l'ennemi que c'est le préliminaire au débarquement en Grèce. »

Le 21 juin 1943, une équipe de six saboteurs parvint à détruire le viaduc du chemin de fer à Asopos, après être descendue le long d'une falaise et avoir franchi des cascades. À travers tout le pays, les saboteurs firent sauter des routes, dynamitèrent des voies ferrées et coupèrent des lignes téléphoniques. La 1re division de panzers se retrouva prise au piège. La campagne de guérilla rendait pratiquement impossible l'envoi de renfort en Sicile avec des troupes venues de Grèce, mais surtout, elle redoubla la conviction allemande, semée par la désinformation Mincemeat et l'opération Barclay, que la Grèce était la cible d'une attaque alliée imminente.

L'histoire d'amour de Cholmondeley

La lettre la plus touchante que je reçus dans le sillage de la publication m'a été envoyée par une ancienne petite amie de Charles Cholmondeley, qui travailla aussi pour le renseignement pendant la guerre.

« Je suis si contente que le travail de Charles Cholmondeley ait enfin été reconnu à sa juste valeur.

Je le connaissais quand il était au MI5 et que je travaillais au MI6. Je lui avais envoyé par inadvertance les mauvais papiers par la valise diplomatique. Nous nous sommes rencontrés pour qu'il me rende les papiers et il m'a emmenée dîner à l'hôtel *Piccadilly*. C'était un compagnon charmant et modeste, presque honteux d'être "chaisoporté" au lieu d'être "aéroporté", même s'il était excentrique – mais c'était aussi le cas de beaucoup d'autres au MI6. Il avait une petite voiture qu'il conduisait décapotée avec la tête qui sortait presque du toit et il disait, de manière peu flatteuse, qu'il ressemblait à "du dentifrice qui avait été pressé hors du tube", mais j'avais l'habitude des hommes grands, car mon père mesurait 1,93 mètre. Il m'offrit une bague ornée d'une opale, qu'il avait faite lui-même, en disant "Ce n'est pas une bague de fiançailles". Il ne voulait pas se caser car il menait une vie d'aventures. Il adorait le film *Le Troisième Homme* et nous dansions souvent sur sa musique. Cela aurait pu être le début d'une belle histoire d'amour… Merci de m'avoir fait penser à lui et à Londres pendant la guerre. »

Le côté séducteur de la personnalité d'Ewen Montagu transparaît dans ses lettres à « Pam ». Ici, on aperçoit le côté romantique de son partenaire, l'effacé, l'adepte de l'autodérision et le « chaisoporté » Charles Cholmondeley.

Les mots de sa petite amie qui, tant d'années plus tard, se souvient de lui avec une telle tendresse, me rappellent la relation fictive entre « Pam » et « Bill », l'histoire d'amour malheureuse qui n'a jamais existé.

Ben Macintyre,
juin 2010

Remerciements

Je suis éminemment redevable aux dizaines de personnes, dans cinq pays, qui m'ont aidé à écrire ce livre. En Grande-Bretagne, en Allemagne et en Espagne, les familles des protagonistes de l'opération Mincemeat ont fait preuve d'une extraordinaire générosité en me donnant de leur temps, leurs souvenirs et des matériaux documentaires : Jeremy Montagu, Jennifer Montagu, Rachel Montagu, Sarah Montagu, Tom Cholmondeley, Alison Cholmondeley, Jean Gerard Leigh, John Gerard Leigh, Carolyn Benson, John Michael, Paul Jewell, Nicholas Jewell, Tristan Hillgarth, Jocelyn Hillgarth, Juliette Kuhlenthal, Federico Clauss, Andrew Leverton, Basil Leverton, Yvette Bourguignon et sir Alan Urwick. Beaucoup d'autres, directement ou indirectement impliqués, m'ont bien volontiers fourni des matériaux supplémentaires : la défunte Joan Bright-Astley, Gill Drake, Lady Victoire Ridsdale, Peggy Harmer, Patricia Davies, John Julius Norwich, Eve Streatfeild, Nicholas Reed, Isabelle Naylor et Selina Fraser-Smith. D'autres encore m'ont offert de précieux conseils et des contacts utiles : Annabel Merullo, Sam Merullo, Emma Crichton, Guy Liardet, Jack Baer, James Owen, Jan Dalley, John Scarlett, Ian Brunskill, Robert Hands, Fiona et Peter Mason, Stephen Walker, Sally George, Phil Reed et Robin Hunt. À tous ceux qui ont demandé à ne pas être nommés va ma gratitude dissimulée mais sincère.

Je suis reconnaissant à de nombreux experts dans divers domaines pour leurs conseils : Dr. Sacha Kolar pour la médecine légale ; Neil Cooke pour la géographie de Whitehall ; Mary Teviot pour ses enquêtes généalogiques ; Pedro J. Ramirez, Julio Martín Alarcon et l'équipe d'*El Mundo* en Espagne ; Jesús Copeiro pour avoir partagé ses connaissances locales et pour sa visite guidée captivante de Huelva et de Punta Umbria ; Paul Bryant ; Graham Keeley pour son travail en Espagne et Jo Carlill et Paul Bellshaw pour leur aide pour les photos.

De nombreux historiens et auteurs m'ont aussi aidé à écrire ce livre : Christopher Andrew, Michael Foot, Frank Stech, Andrew Rose, Roger Morgan, Tim Cottingham, John Follain, Sarah Street, Thomas Boghardt, Andrew Lycett et Martin Gilbert. Je remercie plus particulièrement Peter Martland, Mark Seaman et Terry Charman pour avoir lu mon manuscrit et m'avoir épargné des fautes accablantes. Les erreurs restantes sont toutes de mon fait.

Ce livre a demandé de nombreuses heures de recherches dans les archives et j'ai reçu l'aide incommensurable de plusieurs archivistes géniaux et dévoués : Rod Suddaby du Musée impérial de la guerre ; Howard Davies, Hugh Alexander et le personnel des Archives nationales ; James Beckett des

Archives de la Formule Un ; Neil F. Murray du club Aston Martin ; Lesley Hall du Wellcome Trust ; Darren Treadwell du Musée d'histoire des peuples et Caroline Herbert du Centre des archives de Churchill.

Mes amis et collègues du *Times* ont, comme toujours, fait preuve d'une immense générosité dans leur aide et leurs conseils. Je dois remercier Duncan Stewart, une fois encore, pour ses jolies cartes.

Je remercie aussi Michael Fishwick, Kate Johnson et l'équipe de Bloomsbury pour leur enthousiasme, leur professionnalisme et leur patience. Ed Victor a été mon soutien pour mes sept derniers livres. Tous mes remerciements et toutes mes excuses à mes amis qui ont supporté mon radotage sur l'opération Mincemeat pendant trois ans. Et à Kate, comme toujours, tout mon amour.

Index

La photocomposition de cet ouvrage
a été réalisée par
GRAPHIC HAINAUT
30, rue Pierre Mathieu
59410 Anzin

Imprimé en France par CPI
en décembre 2021
N° d'impression : 3046148

Pocket – 92 avenue de France, 75013 PARIS

S32623/01